우상과 신앙

종교적 인간에 대한 철학적 성찰

이 도서의 국립중앙도서관 출판예정도서목록(CIP)은 서지정보유통지원시스템 홈페이지(http://seoji.nl.go.kr)와 국가자료공동목록시스템(http://www.nl.go.kr/kolisnet)에서 이용하실 수 있습니다.
CIP제어번호: CIP2019004490

우상과 신앙

종교적 인간에 대한 철학적 성찰

| 정재현 지음 |

한울
아카데미

차례

머리말
우상에서 신앙으로

종교란 무엇인가? 많은 사람들이 물었다. 묻고는 이런저런 대답을 했다. 우리는 같은 물음을 이렇게 묻는다. 인간에게 종교란 무엇인가? 그리고 이어서 묻는다. 왜 인간은 '종교적 인간'이 되었는가? 그런데 대답을 하기 전에 또 물을 것이 있다. 거꾸로도 물어야 하기 때문이다. 종교에는 인간이 무엇인가? 이것을 굳이 물어야 하는 이유가 있다. 종교만 놓고 보면 대부분 그럴듯하다. 원리와 이상을 말하니 당연히 그럴 수밖에 없기도 하다. 그러나 불가분리 관계인 인간과 연결되면, 아니 인간이 개입하면, 종교는 원리와 이상에 머무르지 않는다. 아니, 그럴 수 없다. 그것은 바로 현실이다. 종교적 현실이라고 예외일 수 없을뿐더러 더 적나라하고 원색적이다. 왜? 원초적 본능과 생리적 욕망이 얽혀 있기 때문이다. 종교만 보면 순수를 꿈꿀 수 있을지도 모르지만 종교와 인간의 관계, 아니 인간과 종교의 관계를 보면 그러한 얽힘을 부정할 수 없다. '죽음이 없었다면 종교도 없었을 것'이라는 명제가 굳이 누구의 말을 인용하지 않아도 재론의 여지가 없다면, 인간과 종교의 불가분리 관계는 새삼스러운 입증이 필요하지 않다. 그리고 그 관계의 순서도 '종교와 인간'이 아니라 '인간과 종교'일 수밖에 없다. 인간이 종교의 발단이고 존재 이유이며 가치 실현의 터이기 때문이다. 거꾸로, 종교가 인간에게 유용하다고 해도 마찬가지다. 그리고 바로 그렇기 때문에 종교에 대한 모든 논의는 이보다 앞서 인간에 대한 성찰적인 검토를 거쳐야만 한다. 그런데 우리는 이토록 불가피한 당연함을 때로 잊어버리거나 심지어 억누르기조차 한다. 종교의 이름으로! 진리의 이름으로!

바로 여기에 문제, 그것도 아주 깊은 문제가 도사린다. 인간을 잊어버리거나 덮어버리다 보니 종교가 홀연히 등장하게 되는데, 바로 그러한 카리스마의 분위기 때문인지 그 뿌리인 인간의 욕망은 의식 아래로 잠기고, 따라서 욕망이 종교를 통해서 그려낸 우상의 작동을 눈치챌 수 없게 된다. 말하자면, 인간을 덮어두고 종교에만 집중하면 인간과 종교의 관계 안에 불가피하게 깔려 있는 우상을 드러낼 길이 없다. 갑자기 우상이라고 말했지만 자고로 우상이란 인간이 필요에 따라 자기 나름대로 세계로부터 새겨낸 대상을 가리킨다. 그런데 대상이란 마주하여 잡아낸 모양이니 주체가 잡아낸 것이요, 주체 안에 들어와 있는 것이다. 다만 죽고 사는 문제를 씨름하는 인간이 그 문제를 해결하기 위해 설정한 대상은 문제보다 더 크고 힘세야 한다. 그러니 그 대상은 인간이 원하는 대로 가능한 한 가장 크고 높게 그려지는데, 바로 이런 이유로 우상이 된다. 즉, 우상은 인간이 죽음과 대면하여 자신의 삶을 꾸려가는 방식이기에 너무도 자연스럽다. 오죽하면 프로이트(Sigmund Freud) 같은 정신분석학자도 "인간은 우상 없이 살 수 없다"고 일갈했겠는가? 그런데 그러한 우상도 인간을 덮어두면 보이질 않으니 우상의 뿌리는 종교라기보다는 인간이라 해야 할 터이다. 결국 인간과 종교 사이에 엄연히 우상이 자리 잡고 있으니 이를 진솔하게 드러내고 살피지 않은 채 순수를 구실로 종교에만 집중하게 되면 종교의 현실적인 자리와 의미를 엮어내는 것은 오히려 더욱 어려워질 수밖에 없다.

그렇다면 이제 우리는 무엇을 해야 하는가? 인간의 필요에서 종교가 비롯되었으며 바로 그렇기 때문에 종교의 목적을 실현하기 위해 우상이 등장하고 작동하기 마련이라는 것을 적나라하게 들추어내고 풀어내야 한다. 우상이라는 것이 무슨 특별한 재료와 형태를 취해야만 하는 것은 아니다. 사실 종교학자들도 이구동성으로 말하지만, 인류 역사상 그 누구도 우상이라고 간주되는 특정한 자연물 자체를 숭배하는 바보는 아니었다. 신비하게 보이는 기이한 자연물은 그저 초자연적인 이미지를 부여하기에 자연스럽다 보니 선택된 상징물일 뿐이었다. 그나마 이는 원시적인 형태였으니, 오늘날은 관념이나 신념의 형태로 '자기만의 신'이라고 할 만한 저마다의 우상을 가지고 있을 가능성이 농후하다. 결국 우상이란 어떤 사물이나 신념 자체의 본질이라기보다는 그것과 인간이 관계하는 방식을 가리킨다. 다시 말하면, 불가분리 관계인 인간과 종교 사이에 우상이 끼어들어 있다. 아니, 우상이란 인간과 종교를 연결하는 결정적인 관계 자체이다. 들추어 풀어내고 되돌아 곱씹지 않으면 우리는 우상을 가지고 있으면서도 그러는 줄 알지 못한다. 그리고 그렇기 때문에 종교 안에서 인간 자신이 믿고 있는 것을 절대라고 붙들고 늘어지게 된다. 자기가 그렇게 그려놓고도 그런 줄 모르니 '절대'로 간주되는 것이다.

그런데 그렇게 종교를 통해 붙들고 늘어지는 절대를 인간이 소유하게 되면, 그 절대는 소유하고 있는 인간 자신에 대해서도 강박이 되고, 타인에 대해서는 억압이 될 수밖에 없다. 종교의 이름으로, 진리의 이름으로 표방된 절대가 역사에서 벌여온 실상은 그 좋은 증거이다. 그리고 이것이야말로 종교의 존재 이유인 인간 해방과 정면으로 부딪친다.

표방된 절대가 우상일 수밖에 없는 이유가 여기에 있다. 그러기에 인간과 종교 사이에 도사리고 있는 우상을 들추어내야 한다. 중요한 것은 종교가 아니라 인간이며, 그것도 인간의 삶이기 때문이다. 그런데 인간이 바로 자신의 죽음 때문에, 아니 자신의 삶을 위해 종교 안에서 자신의 욕망대로 우상을 만들어왔다면, 결국 종교는 우상의 집이 되고 만다. 종교개혁자 칼뱅(Jean Calvin)의 일갈처럼 "인간은 끝없이 우상을 만들어내는 공장"일 수밖에 없으니, 종교의 존재 이유를 실현하기 위해서, 나아가 인간의 해방을 위해서는 우상에 대한 비판과 성찰이 불가결한 과제이다.

그렇다면 어떻게 해야 하는가? 우상의 집인 종교를 해체해야 한다. 해방을 원하여 종교를 앙망했는데 그 안에서 똬리를 틀고 있는 우상이 오히려 강박과 억압으로 작동한다면 그 집을 부숴야 하는 것은 마땅하다. 이른바 비종교화이다. 여기서 우리는 새삼스럽게 신앙으로 눈을 돌려야 한다. 객관적인 승인이나 동의를 가리키는 '신념(belief)'과 달리 '신앙(faith)'은 전인적인 참여를 뜻한다. '믿음'이라고 해도 좋다. 이제 종교를 넘어서는 신앙은, 억압을 감수하고서라도 자기를 확인하려는 욕구를 충족함으로써 안정을 제공하는 우상을 거부하고, 바로 그 신앙과 대립적으로 보이는 의심이나 회의를 적극적으로 싸안음으로써 격동하는 삶을 더욱 맞갖게 꾸려가는 행위이다. 종교적 인간이 종교를 통해서 얻고자 하는 안정이 그를 '노예의 편안함'으로 끌고 간다면, 편안하지만 노예이게 하는 강박과 억압에 저항하는 믿음은 바로 그 믿음의 뜻인 자유로 향하는 길에 불가피한 모험이나 마땅히 요구되는 결단을 포함한다. 단적으로, 안정을 빌미로 한 억압일 수밖에 없는 우상에서, 모험도 불사하는 자유로 향하는 신앙으로 전환해야 한다. 달리 말하면, 종교적 인간

(homo religiosus)에서 신앙하는 인간(homo fidei)으로 전환해야 한다.

나는 이러한 문제의식을 가지고 인간과 종교의 관계를 지속적으로 연구해왔다. 그간 펴낸 책들도 각도와 접근을 달리하지만 이러한 문제의식을 공유하고 있다. 이 책도 이러한 문제에 대한 고민을 학문적으로 다루면서, 여러 학술지에 게재했던 연구논문들을 큰 주제 아래 골라 묶어낸 것이다. 모두 열 편의 논문을 실었는데 각각의 다양한 화두에서 시작하지만 무엇보다도 종교 안에서 인간에게 일어나고 벌어지는 자아도취와 우상숭배의 문제를 여러 길과 꼴로 다루었다. 인간과 종교의 관계에서 자기절대화와 이에 따른 우상의 등장이 그토록 불가피한 것이라면, 그리고 이로 인한 억압으로부터 자유로 향하기 위해서라도 자기비움과 우상파괴가 그토록 절실한 것이라면, 이제 이 책은 그 문제를 들추어 분석하고 거기에서 과제를 추리는 사명을 감당하고자 한다.

연구논문의 선별과 정리에 도움을 준 연세대학교 대학원과 연합신학대학원의 종교철학 전공생들에게 깊은 감사를 표한다. 이들은 앎과 삶을 잇게 하는 자극을 끊임없이 나에게 던져주는 소중한 학문적 동지들이다. 또한 이 논총을 기꺼이 펴내주신 한울엠플러스(주) 김종수 사장님과 함께 수고해주신 직원 여러분들께도 깊은 감사를 표한다.

2019년 2월
연세대 신학관 연구실에서
정재현

각 장의 출처

자아도취와 우상숭배

정재현. 2006. 『망치로 신·학하기: '말씀'이 말이 되게 하기 위하여』, 제3부, 제3장. 파주: 한울; 정재현. 2008. 「신앙성찰과 신학하기: 한국 기독교 신앙에 대한 종교문화적 분석을 통하여」. 연세대학교 신과대학. ≪신학논단≫, 제53집, 139~180쪽.

무신론의 종교비판과 신앙성찰

정재현. 2007. 「종교비판에서 신앙성찰로: 한국 그리스도교를 위해 '무신론'을 다시 보며」. 한국실천신학회. ≪신학과 실천≫, 12호, 269~301쪽.

인격성의 폭력과 탈신화화

정재현. 2016. 「인격성의 폭력과 탈신화화: 신정론적 발상에 대한 불트만 해석학의 처방을 시도하며」. 한국신학연구소. ≪神學思想≫, 제172집, 173~207쪽.

우상파괴를 통한 종교해방

정재현. 2014. 「우상파괴를 통한 종교해방: 니시타니의 공(空)과 포이어바흐의 투사를 잇댐으로써」. 한국신학연구소. ≪神學思想≫, 제166집, 104~141쪽.

종교 간 만남을 넘어 신앙의 성숙으로

정재현. 2009. 「'종교적 인간'에서 '신앙하는 인간'으로: 종교신학에 대한 파니카의 비판을 통하여」. 한국신학연구소. ≪神學思想≫, 제146집, 99~130쪽. 이 논문은 연구의 확장과 심화를 거쳐 다음 저서로 출간되었다. 정재현. 2017. 『종교신학강의』. 서울: 비아.

고통에 대한 오해와 맞갖은 대안 모색

정재현. 1999. 『티끌만도 못한 주제에: '사람됨'을 향한 신학적 인간학』. 왜관: 분도출판사; 정재현. 2017. 「고통에 대한 오해와 맞갖은 대안 시도: 종교-철학적 성찰을 통하여」. 연세대학교 미래융합연구원 종교와사회연구센터 주최 융합학술대회 발표 논문.

자유가 너희를 진리하게 하리라

정재현. 2004. 「"자유가 너희를 진리하게 하리라": 모순에서 역설로의 전환을 통한 "참된 종교"를 위하여」. 한국조직신학회. ≪組織神學論叢≫, 제10집, 247~278쪽.

신정론의 강박에서 은총의 자유로

정재현. 2006. 「"올바름"에서 "베풂음"으로: 아우구스티누스의 "자유"를 해방시키기 위하여」. 한국중세철학회. ≪중세철학≫, 제12권, 5~40쪽.

실존과 신앙의 상호공속성

정재현. 1995. 「참됨과 나-키에르케고르의 주체적 진리관의 탈근대적 함의」. 한국신학연구소. ≪神學思想≫, 제89집, 153~180쪽. 이 논문은 부분적으로 각색되어 저자의 저서 『티끌만도 못한 주제에: '사람됨'을 향한 신학적 인간학』 제1부 제2장의 1절과 2절에 부록 형식으로 사용되었다.

다름과 자유

정재현. 1996. 「다름과 자유: 진정한 관계성을 향하여」. 성공회대학교. ≪성공회대학논총≫, 9호, 67~98쪽.

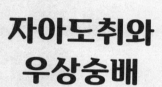

자아도취와
우상숭배

한국 그리스도교의 갱신을 위한
비판과 성찰

한국 사람은 심각성이 부족하다. 들이파지 못한다는 말이다. 생각하는 힘이
모자란다는 말이다. 현상 뒤에 실재를 붙잡으려고, 무상 밑에 영원을 잡으려
고 여럿 사이에 하나인 뜻을 얻으려고 들이파는, 캄캄한 깊음의 혼동을 타고
앉아 알을 품은 암탉처럼 들여다보고 있는, 운동하는, 생각하는 얼이 부족하
다. 그래서 시 없는 민족이요, 철학 없는 국민이요, 종교 없는 민중이다. 이
것이 큰 잘못이다. …… 종교가 없지 않다. 그러나 그것은 다 남에게서 빌려
온 종교지 우리에게서 나온 것이 아니다. 유교가 그렇고 불교가 그렇고 기독
교가 그렇다. 근래에 동학이요, 천도교요 하나, 요컨대 밖에서 들어온 남의
사상을 이리 따고 저리 따서 섞어 놓은 비빔밥이지 정말 우리의 고유한 것이
아니다. …… 종교가 이렇게 된 다음에는 철학이나 시는 말할 것도 없다.
…… 이 사람들은 사람은 좋은데 자기를 들여다보고 팔 줄을 모른다.

함석헌, 『뜻으로 본 한국역사』에서

보편사에 대한 집착을 버리고 서구의 특수성을 알아갈 것, 그들의 담론 틀을
비판적으로 수용하되 그들의 담론 익히기에 생애를 보내지 말 것, 대신 우리
의 일상을 들여다보며 자기 성찰을 게을리하지 말 것이다. 완결적 텍스트에
대한 집착은 제3세계적 혼란을 외면하려는 도피행위일 뿐이다. 포스트모던
적인 모방 속에서 자기를 찾겠다는 것 역시 그러하다. 이제 우리들 자신이
직면한 위기를 놓고 우리들 피부에 와 닿는 작은 이야기들을, 각론을 써가야
한다. 우리말로 쉽게 쓴 글은 학문적이지 않으며, 내용이 노골적이기라도 하
면 '사문난적'으로 몰리는 일은 이제 없어야 할 것이다. 외부의 권위를 업은
권위주의적 언술, 권력형 언어와 우리들의 삶을 풀어내려는 대화적 언어를
구별할 수 있어야 한다.

조한혜정, 『(탈식민지 시대 지식인의) 글 읽기와 삶 읽기』에서

언제부터인지 우리 사회에서는 자기비판이 자기비하라는 혐의를 받으며 억제되는 아름다운(?/!) 전통이 이어져왔다. 가까운 20세기만 보더라도, 일제강점기에는 어용사학이 이런 분위기를 어설프게 위장했다면, 그에 대한 반동으로 등장한 민족주의 사학도 지나치게 자화자찬으로 기울어짐으로써 역시 건강한 자기비판의 기회를 계속 미루는 결과를 초래했다. 우리가 스스로 특성을 살피는 일은 '누워서 침 뱉기' 또는 '자기 발등 찍기'로 여겨져 자기비판은 일제의 조선 비하 정책에 말려드는 일로 간주되었고,[1] 해방 이후 분단과 전쟁, 그리고 억압적 군사독재 정권은 우리에게 스스로 안을 들여다보고 생각할 기회를 허락하지 않았다. 그런데 이러한 기회를 틈타 한국 그리스도교, 특히 개신교는 폭발적으로 엄청나게 성장하다가 매우 '다행스럽게도' 둔화 단계를 거쳐 감소 추세에 들어섰다는 조사까지 나왔다.[2] 그것이 다행스러운 것은—개신교주의자들에게는 유감스럽겠지만—차라리 한국의 민도가 그만큼 성숙했다는 증거로 보이기 때문이다. "세상과 전혀 소통하지 못하는

---

1   이광수의 「민족개조론」은 그 좋은 증거이다. 한민족의 자성을 촉구하는 주제에도 불구하고 그의 친일적인 행위로 인해 자기비판의 언어조차 친일적·민족비하적 사상으로 평가된 것에서 이러한 사례를 찾을 수 있다.

2   2000년대 후반 정부 산하 통계청이나 각종 사회조사연구소 등에서 발표한 자료들에 따르면 불교 신자는 그 포교 열의에 비해 꾸준한 성장세를 보였고, 특히 가톨릭교의 경우 10년 사이에 거의 두 배에 가까운 양적 성장을 보인 반면에, 개신교의 경우는 둔화 단계를 거쳐 오히려 감소하는 추세를 보였다. 정숙희는 그 이유를 분석해 다음과 같이 전해준다. "개신교회를 떠난 신자들이 말하는 이유는 아주 단순하고 명료하다. 그 이유를 묻는 질문에 가장 많은 세 가지 대답은 ① 개신교는 너무 시끄럽고 소란하며 깊이가 부족하다, ② 헌금을 너무 강조하고 교세 확장과 물질 축복에 매여 있다, ③ 목사의 질이 너무 낮다는 것이었다." 정숙희, 『그들은 왜 교회를 떠났을까?』(서울: 홍성사, 2007), 14쪽.

기독교회는 한국 사회에서 피상적이고 값싼 구원을 떠드는 '자기들만의 천국'으로 비춰질 뿐"[3]이라는 흔한 비판을 굳이 들먹이지 않더라도, 그들만의 천국이 게토(ghetto)라는 것은 이제 비밀도 아니다.

그러나 사실상 한국 그리스도교 안에서 이러한 문제들에 대한 자성이 없었던 것은 아니다. 함석헌의 일갈[4]을 포함해 일각에서 주목할 만한 성찰들이 있기는 했다. 그럼에도 불구하고 이러한 비판과 성찰을 수행하는 신학은 대체로 교회로부터 외면당해온 것 또한 부인할 수 없는 현실이다. 이유인즉, 이런 자기비판이라는 것이 교회 안에서는 대체로 확신을 방해하는 의심이나 회의로 치부되면서 "쟁기를 잡고 뒤를 돌아다보는", 그래서 결국 '천국에 합당하지 않은 몹쓸 짓'으로 간주되어오지 않았나 한다. 개신교 규모가 감소하여 다행스럽다는 것은 바로 이 대목이다. 자기 진단의 필요성에 대해 조금이라도 눈을 뜨는 계기가 되지 않을까 하는 기대 때문이다. 그래도 하느님이 아직 한국 개신교회를 포기하지는 않으신 모양이다.

그러기에 이 글은 특히 한국 개신교회의 자기진단에 관한 이야기에서 시작하려고 한다. 그리고 이를 실마리로 하여 이 땅에서 신학하는 일의 뜻을 엮고 길을 닦고자 한다. 예를 들어, 그리스도교 일색이었던 서구에서 제기된 종교다원주의 논쟁 같은 남들의 이야기에 핏대 올리며 대리전까지 불사하는 희극적 비극이, 다종교 현상의 유구한 세월을 지닌 이 땅에서 잊어버릴 만하면 일어나곤 했다. 그러다 보니 '신학 따

---

3   교회갱신협의회, ≪소리≫, 9호(2008년 4월), 50쪽.

4   함석헌의 역저들에 이러한 문제의식이 산재해 있으나 다음의 저서에서 집중적인 일성을 들을 수 있다. 함석헌, 『한국 기독교는 무엇을 하려는가』, 함석헌전집 3(서울: 한길사, 1983), 전권.

로, 교회 따로'가 되고 결국 '믿음 따로, 삶 따로'가 되어버린 것이 우리의 현실이라면 이제는 신학이 먼저 회개해야 한다. 신학 없는 교회, 삶과 무관한 믿음이 한국 그리스도교인들로 하여금 '예수의 이름으로'를 '이름만의 예수'로 둔갑시키면서 결국 '하나님[5]이라는 이름의 우상'을 경배하고 찬양하게 했다. 그렇다면, '확신'[6]이라는 이름의 독단적인 신앙이 물음을 허락하지 않음으로써 결국 '묻지마 신앙'으로 전락하는 데에 주목하고, 이에 대해 되묻는 시비를 통해 이 땅에서 조금이나마 말이 되고 뜻이 통하는 신-학하기[7]를 도모하고자 한다. 신학을 굳이 한다

---

5   이 책에서는 기본적으로 '하느님'으로 표기하지만 때로 한국 개신교의 독특한 용례를 지칭할 때에는 '하나님'으로 표기한다.

6   '확신'에 대한 니체의 일갈은 종교적 유혹의 폐부를 확실하게 찌른다. "확신하는 인간에게 확신은 그를 지탱해주는 기둥이다. 많은 것을 보지 않고, 그 어느 것에도 공평하지 않고, 철저히 편파적이며, 모든 가치를 엄격하고도 필요한 시각으로 보는 것 — 이것만이 확신하는 인간 종류를 존재하게 해주는 유일한 조건이다. 하지만 이렇게 해서 그는 진실한 인간의 반대이자 적대자이고 — 진리의 반대이자 적대자이다." 프리드리히 니체, 「안티크리스트」, 백승영 옮김, 『바그너의 경우·우상의 황혼·안티크리스트·이 사람을 보라·디오니소스 송가·니체 대 바그너』, 니체전집 15(서울: 책세상, 2002), 298쪽.

7   여기서 '신학'이라는 글자를 서로 떼고 이음 표시를 한 것은 '신학'이란 '신'과 '학'의 결합 사건이요, 행위라는 것을 가리킨다. 그런데 이것이 사건인 것은 이미 그렇게 벌어지고 있기 때문이요, 또한 그것이 행위인 것은 애써 해야 할 것이기 때문이다. 그러나 다른 한편, '신'은 '학'의 전유물이 아니다. '신'과 '학'이 만나게 되기까지에는 불가피할 정도로 복잡다단한 과정을 거쳐야만 했었다는 사실이 이를 여실하게 입증한다. 무릇 신의 절대성으로 표상되는 힘에 대한 추구라는 것이 인간이 자신의 덧없음을 절절히 체험하여 그러한 덧없음을 넘어서는 영속성을 지닌 것을 더듬음으로써 촉발된 것이라면, 그 첫 경험은 두려움과 이끌림의 얽힘인 거룩함에 대한 체험에서 시작되었다고 보아도 좋을 것이다. 현대의 고등문화이든 원시문화이든 공통적인 출발점이 바로 종교라는 점은 이를 입증해주기에 충분하다. 그러나 그러한 '거룩함에 대한 외경(畏敬)'은 그 자체로서 너무도 홀연한 신비인지라 어떠한 방식으로든지 영상화하려는 움직임으로 나타나게 되었고 이는 곧 '아름다

면 그러해야 할 것이기 때문이다.

1. 한국 그리스도교의 실상: 자아도취적 우상숭배로서의 '묻지마' 믿음

한국 그리스도교가 그 길지 않은 역사에서 한국 사회에 적지 않게 기여해온 것은 자타가 공인하는 바이다. 그러나 자기비하도 해롭지만 자화자찬은 더욱 심각한 독소를 품고 있으니 종교에서 유달리 증폭되는 이 유혹에 우리를 내맡겨서는 안 된다. 오히려 한국의 민도가 성숙함에 따라 폭로된, '성장의 천박함'에서 둘째가라면 서러울 한국 개신교의 실상은 이제 '공공연한 비밀'도 아니다. 오죽하면 검찰이 다루기 부담스러운 부류로 '조폭'을 제치고 첫째로 꼽은 것이 명예롭게도 '독실한 개신교도'들이었을까?

움에 대한 동경(憧憬)'으로 이어졌으니 예술이 바로 그것이다. 원시종교에서도 음악이나 미술 등의 예술적 영역이 가장 기본적인 표현 방식으로 채택되었다는 것은 이를 말해준다. 그런데 이제 인간은 그러한 예술적 표현이라는 것이 그 넓이와 깊이에도 불구하고 상징에 머무름으로써 모호할 수밖에 없다는 한계를 인식하여 개념화를 요구했고, 여기서 문자언어를 사용한 신화의 방식이 권선징악과 같은 도덕적 주제를 내용으로 하는 '착함에 대한 공경(恭敬)'을 표방하면서 등장했다. 그리고 그러한 신화의 단계보다 좀 더 높은 단계의 보편성과 명료성을 필요로 하면서 비로소 이성으로의 전환을 시도했고, 여기서 '참됨에 대한 존경(尊敬)'을 추구하는 학문이 등장했다. 이와 같이 종교[聖]-예술[美]-신화[善]-학문[眞]으로 이어지는 일련의 과정이 가치의 발생과 진화의 틀이라면, 우리가 여기서 관심하는 신학이라는 것이 '신'과 '학'의 결합 사건인 것은 물론이거니와 그러한 계보적 진화의 궤적을 지닌 역사적 산물이라는 점은 새삼스러운 설명이 필요하지 않다.

폐일언하고, 한국 개신교회 현장에서 이처럼 현실적 사고방식과 행동양식으로 나타나는 문제들을 다루기 위해 우리는 그러한 문제들의 뿌리가 되는 종교적 심성과 문화적 정서에 특별히 주목하여 분석하고자 한다. 구체적으로, 인간이 본능적으로 지니는 자기중심성이 종교 안에서 이기적 기복주의에 대한 맹목적 확신을 거쳐 결국 자아도취로 심화되고, 신(神)이라는 이름의 힘에 대한 희구가 눈앞의 욕구를 충족하기 위한 권력지향성을 거쳐 결국 우상숭배로 표출되는 현실에 초점을 맞추고자 한다. 예를 들어, 한국 그리스도교 개혁을 주장한 어느 동지의 분석에 따라 살피면, 기층종교적 심성이라 할 자기중심적 기복성은 맹목주의, 물신주의, 성공주의, 열광주의, 도피주의 등으로 나타나고, 이러한 기저 성향의 사회적 표출로서 권력지향성에 해당하는 사례로는 권위주의, 율법주의, 성직주의, 세속주의, 공로주의 등을 들 수 있다.[8] 그러나 여기서 이를 세세히 논하는 것은 독자의 기대를 저버리는 일일 테니 이 글에서는 큰 항목에 대해서만 간략히 논하겠다.

먼저 한국 그리스도교의 자기중심적 기복성에 대해 살펴보자. 사실상 "사람은 삶이 두려워 사회를 만들었고 죽음이 두려워 종교를 만들었다"는 말을 굳이 떠올리지 않더라도 인간에게 죽음이 없었다면 종교는 필요하지 않았을 것이다. 말하자면, 죽음 너머 저편의 무한한 힘을 동경함으로써 인간은 '종교적 인간(homo religiosus)'이 되었으니, 인간이 힘을 숭배하고 복을 기원하는 것이 자연적인 본능임은 두말할 나위가 없다. 그런데 "한국 종교의 부정적 특징으로서의 기복성이란 인간의 원초적이고 소박한 종교 심성으로서의 그것을 뜻하는 것이 아니라 현

---

[8]   이오갑, 『한국 기독교 개혁의 테마 20』(서울: 한들, 2002), 전권.

세에서의 물질, 권력, 명예에 대한 지나치게 이기적인 추구 경향을 가리킨다."9 그리고 이러한 현세적 기복신앙이 그리스도교에서는 물량적 성장제일주의로 이어지면서 종교를 초대형화했다. 그러나 원론적인 이야기로 들릴 수도 있지만, 이는 "누구든지 나를 따르려거든 자기를 버리고 자기 십자가를 지고 나를 따르라"는 예수의 지상명령과는 정반대 방향이다. 버리기보다는 받으려 하며 자기 십자가를 지기보다는 그 십자가를 대신 져준 그분에게 감사하는 것을 신앙으로 여기니 결국 따르기보다는 머물러 더 많이 가지려고 하기 때문이다.

> 한국 교회의 방향이 반대로 섰다면 믿음이 돈독할수록 더 두통이고, 성령이 뜨거울수록 더 심각하며, 교인이 많을수록, 기도를 많이 할수록, 헌금이 많이 쌓일수록 더 나쁘다. 예수와 그만큼 멀어지기 때문이다. 기도가 부족해서 사이비가 될 리 없고 열정이 식어서 사교가 된 예가 없으며 성령을 못 받아서 정신이상이 된 예가 없고 믿음이 없어서 우상 종교가 된 경우는 없기 때문이다.10

그럼에도 불구하고 복을 더 많이 받아 넘치도록 채우려는 욕심을 '독실'로 포장하면서 이기적 기복주의를 극대화하는 것이 한국 교회의 모습임은 부정할 수 없다. 시중에 회자되는 말로 '그 사람 교회는 다니는데 사람은 착하다'는 조소는 그냥 농담 삼아 하는 말일 수 없다.11 기

---

9   조흥윤, 『한국종교문화론』, 현대신서 95(서울: 동문선, 2002), 275쪽. 유동식은 부흥회에서 기사이적을 기대하는 것도 어디까지나 즉석의 효과를 기대하는 무교적(巫教的) 현실주의라 한 바 있다.

10   한용상, 『교회가 죽어야 예수가 산다』(서울: 해누리기획, 2001), 159쪽.

복적 자기중심주의는 결국 자아도취에 이르기까지 멈출 수 없으니 확신과 착각을 갈라내는 일은 불가능하다.

> 그들은 예배를 시작하면 으레 손뼉을 크게 치며 찬송을 부르고 기도를 할때 가장 큰 목소리로 반복을 계속한다. 하나님이 너무 멀리 계셔서 못 들을까 싶어서 그런가? 그러나 이처럼 크게 외치는 것은 하나님을 위해서가 아니라 자신이 스스로 그 안에 빠져들기 위한 자아도취의 방식이다. 황홀경과 망아경의 집단 광기 속에서 자신이 신과 접촉하는 것 같은 야릇한 체험을 하고 그것으로 최대의 축복과 구원을 받는다는 착각을 만들어내는 것이다. [12]

그런데 이토록 힘을 앙망하는 본능에 뿌리를 둔 기복신앙은 결국 현실적으로 권력을 지향하는 성향으로 나타날 수밖에 없었다. 물론 여기서 권력지향성이란 종교가 정치화를 꾀하면서 그 행태를 닮아가는 특징적 경향을 말하는데, 이러한 경향이 엮어낸 집단이기주의가 대내적으로는 수직적 위계 구조를 통해 종교권력을 옹위하고 대외적으로는 종교 간의 갈등까지 일으킨다. [13] 동서고금을 막론하고 본디 종교와 정치는 '힘에 대한 숭배'라는 인간 본능에 뿌리를 두고 공모(共謀) 관계를 이어왔으니 새삼스러울 것은 없지만, 한반도에 들어온 외래 종교 가운데 가장 짧은 역사에도 불구하고 권력 추구 성향을 가장 노골적으로 드

---

11   정숙희, 『그들은 왜 교회를 떠났을까?』, 44~45쪽을 참조하기 바란다.
12   한용상, 『교회가 죽어야 예수가 산다』, 167~168쪽.
13   조흥윤, 『한국종교문화론』, 27쪽.

러낸 곳이 바로 개신교회라는 점은 굳이 실태 조사가 필요하지 않다. 그리스도교계 일간지의 한 기자는 안타까운 마음에 다음과 같이 그리스도교의 정치화를 개탄한다.

> 예수는 세상을 섬기기 위해 왔다고 했지만 교회는 세상 위에 군림하려 합니다. 우리 사회의 공동선보다 교회의 이익이 더 먼저라고 온몸으로 이야기합니다. 지난날 권력 가까이에서 혜택을 입었던 한국 교회는 최근에 와서는 아예 권력 그 자체가 되려고 합니다. 더 큰 문제는 이런 몰지각한 행동에 한국 교회의 지도자를 자처하는 이들과 조직이 앞장서고 있고 이를 제어할 수 있는 자정 능력이 교회 안에 없다는 점입니다.[14]

한국 사회에서 개신교회가 취해온 이러한 모습은 교회 안에서 신을 보고 싶어 하는 신자들과 그들에게 덕이 되어야 한다는 사명감을 구실로 우상으로 군림한 목사들의 욕망이 한데 얽혀 증폭된 것일 뿐이었다. 말하자면, '누이 좋고 매부 좋은' 욕망 충족을 향한 묵시적 동의를 바탕으로 교인들의 우민화(愚民化)와 목사의 우상화(偶像化)는 동전의 양면 같은 관계로 굴러가면서 거대해져 온 것이다.

교회 대형화를 위한 목표를 성취하기 위해 이들은 먼저 교회 우상주의를 선택했다. 그리고 목사 절대주의를 병행시켰다. 교회 우상주의는 기독교

---

14   김지방, 『정치교회: 권력에 중독된 한국 기독교 내부 탐사』(서울: 교양인, 2007), 6쪽. 한국기독교총연합회의 대표회장 이용규 씨는 2007년 8월 21일 당시 한나라당 대선 후보로 지명된 이명박 씨에게 "하나님이 함께하셔서 대통령 선거에서도 승리하실 줄 믿습니다"라고 했다(같은 책, 11쪽 참조).

신앙의 대상이 될 궁극적인 존재의 자리에 하나님 대신 교회를 올려놓는 것이다. 그리고 그 교회의 주인 노릇을 하는 목사는 하나님의 종이 아니라, 하나님의 분신이거나 작은 하나님으로 격상되어버렸다.[15]

이렇게 해서 한국 개신교회는 기층적 기복주의와 이에 뿌리를 둔 권력지향성을 가시적이고도 즉각적으로 충족하기 위해 그들만의 '왕국'을 건설했고 이로써 결국 이 사회에서 '왕따'가 된 형국이다. 비록 개신교회가 한국 사회 안에서 아직은 버틸 수 있을 것처럼 보이지만, 앞서 말한 '민도의 성숙'이 게토의 앞날을 예언하는 지표라는 점은 외면할 수 없다. 이 대목에서 한국 개신교회의 사회적 위상에 대한 성찰적 진단은 살필 만한 가치를 지닌다.

교회는 언제나 인구가 밀집된 공간에 자리 잡는다. 또한 교회는 근대적 기술 문명의 이기를 적극적으로/무비판적으로 수용한다. 그러나 동시에 교회는 반근대적 가치로 구성된 폐쇄적 담론 공동체로서 자기를 재생산한다. 축자영감에 대한 절대적 신봉, 반문명적인 영성적 열광주의, 성직자 권위의 전근대적 가부장주의, 확대된 가족주의로서의 폐쇄적 공동체

---

15 한용상, 『교회가 죽어야 예수가 산다』, 191쪽. 교회 우상주의와 목사 절대주의를 부르짖는 근본주의자들을 예로 들면, 다음과 같은 신학적 진단으로도 표현할 수 있다. "이러한 근본주의자들의 왜곡과 오만은 일반 교인들에게는 지성적 회의와 자기비판을 받아들이는 자유주의 신학자들에 비하여 확신에 찬, 영적 지도자의 모습으로 비쳐졌고, 인간의 이성적 요구에 타협하지 않는 순교적 신앙의 수호자들로 간주되었다. …… 그리하여 근본주의적 신앙의 지도자들은 마치 신자들의 가정을 안정되게 지켜주고, 하나님의 교회를 지키는 진리의 파수꾼으로 간주되었던 것이다." 박충구, 「개신교 근본주의와 한국교회」, 한국문화신학회 엮음, 『한국에 기독교문화는 있는가』(서울: 한들, 2005), 181~182쪽.

주의 등 한결같이 절대적이고 초월적인 힘을 추구하는 반근대적 가치를 통해 교회는 근대 사회 속에서 존립하는 반근대적 공간이 된 것이다. 요컨대, 교회는 …… 구원의 방주라는, 폐쇄적인 신앙적 게토로서 자리매김되어 있다.[16]

되뇌지만, 죽을 수밖에 없는 인간이 그 한계 너머의 힘을 구하는 것은 당연할 뿐 아니라 불가피한 것이었다. 그러나 이러한 희구가 일상화되면서 체제적 영속화를 꾀하게 된 제도적 종교는 이제 목적과 수단의 전치까지도 불사하면서 힘에 대한 절박한 숭배를 일상적 기복주의로 정착시켰다. 그리고 그렇게도 앙망하는 복을 눈앞에서 보고자 하는 욕망은 현실적으로 권력을 지향하게 했다. 이러한 기복성과 권력지향성은 이미 동전의 양면이지만, 서로 얽혀 상승작용을 일으키니 기복성은 자아도취로, 권력지향성은 우상숭배로 극단화하면서 한국 개신교회를 자아도취적 우상숭배(narcissistic idolatry)[17]로 치닫게 해왔다. 사정이 이러하니 개신교회는 결국 '독실'이라는 이름의 '독단'을 신앙의 지상 과제로 삼음으로써 그렇게 되고서도 그렇게 되는 줄 모르는 경지[18]에 이

---

16 김진호, 「한국교회의 승리주의」, 임지현 외, 『우리 안의 파시즘』(서울: 삼인, 2000), 200·202쪽.

17 이 표현은 미국의 종교철학자 맥그레거에게서 빌려 온 것인데 이 맥락에 매우 적합한 개념이어서 사용한다. Geddes MacGregor, *He Who Lets Us Be: A New Theology of Love*(New York: Paragon House, 1987), p.18을 참조하기 바란다. 기복성이 자아도취로, 권력지향성이 우상숭배로 이어지는 과정에 대해서는 다음 절에서 상세히 설명한다.

18 이 대목에서 일찍이 서양 중세의 마지막 철학자요, 신학자이며, 추기경이었던 니콜라우스 쿠자누스가 갈파한 '무지의 지(docta ignorantia)'가 절묘한 대조를 이루며 떠오르는 것을 억제할 수 없다. 모른다는 것을 알고 깨닫는다는 지혜를 가리키는 가르침일진대,

르게 된 것이다.

　　그러나 이는 결국 진리에 대한 강박이 그 정체인 '확신' 이데올로기에 사로잡힌 독단적 신앙을 '무조건적인 신앙'으로 혼동하는 희극적 비극일 뿐이다. 그 이유인즉, '무조건적'이라는 것이 '조건이 없다'는 것이라 할 때, 조건이 없다는 것은 '따지지 않는다'는 것으로 새겨지고, 따지지 않는다는 것은 곧 '생각하지 않는다'는 것이 되며, 생각하지 않는다는 것은 '덮어놓고 맹목적이게' 되는 데에 이르기 때문이다. 말하자면, 표현은 '무조건적'이라고 하지만 통속적으로는 '맹목적'인 것을 뜻하게 되고 결국 '독단적'인 것이 되어버린다. 그러니 여기에 물음이 있을 수 없다. 아무것도 보이지 않는데 무엇을 물을 수 있을 것이며, 혼자 옳다는데 물을 필요가 어디에 있겠는가? 오히려 묻는다는 것은 의심이고 회의이니 결국 불신앙으로 간주될 뿐이다. 그래서 교회에서는 도무지 물음이 없다. 교회의 언어는 대체로 마침표, 그리고 지나치게 자주 느낌표로 마무리되는 분위기일 뿐 물음표는 허락되지 않는다. 이래서 '묻지마' 신앙이다. 앞서 말한 자아도취적 우상숭배라는 것도 바로 이를 일컫는다. 물음이 없으니 자기에게 빠지고, 신은 내가 믿고 싶은 대로 믿는 우상이 될 수밖에 없기 때문이다. 말하자면, 자아도취적 우상숭배가 결국 우리를 그렇게도 독실한(?) '묻지마' 신앙으로 이끌고 있으며 교회마다 확신이라는 이름으로 '묻지마' 신앙을 예찬하는 공동의 음모가 넘치고 있는 것이다.

무엇을 모르는 것이야 자연스러운 것이지만, 모른다는 것을 모르는 것은 실로 대책 없는 일이다.

2. '묻지마'의 뿌리: 전통 종교의 문화적 영향으로서의 주술성과 파시즘

그렇다면 도대체 한국 그리스도교는 왜 그렇게 '묻지마' 신앙으로 치달 았는가? 같은 질문을 달리 묻는다면, 한국 그리스도교는 왜 그렇게 자 아도취적 우상숭배, 또는 기복적이고 권력지향적인 신앙을 추구하게 되었는가? 이에 답하기 위해 여러 시도를 할 수 있겠지만, 여기서는 한 국인의 정신문화적 특성에서 그 이유를 더듬어보겠다.[19] 그런데 이런 정신문화의 근본적인 기층에 유구한 역사를 지배해온 종교가 자리 잡 고 있다는 것을 부인할 수 없다. 종교는 한 사회의 문화를 형성하는 기 저층을 이루며 인간관과 세계관의 뿌리로 자리 잡기 때문이다. 말하자 면, 한국 그리스도교의 양상과 그 연원을 분석하기 위해 전통 종교문화 를 그 배경으로 살피는 것은 단순히 종교라는 동일 범주를 임의로 묶어 연결하는 작위적인 접근이 아니라 그 근본을 파헤치는 필수적인 작업 이다. 이런 전제에서 본다면, 먼저 한국 그리스도교에서 자기중심성이 이기적 기복주의를 거쳐 결국 자아도취로 나타나게 된 배경으로 한국 의 기층종교인 무교(巫敎)를 들 수 있겠고, 힘에 대한 앙망이 현실적으 로 권력지향성을 거쳐 우상숭배로 이어진 데에는 한국 근대사의 지배

---

19 이 대목에 연관된 연구로는 다음을 들 수 있다. 강준만,『한국인 코드』(서울: 인물과 사상사, 2006); 김경동,『한국인의 가치관과 사회의식: 변화의 경험적 추적』(서울: 박영 사, 1992); 김열규,『한국의 문화코드 열다섯 가지』(서울: 금호문화, 1997); 박노자,『당신 들의 대한민국』(서울: 한겨레신문사, 2002); 박영신,『우리사회의 성찰적 인식』(서울: 현 상과 인식, 1996); 일상문화연구회 엮음,『한국인의 일상문화』(서울: 한울, 1996); 주강 현,『우리문화의 수수께끼』(서울: 한겨레신문사, 1996) 등.

종교였던 유교(儒敎)의 영향을 고려해볼 수 있을 것이다.[20] 물론 그 밖에 다른 종교들에서도 영향을 받았을 것이나 결국 이 두 종교의 영향권 안에서 습합되는 양상을 보였기 때문에 그 비중은 상대적으로 작다고 하겠다.[21] 아울러 기층종교와 지배종교라는 문화적 배경의 영향을 논한다고 하여 그리스도교가 그 자체로서 아무런 책임이 없다고 전제하는 것은 결코 아니다. 오히려 그리스도교 안에 이미 깔려 있는 그러한 성향들이 이러한 기층종교와 지배종교에 대한 문화적 기억들과의 상호작용을 통해 더욱 증폭되고 급기야 왜곡되어온 현실에 주목하고자 할 따름이다.

먼저 무교는 구석기시대 말에 발생한 것으로 추정되는데 한민족이 한반도에 정착하기 전부터 신봉된 것으로 짐작된다. 말하자면, "무속신앙은 대 종교들이 전래될 때에는 언제나 그 수용 기반이 되어 이들 외래 종교를 이 땅에 토착화시켜왔고 그 결과 외래 종교들은 무속적으로

---

20   유동식은 한국인의 일반 심성의 근저인 무교와 유교의 문화적 영향을 다음의 여섯 가지로 정리했다. ① 주체성을 잃은 의타성, ② 정체적 보수성, ③ 이기적 현실성, ④ 가족주의적 당파성, ⑤ 관존민비의 관료성, ⑥ 향락적 오락성. 유동식의 『한국종교와 기독교』(서울: 대한기독교서회, 1965)와 『민속종교와 한국문화』(서울: 현대사상사, 1978) 전권을 참조하기 바란다.

21   정수복도 한국인의 문화를 이루는 기축으로서 무교와 유교의 차원을 구분하여 다음과 같이 설명한다. "겉으로 볼 때 한국 사회의 구성 원리와 인간관계의 원칙은 유교가 제공하지만 무교는 한국인의 삶의 기본적 정서에 심층으로부터 영향을 미치면서 밑바탕을 구성하고 있는 것이다. …… 불교와 도교는 현실 세계의 삶을 거부하거나 부차적으로 보았기 때문에 현실 속에서 움직이는 문화적 문법 형성에 직접적인 영향을 미치지 않았다." 정수복, 『한국인의 문화적 문법: 당연의 세계 낯설게 보기』(서울: 생각의 나무, 2007), 123·328쪽. 그 후에 들어온 그리스도교도 이 점에서 불교나 도교와 마찬가지라는 것은 굳이 지적할 필요도 없을 것이다.

변용하여 기복종교로서 대중에게 신봉되어왔다."[22] 그리고 최근에 들어온 그리스도교도 결코 예외가 아니다. 왜냐하면 한국 문화에서 기본 토양으로서의 무교적 정서가 그리스도교라는 "새로운 종교성과 만난다 하더라도 그것은 근본적으로 기존 경험에 '첨가'되는 새로움이지 기존의 것을 '대치'하는 것은 아니기"[23] 때문이다. 다른 한편, 유교는 삼국시대에 한반도에 유입되어 고려시대에는 정치제도와 사상에 영향을 미쳤고 조선시대에는 통치방식과 가족관계까지 지배하는 기본정신이 되었으니 결코 무교에 못지않은 영향력을 행사한다고 하겠다. 일부 문화적 충돌이 있었지만 한국 그리스도교가 위계 체제의 재빠른 제도화 등에서 유교의 덕을 상당히 크게 보았다는 것은 공공연한 비밀이다.

1) 무교: 기복성·주술성·자아도취

그렇다면 가장 오래된 기층종교로서의 무교와 최근에 들어온 외래 종교로서의 그리스도교가 한반도에서는 어떠한 모습으로 만났을까? 이를 논하기 위해서는 우선 무교가 우리 역사에서 취해온 모습에 주목해야 한다. 한민족의 생성과 함께한 것으로 사료되는 무교는 과연 이후 밖에서 들어온 모든 사상과 종교를 융합해내는 용광로로 자리 잡고 있기 때문이다. 조흥윤은 이를 다음과 같이 묘사한다.

---

22 문상희, 『종교 문화 신비』(서울: 대한기독교서회, 2008), 271쪽.
23 정진홍, 『경험과 기억: 종교문화의 틈 읽기』(서울: 당대, 2003), 134쪽. 결국 도교, 불교, 유교, 그리스도교 등 외래 종교는 모두 어떤 방식으로든 무교와 결합함으로써만 한국인의 심성에 뿌리내릴 수 있었다는 것을 부인하기 어렵다.

무교는 예사스러운 종교가 아니다. 한민족에게 다종교 공존의 조화의 원리를 제공하였다. 그뿐만 아니라 음주가무와 신들림의 종교문화를 그 체질로 가꾸어주었다. 신들림은 신령과 만나는 종교체험의 경지를 말하고, 음주가무는 신들림에 이르는 과정이자 신들림을 즐기는 의례로서 조화와 더불어 체용(體用)을 이룬다. 한민족의 음주가무의 특징은 고대에 이미 두드러져 중국의 역사가들이 그것을 주목하여 기록한 터이다. 음주가무는 각종 종교 의례의 멋으로서 베풀어지고, 그 전통이 굿에서 오늘날까지 면면히 전해온다.[24]

우리 민족의 기층적 심성이면서 일상적 행태라고도 할 수 있을 만한 앞의 묘사는 과연 고대의 무교가 외래의 그리스도교로 스며들 수밖에 없는 차원을 지니고 있음을 말한다. 이와 관련해 정진홍은 이 땅에 그리스도교가 자리 잡는 데에 무교라는 전통적 배경이 오히려 우호적이리만큼 좋은 토양이었다는 것을 다음과 같이 분석한다.

전통적인 종교 경험이 기독교의 상징체계가 이식될 수 있는 토양으로 기능하기에 충분한 것이었다. 무엇보다도 신의 존재, 절대자이자 창조주인 신의 존재를 주장하는 것이 그것이다. 기층종교의 하늘-님 신앙이 없었다면 그리스도교의 신은 그가 지닌 배타적 독선성으로 인하여 전통 문화의 파괴 없이 수용될 수가 없었을 것이다. 겉으로 보기에 심각한 갈등이 없지 않았는데도 불구하고 여전히 테오스적 에토스로 우리의 종교 경험 전체가 전환되지 않은 채 그 신을 받아들인 것은 생경한 테오스적 상징체계

---

24   조흥윤, 『한국종교문화론』, 20쪽.

가 의식의 심층에서는 표층에서처럼 생소한 것이지는 않았다는 사실을 입증하는 것이기도 하다.[25]

말하자면, 무교라는 기층종교에서 그리스도교가 겉으로는 첨예한 대립을 보였지만 깊은 심층적 정서에서는 거의 생소하지 않을 정도로 익숙하게 받아들여졌다는 것이다. 좀 더 노골적으로 표현한다면, 이름만 바꾸었을 뿐 개종(改宗)은 고사하고 아마 가종(加宗)조차도 쉽게 이루어지지는 않았다고 하겠다. 그럴 수밖에 없었던 결정적인 이유가 역시 종교적 본능인 기복주의 신앙임은 두말할 나위도 없다. 결국 이 땅에 들어와 교세 확장을 구가한 다른 종교들도 마찬가지이지만, 서구에서 들어온 그리스도교가 그토록 빨리 보급될 수 있었던 여러 주요한 이유 가운데 가장 강력한 근거가 바로 이 기복주의라는 데 대해서는 재론의 여지가 없다.

부처도, 신선도, 천리도, 하나님도 힘을 지닌 극대화된 기능으로 변모하면서 기복의 대상 또는 힘의 권화가 되었습니다. 기복의 모티브를 배제하고는 그들 각 종교가 이 땅의 종교문화에서 설 자리를 잃는 것은 이 때문이라고 할 수 있습니다.[26]

---

25 정진홍, 「한국종교문화의 전개: 한국종교사의 유형론적 서술을 위한 시론」, 장병길 교수 은퇴기념논총 간행위원회 엮음, 『한국종교의 이해』(서울: 집문당, 1985), 89~90쪽.

26 정진홍, 『경험과 기억: 종교문화의 틈 읽기』, 119쪽. 한국인의 종교문화에서 일순위에 해당하는 기복성은 오늘날 경제지상주의라는 모양으로 나타날 터인즉, 무교적 배경뿐 아니라 뒤에서 다루게 될 유교의 현실 관심도 깊게 연관되어 있다고 하지 않을 수 없다. "경제지상주의의 뿌리는 멀리 보자면 유교를 거쳐 한국인의 심성에 깊이 자리 잡고 있는

그렇다면 결국 기층종교로서 무교가 지니고 있던 신앙 원형으로서의 기복주의가 구체적으로 어떻게 그리스도교로 이어졌는가를 살피는 것이 관건이다. 이를 분석한 많은 연구는 한결같이 무교의 신들림 체험이 기복주의를 내용으로 담아 고스란히 그리스도교로 흘러들어 갔다고 주장한다. 말하자면, 이미 기층적으로 익숙한 신들림 체험이라는 유구한 전통이 종교의 이름을 바꾸어가면서 무교로부터 그리스도교로 이어지고 있다는 것이다.

> 신들림은 종교체험의 한국 문화적 표현이고 깨달음의 한 경지이다. ……
> 그런 경지에서 한국 사람은 사물을 분석하여 논리적으로 따지지 않고 한 순간의 총체적/직관적 이해로써 파악하고 표현한다. 종교의 세계에서만 아니라 그것이 표현된 종교예술이나 한민족의 민속, 물질문화, 사회조직 등에서도 이것이 두루 확인된다. 무당은 여전히 신들림의 명수이거니와 한국의 기독교, 불교 등에서는 다른 나라에서와 달리 그러한 종교체험이 왕성하다.[27]

한국적 종교체험이라는 '신들림'은 여러 양태로 나타나는데 그 대표적인 것이 바로 주술임은 주지의 사실이다. 여기서 주술이란 "언어나 행동으로 초인간적인 힘을 인간이 원하는 대로 지배하거나 변화시키려

무교에까지 이어져 있다. 초월적 세계보다는 현실의 질서에 집착한 유교와 현실의 물질적 행복을 추구한 무교의 결합체가 작용하여 만든 현세적 물질주의는 경제지상주의가 자랄 수 있는 비옥한 토양이었다." 정수복, 『한국인의 문화적 문법: 당연의 세계 낯설게 보기』, 278쪽.

27   조흥윤, 『한국종교문화론』, 21쪽.

는 원시적인 기술"로서 '유사한 것은 유사한 결과를 낳는다는 일종의 인과율'을 그 원리로 삼는 형태의 신앙을 말한다.[28] 그런데 이러한 주술적인 형태의 기복신앙이 그리스도교 안에 거의 흡사하게 드러나고 있다는 것이다. 최준식은 이를 다음과 같이 묘사한다.

> 눈을 거의 감은 채로 같은 찬송가를 몇 번이고 반복하면서 몸을 좌우 혹은 앞뒤로 계속 흔들고, 긴 찬송가 찬양이 끝나면 큰 소리로 저마다 이른바 '통성기도'를 마구 늘어놓는다. …… 어떤 학자들은 바로 이런 현세 기복적 신앙이 표현되는 부흥회의 시끌시끌한 모습에서 무교의 영향을 찾으려 한다. 마치 굿판과 같다는 것이다. …… 우리나라 사람들은 술을 마셔도 인사불성이 될 때까지 마셔야 술 한번 잘 마셨다고 하고, 기도도 한번 하면 입에서 이상한 소리가 나오고 인사불성에 들어가야 '기도빨'이 잘 받았다고 하니 한국인들의 몰아지경에 대한 동경은 대단하다. 한국인이 갖고 있는 이 몰아지경에 대한 동경은 무교의 신들림 현상과 무관하지 않을 것이다.[29]

같은 것을 단순하게 반복하는 형식은 인간을 아무 생각 없게 만들

---

28 문상희, 『종교 문화 신비』, 235쪽. 무교는 원래 집단적이고 부족적인 성격의 종교였는데 불교와 유교의 유입 이후 점차 개인적이고 주술적인 성격의 신앙으로 변질되었다고 한다. "신라왕조 말기에 이르러 무교는 사회적 불안을 해소하기 위한 방편으로 제화치병(除禍治病), 벽사진경(辟邪進慶), 제액초복(除厄招福) 등을 목표로 하는 주술적 신앙으로 변했다." 정수복, 『한국인의 문화적 문법: 당연의 세계 낯설게 보기』, 292~293쪽.
29 최준식, 「한국사회의 종교」, 국제한국학회, 『한국문화와 한국인』(서울: 사계절출판사, 1998), 98쪽.

고 이를 상당히 지속하다 보면 어느덧 몰아지경 같은 비일상적인 체험이 일어나게 되니 이를 일컬어 '신들림'이라 한다면 이는 한국적 종교체험의 기본 원리이다. 그런데 이런 체험이 교회 안에서 깔끔하게 재현되고 있다는 것이다. 물론 전혀 새삼스러운 이야기가 아니지만 이제는 오히려 그리스도교의 일반적인 양식이 된 듯하니 무교의 입장에서는 저작권 소송이라도 고려해야 할 정도가 아닌가 한다.

> 목사는 구원을 받지 못한다고 고함을 치면서 윽박지른다. 예배 분위기를 뜨겁게 만들기 위해 손뼉 치며 찬송을 점점 빠르고 힘차게, 점점 크고 높게 불러댄다. …… 이로써 예배 장소는 무당 신내림의 굿판이 된다. 무당이 칼춤을 추며 큰 소리로 신을 부르는 것처럼, 교인들은 목이 터지라고 성령을 부르고 저마다 미친 사람 같은 몸짓이 된다.[30]

이 정도라면 접신(接神) 체험이 주술을 포함하는 현상에 대해서는 더 이상의 설명이 필요하지 않을 것이다. 본디 주술이라는 것이 단순한 내용의 무한한(?) 반복을 기본 형식으로 하거니와 그 내용이 말이 되지 않고 뜻이 통하지 않을수록 주술로서의 효과는 더욱 증대된다. 그리고

---

30 한용상, 『교회가 죽어야 예수가 산다』, 194쪽. 정재식도 이에 대해 다음과 같이 분석한다. "무교는 한국인의 감정우선주의에 일정한 영향을 미쳤을 것이다. …… 열렬한 새벽기도와 불같은 성령 대부흥회로 대표되는 한국의 독특한 기독교 문화도 이런 감정우선주의와 연결되어 있다. 한국의 기독교도들은 초월적 세계와 대면하여 현실에서의 자신의 행위를 윤리적 원칙에 따라 합리화시키기보다는 감정적 흥분을 통해 현실을 벗어나 망아적 상태를 경험하려는 경향을 가지고 있다." 정재식, 『전통의 연속과 변화: 도전받는 한국 종교와 사회』(서울: 아카넷, 2004), 264쪽.

여기서 바로 인간은 종교 안에서 이루고자 하는 욕망의 절정인 자아도취에 이르게 된다. 현실을 망각하거나 도피하는 몽상의 주술이 종교 안에서 자기 확인 욕망을 만족시켜주는 방식으로 자행되기 때문이다. 이쯤 된다면 마음의 안정과 평화 정도가 아니라 말로 표현할 수 없는 황홀과 희열을 체험하게 되니 바야흐로 '종교적 인간'이 종교 안에서 누리고자 하는 궁극적 경지가 아닐까? 그리고 이런 한에서는 시비할 일이 아닐 수도 있다.

그러나 이기적 기복주의가 신들림의 주술성을 취하면서 이르게 된 자아도취는 단순히 그러한 경지에 머무르지 않는다. 주술이라는 것이 우리를 몽롱하게 몰아감으로써 평안한 듯 느끼게 하지만, 주술이란 본디 주술을 벗어나지 못하게 하는 마력을 본성으로 하느니만큼 그 굴레 안에 더더욱 갇힐 수밖에 없기 때문이다. 그렇다면 종교적 자아도취는 구체적으로 어떠한 문제들을 야기하는가? 우선 자기 굴레를 파고드는 자아도취에는 당연하게도 타자가 없다. 무의식적 차원은 물론 일상에서도 무수한 증거들로 넘쳐난다. '우리가 남이가?'로 대표되는 우리 문화에서 알면 안 될 것도 되고 모르면 될 것도 안 되는 마당에, 타인에 대한 배타적 태도는 물론이고 '전적 타자'라는 신(神)을 제대로 새길 리 만무하다. 전적 타자라면 '하나님 그대로의 하나님'일 텐데 이는 애당초 불가능한 것이니 어쩔 수 없이 '내가 믿고 있는 하나님'이고, 그것도 '내가 믿고 싶은 대로 믿는 하나님'이니 타자로서의 신이라는 것은 상징으로조차 떠올릴 수 없다. 그러나 자아도취의 더욱 심각한 문제는 그것이 결국 자기 속박일 수밖에 없게 된다는 데에 있다. 자아도취를 멈출 수 없으니 몽롱한 주술을 끊임없이 지속해야 하는 강박이 인간을 옭아매기 때문이다. 앞에 인용한 구절에 바로 이어 나오는 다음의 진술은 그 정곡을 찌르는 고발이라고 하지 않을 수 없다.

> 그러나 이 같은 뜨거운 체험도 교회 문밖을 나서는 순간 식는다. 이런 식의 믿음은 사이클을 계속 가동시키지 않으면 식어버리기 때문에 구원받지 못한다는 불안감을 유발시킨다.[31]

그런데 '구원받지 못한다'는 목사의 협박과 신자의 불안은 전율적인 화음을 이루면서 이를 잊으려는 주술의 도가니로 몰아가니 이는 결코 멈춰질 수 없는 것이었다. 이것이 바로 한국 그리스도교의 성장 동력이었다면 교회는 잘되는지 몰라도 예수와는 거리가 멀 수밖에 없다.

2) 유교: 권력지향성·파시즘·우상숭배

유교가 우리 문화사에서 지배종교가 된 것은 조선시대이지만 한반도에 유입된 것은 삼국시대로 거슬러가니 그 유구한 역사에서 또 하나의 기층문화로서 위치를 차지한다는 것은 새삼스러운 강변이 필요하지 않을 것이다. 그런데 유교의 부정적 요소는 끈질기게 남아 힘을 발휘하는 반면, 이의 긍정적 측면은 시대에 맞지 않는 것으로 치부되어 거의 힘을 발휘하지 못하는 상태라는 지적[32]도 덮어둘 수는 없는 형편이다. 이런 맥락에서 한국 그리스도교 문화의 주요한 특징 가운데 하나인 권력지향성의 근본 토양이면서 동시에 이를 크게 부추긴 유교의 영향으로 '서열

---

31 한용상, 『교회가 죽어야 예수가 산다』, 194쪽.

32 정수복, 『한국인의 문화적 문법: 당연의 세계 낯설게 보기』, 38쪽.

을 중시하는 권위주의'와 이를 운용하기 위한 '가부장적 집단주의'라는 문제를 살피는 것이 의미 있을 것이다.[33] 여기서 권위주의는 장유유서(長幼有序)로 표현되는 상하 질서에 관한 윤리에서 비롯된 정서이고 집단주의는 부자유친(父子有親)이라는 가족주의적 윤리를 뿌리로 하는 것이라고 할 때, 이러한 통념 및 이들의 얽힘인 권위주의적 집단주의가 한국 사회에서 권력지향적 파시즘을 부추겼을 것으로 보이기 때문이다.[34]

먼저 장유유서가 가르치는 상하관계 또는 위계질서의 의식은 유감스럽게도 '아랫사람'이 '윗사람'에 대해 취해야 할 자세에 관한 것일 뿐, 그 반대 방향의 덕에 관한 이야기는 아니었다. 비극의 씨앗이 이미 여기서부터 심어졌으니 '권위'가 아니라 '권위주의'로 전락하는 것은 불가피한 일이었다.[35] 따라서 크고 작은 집단 안에서 장유유서의 윤리가 기

---

33 최준식, 「한국사회의 종교」, 117~119쪽. 최준식은 다음과 같이 설명한다. "유교의 근본 가르침이라고 할 수 있는 삼강오륜의 영향은 절대적이다. 오륜 가운데서도 결정적인 영향을 끼친 것은 부모자식 간의 덕목인 효와 상하의 서열을 강조하는 장유유서라는 가치들이다. 효는 무엇보다도 가부장제가 중심이 되는 가족주의라는 이데올로기를 탄생시켜 우리의 가치관 형성에 지울 수 없는 족적을 남겼다. …… 이 유교적 가족주의는 집단주의를 배태시켰다."

34 물론 조선시대 유교에서 비롯된 권위주의는 이후 한국 현대 정치체제의 변화사에서도 옹골차게 이어져 왔다. "권위주의라는 한국인의 문화적 문법은 조선시대에 지배이데올로기로 작동한 유교에서 비롯되어 일제의 군국주의적 식민 지배를 통해 변형된 방식으로 강화되었으며 군사 쿠데타 이후 수직적 군대 조직의 원리가 사회조직의 일반 원리가 되면서 더욱 강화되었다." 정수복, 『한국인의 문화적 문법: 당연의 세계 낯설게 보기』, 147쪽.

35 "하급자가 상급자의 자질, 능력, 인격 등을 스스로 인정할 경우 상급자는 하급자에 대해 '권위'를 갖게 된다. 그러나 상급자가 하급자의 승인 없이 상급자라는 이유만으로 하급자와 수직적인 관계를 강요하게 되면 '권위주의'가 된다." 정수복, 『한국인의 문화적 문법: 당연의 세계 낯설게 보기』, 142쪽.

득권층에 의해 이용되고 남용되며 더욱이 악용되는 것은 이미 거부할 수 없는 운명으로 자리 잡고 있었다.

> 서열상 윗자리를 차지하는 사람은 명령하고 충고할 수 있는 권위를 지니며 아랫사람은 존경과 복종으로 충성심을 보여야 한다. 그래서 윗사람에게는 복종하고 아랫사람에게는 명령하는 인간관계 유형이 만들어지고 강한 자 앞에서는 비굴해지고 약한 자 앞에서는 큰소리치는 권위주의적 인간형이 만들어진다.[36]

이것이 숨길 수 없는 우리의 사회적 생활 방식이다. 한국의 교회라고 예외가 아닐 뿐더러 오히려 교회의 직제와 운영이 이러한 권위주의의 덕을 톡톡히 보고 있다고 해도 과언이 아니다. 소위 '성직자'라는 부류의 권위의식은 실로 가관이다. 반쯤은 신이 된 듯한 분위기를 연출할수록 '신령한 영적 지도자'로 모셔지는 작태는 희극적 비극이다. '평신도'라고 불리는 교인들이 눈앞에서 신을 대리적으로라도 보기 원할 뿐 아니라 '성직자' 자신들이 그러한 기대에 부응한다는 구실로 거드름을 피우니 어느 분이 가장 역겨워하실지 물을 필요도 없다.

오늘날의 그리스도인들은, 비록 현실이 존재 망각의 역사 도정의 절정에 있다 하더라도, 비록 세계 체제가 존재의 본향을 빼앗아가 자신들을 정처 없이 세계를 부유하는 유랑자로 전락시켜버렸다 하더라도, 신앙적 게토 속으로 들어가 '탈세적 절대성'이라는 신앙적 의미를 소비함으로써 '억압'

---

36 정수복, 『한국인의 문화적 문법: 당연의 세계 낯설게 보기』, 142~143쪽.

을 수동적으로 감내하는 이상한 '용기'를 가진 자가 된다.[37]

그런데 이러한 경향을 더욱 부추기는 데에 한국의 도덕교육이 크게 일조해왔다. 사회 구조에서 권위주의적 분위기를 도덕교육이 타파하지는 못할망정 오히려 고조시킴으로써 노예교육으로 전락하고 있는 실정이 그 좋은 증거이다.

> 도덕 교과서는 하나같이 사람들을 아래위로 나눈 다음, 윗사람은 아랫사람을 사랑으로 감싸주고 아랫사람은 윗사람을 존경하고 공손히 대해야 한다고 가르친다. 그리고 이를 통해 사람들 사이의 불평등한 권력관계를 제도화한다. 이처럼 예절이 평등한 사람들 사이의 호혜적인 존중과 배려가 아니라 강자가 약자에게 강요하는 사회적 공물이 될 때 예절교육은 노예교육에 지나지 않는다.[38]

그러나 이런 현상이 어찌 도덕교육에 대해서만 해당할까? 종교교육은 물론이거니와 크게 보아 종교 현실 전반이 오히려 그러한 권위주의를 등에 업고 영위되는 현실로부터 한국 교회는 결코 자유롭지 않다. 이미 무교적 정서로 인해 주술적 분위기에 취해 있는 교인들이 이제는 유교적 통념인 위계질서 감각을 통해 노예화되고 있기 때문이다.[39] 말

---

37 김진호, 「한국교회의 승리주의」, 203쪽.
38 김상봉, 『도덕교육의 파시즘: 노예도덕을 넘어서』(서울: 길, 2006), 37~38쪽.
39 양명수는 한국 교회의 권위주의나 가부장적 모습은 유교 때문이라기보다는 서구 교회를 통해 들어온 신학 때문이라고 주장한다. 논의할 만한 과제로 보인다. 양명수, 「한국 기독교의 특징에 관한 신학적, 철학적 고찰」, ≪한국기독교신학논총≫, 49호(한국기독교

하자면, 갈등과 고민이 필요 없는 '노예의 편안함'을 '평안의 은혜'로 받아들이도록 반복적으로 학습되고 있는 것이다.

> 유교뿐 아니라 무교도 큰 힘 앞에 굴종하는 권위주의의 심성적 바탕을 형성하는 데 기여하였다. …… 무교적 세계관 속에는 인간은 크고 작은 신들의 노여움을 사지 말아야 하며 그럴 경우는 그 노여움을 굿을 통해 풀어야 한다는 생각이 들어 있다. …… 궁극적 관심보다 현실적 기능을 우선하며 힘센 귀신에게 무조건 복종하는 무교의 현세적 휴머니즘은 한국인들로 하여금 쉽사리 권위에 종속될 수 있는 심리적 경향을 초래했을 것이다. 무교가 만들어놓은 순응이라는 심리적 바탕 위에 유교의 수직적 규범이 결합하여 권위주의가 쉽게 뿌리내릴 수 있었을 것이다.[40]

일찍이 체제 순응적 심성을 깔아놓은 무교를 배경으로 위계적 규범을 강조하는 유교에 의해 증폭된 권위주의는 이제 이를 운용하기 위해 개인을 억누르고 집단을 강조하는 방식으로 나타난다. 그런데 이러한 집단주의는 무엇보다도 가족주의를 핵심으로 하고 있으며 이때 가족이라는 것도 가부장제를 근간으로 하는 것이라고 할 때 집단주의의 뿌리를 유교에서 찾는 것도 역시 무리가 아니다. 혈연중심주의를 기조로 하는 가족주의가 한국적 집단주의의 핵심이라면 가족주의의 뿌리는 아무래도 효라는 덕목을 강조해온 유교에서 찾아야 마땅할 것이기 때문이다. 나아가 내용적 차원의 권위주의와 그 운용 형식으로서의 집단

학회, 2007), 237쪽을 참조하기 바란다.

40   정수복, 『한국인의 문화적 문법: 당연의 세계 낯설게 보기』, 148쪽.

주의는 한데 얽혀 권위주의적 집단주의를 이루는바, 이는 곧 그 집단의 구성원들을 권력지향적으로 몰고 갈 수밖에 없게 했다. 그리고 이러한 권력지향성은 결국 교회조차도 파시즘적 집단으로 변질시켰다. 달리 말하면 다음과 같다.

> 교회의 담론은 모든 것을 버리고 유목민적 삶의 도정에 들어섰던 예수의 이야기가 소유에 기반한 정착민의 이야기로 번역되어 재현된 것이다. 하 강주의적 신학은 상승주의로 해석되었고, 피학성은 배제주의적 가학성으로 변형되었다. …… 탈권력을 향한 반파시즘적 신앙이 교회에 의해 파시즘적 권력 욕구로 변질되었기 때문이다.[41]

그런데 모든 형태의 파시즘이 그러하듯이 종교적 파시즘이라는 것도 그 종교에 속한 신도들의 암묵적이면서도 압도적인 합의를 전제하는 것임은 두말할 나위도 없다. 물론 직접적 억압을 위해 물리적 폭력을 일방적으로 행사했던 고전적 전제정과는 달리 근대적 파시즘이 합의 독재(consensus dictatorship)를 통해 민중을 장악했듯이, 종교적 파시즘은 신앙생활의 노예화와 종교적 대중의 자기기만이 얽혀 엮어낸 합작품이라 해도 과언이 아니다. 말하자면, 전체주의적 억압에 스스로를 자발적으로(?) 동원하는 오묘한 행태는 당연히 욕망 충족이라는 반대급부를 담보로 한다. 빵 한 개를 더 주는 경제정책이 민중들로 하여금 자발적으로 전체주의적 체제를 지지하도록 만들었던 역사의 많은 사례가 이를 입증한다. 종교도 예외가 아니니 구원과 영생이라는 종교적 욕망

---

41   김진호, 「한국교회의 승리주의」, 207쪽.

을 충족하기 위한 환상적 전망을 구사해줌으로써 자발적 헌신이라는 이름으로 종교적 대중의 봉건적 복종과 노예적 동원이 자행되는 것은 부정할 수 없는 현실이다. 물론 욕망의 충족 자체야 시비할 거리가 아니겠지만, 여기서 문제는 결국 오도된 욕망이요, 왜곡된 충족이다. 그것이 오도이고 왜곡인 것은 종국에 인간을 옭아매기 때문이다.[42]

이처럼 자발적 복종으로 포장된 종교적 파시즘이 신의 궁극적인 힘조차 세속권력의 신격화를 통해 새김으로써 결국 '궁극적이지 않은 것'을 '궁극적인 것'으로 격상시키는 우상주의[43]로 전락하는 것은 불가피한 귀결이었다. 말하자면, 무교와 유교가 공유하는 현세주의에 바탕을 둔 권력지향적 파시즘은 그리스도교가 말하는 초월성을 현실과의 간격을 통한 교정의 기능보다는 현실 자체에서 문제를 해결하기 위한 초자연적·마술적 개입의 수단으로 간주하게 했다고 하겠다.

> 한국의 종교 전통에는 세속 세계와 초월적이고 절대적인 영역 사이의 창조적 긴장관계가 형성되지 않았기 때문에 초월적 세계가 제시하는 삶의 방향이 현실 세계의 구체적 삶에 변화를 일으키지 못했다. 다시 말해서 한국의 종교적 전통 속에서 한국인들은 초월적 세계와 현실 세계 사이의

---

42 정재현, 『망치로 신-학하기: '말씀'이 말이 되게 하기 위하여』(파주: 한울, 2006), 245~246쪽

43 혹자는 그리스도교야말로 온갖 우상들을 때려 부순 종교라고 강변하면서 그리스도교에서의 우상주의를 부인할 수도 있을 것이다. 그러나 우상이라는 것이 옛날에는 초자연적 힘을 자연물에 투사하여 형상화하는 방식으로 엮어졌다면 이제는 그러한 원시적 물상화의 경향은 사라져가지만 오늘날에도 여전히 집요한 우상화의 동기가 관념과 이념의 형태로 본능적이리만큼 우리를 지배하고 있다는 점을 더욱 부정할 수 없을 것이다. 오죽하면 종교개혁자 칼뱅도 "인간은 끊임없이 우상을 만들어내는 공장"이라고 일갈했을까?

윤리적 긴장을 견디면서 일관된 삶의 의미를 만들어나가기보다는 삶의 현실적 문제들을 해결하기 위해 초월적 힘에 의지하는 경향을 보였던 것이다.[44]

지금까지 간략히 살핀 바와 같이, 한국 그리스도교에는 기복성을 충족하기 위해 주술성이 부추긴 자아도취 때문에 타자가 없을 뿐 아니라, 권력지향성의 음모로 엮어진 파시즘이 올려 세운 우상숭배로 인해 하느님도 없다. '하느님', '예수 그리스도', '성령'과 같은 표현도 그저 주문 외우듯이 이름만 외쳐댈 뿐이어서 삶에서 뜻을 지니기는 거의 불가능해 보인다. 우리에게서 믿음과 삶이 따로 노는 이유가 바로 여기에 있으니 그 이름을 벗기고 나면 남는 것이 거의 없을 지경이기 때문이다. 결국 기층종교의 기복적 주술성이 물음을 불필요한 것으로 만들었다면, 지배적 통념인 권력지향적 파시즘은 물음을 불가능한 것으로 만들었다.[45] 이러한 종교문화적 배경과 상호 상승 작용이라도 하듯 이미 그러한 성향을 질펀하게 지니고 있던 그리스도교는 '확신'이라는 이름

---

44 정수복, 『한국인의 문화적 문법: 당연의 세계 낯설게 보기』, 335~336쪽. 그리스도교 신학에서 비판적으로 논의되었던 '임기응변의 신'이라는 개념도 이 대목에 직접 연관될 것이다.

45 조홍윤은 무교와 유교의 기층적 지배 구조를 다음과 같이 간결하게 정리한다. "결국 권력지향성이 한국 종교의 관심과 시선을 권력 체제로 향하게 한다. 그러면서 한국 종교의 신앙 태도는 기복성을 견지한다. 전자는 한국 사회의 오랜 중앙집권적 체제와 이를 증폭시킨 유교로 말미암아 형성되어온 것이고, 후자는 기층종교로서의 무(巫)의 전통 속에서, 특히 조선조 이래 사회적 억압과 천대 아래 저질화된 기복신앙과 궤를 같이 한다. 결국 중앙집권적 체제를 상부 구조로 하고 무의 기복적 신앙을 하부 구조로 하여 한국 종교가 그 속에서 병들어온 것으로 진단할 수 있겠다." 조홍윤, 『한국종교문화론』, 277쪽.

으로 신앙에서 물음을 철저하게 말살함으로써 결국 '묻지마 신앙'에까지 이르게 되었다.[46] 주술성에 의한 물음의 불필요성과 파시즘에 의한 물음의 불가능성은 한국 그리스도교인으로 하여금 '물음 없는 대답의 편안함'을 '은혜'로 받아들이도록 반복적으로 학습하게 함으로써 결국 거대한 종교적 노예집단을 만들었던 것이다. 그런데 여기서 주목할 것은 심리적 차원의 무의식적 주술성이든 사회적 차원의 의식적 파시즘이든 그러한 굴레에 속박되는 것을 종교적 대중이 기꺼이 자청한다는 점이다. 그래서 '자아도취적 우상숭배'인 것이다.

3. 극복을 위하여, 그래서 이 땅에서 신-학하는 길을 더듬으며

그러나 믿는다는 것은 산다는 것이고, 산다는 것은 묻는다는 것이다. 삶이 없으면 믿음이 아닌 것처럼, 물음이 없으면 삶이 아니다. 물론 그 물음이 꼭 대답을 얻어야만 하는 것은 아니다. 오히려 삶에서 물음은 대답으로 해결(解決)되기보다는 더 큰 물음으로 해소(解消)되는 과정을 거치면서 우리에게 성숙이라는 선물을 가져다준다. 그런데 삶에서는 이런 과정을 겪으면서도 믿음은 유달리 이러한 성숙을 거부한다. 오히

---

46 물론 그렇다고 해서 전통적 정서와 사상적 토양으로서의 무교와 유교가 한국의 그리스도교를 포함해 한국 문화 전반에 부정적인 영향만을 끼쳤다고 주장하는 것은 결코 아니다. 다만 여기서 신학적 과제를 가늠하기 위한 최소한의 접근을 위해 그러한 영향들의 부정적 차원을 살피는 것일 따름이다. 아울러 긍정적인 요소들을 논할 수 없는 것은 아니지만 이 글의 초점을 위해서는 굳이 포함할 필요가 없다고 본다.

려 쌈박한 대답으로 시행착오의 질곡을 건너뛰려는 안정 욕구가 종교의 존재 이유이니만큼 종교적 인간에게 물음을 요구하는 것은 어쩌면 애당초 무리한 고문인지도 모른다. 그럼에도 불구하고 물음의 필수성을 굳이 강조하는 것은 그렇게 묻지 않으면 대답의 밀의적인 주술성이 우리를 도취시키고[47] 마비시키다가 어느덧 우상의 꼭두각시로 전락시킬 것이기 때문이다.

그러므로 먼저 물어야 한다. 그러나 억지로 묻는 것은 물음이 아니다. 물어야 하기 때문에 묻는 것은 물음이 아니다. 물을 수밖에 없어서 묻는 것이다. 아니 삶이 이미 물음 그 자체이다. 물음이 없다는 것은 삶에 대해 되새기지 않는다는 것이며 되새겨지지 않는 삶은 사실상 삶이라고 할 수 없다. 그러기에 되돌아보지 않는다는 것은 차라리 불신앙이다. 즉, 묻는 것이 불신앙이 아니라 묻지 않는 것이 차라리 불신앙인 것이다. 김승철의 말을 빌리자면, 그리스도교의 터인 그리스도 자체가 오히려 커다란 의문부호요, 신과 세계와 인간을 온통 의문으로 몰고 가는 빛이기 때문이다.

신은 인간을 향해서 끊임없이 물음을 던지고 있다. 그분은 스스로 물음이 되어서 자신을 비워서 인간에게로 내려오신 것이다. 그리스도는 인간에게 던져진 절체절명의 물음이다. 그 그리스도라는 빛에 의해서 인간과 세계

---

47 물음은 우리로 하여금 자아도취와 싸우게 하고 이로써 자아 안에 깔려 있는, 아니 자아를 이루고 있는 욕망이나 삶의 충동을 돌아보게 하기 때문에 주술성을 넘어서는 계기가 된다고 볼 수 있다. 이런 맥락에서 리쾨르(Paul Ricoeur)의 다음과 같은 통찰도 밀접하게 연관된다. "나르시즘과의 싸움에서 언어가 욕망 또는 삶의 충동 속에 뿌리내리고 있음을 발견하게 된다." 폴 리쾨르, 『해석의 갈등』, 양명수 옮김(서울: 아카넷, 2001), 25쪽.

일체는 커다란 의문부호가 된다. 그러나 그리스도는 신의 인간에 대한 물음임과 동시에 신에 대한 인간의 물음이기도 하다. 그리스도를 통하여 인간은 신을 커다란 의문부호로 만들어버린다. 그의 십자가와 부활의 신비는 지금까지 우리가 가지고 있었던 신을 의문부호화하는 물음인 것이다.[48]

그런데 신학은 어쭙잖게 스스로를 '대답하는 학문'으로 자리매김해 왔다.[49] 마치 물음을 이미 물었던 것처럼, 그리고 그 물음이 누구에게나 같았던 것처럼 말이다. 그래서 물음을 되물을 이유가 없는 것은 물론이지만 그러다 보니 그 물음이 무엇이었는지조차 잊어버렸다. 말하자면, 이미 대답이 나와 있는데 굳이 물음으로 거슬러 갈 이유가 없다는 것 같다.[50] 혹시 묻는다고 하더라도 "자신들이 이미 믿는 것을 더욱 확실하게 해줄 대답을 듣기 위해"[51] 물을 뿐이다. 말하자면, 그 물음은

---

48 김승철, 『대지와 바람』(서울: 다산글방, 1994), 49쪽.

49 이 대목에서 신학의 시작이 대외적인 호교론이었다는 것은 시사하는 바가 크다. 교회 밖을 향한 대외적 변증론에서 신학이 시작되었다는 것은 신학의 원초적 목적과 본래적 방향을 가리키기 때문이다. 그런데 이것이 종교의 제도화 과정에서 교회 체제 관리를 위한 교부학으로 전환하면서 신학은 체제내적 언어로 유폐되기 시작했다. 각종 교리 및 이를 둘러싼 논쟁들은 숨길 수 없이 좋은 증거들이다. '저쪽에도 말이 되도록 하겠다'고 시작한 변증론이 '끼리끼리만 알아먹는 이야기'인 교리를 중심으로 한 교부학으로 변하더니 한량없는 논쟁들을 거치면서 어느새 '끼리끼리도 알아들을 수 없는 이야기'인 독단적인 교리가 되어버렸다.

50 정진홍은 이를 다음과 같이 표현한다. "신학은 언제나 자신의 물음에 상응하는 물음에 대한 해답만을 발언합니다. 그렇지 않고 자신의 물음과 다른 물음을 만나면 신학은 아예 서둘러 자기의 물음을 가르칩니다. 그리고 마침내 그 가르친 물음을 배워 묻기 시작하면 이미 마련한 해답을 그 물음 주체에게 제시합니다." 정진홍, 『경험과 기억: 종교문화의 틈 읽기』, 265쪽.

'이미 대답된 물음'이다. 그러나 '이미 대답된 물음'이란 사실상 '물음 없는 대답'일 뿐이다. 교회 밖에서는 '대답 없는 물음'을 물어왔다면 교회 안에서는 '물음 없는 대답'을 붙들고 늘어졌었는지도 모른다.[52] 그러나 '물음 없는 대답'이란 대답도 아니다. 앞서 말한, 주술성에 의한 자아도 취와 파시즘이 세운 우상숭배는 덮어둘 수 없는 좋은 증거이다. 그런데 신학이 이런 굴레에 머물러 있다면 '대답하는 학문'도 못 된다. '대답하는 학문'이라는 것 자체가 '삶이 곧 물음'이라는 통찰이 결여된 발상이지만[53] 이제는 대답을 자임해야 한다는 부담에서 벗어나야 한다. 말하자면, 신학은 이제 적어도 신의 대답을 대리적으로 한다는 뜻으로서의 '대답하는 학문'이라는 허위의식에서 벗어나야 한다. 그리고 겸손하고도 진솔하게 물음으로 되돌아가야 한다.[54] 물론 대답이 금방 주어지지

---

51   존 셸비 스퐁, 『기독교 변하지 않으면 죽는다: 교회 주교가 유배당한 신자들에게 고함』, 김준우 옮김(서울: 한국기독교연구소, 2001), 85쪽.

52   많은 사례가 있겠으나 소위 '교리문답'이라는 것이 아주 좋은 증거이다. 여기에 나오는 물음은 물음이 아니다. 대답을 위한 물음일 뿐이니 교리를 '대답'으로 모시기 위해 그 대답에 맞추어 물음이 만들어졌다. 물음보다 대답이 먼저 있었을 뿐 아니라 태초에 대답이 있었고 이 대답에 맞추어 물음이 조작되었다. 여기에는 우리 삶에서 나온 물음을 내밀 틈이 없다.

53   이러한 작태는 다른 피조물들과 구별되게 인간이 지닌 기능의 원천으로서의 하느님의 입김(ruach)에 대한 모독일 수도 있다.

54   그리고 그 물음은 대체로 인간 자신에게서 비롯되지만 때로는 신으로부터 인간에게로 던져질 가능성에 대해 열려 있어야 한다. 그리고 이 점에서 틸리히(Paul Johannes Tillich)보다 함석헌이 한 수 위라고 할 수 있다. 함석헌은 다음과 같이 말한다. "하나님은 말씀 곧 계시하는 하나님, 다시 말해서 묻는 이고, 사람은 그 물음에 대답하는, 대답하지 않을 수 없는 존재입니다"(함석헌, "종교인은 죽었다", 『한국 기독교는 무엇을 하려는가』, 함석헌전집 3, 277쪽). 여기서 우리의 특별한 주목을 요하는 것은 하나님이 묻고 사람이 대답한다는 것이다. 소위 현대 변증신학의 대표적인 사례로 간주되는 틸리히의 상호관계

않음을 두려워하지 말아야 한다. 나아가 아예 대답이 없을 수도 있음을 각오해야 한다. 삶이 그렇게 생겨먹었고 믿음도 그렇기 때문이다.

그런데 대답이 없을 것을 각오하는 물음이란 한가한 지적 유희(intellectual masturbation)가 아니다. 물론 이런 상황에서 대답을 얻지 못한 인간이 자구책으로 한 짓이 바로 '이름 짓기'였다는 것은 주지의 사실이다. 그런데 이름을 붙이면서 그것을 알고 대답을 얻은 것처럼 착각한다. 그러나 "모든 것은 원래 본질적으로 이름 없는 것, 이름 붙일 수 없는 것이며 또 보아서 알 수 없는 것이다."[55] 그럼에도 불구하고 '이름만으로 다 통하는 주술성'과 '이름만으로 알아서 기는 파시즘'의 횡포에 시달렸던 것이 그간 우리 삶이고 믿음이었다면 이제는 이름을 지워야 한다. 굳이 이름을 붙여야만 직성이 풀린다면 자기보존 본능에 뿌리를 둔 자아도취적 우상숭배의 습성일 뿐이라는 점을 직시해야 한다. 같은 이름으로 뒤덮인 다름들이 타인들뿐 아니라 이미 자신 안에서도 거대한 똬리를 틀고 있다는 것을 꿰뚫어봄으로써 이름의 같음이 엮어온 것이 실상 환상이고 허상이며 결국 우상임을 이제는 까발려야 한다. 그리고 이제는 이름 없이도 믿을 수 있어야 한다. 믿음이라는 것은 이름 외우기가 아니라 오히려 이름 없이도 그렇게 사는 것이기 때문이다. 그래

방법이 설정하는 구도가 '질문하는 인간과 대답하는 신'의 관계로 이루어져 있다면, 함석헌은 여기서 그 관계의 역학을 정반대로 뒤집어 '질문하는 신과 대답하는 인간'의 관계를 그리고 있기 때문이다. 이러한 관계의 역전이 지니는 함의는 실로 지대한데, 우선 인간은 해결해야 할 문제를 신에게 가져가고 신은 이를 해결해준다는 원초적 종교성의 구도를 근본적으로 뒤엎어버리기 때문이다.

55 니시타니 게이지, 『종교란 무엇인가: 종교와 절대 무』, 정병조 옮김(서울: 대원정사, 1993), 157쪽.

서 '이름 없는 하느님'[56]을 견디어야 하고 나아가 '없이 계신 하느님'[57]을 기다려야 한다.

이제 이런 과제에서는 앞서 말한 초월성에 의한 긴장을 잃어버린 주술성이 부추기는 자아도취가 더 이상 가능하지 않다. 이름이 없다는데, 나의 판단과 기대를 벗어날 수도 있다는데, 자아 속으로 빠져들 겨를이 없다. 다른 한편, 앞서 말한 우상숭배라는 것도 그 무엇인가 없지 않아 있을 뿐 아니라 부르고 싶을 때 불러낼 수 있는 이름이 확실하게 있어야만 가능한 것이지만, 그래서 '금송아지'라도 만들고자 했었지만, 그러나 과연 그 누가 그 무엇을 '우상'이라고 생각하고 경배하겠는가? 그 무엇인가를 우리가 궁극적인 것인 양 붙잡으려고 하는 순간 그것이 우상이 되고 마는 것이니 결국 우상파괴란 '대답 없음'을 견디다 못해 '이름 짓기'를 통해서라도 그 무엇인가를 붙잡으려는 우리의 욕망을 깨부수는 것을 가리킨다. 이래서 우상파괴(iconoclasm)는 곧 자기비움(kenosis)이다. 앞서 말한바 자아도취와 우상숭배가 얽혀 자아도취적 우

---

56 김경재의 연구서 제목인데 이 맥락에 매우 적합하다. 아무래도 이름 지우기는 실재에 대해 상징의 본래 자리 찾기일 터이다. 상징은 실재에 대해 자기부정성을 그 본성으로 하는바, 상징이 그 껍질을 스스로 벗어냄으로써 실재를 가리키는 데에서 그 소임을 다하는 것이기 때문이다. 그런데 상징은 그러한 자기부정성에도 불구하고 상징 자체의 본질적 모호성을 견디는 성숙이 결여된 경우에는 자기부정성을 거부하거나 망각하는 경향으로 치닫게 된다. 우상화가 일어나는 지점이 바로 여기임은 물론이다.

57 다석 유영모의 '등록상표'인데 이기상은 이를 한국에서 철학하는 길을 위한 출발로 제안한다. '없이 계신'이라는 표현은 있음과 없음의 가름을 넘어서 어떤 형태의 우상화도 거부하는 급진적인 우상파괴의 통찰이니 곧 텅 빈 자기를 향한 지름길로 제시된다. 이기상, 「이 땅에서 철학하기: 탈중심 시대에서의 중심 잡기」, 우리사상연구소 엮음, 『이 땅에서 철학하기: 21세기를 위한 대안적 사상 모색』, 우리사상연구소 논총 제2집(서울: 솔출판사, 1999)을 참조하기 바란다.

상숭배가 되는 것과 꼭 한 짝이다.

결론적으로, 우리의 이런 주장은 그 결정적인 실마리를 예수의 말씀에서 끌어낼 수 있다. 첫 번째 수난 예고 후 우리에게 부탁한 말씀, 즉 "누구든지 나를 따르려거든 자기를 버리고 자기 십자가를 지고 나를 따르라"는 말씀이 곧 그것이다. 여기서 자기를 버리는 것은 자아도취를 깨는 자기비움의 가르침이요, 자기 십자가를 진다는 것은 '내가 지어야 할 십자가를 대신 져주어 고맙다'는 대속적 우상화를 깨야 한다는 준엄한 일깨움이기 때문이다. 결국 자아도취적 우상숭배로 이루어진 '묻지 마 신앙'에 대해서는 자기비움과 우상파괴가 결정적인 처방이라 하겠다. 이래서 '참된 종교'는 안정이 아니라 파괴이다. 비록 한국의 그리스도교는 사회적 혼란과 격동기에 안전과 안정이라는 절실한 욕구에 편승해 성장했지만 이제 참된 성숙을 위해서는 성장을 유보하면서라도 비우고 깨부수어야 한다. 이렇게 하여 어찌 교회를 운영할 수 있을까 하겠지만, 중요한 것은 교회가 아니라 사회이며 결국 인간이기 때문이다. 그리고 그렇게 죽어서 오히려 산다. 이것이 우리가 믿는 것이고 사는 길이라면 이제 우리의 신-학하기는 이와 같은 '길 없는 길'을 함께 더 듬어야 할 것이다.

무신론의 종교비판과
신앙성찰

한국 그리스도교를 위해
니체를 다시 보며

1. 한국 그리스도교의 현실

2000년대 후반 한국 정부 통계청이나 각종 사회조사연구소 등 여러 곳에서 발표한 자료들에 따르면 한국 종교 인구 분포에 주목할 만한 변동이 일어나고 있다. 자세한 자료를 이곳에 군이 열거할 필요는 없되, 불교 신자는 그 포교 열의에 비해 꾸준한 성장세를 보이고 있고, 특히 가톨릭교회는 10년 사이에 거의 두 배에 가까운 양적 성장을 보인 반면에, 개신교는 급팽창했던 시기를 불과 얼마 지나지 않아 성장 둔화 단계를 거쳐 오히려 감소하는 추세라는 것이다. 물론 각 교회의 신자 수가 종교와 교회의 진정성에 대한 가장 중요한 척도가 될 수는 없지만 이것이 아무런 뜻을 지니지 않는다고 할 수는 없다. 여러 가지 원인을 분석할 수 있겠지만 하여튼 개신교의 입장에서는 깊이 반성하고 변혁을 위해 성찰할 일이 아닐 수 없다. 물론 나는 개신교를 옹호하거나 교단주의를 말하고 싶은 생각은 조금도 없다. 오히려 그리스도교의 경우 가톨릭교회의 성장과 개신교회의 감소는 한국의 민도가 성숙해가는 것을 가리키는 좋은 징표라고 생각한다. 이런 진단에 혹자는 유감을 가질 수도 있겠지만 개신교의 문제를 경험한 많은 사람은 의심할 여지 없이 공감할 것이다. 그러한 만큼 개신교로서는 자성해야 할 과제가 산적해 있다는 점을 말하고 싶다.

물론 한국의 그리스도교 변혁과 교회 개혁이라는 과제에 대해서 이미 수많은 분석과 논의가 개진되었고 지금도 계속되고 있다. 그러기에 비슷한 논의를 추가하는 것은 말의 범람만을 초래할 뿐이다. 더욱이 실천이 중요한 과제에 대해 말만 늘어놓는 것은 오히려 해악이다. 따라서 나는 신학적 성찰의 실천가능성을 조금이라도 높이기 위해서 현실적 사고방식과 행동양식으로 나타나는 종교적 정서와 심성 등에 특별히 주목해 문제를 접근하고 분석하고자 한다. 구체적으로, 한국 그리스도교를 이루는 종교적 심성들 중에서 특히 신에 대한 관념의 핵심이라고 할 수 있는 우상화 성향, 그리고 신자들 자신의 종교적 사고방식이면서 행동양식인 자기중심주의라는 문제에 초점을 맞추어 진단하고 처방을 모색함으로써 그리스도교 변혁을 위한 실마리를 더듬고자 한다. 물론 여기서 강조하지 않으면 안 될 것은 논의하려는 두 가지 문제가 임의로 선택된 것이 결코 아니라는 점이다. 오히려 이 두 가지 문제는 한국 개신교가 안고 있는 많은 문제의 뿌리에 놓여 있는 핵심적인 것이라고 판단되기 때문이며 더 나아가 그리스도교 신앙의 기본 구도인 신·인 관계에 대한 왜곡에서 동시에 비롯되어 서로 얽혀 있는 문제들이기 때문이다. 말하자면, 신·인 관계가 결국 우리에게 주·객 관계로 다가온다면 역사적으로도 주·객 관계가 일방적으로 왜곡되어왔듯이 신앙에서도 종교적 왜곡이 일어나는데, 객체적으로 신에 대해서는 우상숭배주의로 치닫게 되고 주체적으로 인간 자신에 대해서는 결국 자기중심주의로 전락하게 되기 때문이다. 따라서 이 둘은 서로 뿌리 깊이 얽혀 있어서 동전의 양면 같은 관계를 이룰 뿐 아니라 서로를 부추기기까지 하기 때문에 그 심각성은 더욱 클 수밖에 없다. 그런데 이러한 경향이 한국 그리스도교의 종교적 정서에서 매우 강하게 나타나고 있으니 그리스도교 2000년사가 축약적으로 한국에서 재현되고 있다고 해도 과언이 아닐 지경이다.

사실상 주지하다시피 이러한 문제를 진단하고 처방하는 데에 뜻있는 통찰들이 인류문화사에 적지 않았다. 그러나 이 글은 특히 서구 현대사상과 문화를 열어준 일련의 '무신론'적 통찰에 주목하고자 한다. 왜냐하면 현대 서구 무신론이야말로 한국에서 집약적으로 재현되고 있기도 한, 서구 고전시대를 지배했던 신중심주의와 근대에서 절정에 이르렀던 인간중심주의에 대한 철저한 반동과 처절한 반성에서 터져 나온 시대의 예언적 외침이었기 때문이다. 여기서 고전적 신중심주의가 후속 세대로 계승되면서 우상주의의 뿌리가 되었고, 근세의 인간중심주의는 인간의 신격화까지도 불사할 만큼 자기중심주의를 엮어내는 결정적인 토양이 되었다는 점을 상기한다면, 현대의 무신론이 지니는 뜻을 가늠하는 일은 그리 어려운 일이 아니다. 그러나 항간에서 오해하는 것과 달리 이러한 현대 서구 '무신론'이 종래의 고전적 무신론과는 전혀 다른 것임은 두말할 나위도 없다. 고전 형이상학에서는 신의 실재에 초점을 두었기 때문에 신의 존재 여부 그 자체를 놓고 존재 증명의 타당성을 논하는 소위 유신론·무신론의 대립이 있었다. 말하자면, '있음'의 차원에서 긍정과 부정을 가름하는 것이 관건이었다. 그러나 이제 그러한 논의 자체가 인간의 '앎'과 그 앎의 뿌리인 '삶'의 영역을 넘어서는 어불성설임이 거부할 수 없을 정도로 만천하에 드러난 마당에[1] 현대 '무

---

1 19세기 중엽 현대 무신론이 새로운 시대의 포문을 연 후 20세기에 이르러 본격적으로 신학자들이 이러한 통찰을 공유하기 시작했지만 카우프만(Gordon Kaufman)의 진단과 같이 아직도 일부 소수에만 머물러 있는 현실임을 부정할 수 없다. 카우프만의 표현을 빌리면, 이는 있음의 질서를 따르는 것이 불가능하고 앎의 순서를 따르는 것이 불가피하다는 통찰을 이제는 더 이상 거부할 수 없는 지경에 이르렀다고 하겠다(고든 카우프만, 『신학 방법론』, 기독교통합학문연구소 옮김(서울: 한들, 1999), 제1장 1~3절 참조). 물론 그럼에도 불구하고 있음의 질서에 대한 본능적인 향수로 인해 신의 존재 자체에 대한 인간의 직접적인 논의가 가능하다는 착각이 아직도 깊게 도사리고 있다는 것은 인간의 종교적 본능의 뿌리가 얼마나 깊은지를 가리키는 좋은 증거이다. 여기서 '있음'과 '앎', 그리고 '삶'이라는 범주에 대한 상세한 설명을 위해서는 필자의 다음 저서를 참조하기 바란다. 정재현,

신론'이 단순히 신의 존재에 대한 부정을 뜻하는 시대착오적 망발일 수는 없다. 이는 오히려 우리 삶에서 겪는 신 부재 체험에 대한 오롯한 절규이며 비판적 성찰을 담은 예언자적 외침으로서의 뜻을 지니고 있기 때문이다. 그럼에도 불구하고 현대 반형이상학적 '무신론'을 고전 형이상학적 무신론과 동일시하는 오류가 아직도 지배적이다. 따라서 우리는 이를 고전적 무신론(Atheismus)과 구별하기 위해 때로 필요한 경우에 무신성(Gottlosigkeit)이라는 표현으로 대체하고자 한다.

그렇다면 도대체 현대 서구에서 무신성 체험에 관한 담론은 우리의 목적을 위해 어떠한 뜻을 지닐까? 상세한 논의에 앞서 우선 추린다면, 이는 곧 신중심주의와 인간중심주의를 동시에 대상으로 삼아 이를 해체하고 극복하는 실마리를 모색하게 한다. 먼저, 신중심주의가 설정하는 비현실적 환상은 곧 허상일 수밖에 없는데도 불구하고 이를 붙잡으려 하니 우상이 될 수밖에 없다는 점을 철저하게 드러낸다. 아울러 인간중심주의에 대해서는 구체적으로 종교인에게서 일어나는 자기절대화의 욕망이 종교적 가르침의 핵심인 자기비움과 정면으로 모순일 수밖에 없다는 점을 까발린다. 한국 그리스도교 개혁을 주장하는 한 조직신학자가 개진한 행태들로 살핀다면, 구체적으로 맹목주의, 기복주의, 물신주의, 성공주의, 형식주의, 율법주의, 성직주의, 권위주의 등이 신중심주의가 귀결시키는 우상주의의 사례들이라고 할 때, 이기주의, 세속주의, 행동주의, 공로주의, 분리주의, 열광주의, 도피주의 등은 인간중심주의가 초래하는 자기절대화의 여러 사례이다.[2] 물론 간략히 열

『신학은 인간학이다: 철학 읽기와 신학하기』(왜관: 분도출판사, 2003), 전권.

2   이오갑, 『한국 기독교 개혁의 테마 20』, 전권.

거한 것만으로도 많은 문제가 노출되지만, 단순히 나열식으로만 추리고 머물기보다는 문제 행태들의 고리를 엮음으로써 동전의 양면과도 같은 우상숭배주의와 자기중심주의의 정체를 밝히고 나아가 이를 통해 해결의 실마리도 더듬을 수 있지 않을까 싶다. 결국 이런 일련의 추적 과정은 종교적 인간의 원초적 본능에 도사린 뿌리 물음이어서 참으로 혁명적인 '무신론'의 통찰, 즉 무신성이 가리키는 신 부재 체험을 진지하게 되씹지 않고서는 기대할 수 없는 과제이다. 왜냐하면 종교 개혁 논의야말로 단도직입적으로 인간의 종교적 본능의 폐부로 파고들어 가는 통찰 없이는 종교적 포장 안에서 교만과 독선을 충만과 독실로 착각할 수밖에 없기 때문이다. 그리스도교 개혁에 관한 논의에 애써 '무신론'을 등장시키는 이유가 바로 여기에 있다면 이제 소위 '무신론'에 대한 맹목적인 알레르기 반응에만 머물러서는 문제에 대한 표피적 진단과 처방을 넘어설 수 없다는 점을 진솔하게 시인해야 한다.

2. '무신론'의 종교비판과 그 신학적 의의

그렇다면 현대 서구에서 소위 '무신론'이라는 이름으로 펼쳐진 일련의 반동들은 어떻게 전개되었는가? 앞서도 말했듯이 현대 무신론은 신의 존재에 대한 액면 그대로의 부정이 결코 아니다. 아니, 신의 존재 그 자체에 대해서 이제는 긍정도 부정도 불가능하다. 고전 형이상학의 유신론·무신론 논쟁은 이제 불가능성의 오류일 뿐이다. 가능하다고 주장하는 것이야말로 인간의 범위를 넘어서는 경거망동이요, 오히려 신성모독이다. 그러기에 현대 무신론은 사실상 신 자체에 대해 더 이상 관심할 수 없음을 선언한다. 그 대신에 현대 무신론은 인간을 관심한다. 즉, 사람의 삶을 관심한다. 그렇다고 해서 '무신론적 인본주의'를 가리키는 것은 아니다. 만일 그렇다면 신을 제거하고 인간을 내세우는 것인데 이는 또 다른 중심주의일 뿐 무신성 체험이 가리키는 탈중심주의적 통찰은 아니다. 나아가 탈중심주의적 무신론은 신은 물론이거니와 믿음을 삶으로부터 떼어놓는 신앙주의적 작태에 대해서도 거부한다. 오히려 인간의 삶에서 믿음이라는 것이 엮이는 생리에 대해 파고든다. 그렇기 때문에 무신론은 종교에 대해 비판적이지만 바로 그 이유로 그만큼이나 신앙에 대한 성찰의 계기가 된다.

그렇다면 어떻게 해서 그렇게 될 수 있는가? 이 물음에 답하기 위해서 이제 우리는 본격적으로 현대 무신론을 살피고자 한다. 그러나 현대 서구의 무신론적 일갈을 모조리 훑을 수는 없다. 또한 그럴 필요도 없다. 우리의 목적에 걸맞게, 동전의 양면처럼 서로 쌍벽을 이루는 우상주의와 자기중심주의에 대해 집중적으로 분석할 수 있는 자료들을 좀 더 효과적으로 제시하는 통찰을 찾을 것이다. 그리고 이를 위해 우리는 탈근대로 일컬어지는 현대 사상과 문화 전반에서 가장 크게 영향을 미치고 있는 니체(Friedrich Wilhelm Nietzsche)를 택하고자 한다. 물론 그렇다고 해서 니체의 사상 전체를 우리의 논의로 끌고 들어올 필요는 없다. 종교비판이라는 주제에 맞는 니체의 몇몇 저서 중에서도 우리는『안티크리스트』에 집중하여 무신론적 종교비판에 대한 논의의 자료로 삼고자 한다. 아울러 논의의 효과를 위해『안티크리스트』로부터 약한 세기 후에 같은 맥락에서 개진된 여러 종교철학자와 신학자들의 언설도 포함하고자 한다.

니체는『안티크리스트』를 시작하며, 그리스도교를 인간의 삶을 이루는 핵심인 본능과 이성 모두를 망친 원흉이라고 비판한다. 종교라는 것은 본디 인간을 인간답게 살도록 하는 데에 본뜻이 있을진대 삶을 억누르고 뒤틀리게 한다면 단단히 잘못된 것이라는 말이다. 그런데 그럴 수밖에 없었던 이유가 있었다. 인간의 문화는 그 원초적 뿌리인 삶에서 비롯된 것임에도 불구하고, 바로 그 삶의 필요를 명분으로 가치와 이상으로 표현되는 앎을 구하게 되었다. 그런데 삶을 꾸리기 위한 가치와 이상이라는 것이 그저 앎에만 머물러서는 삶에 대한 마땅한 역할을 행사하는 데에 미흡할 수밖에 없기 때문에, 부득이 있음의 차원으로까지 실체화되지 않을 수 없었다는 것이다. 그리고 이렇게 실체화된 있음이 오히려 그 뿌리인 삶 위에 군림해 삶을 지배하고 억압하니 자가당착의 왜곡이 일어날 수밖에 없었다는 것이다. 니체의 이러한 분석에 대해 큉 (Hans Küng)의 다음과 같은 해설은 정곡을 짚는 것으로 보인다.

인간의 가치와 이상들, 진리, 정의, 사랑, 도덕, 종교는 그 어디에도 제대로 존재하지 않는다. 그것들은 전적으로 인간의 발명과 정의(定義)의 산물이다. 인간은 본래부터 자신을 사물에로 투영하였고, 자기 삶의 필요에 따라서 가치들과 이상들을 창조하였다. …… 그렇지만 참으로 일찍이, 그러니까 역사적으로 말해서 이미 소크라테스에게서 그리고 플라톤에게서 이런 가치들과 이상들이 실체화하였다. 선이나 진리 "자체", 선이나 진리의 "이념"으로 실체화하였다. 그 대신 삶의 필요는 망각되었다. 그때부터 가치들과 이상들이 "그 자체로" 있는 무엇, 절대적인 것 그리고 삶의 현실이나 필요와 유리된 것으로 간주된다. 종교적인 것, 심지어는 형이상학적 인자들이 최고 가치가 된다.[3]

말하자면, 애당초 삶에서 비롯된 앎이 있음이 되었고, 삶은 잊혔다는 것이다. 삶의 욕구가 옹립했던 신적 가치가 신이 되었고, 인간은 없어졌다는 것이다. 그런데 니체에 따르면, 원초적으로 삶이 있을 뿐이나 삶의 필요 때문에 앎이 등장하고 나아가 있음으로까지 둔갑했는데, 안타깝게도 문명사에서 이러한 왜곡이 너무도 빨리 일어났다. 그러다 보니 오히려 삶은 망각되고, 있음이 삶을 포함한 모든 것의 시작인 줄로 착각하게 되었던 것이 형이상학의 비극이요, 종교의 질곡이라는 것이다. 물론 니체의 이러한 역사 해석은 언뜻 보기에는 문명사를 있음을 기조로 하고 앎을 거쳐 삶으로 터져 나온 흐름으로 보는 일반적인 구도에 정면으로 반대되는 방향을 취하는 것으로 보인다. 그러나 이는 사실상 동전의 양면과 같은 관계일 뿐 아니라 삶에 집중해 절규하는 니체의 입장에서는 너무도 당연하고 자연스러운 것이다. 삶을 삶답게 살게 하는 것이 종교의 본뜻이어야 한다는 그의 신념이, 있음의 군림을 통한 삶의 억압이라는 자가당착에 빠져왔던 종교에 대해 비판의 칼을 갈지 않을 수 없게 했기 때문이다. 말하자면, 삶에서 삶을 위해 파생된 앎과 있음이 오히려 삶을 거슬러 모순을 일으키고 억누른다면 이것이야말로 본말전도가 아닐 수 없기 때문이다. 그런데도 종교와 신학이 이를 오히려 더욱 부추기니 그 이유인즉, 종교라는 것이 이미 삶의 자기성찰을 거부하고 신앙의 동일성을 구실로 있음과 앎을 묶어 같음으로 만들어

---

3   한스 큉, 『신은 존재하는가 1』, 성염 옮김(왜관: 분도출판사, 1994), 535쪽. 같은 맥락의 이야기를 큉은 반대 방향에서 다음과 같이 표현했다. "철학자 편에서 보이는 가장 결연한 사고마저도 당사자의 본능에 의해서 은밀하게 좌우되는 것이다! 모든 논리 배후에는 가치판단이 숨어 있고, 특정한 삶을 영위하려는 생리적 욕구가 감추어져 있기도 하다"(같은 책, 528쪽).

내려는 절대화로 빠질 수밖에 없는 생리를 구조적으로 지니고 있기 때문이다. 니체도 이러한 맥락에서 종교적 생리에 대해 다음과 같이 적나라하게 비판한다.

> 치유 불가능한 허위의 측면으로 인해 고통받지 않도록 자신에 대해서는 영원히 눈을 감아버리는 것. 만사에 대한 이러한 그릇된 관점에서 사람들은 도덕과 덕과 신성함을 만들어내며, 그것을 양심을 그릇되게 보는 것과 엮어버린다. 자기 자신의 광학을 '신', '구원', '영원'의 이름으로 신성불가침으로 만든 다음, 사람들은 다른 종류의 광학은 더 이상 어떤 가치도 가져서는 안 된다고 요구한다.[4]

독실한 신앙인으로 일컬어지는 종교주의자들에게는 심히 불쾌한 일침일 수밖에 없겠지만 조금이라도 정직하고자 하는 양심을 지니고 있다면 니체의 이러한 비판을 인정할 수밖에 없다는 것은 재론의 여지가 없다. 그런데 실상이 이쯤 된다면 우리는 다음과 같이 묻지 않을 수 없다. 그리스도교는 과연 삶을 위한 종교인가, 아니면 믿음을 위한 종교인가? 물론 믿음과 삶이 함께 간다면 이런 물음은 필요도 없겠지만 안타깝게도 현실은 전혀 그렇지 않다. 아니 오히려 삶에서 믿음을 따로 거룩하게 떼어놓을수록 바람직한 것으로 여겨지는 것이, 오도되고 왜곡된 현실이다. 그런데 이러다 보니 믿음을 표방하는 그리스도교와 교회는 더욱더 그것이 마땅히 딛고 서야 할 세상으로부터 유리되어 게토가 된다. '끼리끼리만 알아먹는 말들'을 주고받더니 이제는 '끼리끼리도

---

4   프리드리히 니체, 「안티크리스트」, 223쪽.

못 알아듣는 주술'이 차고 넘친다.

그렇다면 오늘날 종교언어는 도대체 얼마나 주술적이게 되었는가? 교회 개혁을 외친 스퐁(John Shelby Spong)은 다음과 같이 진단한다.

성서비판학의 등장으로 인해 그 문자적 힘이 박살 나고 말았다. 교회의 찬송가들과 기도문이 사용하는 이미지들과 생각들은 우리들 대부분이 더 이상 갖고 있지 않은 것들이다. 심지어 신자들조차 점차로 하나님이라는 단어가 허공을 치는 소리로 들린다고 생각한다. 목회 업무를 수행하는 성직자들은 자신들이 자주 사용하는 경건한 표현들이 점차 공허하게 되고 있음을 발견한다. 사람들은 그런 표현들을 아무런 뜻도 없는 상투적인 표현으로 받아들일 뿐, 그에 대한 열정도 없고 논평도 하지 않는다.[5]

그럼에도 불구하고 주술이란, 말이 안 되고 뜻이 안 통할수록 더욱 효과가 큰 법이니 이런 원리가 종교언어에서 여지없이 확인된다. 그런데 믿음을 특별한 것으로 에워싸고 지키려는 주술적 성향은 사실상 종교인의 자기중심주의에서 비롯된 것이다. 타인의 이해를 아랑곳하지 않는 종교적 주술이 자아도취를 넘어 이제 타인에 대한 횡포까지 휘두르는 것은 그 좋은 증거이다. 그러나 우스꽝스럽다 못해 아무도 거들떠보지 않는, 아니 타인들을 역겹게 하는, 종교적 우월감으로 나타나는 종교적 자기중심주의란 사실상 '둥근 사각형'만큼이나 모순이다. 그럼에도 불구하고 삶과 믿음 사이의 괴리가 언어에만 국한되는 것은 아니

---

5   존 셀비 스퐁, 『기독교 변하지 않으면 죽는다: 교회 주교가 유배당한 신자들에게 고함』, 74쪽.

다. 아니 훨씬 더 넓은 영역에서 이 둘은 거의 따로 노는 듯하다. 이 대목에서 카푸토(John D. Caputo)의 일침은 압권이다.

> 상당수의 세속인이 무언가에 심취하여 그것을 사랑하는 반면, 종교인 범주의 사람들 상당수가 자신의 방식으로 행하고 타인을 자신의 뜻대로 행하게 하려 하며 ('신의 이름으로') 그 어느 것도 사랑하지 않는다.[6]

이런 자기중심주의적 횡포가 무아와 자기비움의 가르침을 받은 종교인들에게 유달리 많은 것은 매우 모순적이기도 하지만 동시에 불가피한 것이기도 하다. 종교라는 것이 본디 표방되는 진리에 대한 양보할 수 없는 신념을 기치로 하기 때문이다. 그러나 좀 더 정직하게 살핀다면, 사실 "종교 자체는 진리를 추구하는 활동이 아니다. 오히려 종교는 인간 생활의 안전체계의 중요한 부분으로 태동된 것이었다."[7] 그런데 '생활의 안전'을 위한 이러한 종교적 자기중심주의는 바로 '양보할 수 없는 신념' 때문에 신에 대해서 어느새 우상주의적 곡해를 초래할 수밖에 없다. 신을 잘 모시고 지켜드려야 한다는 신념이 어느덧 신보다도 앞에 내세워짐으로써 의도하지 않더라도 환상을 투사하고 이를 숭배하게 되니 결국 우상주의로 빠질 수밖에 없기 때문이다. 아울러 신념으로 이루어진 우상 없이는 종교적 이기주의의 욕구를 지속적으로 충족할 수 없기 때문이다.[8] 스퐁은 이를 다음과 같이 예리하게 분석한다.

---

6 존 D. 카푸토, 『종교에 대하여』, 최생열 옮김(서울: 동문선, 2003), 9쪽.

7 존 셸비 스퐁, 『기독교 변하지 않으면 죽는다: 교회 주교가 유배당한 신자들에게 고함』, 82쪽.

8 초자연주의가 지배하던 시대에는 꽤 원시적인 형태의 우상들, 즉 자연물에 초자연성

종교인들이 자신들의 종교적 언어로부터 우상을 만드는 일은 거의 전형적인 것이다. 아마도 그들은 안전을 구하고자 자신들의 하나님 개념을 하나님과 동일시할 것이다. 그래서 그 하나님 개념이 도전을 받으면 그들의 하나님이 도전을 받는다고 생각한다. 바로 이 때문에 하나님에 대한 개념이란 제한된 인간의 구성에 지나지 않으며 우리가 인정해야만 하는 사실은 하나님에 관한 인격적 언어들은 하나님을 드러내는 것이 아니라 우리들 자신의 희망을 드러낸다는 점이다.[9]

이로써 우리는 종교적 자기중심주의가 어떻게 우상주의를 초래하는가를 분명하게 살펴보았다. 같은 맥락에서 니체는 신과 인간의 관계를 지배와 복종이라는 전제군주적인 방식으로 간주하는 데에서도 그리스도교의 우상주의의 좋은 증거를 찾을 수 있다고 말한다. 말하자면, 이제 인간은 신 개념조차도 탈자연화하면서 삶에서의 행복을 보상으로 해석하고, 불행을 신에게 불복종한 벌로 해석하는 인과율적인 관점에 스스로를 옭아매어 왔다는 것이다. 사실상 삶에서 불행이란 그저 불행

을 부여하는 방식이 지배적이었다면 자연이라는 차원을 열어준 근대화의 견인차였던 과학의 등장 이후 종교적 우상주의가 관념과 개념, 심지어 신조와 신념, 감정적 정서 등 인간의 다양한 정신 요소의 방식으로 엮어지고 있음은 주지의 사실이다. 자연물 숭배가 아니라고 해서 우상주의를 극복했다고 생각한다면 이는 엄청난 착각이요, 오산이 아닐 수 없다.

9   존 셀비 스퐁, 『기독교 변하지 않으면 죽는다: 교회 주교가 유배당한 신자들에게 고함』, 87쪽. 고든 카우프만이 그의 신학 방법론에서 제시하는 '구성신학'도 신 개념의 구성적 차원을 직시하는 통찰이다. 말하자면, 있음의 질서에서는 최초이지만, 앎의 순서에서는 최후일 수밖에 없고 그래야 마땅한 신 개념임에도 불구하고, 있음과 앎을 혼동하는 본능적 오류가 의도하지 않은, 그래서 인정되기도 반성되기도 어려운 우상주의를 초래할 수밖에 없다는 것이다. 고든 카우프만, 『신학 방법론』, 제1장을 참조하기 바란다.

일 뿐인데도 공연히 불복종에 대한 벌로 곡해하는 인과율의 고리가 신과 인간의 관계마저도 지배하게 되었다는 것이다. 이러한 곡해와 지배는 사실상 예측 불가에 의한 불안을 극복하려는 안정 추구의 동기에서 비롯되었으니, 자기중심주의와 우상주의가 이러한 동기에서 서로 결탁하는 것은 너무도 불가피한 것이었다.

그리스도교 안에서 인간의 자기중심주의와 신에 대한 우상주의가 얽혀온 역사를 니체는 다음과 같이 한마디로 묘사한다.

> 사실상 그리스도교인은 단 한 사람도 없었다. '그리스도교인'이라고, 2000년 동안 그리스도교인이라고 불리어온 것은 한갓 심리적인 자기 오해에 불과하다. 좀 더 상세히 관찰해보면, 그 모든 '신앙'에도 불구하고 그의 본능들만이 그리스도교인을 지배해왔다는 것이 드러난다. …… 신앙은 특정한 본능들의 지배를 가리는 교활한 눈가림이었다.[10]

위에서 '특정한 본능들의 지배'가 자기중심주의를 가리킨다면 '교활한 눈가림인 신앙'은 우상주의를 뜻하는 것으로 볼 수 있겠다. 말하자면, 신앙이라는 것이 자기를 비우고 버리는 삶이라는 그 본뜻에도 불구하고, 오히려 이와는 정반대로 자기를 보존하고 확장하려는 본능들에 대한 교활한 포장이었다는 것이다. 우리의 앞선 논의를 위의 언술에 이렇게 연관시킨다면, 니체의 이러한 지적으로부터 과연 자유로울 수 있는가를 우리 자신에게 되묻지 않을 수 없다. 아울러 더 이상 강조할 필요도 없이, 그의 이러한 진단은 그를 그저 '무신론자'로 치부하면서

---

10 프리드리히 니체, 「안티크리스트」, 266쪽.

결코 외면하거나 무시할 수 없다는 것을 더욱 명백하게 해준다.

이제 니체에 따르면 우상주의와 자기중심주의로 똘똘 뭉쳐 있는 그리스도교에 비해 예수가 외친 복음은 엄연히 그러한 인과율의 올가미를 넘어서는 해방의 소식이다. 복음이 해방하려는 삶이란 인과율이 향하는, 있음과 앎의 같음이라는 족쇄에 얽매여서는 안 되기 때문이다. 다시 말해서, 복음이란 스스로를 가두는 자기중심주의와 자기 환상에의 굴종으로 떨어지는 우상주의의 굴레로부터 벗어나는 길이기 때문이다.

> 복음의 심리 전체에는 죄와 벌의 개념이 없다; 보상이라는 개념도 없다. 신과 인간 사이의 관계를 멀어지게 하는 '죄'가 없어졌다는 것. ─ 바로 이 것이 '복음, 기쁜 소식'이다. 지복은 약속되지 않았으며, 조건들에 묶여 있지 않다.[11]

실로 다시금 생각해보자. 사실상 죄와 벌 사이의 인과율로 신·인 관계가 엮여 있다면 그것을 굳이 복음이라고 불러야 할 이유도 없고 무조건적인 은총으로서의 구원은 가당치도 않을 것이다. 게다가 믿음이라는 것이 기껏해야 원인과 결과 사이의 필연성에 대한 동의와 수용을 가리킨다면 조건적인 확인일 뿐 무조건적인 은총과는 무관할 수밖에 없으며 결국 삶과 동떨어질 수밖에 없을 것이다. 니체가 그리스도교는 본질적으로 믿음이 아니라 삶이어야 하고 신앙이 아니라 실천이어야 한다고 주장한 것도 이러한 맥락에서임은 물론이다.

---

11 같은 책, 258~259쪽.

신에게 향하는 길은 '회개'도 아니고 '용서의 기도'도 아니다: 오로지 복음적인 실천만이 신에게 인도하며, 복음의 실천이 바로 '신'이다.[12]

물론 니체의 이러한 주장이 제도적 종교로서의 그리스도교에 익숙한 우리에게는 매우 황당하게 들릴 수도 있겠다. 하지만 사실상 '회개'나 '기도'라는 것이 지극히 종교적인 이념이나 제의적인 방식으로 고착화되어왔다는 것도 부정할 수 없는 사실이다.[13] 첫 마음이야 순수했겠지만 타성적이게 될 수밖에 없는 생리를 지니고 있기 때문이다. 이에 반해 '복음적인 실천'이란 종교의 냄새를 굳이 피우지 않고서도, 아니 오히려 비종교적인 방식으로만 가능한, 바람직한 삶의 길이라는 것이다. 그리스도인이 된다는 것은 유별나게 종교적인 모양새를 갖추는 것이 아니라 세상에서 역사하는 하느님의 고난에 동참하는 것이라는 본회퍼(Dietrich Bonhoeffer)의 설파와도 이어지는 이러한 통찰은 사실상 이름일 뿐인 종교적 포장이 아니고서는 복음으로 받아들이지 못하는 한국 사회의 '이름주의'의 폐해를 정곡으로 찌르는 당대의 설교라고 하지 않을 수 없다. 내용의 실상이야 어떻든 그토록 '고유한 이름'을 결코 포기할 수 없다는 '이름주의'가 만연하고 있는 우리 현실에서 이러한 통찰을 더욱 귀담아 듣지 않으면 안 될 것이다. 스퐁의 진단과 같이, 우리

---

12   같은 책, 259쪽.

13   존 셸비 스퐁, 『기독교 변하지 않으면 죽는다: 교회 주교가 유배당한 신자들에게 고함』, 제9장. 앎 이전의 있음에 대한 환상에 뿌리를 둔 초자연주의적 유신론으로 대표되는 실재론적·객관주의적 신관이 붕괴될 수밖에 없는 현실에서 기도는 더 이상 자연적 목적을 위한 초자연적 개입을 요청하는 마술적인 행위가 아니라 삶 자체여야 한다는 스퐁의 역설은 이제 그리스도교 개혁을 위해 함께 새겨야 할 대목이 아닐 수 없다.

는 "자신들의 한계를 드러내면서, 만일 자신들이 어떤 사상의 이름을 붙일 수 없다면 무시해버릴 수 있다고 믿기"[14] 때문이다.

그렇다면 어떻게 껍데기뿐인 이름주의를 넘어서 굳이 이름 없이도 참으로 복음의 뜻을 향할 수 있겠는가? 바로 이 대목에서 니체는 복음의 의미를 진실하게 구현할 수 있는 새로운 그리스도론을 제시한다. 말하자면, 예수의 삶과 죽음은 우리의 삶의 길을 위한 것이며 삶과 동떨어진 믿음과 구원에 관한 것이 아니라는 것이다.

> 이 기쁜 소식을 가져온 자는 그가 살아왔고, 그가 가르쳤던 대로 죽었다 ― '인간을 구원하기' 위해서가 아니라, 어떻게 살아야 하는가를 보여주기 위해 죽었다. 그가 인류에게 남겨놓은 것은 바로 실천이었다.[15]

그런데 여기서 우리는 드디어 종교적으로 엄청난 충돌과 저항을 피할 수 없는 장면에 이르게 된다. 역사적으로 그리스도교 복음의 핵심이라면 무엇보다도 예수 그리스도가 죽어 마땅한 인류의 죄를 대속하여 희생제물이 됨으로써 온 인류에게 구원의 길이 열렸다는 대속신앙일 것이다. 그런데 니체는 예수의 죽음이 인간을 구원하기 위한 것이 아니라고 한다. 대속신앙에 익숙해 있는 우리에게는, 그것이 아니라면 어떻게 복음일 것이며 도대체 종교는 무슨 의미가 있을까 하고 거품을 물지 않을 수 없을 우리에게는, 너무도 황당하고 해괴한 언설이 아닐

---

14 존 셸비 스퐁, 『기독교 변하지 않으면 죽는다: 교회 주교가 유배당한 신자들에게 고함』, 92쪽.

15 프리드리히 니체, 「안티크리스트」, 261~262쪽.

수 없다. 그러나 바로 이 대목에서 차분히 생각하지 않으면 안 될 것이 있다. 스퐁은 이를 다음과 같이 예리하게 지적한다.

> 기독교인들은 자신들이 하나님을 사람 잡아먹는 도깨비로 만들었다는 점에 대해서는 거의 생각하지 않았다. 어떤 아버지가 무슨 이유에서든 자기 아들을 십자가에 못 박았다면 그는 아동학대로 체포될 것이다. 그러나 하나님에 대해서는 계속해서 그런 식으로 말함으로써 마치 그렇게 말해야만 하나님을 더욱 거룩하며 예배받기에 합당한 존재로 만드는 것이라는 식이었다. …… 나는 자신의 아들을 희생제물로 요구한 신을 예배하기보다는 진저리를 칠 것이다.[16]

왜냐하면 바로 앞서도 살폈던 죄와 벌 사이의 인과율이라는 지극히 조건적이고 비복음적인 사고방식이 예수의 죽음에 대해서도 에누리 없이 적용됨으로써 대속교리라는 엄청나게 왜곡된 종교가 등장했기 때문이다. 이것이 왜곡인 것은 철저하게 조건적인 인과율에 바탕하고 있어서 도대체 무조건적 은총을 선언하는 복음일 수가 없기 때문이다. 죄에 대해 대가를 치러야 한다는 것 자체가 이미 용서의 복음과는 거리가 먼 것이요, 그것도 누군가 대신 그 대가를 치름으로써 대가를 치르지 않은 사람이 사죄를 받는다는 것은 이치에도 맞지 않는 마법 같은 이야기일 뿐 아니라 사면을 받는 사람의 책임의식에 심각한 곡해를 초래할 수밖에 없기 때문이다. 대속신앙을 붙들고 늘어지는 대부분의 그리스

---

16   존 셸비 스퐁, 『기독교 변하지 않으면 죽는다: 교회 주교가 유배당한 신자들에게 고함』, 127쪽.

도교인들에게서 자신의 삶에 대한 책임 의식이 상대적으로 빈약한 것도 이런 연유와 무관할 수 없다.

그러나 예수의 죽음이 복음인 것은 죄의 대가를 대신 치러준 것에 대한 알량한 감사의 근거이기 때문이 결코 아니다. 오히려 그가 우리와 더불어 그렇게 살았고 더욱이 죽을 수밖에 없는 우리와 함께 우리의 죽음을 몸소 그 자신의 죽음으로 겪었다는 데에 있다. 그것도 지극히 비참하고 더욱이 억울하기까지 한 죽음을 몸소 겪음으로써 무릇 인간을 포함한 생명의 유한성과의 우주적 연대라는 뜻을 지니기 때문이다. 니체의 이러한 통찰은 다음과 같이 절규하는 선언에서 절정에 이른다.

> 근본적으로는 오직 한 사람의 그리스도교인이 존재했었고, 그는 십자가에서 죽었다. '복음'이 십자가에서 죽어버렸다. 그 순간부터 '복음'이라고 불리는 것은 이미 그 유일한 그리스도교인이 체험했던 것과는 정반대였다. …… '신앙'에서, 말하자면 그리스도를 통한 구원에 대한 믿음에서 그리스도교인의 표지를 찾는 일은 터무니없을 정도로 잘못된 것이다: 오로지 그리스도교적 실천만이, 즉 십자가에서 죽었던 그가 살았던 것처럼 사는 것만이 그리스도교적이다.[17]

어떠한 전도자나 설교자가 이보다 더 진한 고백을 할 수 있을까? 그리스도교에서 신앙이라는 것이 특수한 행태나 표징이라기보다는 바로 삶이고 나아가 그러한 삶에서의 실천이라는 선언은 성별(聖別)이라는 이름으로 삶에서 믿음을 따로 떼어내려는 종교주의나 신앙주의에

---

17 프리드리히 니체, 「안티크리스트」, 266~267쪽.

빠져 있는 그리스도교의 현실에 비추어볼 때 실로 폐부를 찌르는 것이라고 하지 않을 수 없다.

그럼에도 불구하고 그리스도교인은 끊임없이 믿음과 구원의 관계에 골몰하고 '구원에 대한 믿음'을 붙들고 늘어진다. 그리고 그리스도교가 집요하고도 옹골차게 이를 부추겨왔다는 것이다. 굳이 부언할 필요도 없고 부정할 수도 없으며 변명은 가당치도 않다. 그렇다면 왜 그러한가? 카푸토는 이에 대해 설명하기 위해 아우구스티누스(Aurelius Augustinus)의 『고백록』에 나오는 첫 물음을 인용한다. 즉, 아우구스티누스는 신 안에 은거할 때까지 우리가 불안하고 평안을 누리지 못한다고 고백하는데, 카푸토는 그 이유가 "신의 이름이 우리가 사랑하고 욕망하는 것─그것이 무엇이건 간에─의 이름이기 때문"[18]이라고 분석한다. 여기서 '신의 이름'이 우상의 또 다른 표현이라면 '사랑과 욕망'은 곧 자기중심성을 가리킨다고 하겠다. 포이어바흐(Ludwig Feuerbach)의 투사론이나 프로이트의 환상론과 같은 맥락에서 그리스도교의 문제를 이와 같이 진단하고서 카푸토는 다음과 같이 처방한다.

만약 당신이 원하는 것이 안전이라면 종교를 잊고 보수적인 투자 조언자를 찾아보라. 종교적인 생활감은 스스로를 급격한 불확실함과 삶의 열린 종말성에 드러내고, 이른바 의미와 소금을 제공하며 위험을 제거해주는 절대적 미래와 관련된다. 절대적 미래는 위험 부담이 많은 사업이며, 그러기에 믿음, 소망, 사랑이 밀려들어 온다.[19]

---

18   존 D. 카푸토, 『종교에 대하여』, 35쪽.
19   같은 책, 23쪽.

보수적·우익적·정통적 종교 진영들은 그들이 그들의 신을 사랑할 때, 그들이 무엇을 사랑하는지의 문제를 잘 규정된 형식 속에 명시하고 결정지으려는 마음이 손쉬운 무책임과 위안으로 바뀌지 않도록 경계해야 한다.[20]

그럼에도 불구하고 니체에 따르면 우리 인간들은 종교 안에서 종교를 통해 안정을 추구하면서 위로와 함께 어느덧 무책임의 늪으로 빠져버렸다는 것이다. 그런데 이러한 왜곡이 일어나는 데에 많은 시간이 필요했던 것은 아니었다. 인간의 본능이 발동하는 데에 굳이 많은 세월을 요구하는 것은 아니었기 때문이다. 그러기에 그리스도교의 역사가 시작되면서 지극히 유감스럽게도 곧바로 그 초기에 엄청난 왜곡이 일어났다. '그렇게 십자가 처형을 당했던 사람은 누구였는가?'라는 물음으로부터 '누가 그를 죽였는가?'라는 물음으로 전환되더니 나아가 '신이 어떻게 아니 도대체 왜 그런 죽음을 허용했는가?'라는 물음으로까지 변환되었던 것이다. 그리고 그럼으로써 급기야 죄 개념 자체를 없애버린 십자가에서의 '백치'의 실천을, 죄의 사함을 위한 '영웅'적인 희생물로 변질시켰다.[21] 정죄를 폐기하고 용서를 베푸는 복음을, 심판에 근거한 보상과 징벌이라는 지극히 비복음적인 방식으로 왜곡시켰다. 말하자면, 본디 삶의 차원에서 사랑의 실천으로 새겨져야 하는 복음이 앎의 차원에서 대속적인 신앙으로 변모하면서, 급기야 있음의 차원에서 구원 교리로까지 이어지는 종교의 퇴락 과정이 전개되었다는 것이다. 큉의 다음과 같은 집약적 비평은 이 대목에서 인용할 만한 가치를 지닌

---

20   같은 책, 40쪽.

21   프리드리히 니체, 「안티크리스트」, 269~271쪽.

다. 무신론의 종교비판으로부터 신앙성찰을 이끌어낼 수 있는 실마리를 확연하게 보여주기 때문이다.

> 예수의 산 실천이 신앙으로 변하였고 이 신앙은 하나의 교리로 변하였다. 한 예를 들어 그리스도인들, 특히 바울로가 십자가를 갖고서 무엇을 만들었는지를 생각해보라. 이 십자가는 예수에게 정확히 말해서 사랑의 가장 가혹한 시험이었는데, 그리스도인들은 이 십자가의 표지에서 복수, 응보, 징벌, 정의를 설교하고 기쁜 소식을 저주의 소식으로 변질시켜놓았다. …… 상당수 그리스도인들에게는 수치스럽겠지만, 무신론자요 허무주의자인 이 인물이 선포하는 그리스도의 메시지가 그리스도인들 자신이 선포하는 것보다 더 신빙성 있는 메시지가 아닐까? 그리스도인들 중에도 본연적이고 본래적인 그리스도교가 무엇이냐를 묻고 찾는 사람들이 얼마나 많은가?[22]

그렇다면 그리스도교가 삶에서의 '실천'을 앎의 수준인 '신앙'으로 축소했던 이유는 무엇인가? 니체에 따르면 그리스도교인들은 "믿으면 복을 받는다. 그러므로 믿음이 진리이다. …… 지복이 '신앙'이라는 조건과 결합되어 있다―믿기 때문에 장차 복을 받아야 한다"[23]고 굳게 믿는다는 것이다. 여기서 우리는 적어도 다음과 같은 두 가지 문제를 주목해야 한다. 우선, 신앙과 구원 사이를 원인과 결과의 관계로 잇는 강한 인과율을 보게 된다. 모든 것이 인과율의 틀 안으로 묶인다. 아닌

---

22 한스 큉, 『신은 존재하는가 1』, 560쪽.
23 프리드리히 니체, 「안티크리스트」, 289쪽.

게 없다. 그런데 믿음과 지복, 또는 신앙과 구원을 인과적인 조건의 관계로 보니 무조건적인 은총으로서의 복음이 끼어들 여지가 없다. 복음이 조건화되는 것이다. 게다가 그리스도교인들은 "믿음이 복되게 만든다는 것을 나는 믿는다 — 따라서 그것은 참이다"[24]라고 말한다. 말하자면, 자기가 믿는 것은 바로 다름 아닌 자기의 믿음이라는 것이다. 그리고 그것이 바로 진리라고 주장된다. 그런데 자기의 믿음을 믿는 것은 곧 자기를 믿는 것일 뿐이다. 결국 자기믿음이고 자기구원이다. 자기중심주의와 우상숭배주의가 동전의 양면일 수밖에 없는 이유가 또다시 확인되는 순간이다. 니체는 이러한 종교적 생리를 위와 같이 예리하게 파헤침으로써 사실 아무 생각 없이 '노예의 안정감'을 '은총에 의한 평안'으로 삼으면서 살아가던 우리에게 평지풍파를 일으켰다.

그렇다면 역사적 그리스도교에 대한 자신의 이러한 진단에 대해 니체는 어떠한 처방을 제시했는가?[25] 여러 방식으로 접근할 수 있겠지만 예수의 선언에서도 가리키듯이 삶의 실천에서 가장 중요할 진리와 자유에 주목한다면 다음과 같이 추릴 수 있을 것이다. 우선 진리라는 것은 자기믿음이 아니라 "한 걸음씩 애써서 쟁취되어야만"[26] 하는 것이

---

24 같은 책, 289쪽.

25 이 대목에서 큉의 비평은 주목할 가치를 지닌다. 그리스도교인들에게 도전이 되어주는 것은 니체가 내놓은 적극적인 '해결책들'—권력에의 의지, 디오니소스적 생명, 영원한 회귀, 초인—이라기보다는 니체의 철저한 의문 제기, 고의적으로 신 없음과 순수한 세계 없음을 향하는 의지로 추구한 그 문제 제기가 아닐 수 없다. "'만일' 신들이 존재한다면, 나도 신이 안 되고는 못 배기겠다. '그러므로' 어떠한 신도 존재하지 않는다"(큉, 『신은 존재하는가 1』, 557쪽). 옳은 말이다. 인간들은 대체로 이렇게 하고 있지 않은가? 자신의 희구를 투사해서 투사의 내용을 결정하고 있으니 투사가 곧 신이라면, 그래서 신이 투사라면 투사의 주체가 인간이라고 할 때 인간이 곧 신이 안 되고는 못 배기는 것이 아니겠는가?

며 또한 "진리란 누군가는 가졌을 것이고 다른 누군가는 갖지 않고 있을 그런 것은 아니"[27]라는 점에 주목할 일이다. 말하자면, 진리는 하늘에서 일순간 뚝 떨어진 완제품이 아니라 과정을 통해 얻어지고 만들어지는 것이라는 점이다. 그기에 진리에 대한 확신만큼 우리를 옭아매는 억압도 없다는 것이다. 오죽하면 니체 스스로도 진리에 대해 거짓보다 확신이 오히려 더욱 위험한 적수라고 했겠는가? 이는 밀접하게 연관되는 자유에 대한 진술에서도 다시금 확인된다. 자유에 대한 니체의 일갈은 삶의 실천을 위해 시사하는 바가 실로 크다.

> 확신하는 인간은 가치와 무가치의 문제에서 근본적인 것 전부를 고려하지 못한다. 확신은 감옥이다. 이것은 충분히 넓게 보지 않고, 발아래를 보지 않는다: 하지만 가치와 무가치에 대해 말참견할 수 있으려면, 오백 가지 확신들을 자신의 발아래로 굽어보아야만 한다 ─ 자신의 뒤에 있는 것을 보아야만 한다. …… 온갖 종류의 확신으로부터의 자유는 자유롭게 볼 수 있는 강한 힘에 속한다.[28]

실로 우리 자신을 돌아보면 소스라치게 홀연해지지 않을 수 없는 분석이다. 많은 경우 종교적 신앙 안에서 우리는 확신을 지상 최대의 과제요, 구원의 경지인 것으로 간주한다. 교회의 무수한 언어들은 이에 도달하겠다는 것 이외에 다른 것이 아니다. 이른바 확신 이데올로기가

---

26 프리드리히 니체, 「안티크리스트」, 290쪽.
27 같은 책, 295쪽.
28 같은 책, 297쪽.

우리를 넓고도 깊게 지배하고 있다. 안되면 억지로 모양이라도 흉내 내려고 안간힘을 쓰는 것이 바로 다름 아닌 확신이다. 그런데 그런 확신이라는 것이 정말 모순적이게도 오히려 우리를 가두는 감옥이요, 옭아매는 노예적인 틀이라는 것이다. 이런 통찰은 확신을 추구하는 자기민음의 생리에서는 도저히 이해될 수도 없고 받아들여질 수도 없겠지만, 그것이야말로 오히려 확신이 바로 감옥이요, 노예 틀이라는 좋은 증거일 뿐이다. 그리고 바로 이런 이유로 확신은 자유를 억압하기 때문에 진리의 적수일 수밖에 없는 것이다. 확신의 폐해에 대한 니체의 다음과 같이 다소 냉소적이면서 적나라한 언설은 이제 거부하기 어려운 성찰의 과제를 우리에게 안겨준다.

> 대다수 사람들에게 그들을 묶고 고정시키는 외부의 규정이 얼마나 필요
> 한지를 생각해보면, 그리고 강압이나 좀 더 고차적인 의미에서의 노예제
> 가 어떻게 해서 의지박약의 인간을, 특히 여자를 번성시키는 유일하고도
> 궁극적인 조건인지에 대해서 생각해보면: 확신이라는 것이, '믿음'이라는
> 것이 무엇인지를 알 수 있게 된다. 확신하는 인간에게 확신은 그를 지탱
> 해주는 기둥이다. 많은 것을 보지 않고, 그 어느 것에도 공평하지 않고,
> 철저히 편파적이며, 모든 가치를 엄격하고도 필요한 시각으로 보는 것—
> 이것만이 확신하는 인간 종류를 존재하게 해주는 유일한 조건이다. 하지
> 만 이렇게 해서 그는 진실한 인간의 반대이자 적대자이고—진리의 반대
> 이자 적대자이다.[29]

---

29 같은 책, 298쪽.

확신이라는 종교적 이데올로기가 흔히 '독실한 신앙인'의 전형적인 기준이나 근거로 군림하지만 이것이 오히려 '진실한 인간의 적대자'라는 것이다. 그러나 도대체 어떻게 확신과 진실이 서로 모순되는가? 아니 그럴 수밖에 없는가? 그것은 확신이라는 것이 고정, 강압, 편파와 같은 부정적인 속성들로 나타나고 겪어지기 때문이다. 제아무리 인간을 '지탱해주는 기둥'이라고 하더라도, 아니 바로 그렇기 때문에, 그것은 인간을 자유하게 하기보다는 오히려 옭아매고 억누르며 바로 이런 이유로 복음과는 거리가 멀 수밖에 없다. 이처럼 확신이야말로 자기중심주의와 우상숭배주의가 얽혀 엮어낸 결정적인 산물이니 '자아도취적 우상숭배(narcissistic idolatry)'[30]의 또 다른 이름이라고 하겠다. 결국 종교적 확신에 대해 정면으로 도전하는 무신론적 종교비판은 우리에게 우상파괴와 자기비움이라는 엄청난 과제를 일깨워준다고 하지 않을 수 없다. 따라서 복음의 참된 길은 확신에 앞서, 아니 심지어 확신이 아니더라도, 먼저 자기비움을 통해 우상을 파괴하고 진정한 인간이 되는 데에 있다는 니체에 대한 큉의 다음과 같은 동조는 충분히 음미할 가치를 지닌다.

예수 그리스도가 올바로 이해된다면 그리스도교가 이런 식으로 보일 수는 없다. 거기에 비추어볼 때 먼저 인간적이 아니고서는 그리스도인이 될 수 없는 까닭이며, 인간이 됨을 희생하여 그리스도인이 된다는 것은 불가능한 까닭이며, 인간이 되는 것과 평행선을 그으면서, 그 위에 또는 그 밑에서 그리스도인이 된다는 것이 불가능한 까닭이다. 그리스도인이 된다

---

30   Geddes MacGregor, *He Who Lets Us Be: A New Theology of Love*, p. 18.

함은 철두철미하게, 진정 인간답게 인간이 되는 것이어야 한다.[31]

3. 한국 그리스도교의 변혁을 위한 비판적 성찰

앞서 살핀 바와 같이, 그리스도교에 대한 니체의 무신론적 비판은 참사람의 길을 보여준 예수의 삶/죽음과 오로지 구원만을 바라는 그리스도교인들의 믿음 사이의 메워질 수 없을 것 같은 모순적인 간격에 주목함으로써, 그러한 주목이 없었다면 지나치고 말았을 우리 자신의 엄청난 폐부에 대해서 되돌아보게 하는 성찰적인 계기를 제공한다. 구체적으로, 자기중심성에서 비롯된 종교적 욕망을 투사와 전가를 통해 신격화하는 우상주의의 문제를 그 본원인 자기중심주의와 연관 지어 살피게 해준다. 말하자면, 그리스도교와 연관하여 삶과 믿음 사이에서 의도하지 않더라도 성찰하지 않으면 벌어질 수밖에 없는 모순을 진술하고 예리하게 파헤친 것이다. 그런데 이제 이러한 눈으로 한국 사회의 그리스도교를 본다면 그러한 모순이 더욱 증폭되어 종교적인 괴리뿐 아니라 사회적 문제들까지 야기하고 있음을 부정할 수 없다. 그렇다면 왜 그런가? 아니 왜 그럴 수밖에 없었는가?

이 물음에 대답하기 위해서 새삼스럽지만 서구에서 들어온 그리스도교가 우리나라에서 보급되었던 배경을 살피는 것도 뜻이 있겠다. 왜냐하면 현세적 기복주의라는 우리의 원초적인 종교 심성이 그리스도교를 포함한 외래 종교를 받아들인 근본적인 토양이었기 때문이다. 말하

---

31   한스 큉, 『신은 존재하는가 I』, 564쪽.

자면, 그리스도교가 새로이 들어왔다고 해도 결코 '개종(conversion)'이 아니라 기껏해야 '가종(加宗; adversion)'일 수밖에 없는 것이 엄연한 현실이었고, 지금도 그러하기 때문이다. 따라서 이러한 현실에 정직하게 주목함으로써만 문제의 실마리를 더듬을 수 있을 것이다.

> 부처도, 신선도, 천리도, 천주도 힘을 지닌 극대화된 기능으로 변모하면서 기복의 대상 또는 힘의 권화가 되었습니다. 기복의 모티브를 배제하고는 그들 각 종교가 이 땅의 종교문화에서 설 자리를 잃는 것은 이 때문이라고 할 수 있습니다.[32]

말하자면, 기복적 동기를 충족하기 위해 극대화된 기능적 힘을 신격화하는 것은 이미 예정된 수순이었다. 그런데 신격화란 곧 우상화이니 그러한 우상화의 결정적인 동기는 무엇보다도 현세기복적 욕망을 충족하려는 종교적 이기주의이고 이는 곧 자기중심주의적 세계관을 바탕으로 하고 있음은 두말할 나위도 없다. 이기주의가 아니면 집단주의이거나 이 둘이 서로 얽히기는 하지만 개인주의나 공동체성은 별로 발달하지 못해왔던 우리 사회상이 그 좋은 증거이다. 따라서 우리 문화에서도 이미 현세기복적 우상화와 욕망 추구의 자기중심주의는 얽힐 수밖에 없는 운명을 지니고 있었다. 그리고 이것이 들여오고 건너온 그리스도교 안에서 더욱 증폭되고 확장되었다.

좀 더 자세히 살펴보자. 극단적인 이기주의로 나타나는 자기중심적인 성향이 한국 그리스도교를 지배하고 있다. 신앙의 확신을 명분으

---

32   정진홍, 『경험과 기억: 종교문화의 틈 읽기』, 119쪽.

로 하는 독선이 종교적 신실로 간주되는 현상이 그 좋은 증거이다.

자기 목표만 생각하고 오직 그것만을 위해서 달려가는 사람들은 맹목적이고 위험하다. 그들은 자기 목표를 성취하기 위해 남들을 포함한 자기 외의 모든 것들은 무시해버린다. 또한 자기만 잘되면 된다는 생각, 남들이야 어찌 되었든 자기 목표만 달성하면 된다는 태도로 일관한다. 그러나 사실 이것처럼 이기주의적인 것은 없다. 자기밖에 모르는 사람들, 남들을 위해 일하는 것 같은데 깊이 들여다보면 철저하게 자기만을 위하는 사람들 …… 유독 이런 사람들이 한국 기독교에는 많은 것 같다.[33]

아울러 복을 받지 못한다면 도대체 믿을 이유가 없다는 기복적인 우상주의가 한국 그리스도교를 지배하고 있다. 축복과 저주 사이에서 양자택일을 강요하는 천박한 위협이 판을 치고 있다.

너희가 교회 나오면 들어와도 복을 받고 나와도 복을 받는다는 제사장적 축복이 더 많이 설교되고 있다. 또한 마치 기독교인이 되는 것이 세속적인 성공의 보증수표인 양 강조되고 있다. 사업에 실패하거나 개인이나 가정에 어려움이 있는 사람은 신앙이 부족해서 하나님의 축복이 내리지 않는 것으로 취급되고 있을 정도이다.[34]

---

33 이오갑, 『한국 기독교 개혁의 테마 20』, 17쪽.
34 강춘오, "집사가 보살도 되고 도인도 되고", ≪교회연합신문≫, 2002년 2월 11일자. 이오갑, 『한국 기독교 개혁의 테마 20』에서 재인용.

이처럼 자기중심성과 기복적 우상주의는 이미 한통속으로 굴러가게 되어 있으니 이러한 얽힘은 철저히 같음의 논리를 따라가는 본능적 생리를 지녀서 그 안에서 어떠한 되새김이나 물음도 있을 수 없다. 혹시 묻는다고 하더라도 "자신들이 이미 믿는 것을 더욱 확실하게 해줄 대답을 듣기 위해 질문"[35]할 뿐이다. 말하자면, 자기의 믿음을 확신의 단계로 더욱 명확하게 하려고 되짚어보거나 물을 뿐인데 이는 결국 '이미 대답된 물음'이요, 더 나아가 '물음 없는 대답'일 뿐이다.[36] 그러나 물음 없는 믿음은 회의 없는 확신에 해당할 터인데 이는 앞서 살핀 것처럼 곧 억압과 속박을 초래할 뿐이니 '노예의 평안함'이기는 할지언정 참 자유의 은총일 수는 없다. 오히려 믿음이 삶에서 참으로 뜻을 지니려면 "신앙은 항시 …… 신앙 없는 신앙, 즉 계속해서 중단의 위협에 노출된 신앙의 경신, 재발명, 반복에 의해 순간에서 순간으로, 한 결정에서 또 다른 결정으로 지속될 필요가 있다."[37] 그리고 이를 위해서는 우상주의와 자기중심주의가 보장하는 안전과 안정을 포기할 각오로 물음을 물어야 한다. 앞서 말한 자기비움과 우상파괴란 바로 이를 가리키는 것이다. 그러기에 "우리가 종교적 질문을 할 때 신적인 계시의 원천을 갖고 있는 것처럼 가장할 것이 아니라 인간의 경험을 다른 방식으로 바라봄으로써 종교적 질문을 제기할 필요가 있다."[38]

---

35 존 셸비 스퐁, 『기독교 변하지 않으면 죽는다: 교회 주교가 유배당한 신자들에게 고함』, 85쪽.

36 정재현, 『망치로 신-학하기: '말씀'이 말이 되게 하기 위하여』, 249~258쪽.

37 존 D. 카푸토, 『종교에 대하여』, 46쪽.

38 존 셸비 스퐁, 『기독교 변하지 않으면 죽는다: 교회 주교가 유배당한 신자들에게 고함』, 89쪽.

여기서 '계시의 원천을 갖고 있는 것처럼 가장하는 것'이 우상숭배 주의라면 '인간의 경험을 다른 방식으로 바라봄'은 우상파괴와 자기비움의 실마리가 될 것이다. 좀 더 구체적으로, '원천'이 '같음'의 논리를 향하는 것이라면 '다른 방식'은 문자 그대로 '다름'이다. 말하자면, 이제 한국의 그리스도교는 자기의 같음을 가리키는 이름을 버리고 자기 안에 이미 들어 있는 다름을 보아야 한다. 더욱이 이미 반만년의 유구한 역사에서 다양한 종교문화와 정서를 토양으로 해왔음을 조금만이라도 정직하고 진지하게 본다면 한국 그리스도교인들이 실상은 매우 다른데도 아무런 내용도 없이 이름만 같은 껍질이라는 점을 인정하지 않을 수 없을 것이다. 따라서 사실상 이름만 같거나 이름만 다를 뿐일 수도 있는 종교와 신앙이라는 점을 새삼스럽지만 절실하게 깨달아야 한다. 그러기에 스퐁의 말처럼 "하나님은 누구인가 하는 질문보다 무엇인가 하는 질문이 우리의 안내자로서 중요하게 된다."[39] 말하자면, '누구'가 가리키는 이름처럼 뜻 없이 주술적으로 통용되는 암호가 아닌 것은 물론이지만, 또한 '누구'라는 물음이 끌고 들어오는 의인화를 통한 욕망의 성찰되지 않은 투사를 넘어서 '무엇'이 가리키는 바, 알 수 없는 두려움과 떨림 속에서 하나님의 새롭게 다가오심을 기다릴 일이다. 모세가 돌아오는 것을 기다리지 못하고 금송아지를 만들었듯이 하나님의 홀연한 나타나심을 기다리지 못해 저마다 '누구'라는 그림을 그린다면 이것이 바로 자기의 믿음에서 비롯된 우상일 뿐이기 때문이다.

그렇다면 이제 신앙은 어떤 모습이어야 하는가? 카푸토가 역설하듯이 "자신의 특정 믿음 체계가 가장 적합하다고 주장하는 습관을 박차

---

39 같은 책, 89쪽.

고 나와야 한다."[40] 여기서 '자신의 주장'이 자기중심주의에서 비롯된 것이라면 '특정 믿음 체계'는 결국 우상주의를 가리킬 터이다. 따라서 우리는 무엇보다도 예수가 그렇게 가르치고 당부했던 바와 같이 그를 따르기 위해 먼저 자기를 버리고 자기 십자가를 질 일이다. 자기를 버리는 것은 곧 자기비움이요, 십자가를 지는 것은 우상을 파괴하는 것이기 때문이다. 참된 종교는 안전과 안정이 아니라 부정이요, 파괴이다. 한국의 그리스도교는 참된 뜻에서의 성숙을 위해 과감히 위험과 불안정까지 감수하는 부정과 파괴로 나아가야 한다. 안정적으로 교회를 운영하는 것보다 중요한 것은 그리스도교요, 나아가서 사회이며, 결국 인간이다.

> 전능한 신이 특정 시대, 특정 장소에서 특정 언어로 특정 민족에게 배타적으로 계시했다는 주장은 종교가 신의 이름으로 범하는 무수한 폭력의 근원이다. …… 진실한 종교, 진정한 종교성은 신을 사랑함을 의미한다. 즉, 목숨을 걸 위험과 불안정함을 의미한다. 그것은 특정 종교에 의해 만들어진 특권적인 신의 계시 주장으로 인해 함정에 빠지지 않고 가장 위험한 이웃의 최악의 거리에서 과부, 고아, 이방인에게 봉사하는 것을 의미한다.[41]

나아가 한국의 그리스도교는 이처럼 종교 없는 종교, 신앙을 넘어선 신앙을 거쳐 급기야 신의 이름마저 부를 수 없음을 받아들여야 한

---

40   존 D. 카푸토, 『종교에 대하여』, 135쪽.
41   같은 책, 139쪽.

다. 신의 이름을 붙잡고 있는 한 그 이름은 어느덧 우상이 되고 주술이
될 수밖에 없기 때문이다.

> 만일 내가 신의 이름으로 이웃에 봉사하든지 정의의 이름으로 이웃에 봉사
> 하든지 간에 그것이 무슨 차이가 있겠는가? 만일 신의 이름이 무엇이 아니
> 라 어떻게라면 신의 이름은 그것이 사용되지 않을 때 더욱 효과적이다.[42]

신의 이름이 우상이 되지 않기 위해서는 '무엇'이 아니라 '어떻게'로
새겨져야 한다는 것이다.[43] 이미 주어진 고정된 명사가 아니라 현실에
서 구체적인 방식을 취하는 동사라는 말이다. 그리고 그렇다면 군이 그
이름이 사용되지 않더라도 마찬가지일 뿐 아니라 오히려 더욱 바람직
하다는 것이다. 신의 이름을 '거룩하게' 모시려는 입장에서는 황당한 망
발로 들리겠지만 만일 이러한 주장이 신성모독의 반종교적 주장으로
들린다면 그것이야말로 바로 이름주의라는 우상에 빠져 있다는 좋은
증거일 따름이다. 그러므로 이제 한국 그리스도교는 개혁을 위한 많은
과제 중에서도 현실적 실천의 뿌리가 되는 그 심성과 정서의 차원에서
특히 이러한 이름에 의한 주술을 넘어서는 일에 대해서도 주목해야 할
것이다. 우상파괴와 자기비움이 여기서부터 시작할 것이기 때문이
다.[44] 이름이 가리키는 내용이 별것 아니거나 심지어 특별히 다를 것이

---

42 같은 책, 168쪽.
43 물론 이것은 앞서 신 물음을 '누구'에서 '무엇'으로 전환해야 한다는 주장과 어긋나는
것은 결코 아니다. '무엇'이 '누구'와 연관하여 지니는 뜻과 '어떻게'에 대해 지니는 뜻은 서
로 다르기 때문이다.
44 쿠핏(Don Cupitt)도 같은 맥락에서 다음과 같이 주장한다. "모든 교리를 포기하고

없음에도 불구하고 이름 자체가 소중하다는 고집들이 얼마나 옹골차게 난무하고 있는가를 살핀다면 이러한 이름주의는 결국 그러한 이름으로 그려지는 우상주의요, 그러한 이름에서 자기를 확인하려는 자기중심주의의 또 다른 이름일 뿐이기 때문이다. 그리고 이를 넘어섬으로써만 삶으로서의 믿음이라는 예수의 뜻을 되살릴 수 있을 것이기 때문이다.

모든 거창한 이름들을 포기하고 중보종교의 모든 주술적 환상을 포기해야만 한다. 인생 전체를 채색된 베일에 바친 평균적 교인들은 그 마음속에 이미 모든 것을 벗어던질 때 아무것도 남지 않는다는 사실을 잘 알고 있다. 이것이 물론 오늘날 기독교가 개혁을 원하지 않으며 채색 베일을 벗지 않으려는 이유이다. 교회는 신앙이 실재적이라고 주장한다. 즉, 교회는 채색된 베일이 참 그림임을 믿노라고 주장한다." 돈 큐핏, 『예수 정신에 따른 기독교 개혁』, 박상선·김준우 옮김(고양: 한국기독교연구소, 2006), 187쪽.

인격성의 폭력과
탈신화화

신정론의 억압적 발상에 대해
불트만 해석학의 처방을 시도하며

1. 문제 제기: 세월호를 하느님이 빠뜨리셨나?

2014년 4월 16일, 대한민국에 미증유의 사건이 발생했다. 온 국민을 충격과 분노로 몰아넣었던 세월호 사고가 일어났다. 대한민국을 이 사고의 시점을 기준으로 이전과 이후로 나누어 봐야 한다는 주장이 사회적으로, 문화적으로, 종교적으로 쏟아져 나왔다. 개발독재와 밀착된 경제를 종식해야 한다는 목소리와 함께 개체 인간의 소중함에 대한 새로운 각성의 목소리도 나왔다. 반성과 회개가 필요하다며 종교계에서도 목청을 돋우었다. 그런데 일부이지만 목사들로부터 '세월호를 하느님이 빠뜨리셨다'는 발언들이 나왔다. 우리의 죄 때문에 한국이라는 큰 배가 침몰할 수밖에 없는데 이를 막기 위해 작은 배를 빠뜨리셨다는 것이었다. 비단 발언자들뿐 아니라 많은 그리스도교 신자가 이와 같은 정죄의 관념과 경고의 언어에 깊숙이 사로잡혀 있음은 부정할 수 없다.[1]

과연 세월호를 하느님이 빠뜨리셨는가? '하느님이 참새 한 마리도 허락 없이 떨어뜨리지 않고 우리 머리카락도 다 세고 계시다'는 말씀을 근거로 이런 생각들을 하는 것으로 보인다. 그러나 이 말씀은 하느님이 우주의 창조주로서 모든 것을 관심하고 사랑하신다는 뜻으로 새겨야 할

---

[1] 발언의 사례는 부지기수이기에 굳이 사례를 들지는 않겠다. 이와 같은 형태의 신정론적 발상은 여러 연원을 찾을 수 있지만, 불트만(Rudolf Bultmann)에 따르면 이란에서 생긴 선악이원론과 함께 피안의 보상에 대한 가르침이 후기 유대교에 들어오면서 선악일원론으로 정리되는 상황에서 "악의 역할은 어느 시간 동안만 신에 의해 허락되었거나 신의 일을 위해 봉사하는" 것으로 받아들여지는 관점의 전통으로 거슬러갈 수 있다. 루돌프 불트만, 「그리스-로마 고전 및 그리스도교에서의 낙관론과 비관론」, 『학문과 실존 3』, 허혁 편역(서울: 성광문화사, 1981), 143쪽을 참조하기 바란다.

것이다. 하느님의 무한한 사랑을 말하고 있는 것이다. '어떤 권세도, 심지어 죽음도, 우리를 하느님의 사랑에서 끊을 수 없다'는 말씀처럼 말이다. 그런데 우리는 하느님의 사랑보다 힘으로 눈이 돌아간다. 그래서 하느님이 모든 것을 다 아시고 모든 것을 다 관장하시며 또한 하느님이 알고 계시는 것을 우리도 상당히 알고 있다고 착각한다. 구약성서의 많은 선지자들이 고통의 현실에 대해 하느님의 뜻을 헤아릴 수 없어서 그저 절규했을 뿐인데도 말이다. 그런데도 우리는 하느님의 뜻을 알 수 있다고 착각하면서 또한 일어난 일은 모두 하느님의 뜻이 개입되어 있다고 보는 종교적 관념에 매우 진하게 젖어 있다. 그러나 이는 언뜻 하느님을 잘 모시는 태도로 보이지만 사실상 거꾸로 인간이 하느님을 지배하고 조종하고 있는 것이다. 그러다 보니 이런 경우 부지불식간에 하느님이 무고한 생명을 몰살시키는 악마가 되어버린다. 우리 인간이 이해하고 있는 인격성으로 하느님을 다 싸잡으려 하니 이런 황당한 일이 벌어진다. 인격성의 폭력이다. 그런데 도대체 어찌하여 그 많은 목사들과 신자들이 이와 같은 착각과 강박에 사로잡혀 하느님을 악마로 그려내고 있는가? 그러고는 그것이 무슨 대단히 의로운 확신인 줄로 알고 희생당한 넋들과 그 유가족들의 가슴에 그렇게 대못을 박는가? 바로 이런 모습들 때문에 그리스도교인들이 사회로부터 지탄받는 것이 아닌가? 옳은 생각인데 차마 희생자와 가족 앞에서 말하지 말자는 것이 아니다. 하느님을 모독하고 인간을 능멸하는, 지극히 잘못된 생각이다. 하느님을 인격성으로만 재단하면 이런 왜곡은 피할 수 없다. 이는 하느님을 '아주 힘세고 큰 인간'으로 보는 것으로서 결국 의인화의 우상일 뿐이다.

하나의 사례를 들었지만 말하고자 하는 것은 신에 대한 이와 같은 인격성의 관점이 나름대로의 역할에도 불구하고 그 이상으로 심각한 오류를 동반한다는 점이다. 물론 세계가 무심하고 우연하게 돌아가는 것이 아니라 합리적으로 설계되었고 의지적으로 운행된다는 신념은 인간에게 예측가능성을 부여해줌으로써 안정감을 제공한다. 과학도 이런 염원을 실현하려는 인간의 노력으로 볼 수 있지만[2] 일찍이 종교도 각 시대정신에 따라 모양새를 달리해가면서 이런 시도에 함께해왔다. 그런데 바로 이런 역사에서 세계의 운행을 설명하고 추론하기 위해서 사건들 사이의 연관성을 그려내려는 시도에 인격성의 관점이 집요하게 깔려 있었다. 좀 더 구체적으로, 세계의 작동 원리에 대한 설명에서 현재의 현실을 결과로 보고 과거의 원인으로 소급해 설명하려는 인과율적 관점이나, 반대로 현재의 현실을 미래에 이루어질 목적과 관련해 수단으로 이해하려는 목적론적 관점이 그 대조적 방향에도 불구하고 각각 도덕적 판단이나 의지적 수행을 위한 인격성을 설정하고 있다. 그런데 바로 이러한 인격성의 관점이 궁극적 주재·원리로서의 신에게 적용되면서 의도와는 달리 엄청난 자가당착의 문제들을 야기해왔다. 세월호 관련 발언들도 그러한 왜곡의 사례에 해당하는 것으로 보인다. 따라서 여기에서는 이 문제를 살핌으로써 그런 발언들이 취지와도 모순되게 파괴적이고 억압적이기까지 하다는 점을 드러내고 이를 넘어설 길을 모색하고자 한다. 그리고 이 대목에서 우리는 '탈신화화'로 불리는 불트만(Rudolf Bultmann)의 해석학을 끌어들이고자 한다. 불리는 이름 때문에 엄청난 오해를 고향과 타지에서 공히 받아왔고, 특히 한국에서

---

2   과학의 전신이라 할 고대 천문학이 밀의종교와 얽히면서 펼쳐낸 성신계(星辰界)에 대한 당시의 지론들은 이에 대한 고전적 증거라 할 만하다. "세계사건의 혼란된, 고통스러운 체험에서 질서와 조화가 지배하는 성신계에 대한 경건한 동경의 관조가 생기는 것은 당연한 귀결이었을 것이다." 같은 책, 149쪽.

는 제대로 살피지도 않고 흘려버린 채 지금은 별다른 관심도 두지 않고 있지만 여기서 우리가 관심하는 문제에 대해 심오한 통찰을 제공해줄 것으로 기대되기 때문이다. 물론 그의 해석학 논의는 방대한 연구를 필요로 하지만 다루는 문제와의 연관성을 중심으로 밀도 있는 분석을 전개한 몇 편의 논문을 집중적으로 살피고자 한다.

2. 세계의 운행 방식과 신의 인격성/무인격성

세계의 운행 방식과 그 흐름으로서의 역사에 대해 시대마다 매우 다른 입장들이 꾸려져 왔다. 고중세에는 비관주의가 지배적이었다면 근세는 낙관주의를 절정으로까지 끌고 간 시대라 하겠고, 이에 비해 현대는 중심적이고 일방적인 비관이나 낙관을 거부하는 현실주의를 채택한다. 이러한 대비를 좀 더 효과적으로 분석하기 위해 각 시대가 선(善)과 악(惡)의 관계를 어떻게 보는지를 살피는 것이 좋은 실마리가 될 것이다. 고중세의 역사 비관주의에서 악은 '선의 결여 내지는 파괴'로 새겨졌다. 태초의 완전한 선이 역사 과정에서 점차로 일그러졌다는 것이다. 이와는 대조적으로, 근세의 역사낙관주의에서 악은 '선의 미완성'이다. 악을 겪을 수밖에 없기는 하지만 역사 과정은 선의 완성을 향해가니 미래를 기대할 수 있다는 것이다. 그런가 하면, 현대의 현실주의에서는 '선과 악의 공존 또는 혼재'를 말한다. 현실에 좀 더 주목하고 보니 그리 간단하게 판단할 수 있는 게 아니라는 것이다.

그렇다면 고중세는 왜 역사를 비관적으로 보게 되었을까? 이것은 사실상 신중심주의로부터 예견된 것이다. 신을 중심으로 하는 역사관인데 어떻게 비관주의로 빠질까 의아해할 수도 있겠지만 신이 아니라 신중심주의가 초래한 불가피한 결과이다. 이 시대의 세계관에 따르면 신이 세계를 창조하면서 이와 함께 완전한 선이 주어졌다. 그러나 사람들이 살아가면서 많은 문제를 겪는다. 그런데 신중심주의에 따르면 신에 의해서 모든 것이 예정되어 있다는 세계관에 바탕을 두니, 벌어지는 현실의 문제에 대해 자연스럽게 그 '원인'인 과거로 거슬러가면서 현실을 거기에서 비롯된 '결과'로 보게 되는 인과율적 인생관을 갖게 된다. 말하자면, 이미 정해진 운명 같은 힘이 작동하는데, 문제를 계속하여 겪어가니 이러한 과정을 비관적으로 볼 수밖에 없게 된다. 결국 역사 과정이라는 것이 최초의 온전한 선이 점차로 파괴되어가는 과정으로 읽힌다. 비관주의는 이렇게 해서 엮어진 것이다.[3]

그러나 근세로 넘어가면서 과학 덕분에 초자연을 더 위로 올려버리고 자연이라는 지평이 전면에 등장한다. 당연하게도 인간이 신 대신에 중심에 자리한다. 뭐든지 할 수 있을 것 같은 이성적 주체의 자유를 예찬한다. 여기서 신의 창조는 선의 가능성만을 담고 있다. 그리고 역사를 통해, 주체이고 중심이 된 인간이 가능성으로만 심어진 선을 이루어

---

[3]   비관주의에서 보면 역사의 진행은 태초의 선이 깨어져 가는 과정이다. 창세기를 보면 제1, 2장에서는 온전한 선으로 그려진다. 그런데 제3장 이후부터는 내내 타락이다. 창세기의 상황에서 중요한 것은 '선한 창조'를 고백하기보다는 '타락'을 고발하는 데에 더욱 집중되어 있는 것으로 보인다. 물론 구원을 위한 것이었을 터이다. 여기서 역사가 진행될수록 선은 파괴(privatio boni)되어간다. 창조에서는 온전한 선이었는데 타락의 과정에서 악이 점차로 늘어나면서 선이 파괴되었으니 비관적인 역사관을 가질 수밖에 없다. 불트만도 이에 대해 "때로는 이해할 수 없는 운명적인 불의에 대한 탄식으로, 때로는 삶의 괴로움과 궁핍 및 죽음, 허무에 대한 비애로서" 비관론이 역사적으로 먼저 나타났다고 분석한다. 같은 책, 140쪽.

간다는 것이다. 역사는 발전하면서 선의 완성이라는 목적에 이르게 된다니 자연스럽게 낙관주의가 된다. 그렇다면 이 구도에서 악은 무엇일까? 창조 단계에서 가능성으로 심어진 선이 현실에서 점차로 이루어져가는 과정에서 아직 선이 덜 이루어진 만큼 악을 겪을 수밖에 없는 것이다. 말하자면, 악은 선의 미완성일 뿐이다. 그러나 바로 이런 이유로 불가피하게 겪을 수밖에 없는 악도 선의 완성을 위해 거쳐야 하는 '수단'이 된다. 선의 완성을 향해가는 데에 악이 이바지할 것으로 기대된다.

그러나 시작의 온전성을 강조하는 고중세나 끝의 완전성을 강조하는 근세와는 달리 현대는 그런 그림 자체를 그리지 못한다. 현실은 선과 악이 너무나도 혼란스럽게 뒤범벅되어 있기 때문이다. 상황에 따라 언제든 선악이 뒤바뀔 수도 있는 현실에 대한 체험이 축적되고 이에 대해 곱씹을 수밖에 없는 현대는 한쪽 손을 들어줄 수 없다는 것을 알아버렸다. 중심주의로 세계를 보거나 그렇게 역사를 읽어낼 수 없을뿐더러 그것이 인간뿐 아니라 신에게조차 부적절하고 오히려 왜곡이라는 것을 깨닫게 되었으니 불가피하게 탈중심주의로 갈 수밖에 없었다. 이제 탈중심주의가 가리키는 상호상대성은 역사에서 선악의 줄다리기가 만만치 않게 엮어지고 있음을 보게 했다. 앞서 신중심주의 구도에서 원인과 결과의 관계로 세계를 보고 역사를 읽으니 인과율의 이데올로기에 눌려 비관주의로 흐르고, 인간중심주의 구도에서 목적과 수단의 관계로 역사를 보니 목적론의 유토피아를 따라 낙관주의로 치달아갔다면, 이제 현대는 역사를 그렇게 짜 맞추어 보는 태도가 사실은 역사의 범주를 벗어난 초역사적인 이념에 의해 왜곡되고 있다는 점을 폭로하게 되었고 선과 악이 혼재되어 있는 현실을 직접 대면하려는 태도로 옮겨가고 있다.[4] 자기를 이루고 있는 것이 확연하게 알고 있는 같음이 아

니라 알 수 없기도 한 다름들이라는 것을 홀연하게 발견하게 된 현대인
들은 그러한 주제 파악의 눈으로 선과 악의 관계를 보고 또 자신의 위
치를 가늠해야 한다는 것을 과제로 부여받고 있기 때문이다.[5]

간단하게나마 역사에 대한 이해가 시대별로 그토록 다르다는 것을
살폈다. 특히 선과 악의 관계에 초점을 맞추어 이들이 밀고 당기는 긴
장이 역사관을 그렇게 엮어낸다는 것도 보았다. 그런데 사실 세계의 작
동 원리를 인과율로 보고 이에 따라 역사를 비관주의로 엮어내는 관점
이나 이와는 달리 세계가 목적을 향해 움직인다는 목적론의 관점에 근
거해 역사낙관주의를 귀결시키는 입장은 겉보기에는 매우 대조적이지
만 사실 그 대조 이상으로 공통적인 전제를 지니고 있다. 단도직입적으
로, 그리스도교 전통 안에서 세계의 운행 방식에 대한 인과율적 태도나
목적론적 관점은 공히 신의 인격성을 전제로 한다. "세계를 정신에 의
해 체계화된 통일성으로서, 인간을 이 통일체에 삽입된 자로서 이해하
고 그렇게 함으로써 삶의 수수께끼를 풀려는 이러한 사유의 기본 경향

---

4   여기서 자세히 논할 수는 없지만 불트만의 분석에 따르면, 복음서에 나타난 예수에
게서는 인과율의 비관주의나 목적론의 낙관론을 관통하는 신정론적 동기를 찾을 수 없다
는 것이다. 오히려 우리의 분석에서 보면 현대적 이해가 예수의 관점에 더욱 접근하는 것
으로 볼 수 있다. "아마도 우리는 신에 대한 인간의 관계에 따라 세계가 선일 수도 악일 수
도 있다는 점에서 예수의 선포에서는 낙관론과 비관론이 이른바 변증법적 관계를 이루고
있다고 말할 수 있다." 같은 책, 157쪽을 참조하기 바란다.

5   솔직히 보건대, 남을 살필 것도 없이 나 자신이 이미 선과 악이 뒤섞여 있다는 것을
부정할 수 없다. 사실 나 자신 안에 있는 정도가 아니라 나 자신이 이미 그런 뒤범벅일 것이
다. 그렇다면 도대체 혼자 옳다는 독단이나 혼자 착하다는 독선은 종교적 차원은 물론이거
니와 윤리적·상식적인 차원에서도 어불성설이 아닐 수 없다. 그런데 이것이 신실한 종교
인들에게서, 그리고 깔끔한 도덕주의자들에게서 아직도 팽배하고 있으니 이건 세계관이나
역사관을 들이댈 것도 없이 주제 파악의 결여에 의한 자아도취 이외에 다른 것이 아니다.

은 스토아학파에 의해 체계적으로 관철되었으며 이를 위해 특별히 공헌한 것은 '섭리'라는 개념이었다."[6] 신중심주의가 지배하던 고중세 시대에는 신이 원인과 결과의 필연적 관계를 책임지고 관장하며 운행하신다는 관점에서 세계에서 벌어지는 모든 일들이 그에 앞선 신적인 원인을 지니는 것으로 보았다.[7] 그런데 이러한 태도는 인간중심주의가 지배하던 근세에도 그대로 이어진바, 그리스도교 전통에서는 낙관적인 목적의 완성을 위해 심지어 그와 모순될 수도 있는 수단들이 취해지지만 이 모두는 그러한 좋은 목적을 이루기 위한 것이며 이는 바로 인격적인 신이 이 모든 과정을 섭리하고 관장하며 결국 궁극적으로 목적을 이루어가시기 때문이라는 것이다. 말하자면, 인과율이나 목적론 모두 세계를 인격적인 신의 섭리 안에 포함하면서 그 적용 범위를 확장하고자 했으니 세계관은 그렇게 대조적으로 달라도 그리될 수밖에 없었다.

그런데 이러한 인격성의 관점은 나름대로의 역할에도 불구하고 결정적인 맹점을 지닌다. '창조주의 인격성이 피조세계의 운행 방식을 모두 포괄할 수 있는가' 하는 문제에 직면하기 때문이다. 지구라는 자연만 보더라도 인격성뿐 아니라 비인격성도 있고 무인격성도 있다.[8] 그런데 자연(自然)이라고 하면 '스스로 그러한' 것이니 무인격성이 가장 커

---

6   같은 책, 147쪽.

7   예를 들면, 살면서 당하는 고통은 앞선 원인으로서의 죄에 대한 벌이라든지 또는 앞서 쌓아놓은 악업에 대한 대가라는 관념이 바로 이에 대한 좋은 증거이다. 어떠한 원인에 대해 그에 상응하는 결과가 반드시 따르도록 도덕적 판단에 근거한 인격적 관리의 방식으로 신이 세계를 운행하신다는 것이다.

8   배고픈 사람에게 밥을 주는 행위는 인격적인 행위이다. 그 밥을 뺏어 먹는 것은 비인격적인 행위이다. 자기가 스스로 밥을 먹는 행위는 인격적(personal)이지도 않고 비인격적(impersonal)이지도 않으니 무인격적(apersonal)이라고 해야 한다.

보인다. 우리 눈에는 매정할 정도로 무심하지만 사실 사심이 없는 것일 터이다.[9] 어떤 도덕적 판단이나 의지적 수행과 같은 인격적 행위를 하기보다는 그저 아무것도 보이지 않는 것처럼 맹목적으로 필연적 법칙에 따라 운행되고 따라서 자연현상이 그렇게 일어날 뿐이다. 그런데 자연의 사심 없는 맹목적 필연성, 이것이 바로 인간이 자유를 누릴 수 있는 터전이다.[10] 그리고 바로 그 맹목적 필연성은 무인격성의 또 다른 이름이다.

그런데 피조세계인 자연이 그렇게 무인격적이라면 창조주이신 하느님에게도 이런 성품이 들어 있다고 해야 마땅하다. 창조주에게 있지 않은 것이 피조세계에서 자연발생적으로 생겨났다고 할 수는 없는 노릇이니 말이다.[11] 종래의 관습 때문에 무인격성을 하느님에게 단도직입적

---

9 지구가 만일 사심으로 운행된다면 지구에 사는 모든 생명체는 살아갈 수도 없을 것이다. 예를 들어보자. 사람들이 무리 지어 높은 산에 올라갔다. 정상에 오른 사람들이 노닐다가 낭떠러지의 절벽 앞에서 그만 발을 헛디뎌 떨어졌다. 만일 지구가 도덕적 판단을 한다면 이런 상황은 포상과 징벌을 행사할 수 있는 좋은 기회가 될 터이다. 말하자면, 낭떠러지에서 떨어지더라도 선한 사람은 사뿐하게 받아내고 악인은 내동댕이치다시피 박살 내버리는 방식으로 말이다. 그런데 이러면 과연 좋을까? 만일 지구가 그렇게 사심으로 움직인다면 우리 인간은 너무도 불안해 꼼짝달싹할 수 없을 것이다. 내가 어떤 판단을 받을지 알 수 없으니 말이다. 아무리 스스로 착하다고 생각해도 착각이 아니라는 보장이 있을까? 만일 이렇다면 도무지 예측을 할 수 없으니 어떤 행동도 자유롭게 할 수가 없을 것이다. 그러나 자연은 이미 스스로 그러해서 무심코 자연법칙을 행사할 뿐이다.
10 제디스 맥그리거, 『사랑의 신학』, 김화영 옮김(서울: 대한기독교서회, 2011), 제3~4장을 참조하기 바란다. 만일 맹목적 필연성이 없었다면 인간은 꼼짝달싹할 수 없었을 것이라는 점을 떠올리면 이 뜻이 이해될 수 있을 것이다.
11 혹자는 신정론적 동기에서 세상의 악이 신으로부터 비롯된 것이라고 할 수 없듯이 자연의 무인격성의 원천을 신에게 돌릴 수 없다고 주장할 수도 있다. 그러나 이는 가치판단의 논리를 지나치게 확대해 적용하는 범주의 오류일 뿐이다.

으로 대입하는 것이 여전히 거슬린다면 하느님의 존재나 본성에 대해서가 아니라 하느님의 행위에 대한 이야기로 새겨도 좋다. 하느님은 명사가 아니고 동사이며 그저 고정불변의 존재라기보다도 현실에서 역사하시는 행위이고 사건으로 새겨야 한다고 한 현대적 통찰이 이 대목에 연관될 것이다.[12] 말하자면, 하느님이 세계와의 관계에서 역사하시는 행위에 무인격적 차원이 있음을 외면하지 말자는 것이다. 창조의 원리이고 피조세계의 질서이며 인간 삶의 자리가 이미 그러하기 때문이다.

3. 신의 인격성 한계를 넘어서기 위한 탈신화화: 불트만의 해석학

이제 신의 무인격성이라는 다소 당혹스럽기도 하고 심지어 불경스럽게 들리기도 하는 주제에 대해 신학적으로 정당화하는 논의가 필요하다. 사실상 이것이 신을 더 크고 더 넓게 보는 관점임에도 불구하고 ― 물론 이도 어불성설이지만 ― 인격성에 오래도록 매몰된 역사 때문에 오히려 신성모독처럼 들리게 되어버렸기 때문이다. 그런데 만일 그렇게 들린다면 이는 인격성을 신격으로 새기고 있다는 증거이다. 자가당착이다.

---

12   예를 들면, 하느님 이해에서 하나의 모델만 고집하면 우상이 된다는 비판을 제기하는 맥페이그(Sallie McFague)의 은유신학을 들 수 있다. 여기서는 인격성만 집중하면 우상이 될 수밖에 없다는 우리의 비판과 맥을 같이한다. "한 모델에 전제된 특성이 망각되고 우리와 하느님의 관계를 말해주는 한 방식이 유일한 방식으로 간주될 때 그 모델은 우상이 된다." 샐리 맥페이그, 『은유 신학: 종교 언어와 하느님 모델』, 정애성 옮김(서울: 다산글방, 2001), 29쪽을 참조하기 바란다.

이것만 보아도 인격성의 폭력이 인간에게뿐 아니라 신에 대해서까지 저질러지고 있다는 것을 부정할 수 없다. 따라서 여기서는 이런 문제에 대해 현대의 초입에 진지하게 씨름했던 신학적 해석학의 한 연구에서 도움을 받고자 한다. 단도직입적으로, 다소 경원시되었던 불트만의 해석학을 가져오려고 한다. 새삼스럽지만 사실은 생경하다. 제대로 이해된 적도 없이 내몰렸기 때문이다. 이제는 이런 관습의 천박함을 극복해야 한다. 이것이 그리스도교의 설득력을 훼손했거니와 이제는 그 골이 너무 깊어 단시일 안에 해결될 수 있는 일이 아니지만 바로 그러하기에 시작해야 한다. 그의 많은 논문 중 이 문제와 관련해 핵심적인 통찰을 쏟아내는 몇 편의 글을 살피고자 한다. 이를 통해서 성서를 어떻게 읽어야 하고, 소위 '하느님의 뜻'이라는 것을 어떻게 이해해야 하는가에 대한 통찰을 추려내고자 한다.

먼저 성서를 어떻게 읽을 것인가부터 살펴보자. 우리는 우리 삶을 위해 우리를 둘러싸고 있는 자연, 정신, 세계, 역사 등에 대해 알고자 한다. 앎은 삶을 위해 하는 것이고 만들어져 가는 것이었다. 불트만도 그의 논문 「학문과 실존」에서 이러한 구도로 출발한다. 일반적으로, 둘러싼 단순대상에 대해서는 그 사실 자체를 인식해 이에 대한 지식을 얻어내고 종국에 진리에 이르려는 목적으로 학문을 구성한다. 그러나 시간적인 존재로서 역사적 책임을 지니는 인격존재인 인간은 자신을 문제로 보고 겪으면서 살고 있기 때문에 그런 학문 방법은 적합하지 않다고 지적한다. 그러한 인간이 둘러싼 세계에서 특히 자신을 위협하는 현상들에 맞닥뜨렸을 경우 오히려 본능적으로 삶이 뿜어내는 앎으로 삶을 엮어간다는 것이다.

인간은 자신을 위협하는 세력들에게 이름을 주면서 그것을 객관화하고 자신의 사유를 위해 이용할 수 있게 만들고 자신의 행위로 접근할 수 있게 하여 객관화하는 명칭을 붙이고는 자신을 불안으로부터 해방시킨다. 이름으로 표시된 악마는 축출할 수 있고, 이름으로 표시된 신은 경배할 수 있다.[13]

이처럼 인간은 알지 못하는 것이 삶을 위협할 때 이름을 붙여서라도 아는 것처럼 간주하는 방식으로 객관화하고 이를 통해 불안에서 해방되고자 한다. 말하자면, 종교의 발생 동기인 불안으로부터의 해방이 모름에 대한 이름 붙이기를 통해 객관화의 과정을 거친다. 그러나 이내 우리는 이런 질문에 부딪칠 수밖에 없다. "객관화하는 사유 방법이 실제로 현상의 본질인식을 얻게 하는가? 아니 객관화가 도대체 가능한가?"[14] 이런 질문은 자연과학뿐 아니라 역사과학에서도 제기되었는데 그 이유인즉, "누구도 자신의 주관적인 선입 판단들로부터 완전히 풀려날 수 없"[15]기 때문이다. 더 나아가 역사 현상은 여러 면으로 이루어져 있는데 "인간 자신이 그 자체로서 복합적인 존재이기 때문이다."[16] 그

---

13 루돌프 불트만, 「학문과 실존」, 허혁 편역, 『학문과 실존 1』(서울: 성광문화사, 1980), 2쪽.

14 같은 책.

15 같은 책, 3쪽.

16 같은 책, 5쪽. 인간의 복합성에 대해 불트만은 다음과 같이 서술한다. "인간은 몸과 영, 정신으로 성립되어 있다; 그에게는 충동과 이성도 있다; 그는 정치적, 사회적 존재이기도 하고 동시에 각기 특수성을 지니고 있는 개성적 존재이기도 하다; 그러므로 역사를 정치사로 보며 기술할 수도 있고 경제사와 문제사로도, 이념들의 역사와 개인들의 역사, 인격사들로 보며 묘사할 수도 있다; 이 관찰들은 각기 현상들의 일면을 밝혀준다"(같은

렇기 때문에 복합적인 관찰에 의한 상(像)은 나름대로 적절하지만 "오로지 하나의 관찰 방식이 절대화되고 도그마가 될 때에만 잘못된다."[17] 말하자면 방법과 내용을 절대화하지 않는다면, 일면적일 수밖에 없는 주관성은 오류가 아닌 특정성의 표출 방식이 된다. "역사가의 주관성이라는 것이 그가 잘못 보고 있다는 것이 아니라 그가 특정한 관점을 선택하고 있다는 것, 즉 특정한 문제 제기로부터 출발한다는 것을 뜻한다."[18]

그러나 그렇다고 해서 특정성에 의한 주관성이 임의적이거나 작위적이어도 무방하다는 것은 결코 아니다. 이를 경계하기 위해 불트만은 '실존적 만남(existenzielle Begegnung)'을 강조한다. 이러한 만남은 우선 역사라는 것의 시제가 그저 과거에만 머물러 있는 것이 아니라 현재에 참여하는 자에게 비로소 말을 건넴으로써 본질을 드러내기 시작하고 나아가 미래에 대한 관련성에 이름으로써 의미를 지닌 사건이 될 수 있다는 데에서 확인된다. 미래에 연관되는 의미를 구성하지 못하는 것은 역사적 사건이라고 할 수 없다는 것이다. 과거의 일이라 하더라도 미래를 향해 현재에 의미를 지닐 때에만 역사가 되는 것이다. 결국 역사란 과거로부터 미래에 연관된 현재의 의미 구성이라 하겠다. 그러기에 삶의 의미 구현을 위해 실존으로 역사에 참여하는 해석은 미래에 의해 요구되는 자신의 책임성으로 인해 임의나 방종을 허락하지 않는다는 것이다.[19] 물론 유대교와 초대 그리스도교가 종말론을 내세우면서 역사의 마지막을 안다고 주장했었지만 "오늘날 우리는 역사의 목표와 마지

책, 5쪽).

17   같은 책, 5쪽.

18   같은 책.

19   같은 책, 6쪽.

막을 안다고 주장할 만큼 대담하지 못하다. 그 때문에 모든 역사 진행의 의미에 대한 문제는 무의미한 물음이 되었다."[20] 그럼에도 불구하고 역사적 성찰의 주관성이 개인적 임의로 함몰되지 않을 수 있는 것은 미래와 종말을 알지 못함에도 불구하고 "미래에 의해 책임을 지니게 된 현재를 위한 것"이기 때문이다.[21]

그렇다면 역사의식이란 결국 미래를 향한 실존적 참여이다. 그런데 실존적 참여는 항상 문제를 지니고 있어, 신뢰함 속에서도 모험을 지니며 결단의 적절성 여부에 대한 위험도 안고 있다. 이름을 붙이는 객관화를 통한 안정 추구라는 것이 기만일 수밖에 없다는 것을 겪은 실존은 미래에 대한 책임에 동반되는 모험을 싸안을 수밖에 없다. 불트만은 이 점을 다음과 같이 예리하게 지적한다. "객관화하는 관찰의 입장에서 보면 신뢰에는 모험이 들어 있다. 그러나 그러한 모험 없이는 사람과 사람 사이의 인격적인 관계는 있을 수 없다."[22] 그리고 바로 이런 이유로 "실존에 관해서는(über) 말할 수 없으며 실존으로부터(aus) 말할 수 있을 뿐"[23]이다. 말하자면, 스스로를 거리 두고 말할 수 없고 다만 스스로에게서 우러나올 수 있을 뿐이다. 같은 맥락에서 신에 관해서도 객관화하는 방식은 불가능하며 "근원이라는 뜻에서 그로부터(von), 그리고 표출이라는 뜻에서 나의 실존으로부터(aus) 두려움과 떨림, 감사와 신뢰로 말할 수 있을 뿐이다."[24]

---

20 같은 책, 7쪽.

21 같은 책.

22 같은 책, 9쪽.

23 같은 책, 12쪽.

24 같은 책. 그러기에 "'신은 전능하므로 이것도 저것도 행할 수 있다'는 말은 부적절하

신은 세계의 연관성 안에 그 자리를 두고 있는 존재자가 아니다. 신은 그 연관성의 절정에 위치할지라도 필연적인 존재로 생각될 수 없다. …… 신의 불가시성은 우리의 인지 기관들이 불충분하기 때문은 아니다. 오히려 그것은 근본적으로 객관화하는 인지 영역으로부터 신의 탈출로 이해되어야 한다. 그의 계시는 오직 행위에서(in actu)만 계시이며 결코 계시성이 되지 않는다. 그의 말을 믿는 자는 신앙의 실존적 행위에서 얻는 확신(certitudo)을 가지고 있으며 안전(securitas)을 가지고 있는 것이 결코 아니다. …… 신은 언제나 파악된 것의 저편에 머물러 있다; 다시 말하면, 나의 신앙 결단은 항상 새로이 수행된 것으로서만 참이다.[25]

자세히 살펴보자. 첫 두 문장은 고전 형이상학을 넘어서는 선언이다. 중세 스콜라신학의 신 존재 증명에서 존재론적 증명의 '그것보다 더 큰 것을 생각할 수 없는 가장 큰 존재'뿐 아니라 우주론적 증명의 '인과적 연관의 최초 시점으로서의 필연존재'도 거부하는 입장을 분명히 드러낸다. 신은 세계의 최대치가 아니라는 점을 단호하게 선언한다. 만일 그렇게 되고 만다면 비교 연관의 방식을 통해 가시성의 범위로 끌고 들어오는 우상화일 수밖에 없기 때문이다. 그리고 첫 번째 중략 이후에는 근세 인식론의 주장에 대해서도 일침을 가한다. 인간의 인지능력의 한계 때문에 신의 불가시성이 야기되는 것이 아니라 신의 계시가 탈출이라는 신의 행위로 이루어진다고 강변한다. 그러기에 인간의 인식 대

다. 오히려 나는 오직 나의 실존에서 그에 의해 극복된 자로서 그의 전능을 승인할 수 있을 뿐이다"(같은 책, 13쪽).

25   같은 책, 13쪽.

상으로서의 '계시성'이 아니라 신의 행위로서의 '계시'를 강조한다. 계시성이라는 정태적 성질은 이름 붙이기를 통한 안정 추구 욕구와 관련되는데, 불트만은 이러한 '안전'과는 달리 '파악된 것의 저편에 머물러 있어' 결코 알 수 없는 신에 대한 모험을 수반하는 결단을 통한 '확신'을 제안한다. '안전'이 인지능력의 범위 안에서 잡아내는 확실성을 제공해주는 계시성으로부터 주어지는 것이라면, '확신'은 앎의 저편 너머 모를 수밖에 없음에 대한 모험과 결단에 토대를 둔 것이다. 모름과 새로움이 신앙의 핵심이라는 점을 토해내고 있다. 신에 대한 모름과 그 모름으로 인한 새로움으로 인간은 나아갈 수밖에 없다는 깨달음에서 모험과 결단이 얽혀 신앙을 참된 신앙이게 한다는 것이다. 사실 이미 알고 있는 것을 거듭 되풀이해서 확인하고 여기서 안정감을 얻으려는 종교적 행태를 독실한 신앙으로 여기는 우리의 신앙 관습을 부수는 소중한 통찰이 아닐 수 없다.

이제 이러한 해석학적 성찰을 토대로 성서를 어떻게 읽고 계시를 어떻게 받아들여야 할 것인가에 대해 좀 더 자세히 논해보자. 이를 효과적으로 논하기 위해 계시 개념에 주목할 것을 불트만은 요구한다. 계시의 일차적인 기능은 지적 전달이지만 이는 인간의 유한성을 일깨우는 사건이라는 데에 본래의 뜻을 지닌다. 왜냐하면 앎을 통해 만들어지는 "개념의 출처는 자기 안에 고립된 사유가 아니라 사유가 속하는 삶 자체"[26]이기 때문이다. 말하자면, 신의 계시에 마주할 것은 우리의 앎

---

26 루돌프 불트만, 「신약성서의 계시개념」, 허혁 편역, 『학문과 실존 1』(서울: 성광문화사, 1980), 17쪽. 종교학자 스미스(Wilfred Cantwell Smith)도 같은 맥락에서 하느님은 종교나 종교적 관념을 통해 인간과 관계하는 것이 아니라 인간 삶에 직접적으로 관련되신다는 논지를 다음과 같이 표현한다. "우리는 18세기 유럽에 '계시된 종교'라는 관념이 도입

이 아니라 삶이다. 그런데 그 삶은 죽음을 포함하고 있으니 모름이 훨씬 더 크게 들어 있다. 다시 말하면, "우리가 계시를 이해할 수 있는 이유도 그것이 우리 삶에 속하기 때문이다."[27] 그러나 과연 어떻게 계시가 우리 삶에 속하는가? 불트만은 이렇게 대답한다.

> 계시를 안다는 것은 우리 자신을 어렴풋이 계시에 향하고 있는 자기로 안다는 것이다. 계시의 의의는 스스로 도달할 수 없는 본래성을 계시에 의해 인도된다는 점에 있다. 그러므로 계시를 안다는 것은 우리의 본래성과 아울러 우리의 유한성을 안다는 뜻이다.[28]

그러나 자신의 유한성을 안다는 것은 객관화의 방식을 거친 대상적 파악과는 사뭇 다르다. 오히려 이는 "어떤 교의로 간직하여 안전하게 보관할 수 있는 지식이 아니라 오히려 우리가 반기를 들고 애써 무시하며 잊어버리려 하는 불안한 지식이다." 왜 그런가? "우리의 죽음이 우리를 항상 따라다니고 우리 삶의 이 사실이 우리로 하여금 계시를 묻게 하기" 때문이다.[29] 말하자면, 죽음이 묻게 한 계시에 비추어 인간은 현실적 유한성과 되어야 할 당위적 본래성 사이를 오가는 삶을 사는 자기를 알게 된다. 죽음이 없었다면 종교도 없었을 것이라는 통찰이 이

되었다는 것을 보았다. …… 그러나 하느님은 종교들을 계시하지 않는다. 그는 자신을 계시한다." 윌프레드 캔트웰 스미스, 『종교의 의미와 목적』, 길희성 옮김(왜관: 분도출판사, 1995), 177쪽을 참조하기 바란다.

27 루돌프 불트만, 「신약성서의 계시개념」, 17쪽.
28 같은 책, 18쪽.
29 같은 책.

대목에서 확인된다. 바로 이런 이유로, 즉 죽음 때문에 우리는 유한성을 인식하고 계시를 묻게 되지만 또 죽음을 잊어버리고 살아가기 때문에 알면서도 알지 못하는 앎이다.

> 계시에 대한 지식은 자신의 유한성에 대한 지식과 같고 항상 새로 다르게 알아야 하기 때문에 항상 다시 모르게 된다. 신약성서의 계시 개념에 대한 물음이 우리 자신의 유한성에 근거를 두고 있다는 것은 어떤 지식의 안전한 소유에서가 아니라 하나의 '특이한 알지 못하는 앎'을 근거로 묻는 말이다.[30]

그러니까 계시는 한 번 알고 끝나는 것이 아니라 그때그때 새롭게 알게 되는 것이니 언제나 모르는 것과 함께 갈 수밖에 없다. 이것을 일찍이 신비주의자들은 '무지의 지(docta ignorantia)'라고 했다. 그런데 이러한 '무지의 지'는 어느 때에도 정지되거나 소유될 수 없다는 점을 특별히 주목해야 한다. 세월호에 대한 발언이 지닌 문제를 직시할 수 있는 결정적 근거 중의 하나이기 때문이다.

> 계시 개념에 대한 우리의 물음은 무지의 지에 의하여 유도된다고 했다. 이 지식이 무지이며 미결이라는 사실이 늘 은폐되는 것은 이 지식이 이미 드러난 표현(Ausgesprochenheit)과 이미 새겨진 해석(Ausgelegtheit)으로 나타나고 이렇게 이미 해석되고 알려진 것으로서 개인의 소유가 된다는 착각 때문이다. 이러한 습관에 항거하려면 오직 자기 자신의 물음을

---

30 같은 책, 18~19쪽.

근본적으로 파악하는 길이다.[31]

그러니 계시는 이미 주어져 결정되어 있고 따라서 소유할 수 있는 것이 결코 아니다. 계시를 통해 알려지는 것은 역설적이게도 무지이며, 따라서 어떤 시점에도 완결되지 않는 미결이다. 달리 말하면 계시는 대답일 뿐 아니라 동시에 물음이기도 하다. 물음이 열어가는 불안 때문에 이를 닫고 덮어버리는 종교적 관습이 안정을 구했지만 곧 우상숭배를 초래할 수밖에 없었다. 이에 비추어 '세월호 발언'을 평가하자면, 계시를 통한 하느님의 뜻을 인간이 마구 결정하고 소유하려 한 행위이고, 무지이며 미결일 수밖에 없어 계속 물어야 할 것에 대해 물음을 덮어두면서 황급히 대답을 구한 행위였으니, 결국 우상숭배에 해당한다. 그러나 참된 확신은 물음과 의심, 회의까지 과감하게 싸안은 실존적 결단을 통한 것이니, 이제 계시는 삶과 죽음의 얽힘이 묻고 대답을 구하는 과정에서 엮어지는 앎과 모름의 얽힘이라고 새롭게 새겨져야 한다. 단적으로, 계시에는 죽음이 있고 모름이 있다. "신앙은 죽음과 모름에 직면하여 신의 미래를 위해 열어놓음을 말한다."[32] 그렇다고 해서 '소름끼치는 선한 사람들의 침묵'에 동참하자는 것은 결코 아니다. 열고 묻는 것은 침묵이 아니기 때문이다.

계시에 대해 이렇게 다시금 정리하는 것이 어떤 의미를 지니는가? 이는 계시에 대해 새겨온 역사가 곡해의 과정이었다는 점을 주목하면

---

31   같은 책, 20쪽.

32   루돌프 불트만, 「예수 그리스도와 신화」, 『학문과 실존 3』(서울: 성광문화사, 1980), 229쪽.

한층 확연하게 드러난다. 그리스도교가 본격적으로 체제를 갖추게 된 중세에는 계시가 이성과의 관계에서 유비적으로 간주되었다. 대표적 사례로 아퀴나스(Thomas Aquinas)를 들 수 있는데, 이성과 계시는 지식을 전하는 두 단계로서 계시는 자연적 이성과는 달리 아직 의식되지 않은 비의적 성격을 지니지만, "일단 알려지면 아직 알려지지 않은 성격은 없어지고 이성적 지식과 마찬가지로 하나의 지식이 되니 소유하고 보관하며 전달할 수도 있는 것이 된다. …… (그 결과) …… 신 자신도 인식의 대상일 수 있는 존재자로 전제되었는데 신 존재를 증명한다는 시도가 바로 그 좋은 증거이다."[33] 말하자면, 중세는 계시를 이성과 구별했지만 결국 이성의 차원으로 끌어들여 죽음과 모름이 없는 앎으로 고정하려 했다.

이런 곡해는 근세 프로테스탄트 정통주의에도 그대로 이어졌으니, 계시는 여전히 이성의 초자연적 근원으로 새겨질 뿐이었다. 그런데 근세 후기로 넘어가면서 칸트(Immanuel Kant)의 물자체 불가지론에 대한 형이상학의 반동으로 이성의 무한성을 선포하면서 '자연계시'라는 낭만적 발상을 가지고 이성과 계시의 경계를 허무는 듯 계시를 이성으로 흡수하려는 시도가 전개되었다. 그러나 정신이라는 이름으로 모든 것을 종합하려는 야심에 찬 기획이 인간을 신격화한다는 비판을 받고서는 이내 추락하면서 근세가 마감되었고, 우리 시대인 현대가 '수수께끼' 같은 인간상을 폭로하면서 계시의 자리를 되찾기 시작했다. 이제 현대인은 스스로 모순과 부조리의 삶을 직시하면서 다시금 계시의 물음으로

---

33 루돌프 불트만, 「신약성서의 계시개념」, 『학문과 실존 1』, 21쪽. 괄호 부분은 필자가 삽입한 것이다.

되돌아간다. 그러나 여기서 불트만은 엄중하게 경고한다.

> 자신의 모순을 자신이 알 때 계시를 묻는 일은 다시 뜻있게 된다. 그러나
> 자신의 비합리성에서 계시를 이미 소유하였다고 생각하면 그 순간 나는
> 모든 것을 썩힐 것이다. …… 성스러운 감정 속에서도 인간이 소유할 수
> 있는 것은 신이 아니라 자기 자신뿐이다."[34]

불트만은 이렇게 인간 스스로의 모습에서 모순을 절감하는 주제 파악은 계시를 향해 묻게 하지만 그것을 잡았다고 주장하는 순간 사실상 자기 속에 매몰된 자아도취일 뿐이라는 점을 예리하게 비판한다. 앞서 계시에 죽음과 모름이 있다는 것도 바로 그러한 자아도취를 경계하는 장치로서의 뜻을 지닌 것이었다. 그리고 바로 이런 이유로, '무시간적 사상의 복합체가 아니라 말씀을 걸어오는 사건'으로서의 계시와 마주할 "신앙은 인간의 심리상태도 아니고 굳은 신념도 아니며 걸어오는 말씀에 대답하는 일"[35]이라고 단호하게 주장한다.

그렇다면 우리는 도대체 어떻게 신을 이해하고 말할 수 있는가? 과연 세월호를 하느님이 빠뜨리셨는가? 그렇게 볼 수밖에 없다고 생각하는 이유는 앞서 분석한 대로 안전에 대한 욕구로 인해 결정과 소유의

---

34 같은 책, 22쪽. 불트만은 이에 대해 다음과 같이 분석한다. "아마 계시에 체험도 있을 것이다. 그러나 우리 체험에서 보이는 것이란 무엇인가? 무엇이 그곳에서 도대체 계시된 다는 것인가? 순간적인 도취나 환상, 그다음 순간에 우리는 이미 옛것 그대로가 아닌가? 그 후 계시임을 그친 계시는 곧 우리의 관심을 잃고 말 인간 현존의 평범한 성분으로 변할 것이 아닌가?"(같은 책, 24쪽)
35 같은 책, 40쪽.

강박에 사로잡혀 신의 전능전지에 대한 문자적 동의를 신앙으로 간주하기 때문이다. 불안을 초래할 수도 있는 일체의 무지와 미결가능성을 외면한 채, 신이 초자연적인 힘을 가지고 자연의 차원에 마술처럼 직접 개입한다는 그림이다. 그러나 이는 신을 정지 상태에 놓고 객관적으로 서술하여 예측가능성에 의한 안정성을 구하려는 동기에 의한 것일 뿐이다. 그러나 신을 이런 그림에 넣고 이에 대해서 말하려는 순간 신은 대상화되고 물상화되니 사실 신이 아니라 우상이다. 불트만은 이 점을 다음과 같이 피력한다.

> (자연 안으로의 초자연적 개입을 일삼는) 신 표상을 자신의 근거로 삼으려는 경건성은 신 앞에서의 도피일 것이다. 왜냐하면 여기서 인간은 당장 그가 서 있는 현실에서 도피하려고 하고 있고, 그가 유일하게 신의 현실을 파악할 수 있는 바로 그의 구체적인 실존으로부터 이탈하려고 하기 때문이다. …… (초자연적 마력과 같은 신비적인 이미지를 지닌) 거짓 신이 신에 대한 인간의 동경을 매혹시킬 수 있음은 물론 명백하다. 그것은 인간에게 인간 자신으로부터의 해방을 약속하기 때문이다. 그러나 이 약속은 착각이며 기만이다. 왜냐하면 인간은 그런 식으로 자기 자신으로부터 벗어나려고 함으로써 …… 신으로부터 도피하게 되고 …… 자기 자신의 품에 되돌아오는 것이 되기 때문이다.[36]

---

36 루돌프 불트만, 「신으로부터 말한다는 것은 어떤 의미를 가지는가?」, 허혁 편역, 『학문과 실존 1』(서울: 성광문화사, 1980), 126~127쪽. 괄호 부분은 앞선 내용을 요약해 필자가 삽입한 것이다.

가공할 만한 사고나 사건을 신의 뜻으로 새기는 태도는 언뜻 경건해 보이지만 잔혹한 현실로부터의 '도피'이고 '이탈'이며, 신의 뜻이라는 이름으로 인간의 책임이나 부담으로부터 해방을 약속하는 듯 매혹적이지만 결국 현실에 대한 망각을 통한 자아도취적 회귀이어서 사실상 '착각'이고 '기만'이라는 것이다. '세월호를 하느님이 빠뜨리셨다'는 말은 더 큰 악을 막기 위해 작은 악을 허락하셨다는 기만적인 신정론으로서 이런 자아도취적 착각에 빠질 수밖에 없다. 그것이 자아도취적인 것은 그런 방식으로 하느님을 악마로 만들고 희생자들과 그 가족들을 유린하면서도 자기는 정당화의 구실을 확보했다고 착각하면서 스스로를 안위하는 것이기 때문이다.[37] 그렇다면 과연 세월호 사고와 같은 미증유의 사건에 연관하여 신의 역할을 어떻게 이해해야 하는가?

여기서 우리는 불트만이 주장하는 성서 해석의 한 방법인 탈신화화에 대해 본격적으로 살펴보고자 한다. 신화는 초자연적인 구도 안에서 자연현상을 설명하고 해결하려는 원시적인 시도로서 "인간이 세계와 생의 주인이 아니라는 것과 인간이 살고 있는 세계뿐 아니라 인간의 삶도 수수께끼와 신비로 가득 차 있다는 통찰의 명시적 표현"[38]이다. 말하자면, 신화는 인간의 피조성이라는 주제 파악과 세계의 신비성에 대한 인간의 고백인 것이다. 이렇게 본다면 신화에도 죽음과 모름이 들

---

37 이 대목에서 맥페이그는 크로산(John D. Crossan)의 말을 인용해 신화와 탈신화화의 대비를 이렇게 설명한다. "신화는 당신이 멋있는 집을 지었다고 안심시키지만, 비유는 당신이 지진이 일어나는 곳 바로 위에 있다고 속삭인다." John D. Crossan, *The Dark Interval: Towards a Theology of Story*(Niles, Ill: Argus Communications, 1975), p. 56·57. 샐리 맥페이그, 『은유 신학: 종교 언어와 하느님 모델』, 93쪽에서 재인용.
38 루돌프 불트만, 「예수 그리스도와 신화」, 221쪽.

어 있다고 해야 한다. 신화가 이토록 숭고한 통찰을 담고 있으니 탈신화화라는 것은 신화적 진술의 제거가 아니라 그것들의 해석을 목표로 한다고 불트만은 강변한다.[39] 그럼에도 불구하고, 아니 바로 그렇기 때문에 그가 지적하고 있는 다음의 분석은 우리의 특별한 주목을 요한다.

> 신화는 가시적인, 이해할 수 있는 세계의 피안에서 세력을 행사하는 신들에 관해 말한다. 그러나 신화는 신을 마치 사람인 것처럼 말한다. 물론 신화는 신을 초자연적인 세력을 가지고 있는 존재로서 생각하면서도 그렇게 말한다. 신화들은 초월적인 현실성에 내재적인 차안적 객관성을 제공한다고 말할 수 있다.[40]

"신을 마치 사람인 것처럼" 말하는 신화적 언술 방식은 신의 인격성이라기보다는 의인화적 사유를 반영하는 것일 터이지만 그래도 인격성의 문제를 그대로 지니고 있다. 신화의 취지와 의미에도 불구하고 덮어둘 수 없는 문제인 것이다. 이제 현대인들에게 천당과 지옥에 관한 신화적 표상들은 더 이상 받아들여질 수 없게 되었다고 하더라도, "신과 악마의 초월적 인격성은 여전히 의미를 가지고 있는" 것으로 보인다. 왜냐하면 "우리는 우리 자신의 행위들에서 아주 자주 알 수 없는 일들을 볼 수 있고 …… 사람들은 이해할 수 없는 불행이 솟아올라서 자기 자신을 스스로 어떻게 할 수 없게 되기도"[41] 하기 때문이다. 그러다

---

39 같은 책, 220쪽.

40 같은 책, 221쪽.

41 같은 책, 222쪽.

보니 결국 악이 실체화되고 인간은 이에 종속되어 노예화된다. 불트만은 이를 다음과 같이 비판한다.

> 악은 단순히 세계에서 발견될 수 있을 뿐 아니라 모든 개별적인 불행이 사람들의 행위로부터 자라서 결국 모든 사람을 위압하는 정신적인 분위기를 만들어내는 유일한 세력으로 간주됨으로 인하여 …… 각자가 책임을 져야 하는데도 악이 하나의 세력으로 등장하여 기이하게도 인간 사회의 각 구성원을 노예화한다는 사실로 이어진다.[42]

그런데 세월호에 대한 일부 목사들의 발언은 불가해한 것을 나름대로 설명해본다는 취지로 이와 똑같은 논리를 악의 세력 대신에 하느님에게 적용하면서 나온 것으로 보인다. 말하자면, 하느님의 권능은 마땅히 악의 세력보다 더 커야 하니 그런 불행도 하느님의 더 큰 경륜에서 기획되거나 허락된다는 구태의연하고도 반인간적인 신정론을 동원해서 '하느님의 뜻'에 대한 해석의 권위를 오용하고 가장하는 것이다. 그러나 설령 의도하지 않았더라도 이러한 발언에는 종교적 군중을 신적 위엄의 이름으로 공포로 묶어두는 노예화의 생리가 그대로 작동한다. 이런 방식으로 불트만은 탈신화화를 통해 악에 대한 실존적 책임을 방기하는 노예화의 세력에 대한 저항이라는 주제를 단호하게 발전시킨다. 결국 신화 비판은 노예화 비판이고 곧 우상파괴이다. 그러기에 확실성, 그리고 확실성이 주는 안정성에 대한 기대가 얽혀 신의 신비를 다 드러낼 수 있는 것처럼 신화적 사고를 빌어 '세월호를 하느님이 빠뜨

---

42 같은 책, 222쪽.

리셨다'고 했지만 이는 확실성에 대한 강박이고 안정성에 대한 욕구일 따름이니, 우리에게 새삼스러이 요구되는 관건은 오히려 신의 신비에 대한 인간의 겸손함이다. 불트만은 "오히려 탈신화화야말로 신의 신비의 참된 의의를 분명하게 해준다"[43]고 강변한다.

그러나 '세월호를 하느님이 빠뜨리셨다'는 발언에 대한 탈신화화의 비판은 무엇보다도 다음의 대목에서 절정을 향해 치달아가는 것으로 보인다. 아무리 그 발언의 취지를 이해하려고 해도 다음과 같은 결정적인 맹점을 부인할 수는 없기 때문이다. 이 대목에서 불트만의 분석은 압권이다.

> 신화적인 사유에서는 신의 행위가 자연, 역사 또는 인간의 숙명, 영혼의 삶에서 사물들의 자연적인, 역사적인 또는 심리학적인 현상에 개입하는 행위로서 이해된다. 이 신적인 원인은 인과연관성에 의해 서로 연결되는 사건들의 연쇄에서의 고리로서 도입된다. 사람들은 놀랍거나 충격적인 사건이 초자연적 원인의 자연적 결과 이외에 다른 것이 아니라는 인습적인 표상으로 그 개입을 이해한다. 그러한 사유에서는 실제로 세계의 행위나 사건들을 생각하는 방식으로 신의 행위를 생각한다; 왜냐하면 기적을 일으킨 신적인 세력이 자연적인 세력과 같은 것으로 생각되기 때문이다. …… 비세계적인, 초월적인 행위로서의 신의 행위에 관한 사상은 세계 행위들이나 사건들 사이에서 연출되는 행위로서가 아니라 그것들 안에서 일어나는 행위로 생각될 때에만 오해되지 않을 수 있다.[44]

---

43 같은 책, 235쪽.
44 같은 책, 245쪽.

이런 통찰을 저 발언에 적용하여 분석해보자. '세월호를 하느님이 빠뜨리셨다'고 하는 것은 앞서도 말했듯이 신이 자연적인 현상에 초자연적인 힘을 가지고 자연적으로 개입해 들어오셨다고 말하는 것이다. 이는 신의 행위를 세계의 행위와 같은 차원에서 보고 있다는 증거이다. 여기서 인격성은 매우 자연스럽게 신의 행위를 묘사하는 범주가 된다. 비극에 대한 종교적 설명이 기적을 기술하는 신화적 방식과 동일하다. 좀 더 구체적으로는, 초자연적 힘이 자연현상들 사이에 끼어 자연적 시공간을 차지한다는 방식이다. 그러한 자연적 개입은 세계 사건들 사이에서 세계적인 차원으로, 즉 시간과 공간의 차원에서 가시적으로 일어나는 행위로 본다는 것을 뜻한다. 인격성을 구실로 하여 신의 행위를 양적이고 사실적인 차원으로 간주하는 것이다. 이렇게 함으로써 신화적 사유야말로 오히려 신의 신비를 부정한다. 엄밀히 보건대, 인격성과 신비성은 양립할 수 없다. 그런데 인간은 신의 신비성을 머리로는 알고 있지만 몸이 견디지 못하기 때문에 덮어버리거나 잊어버리면서까지 인격성을 증폭시킨다. 물론 이것이 바로 신화적 사유의 결정적 맹점이다. 이제 탈신화화란 양적이고 가시적인 '사이에서'로부터 질적이고 비가시적인 '안에서'로 전환할 것을 말한다. '안에서'는 자연현상의 흐름에 비집고 들어가는 어떠한 개입 없이 자연현상의 흐름 자체를 떠받치고 이끌어가는 신적인 차원을 일컫는 표현이다. '안에서'는 초월이면서 내재이고 내재이면서 초월인 신의 행위를 담은 집약적 표현이다. 인격성이 반드시 무인격성과 함께 가야 할 절실한 이유이고 근거이다.

물론 신의 행위를 이렇게 '안에서'로 묘사할 경우 만물에 신이 깃들어 있다는 범신론과 유사하지 않은가 하는 혐의를 받을 수 있다. 이를 염두에 둔 불트만도 당연히 이를 다루면서 탈신화론과 명확하게 구별한다. 범신론은 "모든 일을 행할 수 있는 전능한 존재가 현존한다는 데 대한 미리 주어진 신념, 또는 완성된 지식"인 반면에, 탈신화화는 "그리스도인은 신이 지금 여기에서 나에게 관여하며 나에게 말한다는 것을 믿는 것"을 가리키며 그러기에 "이 신앙은 단번에 소유되는 앎이 아니고 오직 지금 여기에서만 실현될 수 있다"는 것을 뜻한다는 것이다. 말하자면, 범신론처럼 신의 존재와 행위를 완성된 지식의 틀 안에 추려 넣고 필요할 때 꺼내 사용하는 신념은 완성된 지식이 가리키는바 과거가 현재를 지배하는 행태를 취한다. 그런데 그 과거란 자기의 것이니 결국 자기가 과거에 이미 지니고 있는 신념으로 현재와 미래를 판단하는 종교적 관습이라 하겠다. 새로이 다가오시고 들이닥치실 수도 있는 하느님을 믿는 것이 아니라 자기의 기존 신념을 믿는 것이니 결국 자기를 믿는 것이다. 앞서 신화적 사유가 자아도취적 신앙으로 되돌아올 수밖에 없다는 지적이 바로 여기에도 해당한다. 그러나 그리스도인의 참된 신앙은 자기가 지니고 있는 기존 관념과 신념조차도 내려놓고 지금 여기에서 다가오는, 그래서 알면서도 모를 수밖에 없는 새로움에 대해 열고 나아가는 삶이어야 한다는 것이다. '단번에 소유되는 앎'이 아니라는 것이 바로 이를 두고 하는 말이다. 그런데 세월호 사고와 같은 비극적 사건이 일어날 때마다 여지없이 '완성된 지식'과 '단번에 소유되는 앎'을 동원해서 하느님의 뜻과 경륜을 낱낱이 파헤칠 수 있다는 듯이 그러한 발언을 쏟아내고 있으니 죽음과 얽힌 삶을 잊어버리고 모름을 덮어버리는 앎의 경망스러움이 아닐 수 없다. 불트만은 이런 문제와 관련해 다음과 같이 탈신화화가 지니는 신앙성찰의 의미를 새길 것을 역설한다.

모든 인간적인 세계관들은 세계를 대상화하며 우리 자신의 실존에서의 만남의 의의를 간과하거나 배제한다. 이 충돌은 우리 시대에서 신앙이 올바른 표현 양식을 발견하지 못했다는 것과 행위하는 신의 피안성과 은폐성을 아직 현실적으로 이해하지 못했다는 것을 보여준다. 우리 시대는 그 자체의 '그럼에도 불구하고'를 아직 확인하지 못했으며 신과 그 행위를 대상화하려는 유혹에 항상 빠져 들어가고 있다. 그 때문에 성서와 교회의 설교의 신화론적 세계상에 대한 비판은 신앙을 위해 깊은 의미의 봉사를 하고 있다; 왜냐하면 그것은 신앙에 대해 그 자체의 본질을 진지하게 생각하도록 촉구하기 때문이다. 탈신화화의 과제는 이 촉구를 받아들일 때에만 그 의미를 얻는다. 신의 불가시성은 신과 그의 행위를 가시적인 것으로 만들려는 유혹에 빠지게 하는 모든 신화를 배제한다.[45]

그렇다면 어떻게 해야 하는가? 무엇보다도 신의 피안성과 은폐성, 그리고 불가시성에 우리가 참으로 정직하고 겸손하게 머물러야 한다. 한마디로, 신에 대한 우리의 모름에 침잠해야 한다. 계시라는 말이 '열어 보인다'는 뜻이다 보니 우리의 가시권과 인지 영역에 다 잡히는 듯 착각의 유혹을 일으키지만, 열어 보인다는 말은 오히려 계시의 원천이 저편이고 가려져 있으니 보이지 않는다는 것을 깔고 있다. 계시란 결코 공개나 폭로가 아닌데도 우리가 이를 잊어버리거나 부정하면서 모름에 의한 불안을 극복하려고 애를 쓰지만, 바로 이러한 몸부림에서 모름을 모르게 되었다는 것을 깨달아야 한다. 그리고 바로 이 모름의 모름이 신을 인격성으로 싸잡을 수 없다는 것을 홀연하게 가리킨다. 나아가 모름이 없다는 듯이 다 알고 있는 줄 착각하고 그 앎으로 신의 있음과 행

---

45   같은 책, 259쪽.

함을 다 싸잡을 수 있다는 교만에서 우상을 만들며 이를 통해 자기의 신념을 반복적으로 확인하니 자아도취에 빠질 수밖에 없다는 것을 직시해야 한다.[46] '세월호를 하느님이 빠뜨리셨다'는 발언은 인간을 노예화하는 신화적 억압이고 하느님을 물상화하는 우상숭배의 신성모독이며 발언자의 폐쇄회로적인 정당화로 귀결되는 자아도취의 망언이다.

4. 결어: 탈신화화가 가리키는 무인격성의 자유와 해방

'세월호를 하느님이 빠뜨리셨다'는 발언은 희생자와 가족을 포함해 세상의 모든 피조물은 안중에도 없고 오직 하느님의 권능과 위엄에만 집중한 것처럼 보인다. 그러나 위에서 분석한 바와 같이 자가당착일 뿐아니라 생명유린과 신성모독에 해당한다. 이를 극복하기 위해 이제는 신에 대한 이해에서 인격성의 폭력을 종식시켜야 한다. 다 안다는 착각이, 다 알아야 한다는 강박이 신의 인격성을 붙들고 늘어지게 하지만, 이건 착각이나 강박과 같은 자가당착을 넘어서 폭력이고 신성모독이다. 신에 대해 인격성으로 모두 설명하려 하면서 오히려 모순적이게도

---

46 이 대목에서 신에 관한 인간의 사유와 언어의 한계를 절감하고 개연적이나마 대안으로 은유신학을 제안한 맥페이그의 통찰을 주목할 만하다. 그녀는 양비론적으로 문제를 비판하면서 같으면서도 다름을 싸안는 은유를 제안한다. "경외감, 놀라움, 신비감을 놓친 언어는 인간의 언어와 신적 실재 사이에 놓일 수밖에 없는 거리를 망각하기 때문에 우상적이다. 인간의 삶 속에 내재된 신성을 감지하지 못한 언어는 하느님 언어를 공허하고 무의미하게 만들기 때문에 부적합하다." 샐리 맥페이그, 『은유 신학: 종교 언어와 하느님 모델』, 16쪽을 참조하기 바란다.

비인격적 폭력을 저지르는 것이다. 구약성서의 많은 선지자는 이런 상황을 구차하고 황당하게 설명하려 하지 않고 오히려 하느님께 따지고 떼쓰고 항거했다. 오히려 무인격성에 대한 절규라고나 할까? 사실 성서만 착실히 잘 읽어도 이런 상황에서 인간이 해야 할 일이 무엇인지 적절한 깨달음을 얻을 수 있을 것이다. 그런데도 그런 망발들이 쏟아졌으니 우리는 성서를 어떻게 읽어야 할지 새삼스레 고민해야 한다. 특히 하느님의 인격성으로 하느님과 세계의 관계를 모두 설명하려는 유혹과 강박에서 벗어나 하느님과 세계, 하느님과 인간의 관계에 대해 성서가 전하는 참된 뜻을 일구어내기 위해 읽고 새기는 법을 살펴야 한다. 앞서 논한 인과율과 비관주의뿐 아니라 목적론과 낙관주의도 공히 신의 인격성을 전제로 하여 신과 세계 사이를 통전적으로 해명하려는 시도였다면 이제는 그러한 전체라는 이념의 허구성을 직시하고 무지와 미결의 파편일 수밖에 없는 우리의 앎과 삶에 진솔해야 한다. 이를 위해서 우리는 20세기 신학적 해석학의 선구자인 불트만의 그 오해 많은 탈신화화를 잠시 끌어들여 간단히 논구했다. 물론 충분하지는 않지만 몇 편의 논문에 깔려 있는 통찰을 모으고 묶어서 인격성을 넘어서야 할 절실한 이유와 근거, 그리고 결국 이를 넘어서 내던져질 것 같은 모름의 차원에 대해 신의 피안성, 은폐성, 비가시성 등으로 그로부터의 무한한 거리를 새삼스레 떠올렸다. 이제 그런 사고와 사건 앞에서 우리가 해야 할 것은 죽음과 모름, 새로움과 열림에 대한 깊은 성찰이다.

그럼에도 불구하고 지금까지 살펴온 신의 행위에 대한 인간의 앎과 모름 이야기 저편에 여전히 신의 있음 자체에 대한 논의의 향수를 지닌 이 시대의 형이상학도들은 의미 해석이 존재 정립을 넘어설 수 없다고 하면서 아직도 일말의 저항과 반격을 도모할지도 모른다. 하지만 이 대목에서 우리가 염두에 두어야 할 것은 흔히 통속적으로 오해하듯 불트만이 말하는 탈신화화가 신의 존재 자체를 부정하는 것은 결코 아니라는 점이다. 해석학이라는 것이 이미 실재 자체의 존재 여부에 대한 형이상학적 논의가 아니라 그것이 삶의 현실에서 지니는 의미에 관한 것이므로 아전인수 격의 환원이나 흡수가 아니기 때문이다. "신을 말하는 것이 곧 나 자신을 말하는 것을 뜻한다는 확인은 결코 신이 믿는 자의 외부에 없다는 결과를 낳지 않는다. 신앙이 순수하게 심리학적인 사건으로서 해석될 때에만 그러할 수 있을 것이다."[47] 따라서 신 존재의 승인 여부를 문제로 삼아 해석학적 성찰에 대해 비판하는 것은 있음과 삶, 실재와 의미를 혼동하는 범주 오류일 뿐 아니라 여전히 실재 자체에 대한 파악가능성에 연관된 인간의 유한성 인식과 같은 주제 파악의 결여라는 더 심각한 문제를 지니고 있다는 증거일 뿐이다. 아울러 덧붙인다면, 불트만의 해석학이 그것이 지닌 실존주의의 분위기로 인해 지나치게 개인주의적인 단위로 함몰된다는 종래의 지적도 통째로 거부할 것은 아니라는 점도 주목해야 한다. 그러나 오늘날 타자관계의 논리와 윤리에 연관되는 가능성을 도모하는 논의들이 이러한 실존철학적·해석학적 성찰로부터 연유된 것임을 상기한다면, 그러한 문제들은 논의의 확대와 심화를 통해 충분히 극복될 수 있다는 점 역시 덧붙여둔다. 이런 비판가능성을 포함하면서도 결론적으로, 탈신화화가 가리키는 신의 무인격성 및 이에 대한 우리의 관계 방식인 미결과 무지는 우리에게 자유의 시간과 해방의 공간을 제공해주며 여전히 불안하지만 바로 그런 이유로 믿음을 참 믿음이게 하는 핵심이라는 점은 다시금 강조되어야 한다.

---

47 루돌프 불트만, 「예수 그리스도와 신화」, 251쪽.

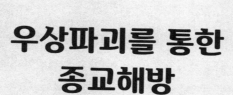

우상파괴를 통한
종교해방

니시타니의 공과
포이어바흐의 투사를 잇댐으로써

1. 들어가는 말: 무종교 시대에 종교의 뜻을 찾아서

인간에게 종교란 무엇인가? 간단히 대답할 수 없다는 말은 이제 진부하다. 게다가 종교의 의미 자체를 부정하고 아예 관심을 두지 않는 무종교인(the unaffiliated)들이 빠른 속도로 늘어나고 있는 요즘, 종교를 묻는다는 것 자체가 시대착오적이며 자다가 봉창 두드리는 소리 아닌가 하는 지적도 무시할 수 없다. 이런 상황에서 종교에 흠뻑 취할 정도로 독실한 종교인에서부터 아예 종교에 무관심한 무종교인에게 이르기까지 포괄적으로 적용될 만한 종교 개념을 찾을 수 있을까? 이런 정도의 종교 개념이 아니라면 무종교인이 대세를 차지하는 이 시대에는 더 이상 별다른 의미를 지니지 못할 것이다. 그래서 범종교적인 종교 정의뿐 아니라 무종교인에게도 최소한의 뜻을 지닐 종교 개념이 필요하다. 그래야만 독실한 종교인에게도 그 종교가 제대로 뜻을 지닐 수 있을 것이기 때문이다.

이런 필요성에 비추어볼 때, '종교'라는 명사가 등장하기 전에 '종교적'이라는 형용사가 먼저 출현했다는 스미스(Wilfred Cantwell Smith)의 통찰은 주목할 만하다. 오늘날 전해지는 체제와 전통으로 엮어지는, 그리고 바로 이런 이유로 서로 달리 경계를 짓게 되는 '종교들'이 형성되기 훨씬 전에 이미 인간은 죽음에서 한계를 체험하고 넘어서려는 성정을 지님으로써 원초적으로 '종교적 인간'이었고 따라서 당연하게도 '종교적 삶'을 먼저 살았었다는 통찰 말이다. 그러다가 이런저런 필요 때문에 제도로서의 종교가 등장하면서 근대에 와서야 '종교적인 것'이 개념화되고 심지어 물상화하기에 이르렀다는 것이다.[1] 여기서 차라리 무종교의 차원까지 아우르는 종교 정의를 끌어내는 실마리를 찾을 수 있을 터인바 원초적 차원에서의 '종교적 인간'이 바로 그것이다. 물론 무종교인은 '종교적 인간'이라는 정의부터 거부하겠지만, 이때 거부라는 것이 초월성에 대한 부정일 가능성은 많으나 유한성 의식만큼은 전제로서 공유할 수 있을 터이니 여기가 바로 실마리가 될 수 있겠다. 말하자면, 유한성에 대해 뛰어넘으려 하거나 거기까지 아우르려는 입장의 차이가 있을 뿐, 근본적으로는 공동의 터전이 아닌가 한다. 결국 종교에 앞서 삶, 그리고 그렇게 삶을 사는 사람의 참된 모습을 그리려는 데에서 실마리를 끌어낼 수 있을 것이다. 그리고 이런 실마리로부터 종교는 이제 '참사람을 이루려는 삶'으로 읽힐 수 있다.

종교에 대해 우선 작업 가설적으로 '참사람을 이루려는 삶'이라고 해보자. 그리스도교적 입장에서도 이를 받아들이지 못할 이유는 없다. 구원이라는 것이 결국 사람을 사람되지 못하게 하는 올가미로부터의 해방이라면 그리 표현해도 될 것이기 때문이다. 더욱이 유폐된 언어가 무종교인을 양산하는 데에 일조하고 있다는 점을 고려한다면 그러한 번역은 차라리 절실하다. 이러한 맥락에서 우리는 종교와 연관된 제반 연구 중에서, 종교를 '참인 것을 깨닫고 받아들임'으로 정의하는 일본 선불교의 종교철학을 이끌었던 교토학파의 니시타니 게이지(西谷啓治)의 논문집 『종교란 무엇인가: 종교와 절대 무』를 집중적으로 살피고자 한다. 무종교인과도 소통할 수 있는 가능성이 짙어 보이기 때문이다. 20세기에 출현한 대작 중의 하나임에도 불구하고 이 땅에서는 여전히 제대로 살펴지지 않았으니 이제라도 간단히 훑어 살피는 것도 뜻있는 작업이 되리라 여겨진다.[2]

---

1   윌프레드 캔트웰 스미스, 『종교의 의미와 목적』, 제1~3장을 참조하기 바란다.

구체적으로, 나름대로 종교에 대한 맞갖은 이해를 도모하는 목적에 비추어 특히 종교 자체에서 심각한 문제이면서 결국 무신론자들을 양산하기도 했었던, 그리고 오늘날 무종교인들의 조소를 끈질기게 부추기는, 종교적 우상화의 문제에 집중한다. 종교가 '참사람을 이루려는 삶'임에도 불구하고 오히려 이를 정면으로 거스르는 우상화의 경향이 어느 종교를 막론하고 그 안에 짙게 깔려 있기 때문이다. 이것이 종교의 아이러니이지만 이런 문제는 결코 간단하지 않다. 이유인즉, 앞서 인용한 스미스의 말처럼 "누구도 자기 스스로 우상을 숭배한다고 생각하고 종교 행위를 하는 사람은 어디에도 없으니"[3] 우상이라는 말이 언제나 남들에게는 해당할지언정 자신과는 무관하다고 착각하기 때문이다. 그러나 바로 이런 이유로 종교적 우상화는 모든 종교인에게 에누리 없이 해당

---

2   니시타니 게이지, 『종교란 무엇인가: 종교와 절대 무』, 정병조 옮김(서울: 대원정사, 1992). 그런데 '그리스도교에 대해 말하고자 한다면서 왜 불교 이야기를 가지고 오는가?' 하는 의문을 제기한다면 잠시 짚고 가야 할 것이다. 이제 그리스도교는 그리스도교 자체만을 위해서도 그리스도교만 알아가지고는 안 된다. '하나만을 아는 것은 그 하나도 제대로 아는 것이 아니다'라는 말이 바로 여기에 해당된다. 그리스도교만으로는 충분하지 않다. 물론 그리스도교 안에서는 아직도 이런 이야기조차 '불경한 종교다원주의'라고 매도하는 분위기가 지배적이지만, 이제는 이런 공방조차도 시대착오적인 봉창이 되어가고 있다. '종교다원주의 주장'과 '다종교상황에서의 윤리'에 관한 이야기조차도 구별하지 못하는 맹목적 폭력이 신념의 이름으로 횡포를 부린다는 이야기조차 조만간 고전에 수록될 모양이다. 어떤 종교이든 종교 자체에 대한 관심이 사라져가는 마당에 이런 공방이 무슨 뜻을 지닐 것인가? 무종교인이 급속히 늘어나는 상황에서는 '그리스도교만으로는 충분하지 않다'라는 말조차도 이제 충분하지 않다. 그렇다면 어떻게 해야 하는가? 종교의 존재 이유를 부정하는 인간으로 눈을 돌려야 한다. 이것이 차라리 종교의 정체를 밝히는 길이거니와 오히려 해결의 실마리도 찾을 수 있다.

3   월프레드 캔트웰 스미스, 『종교의 의미와 목적』, 192쪽.

한다. 이건 하려고 해서 하는 게 아니라 그냥 되는 것이다. 초월에 대한 열망이나 거부 모두 우상화에 빠질 가능성이 아주 농후하다. 열망의 경우 종교의 뿌리가 죽음 너머 저편에 대한 동경이고 이것이 욕망으로 체화하면서 투사가 벌어지니 불가피할 정도로 자연스러운 귀결이기 때문이다. 초월을 거부하는 경우에도 결국 자기 자신을 절대화하니 역시 또 다른 형태의 우상화라 하지 않을 수 없기 때문이다. 그러기에 이제 이 글은 종교 안에서 불가피하게 벌어지는 우상화가 오히려 인간에 대한 억압 기제로 작동함으로써 종교적 강박을 초래하고 무종교를 부추겼다면, 그리고 무종교조차도 스스로에 대한 우상화에 의한 것일 수도 있다면, 이 문제를 폭로하고 해소할 길을 더듬음으로써 무종교 시대에 종교의 뜻을 일구어낼 수 있는 종교해방을 추구하고자 한다. 앞서 거론한 니시타니의 작품을 마침 이런 문제에서 필두에 서 있는 포이어바흐의 『기독교의 본질』에 엮어 살피면 더욱 효과적일 것이라고 기대한다.[4] 종교적 배경과 사상의 출발점이 다르지만 결국 서로 만나기 때문이다. 다만 니시타니의 전개가 매우 난해하기 때문에 이에 따라 논의의 틀을 잡고 나아가면서 포이어바흐의 지론을 연관된 맥락마다 거론하는 방식을 취할 것이다.

---

[4] 따라서 이 글은 이처럼 탁월한 통찰을 제공하는 두 사상가의 대표적 작품 하나씩만을 한정해 견주면서 집중적으로 읽는 방식으로 개진하고자 한다. 잡다하게 많은 자료를 동원하거나 관련된 2차 문헌에 대한 검토를 포함해야 한다는 구태의연한 방식이 절대적인 기준인 것처럼 착각하고 그런 틀에 맞추어 뜻을 엮어내지도 못하는 글을 그림처럼 꾸며대는 일을 여기서는 하지 않을 것이다.

2. 공의 장과 투사비판

종교란 무엇인가? 니시타니는 이 물음으로 시작하지만 바로 그 대답을 구하기보다는 이 물음 자체를 시비한다. 물음의 터전이 문제라는 것이다. 왜냐하면 이렇게 묻는다는 것은 우선 종교가 절실히 필요하지는 않다는 것으로 보이기 때문이다. 그런 상황에서 이 물음에 대한 즉각적인 대답은 별다른 뜻을 지니지 못할 것이라고 본다. 그러나 그는 바로 여기에서, 즉 종교가 필요 없다고 판단하는 상황 인식이야말로 오히려 종교를 절실히 필요로 한다는 증거라고 기염을 토한다.[5] 역설적 통찰을 위한 니시타니의 오묘한 이중 반어법이 시작부터 진하게 전개된다. 종교를 필요로 하지 않는다는 인식은 인간의 진정한 자기성찰이 결여된 데에 기인한다고 보는 것이다. 그리고 자기에 대한 주제 파악이 제대로 되어 있지 않으니 이러한 왜곡과 억압의 상황이야말로 종교가 절실히 필요한 증거라는 것이다. 그래서 결국 '종교란 무엇인가?'에 앞서 '인간이란 무엇인가?'를 물어야 한다는 것이다.

　　그러나 종교의 필요성 문제를 근거로 해서 인간의 주제 파악이라는 과제를 거슬러간다고 해서 종교의 효용성을 주장하는 것은 아니다. "삶이 효용가치로 판별될 수 없듯이 믿음에 연관된 종교도 효용성으로만 생각할 수 없다"[6]는 것이다. 그러나 무종교인의 시각을 떠올린다면, 삶에서의 효용성이 아니라면 종교가 무슨 의미를 지닐까를 묻지 않을 수 없다. 물론 여기서 효용성이라는 말의 뜻이 관건인데, 여전히 삶에

5　　니시타니 게이지, 『종교란 무엇인가: 종교와 절대 무』, 21~22쪽.
6　　같은 책, 22쪽.

대해 지니는 의미와 가치를 가리킨다면 그렇다는 말이다. 그런데 니시타니는 이에 대해 종교란 "일상적인 사고에서 보면 쓸모없는 듯이 보이는 삶의 근원으로 돌아가게 하는"[7] 것이고 이것이 바로 종교의 필요성을 입증한다고 응수한다. 결국 '삶의 근원'이라는 것이 서로 언뜻 비슷해 보이면서도 매우 다른 '필요성'과 '효용성' 사이를 가르는 결정적인 기준이 된다는 것이다.

그렇다면 '삶의 근원'이 관건일진대, 이것은 무엇을 뜻하는가? 잘먹고 잘 사는 상황에서 삶의 근원을 되물을 이유는 없다. 그런 상황에서는 인간 자신이 중심이고 목적으로 설정되는 것이 일반적이기 때문이다. 그리고 이러한 인간중심주의는 자신의 주제를 파악하는 성찰의기회를 원천적으로 봉쇄하기 때문이다. 심지어 학문이나 예술 등 문화적인 행위도 영원에 대한 추구를 통해서 삶에서 밀려오는 허무의식을잊어버리게 하고 그 망각을 통해 자기를 기만하기 때문에 인간이 스스로 자신을 물을 가능성과 필요성을 해체해버리기도 한다. 그런데 그렇게 해서만 살 수는 없는 노릇이니 종국적으로 죽음과 같은 허무나 무의미의 극한 체험에 처하게 되면서 "우리의 존재 의미에 의문이 생기고우리 스스로가 의문의 대상이 될 때 비로소 종교적 요구가 우리 내부에서 생겨나게"[8] 된다. 말하자면, 자기를 기준으로 삼라만상을 보는 태도로부터 자기를 묻는 자세로 전환하게 하는 삶의 체험에서 종교가 시작한다. 결국 잘 살고 있는 사람에게 종교가 애써 부수적으로 가치를 지니는 것이 아니라 인간 자신이 스스로에 대해 물음이 되는 궁극적인 차

---

7   같은 책.
8   같은 책, 23쪽.

원에서의 절박한 몸부림이 종교로 결집된다. 죽음이 없었다면 종교도 없었을 것이라는 동서고금의 수많은 통찰과도 궤를 같이함은 물론, 그 뜻까지 드러내주는 타당한 통찰이라고 하겠다.

그리고 이런 뜻에서 니시타니는 종교를 "실재에 대한 실재적인 자각"[9]이라고 했다. '신에 대한 인간의 관계'라는 그리스도교적인 종교 정의를 협소한 것이라고 평가하면서 제시한 정의이다. 우상화 문제를 심도 있게 다룬 포이어바흐는 종교를 "무한한 의식의 자기대상화"[10]라고 정의했는데, 니시타니에게는 매우 그리스도교적으로 보일 것이다. 대상과 의식의 관계가 신·인 관계에 상응하는 것으로 보이기 때문이다. 더욱이 실재가 대상 너머의 무엇을 가리킨다면 이들 둘의 종교 정의는 겉보기에는 정면으로 대조적인 듯이 보이기까지 한다. 전자가 원리적이라면 후자는 현실적이기 때문이다. 그러나 앞으로 논하겠지만 결국 현실 비판에서 둘은 서로 만난다.

니시타니의 종교 정의에서 핵심은 '실재'이다. 그런데 그에 따르면 실재는 일상적인 차원에서 '밖의 사건이나 사물'을 가리키기도 하고 '우리 내부의 여러 감정, 의욕, 사유 등'을 말하기도 한다. 또한 형이상학적 차원에서 '이데아'나 과학적 차원에서 '원리'도 실재라고 한다. 그런데 '죽음'이나 '허무'도 실재라는 것을 부정할 수 없다. 오히려 죽음이나 허무에서 보면 기존의 실재가 "확실성이나 무게를 상실하고 도리어 비실재적으로"[11] 보이게 된다. 이토록 실재가 넓다 못해 서로 충돌하기까지

---

9   같은 책, 27쪽.

10   루트비히 포이어바흐, 『기독교의 본질』, 강대석 옮김(파주: 한길사, 2008), 제2장을 참조하기 바란다.

11   니시타니 게이지, 『종교란 무엇인가: 종교와 절대 무』, 30쪽.

하는 뜻을 동시에 가리킨다면 되짚어볼 필요가 있다. 니시타니는 바로 이 점에 착안해 분석한다. 실재에 대해 심지어 상충되는 이해들이 있는 현실에서 왜곡과 이에 의한 억압이 불가피할 것이기 때문이다. 그럴 수밖에 없는 이유를 살펴보자.

'아는 만큼 본다'는 말이 있다. 앎에 앞선 있음이라도 앎에 잡히는 범위까지만 있음으로 알게 될 뿐이라는 것이다. 엄연히 이럴 수밖에 없는데, 그럼에도 불구하고 여기서 두 가지 문제가 발생한다. 첫째로, 자기의 입장에서 사물을 보는데 '자기 안'에서 '밖의 것'을 보기 때문에 '밖의 것'을 '자기 안'으로 갖고 들어와서 보게 된다. 말하자면, '밖의 것'을 자체 그대로 보는 것이 아니라 '자기 안'에 들어온 만큼 본다는 것이다.[12] 그리고 둘째로, 그렇게 하고서도 그렇게 하는 줄 모르고 '자기 안'에서 본 것이 그대로 '밖의 것'이라고 착각한다. 그런데 이런 두 가지 문제는 결국 자기가 중심에 놓이기 때문에 일어나는 것이다.[13] 그렇다면 자기가 중심인 것이 왜 문제인가?

이에 답하기 위해 둘러 가보자. 수많은 인간을 굳이 분류하자면 분류의 준거에 따라 다양한 범주가 나타난다. 피부색을 중심으로 한 인종 분류, 성차에 의한 분류, 정치적·경제적·사회적 계층 분류, 문화적 권역 분류 등 많은 예를 들 수 있을 것이다. 그러나 개별적인 인간은 각

---

[12] 니시타니는 이를 다음과 같이 설명한다. "모든 사물은 의식에 대해서 외적 실재로서 대립한다. 그러나 외적인 것으로 보이는 대상은 이미 의식의 장에서 성립한다. 어떤 대상이 심지어 주관의 밖에 있다고 말해도 그것 역시 주관의 행위이다"(같은 책, 167쪽). "요컨대 이성의 장에서 파악된 사물 자체의 존재론적인 구조 연관은 그것에 관한 주체의 사유 내용과 필연적으로 관계되어 지각된다"(같은 책, 175쪽).

[13] 같은 책, 33쪽.

분류의 어느 범주에 속할 터인데, 그러한 인간 자신이 어떤 범주에 속하는가에 따라 범주들 사이의 관계가 달라질 수밖에 없다. 즉, 모든 분류와 그에 속한 범주들이 무색무취의 등거리적 객관성을 지닌다기보다는 분류자의 입장에 따라 쏠릴 수밖에 없다. 결국 모든 분류는 '자기와 타자'라는 최종적 분류로 귀속된다. 아니 오히려 자기와 타자는 원초적인 분류이다. '자기 입장에서'라는 것은 이렇게 원초적이고 동시에 최종적이니, 언제나 어디까지나 자기가 중심에 놓이기 때문이다. 그런데 이러한 지평을 이루는 핵심인 자기중심성은 오히려 의식되지 못한다는 아이러니를 지닌다. 여기에 자기중심성의 결정적인 함정이 있다. 왜냐하면 니시타니에 따르면 "자기중심적인 자기는 사물에서 유리되어 자기 자신 안에만 갇혀 있는 자기이며, 항상 자기의식에 가리어진 자기이기"[14] 때문이다. 포이어바흐가 "종교는 인간의 자신에 대한 관계, 좀 더 정확하게 말하면 자기본질에 대한 관계다. 그러나 자기의 본질을 다른 본질로 착각하는 관계다"[15]라고 했을 때와 같은 맥락이다. 그런데 자기중심성이 지니는 가장 심각한 문제는 결국 자기기만을 거쳐 허위의식에 빠진다는 데에 있다.[16] 왜냐하면 자기가 자기를 의식하면서 대상 그 자체를 파악하고 있다고 착각하기 때문이다. 그리고 그렇게 됨으로써 대상을 자기 마음대로 그려내게 된다. 소외와 억압이 불가피하다. 서구 근대사는 이에 대한 증거가 된다.[17]

---

14 같은 책, 34쪽.

15 루트비히 포이어바흐, 『기독교의 본질』, 77쪽.

16 니시타니 게이지, 『종교란 무엇인가: 종교와 절대 무』, 41쪽.

17 포이어바흐의 종교비판도 사실상 그리스도교를 소재로 하여 근대성을 비판하는 뜻을 지닌다. 근대 인식론이 들추어낸 것과 같이 인간은 그를 둘러싼 세계를 주체의 틀에

이러한 경향이 서양사에서는 특히 과학이 선도한 근세 이후 본격화되었다. 고전시대의 유기적 생명관으로 관조되던 자연이 근세에 이르러 과학의 지배와 함께 영혼이 말살되는 죽은 물질로 전락하면서 인간이 자기 스스로를 대상적으로 보는 자기모순적인 지경에 이르게 되었던 것이다. 그래서 니시타니는 급기야 "종교는 통상의 자기라는 존재 방식에 포함되어 있는 문제성에 대한 실존적인 적발"[18]이라고 더욱 진하게 정의한다. 그렇다면 통상의 존재 방식이 지니는 문제성이란 무엇인가? 죽음으로 야기되는 허무의 차원에서 비로소 드러나게 되는 자기집착적 자아의식이 바로 그것이다. 앞서 말한 대로 자기가 물음이 되면서 일어나는 의식인 것이다. 그렇다면 그러한 자기집착성이 왜 일상에서는 드러나지 않고 오히려 자연스럽다가 허무의 차원에서 드러나게 되는가?

니시타니는 이를 논하기 위해 허무의 차원을 드러내주는 죄와 악에 주목하기를 제안한다. 죄와 악은 의식의 차원에서 저지르고 행하기도 하지만, 더 깊은 차원에서는 인간의 의지적인 것을 넘어서는 차원이

따라 대상화하며, 또한 근대 형이상학에 따라 인간을 의식으로 규정하고 의식의 본질을 무한성이라 한다. 그러니 무한한 의식으로서의 인간이 주체의 방식으로 대상화하는 인식 구조에 의거하여 결국 무한자를 설정하는 방식으로 투사하는 것이 불가피하다는 분석을 개진한 포이어바흐의 종교비판은 바로 니시타니의 이러한 근대비판과 같은 맥락에서 새길 수 있다.

18 같은 책, 42쪽. 여기에 제시된 종교 정의는 앞선 정의보다는 더욱 현실로 접근하는 것으로 보인다. 그런 점에서 포이어바흐가 말한 '무한한 의식의 자기대상화'라는 종교 정의와 견줄 수 있다. 말하자면, 사실상 형이상학이 설정한 인간 본질로서의 '무한한 의식'을 그리스도교가 공유하고 있는데, '자기대상화'라는 생리로 인해 왜곡이 불가피하게 일어나니, 이것을 바로 '통상적 자기 존재 방식의 문제성'으로 읽을 수 있다.

있음을 일깨워주는 계기들로서 근본적인 의심을 일으켜 결국 실재를 향하게 해주기 때문이다. 다시 말하면, 일상의 자기로부터 나오는 것의 근저에 이미 어찌해볼 수 없는 비의지적인 것이 깔려 있음을 죄와 악이 드러낸다. 그는 이에 대한 탁월한 예로 칸트가 분석한 '근본악'과 바르트·브루너의 접촉점 논쟁에서 등장하는 '원죄로 인한 완전한 파괴에 대한 자각'을 거론한다.[19] 그리고 여기가 바로 종교가 도덕이나 윤리와 확연하게 구별되는 경계라는 것이다. 결국 인간 삶의 비의지적인 차원에 주목하는 데에서 종교가 시작한다. 삶의 비의지적 차원이 인간의 자기중심성으로 해소될 수 없으니, 바로 자기라는 것을 물음으로 드러내기 때문이다. 말하자면, 인간이 스스로 어찌할 수 없는 것을 바라보면서 허무를 깨닫게 하고 자기집착을 드러내어 자기의 주제를 파악하게 하는 것으로서 종교가 뜻을 지닌다고 하겠다. 앞서 말한 종교 정의로서 '실재에 대한 실재적 자각'이라는 것도 이를 일컫는다.

그리고 이런 맥락에서 신앙도 의지적인 것을 넘어서는 차원에서 새겨야 한다고 주장한다. 신앙은 수동적이며 탈자아적이라는 것이다. 그리스도교와 관련해 특별히 주목을 요하는 분석이어서 상세하게 인용한다.

신의 사랑이 받아들여지는 것을 신앙이라고 한다. 신앙은 어디까지나 자신의 신앙이므로 단순히 자기가 무엇인가를 믿는다는 통상의 믿음과는 근본적으로 다르다. 보통 믿음은 자기의 '작용'이며 자기에 내재한다. 그리고 자기 '안'에서 어떤 대상에 대한 지향성으로 성립한다. 그것은 자기

---

19 같은 책, 53~54쪽.

를 믿는다는 경우에도 마찬가지이다. 그들 모두는 자의식의 장을 넘어서지 못한다. 그런데 종교에서 말하는 신앙은 그러한 장을 넘어서 자아의 울타리가 돌파된 지평에서만 성립한다.[20]

니시타니는 여기서 '통상의 믿음'과 '종교의 신앙'을 구분해서 분석한다. '통상의 믿음'은 자기 행위이고 내재적이며 특히 지향성을 특성으로 한다. 초월을 지향한다고 해도 안에서 벌어지는 일이라는 말이다. 이에 비해 '종교의 신앙'은 지향성을 지니는 내재적 행위의 자의식을 넘어선다. 그런데 이렇게 본다면 그리스도교의 신앙은 일반적으로 그가 말하는 '통상의 믿음'에 오히려 더욱 가까운 형태를 띠고 있다고 평가해야 하지 않을까 한다.[21] 자기의 작용이며 더욱 중요하게는 자기 안에서 대상을 향한 지향성을 본성으로 하는 것으로 보이기 때문이다. 그럴듯하게 표현해서 '대상을 향한 지향성'이지 사실 '우상을 향한 숭배'라 할 것이고 그것도 자기 안에서 벌어지니 '자아도취'가 되기 때문이다. 포이어바흐는 이를 다음과 같이 심층적으로 분석한다.

전에 종교였던 것이 후에는 우상숭배가 된다. 인간은 스스로를 대상화하지만 이 대상을 자기의 본성으로 인식하지 못했다. …… 모든 종교는 다른 종교들을 우상숭배로 표현하고 자신만이 그러한 운명의, 곧 종교 일반

---

20 같은 책, 55쪽.

21 포이어바흐가 분석하는 신앙의 본질도 같은 맥락이다. 그는 통찰의 절정에서 '신앙과 사랑의 모순'을 논하면서, 사랑의 비당파성에 대조하여 신앙의 당파성이라는 문제를 고발한다. '통상의 믿음'이 사랑과 모순되는 신앙이라면 '종교의 신앙'은 사랑을 가리킬 터이다. 루트비히 포이어바흐, 『기독교의 본질』, 제27장을 참조하기 바란다.

의 본질에서 예외가 된다고 생각한다."[22]

앞서 말한 종교 정의에서 '통상의 자기라는 존재 방식의 문제성'에 해당하는 우상숭배와 자아도취를 '통상의 믿음'이 초래하기 때문이다. 따라서 이에 대한 실존적 적발로서의 종교는 "자기가 진실로 자기 자신이 되는 곳을 가리키는"[23] 신앙을 요구한다. 결국 '실재에 대한 실재적인 자각'으로서의 종교는 '통상의 자기라는 존재 방식의 문제성에 대한 실존적 적발'을 거쳐 '자기가 진실로 자기 자신이 되는 곳을 가리키는' 신앙과 서로 아귀가 맞는 관계를 이룬다.

그렇다면 이제 자기소외와 타자억압을 초래하는 자아집착적 자기의식이 삶의 문제의 뿌리이고, 실재에 대한 실재적 자각으로서 진실한 자기되기가 그 해결이라고 핵심적으로 정리해볼 수 있겠다. 이 점에 비추어볼 때, 니시타니가 그리스도교에 대해 가하는 비판에 좀 더 깊이 주목해볼 필요가 있다. 그는 그리스도교가 무신론에 대한 오도된 편견 때문에 물질적 자연에 근거해 인간의 주체적인 자립성을 과도하게 강조한 근대 무신론과 대립한 것은 물론이거니와, 반대로 인간 존재의 근저에서 허무를 드러내줌으로써 오히려 종교에 친화적일 수도 있었던 현대 무신론까지 매도해버리는 오류를 범했다고 안타까워한다. 그가 다음과 같이 말했을 때가 그 좋은 증거이다. "그 허무에도 불구하고 현재 있는 바와 같이 존재하고 있다는 사실은 신앙하는 사람의 입장에서

---

22 루트비히 포이어바흐, 『기독교의 본질』, 77쪽. 여기서 포이어바흐는, 우상숭배를 타자에게 적용하는 반면, 자기 스스로에게만 제외하는 자기성을 집요하게 파헤친다.

23 니시타니 게이지, 『종교란 무엇인가: 종교와 절대 무』, 56쪽.

보면 허무를 깨뜨리고 존재를 만물에게 주며 또 보전하는 신의 은혜와 힘을 만나는 일이기도 하다."[24]

그리스도교가 무신론을 대해온 태도에 대해 좀 더 자세히 살펴보자. 그리스도교는 전통적으로 자연계의 법칙을 신의 질서라고 생각하여 그 속에 신의 배려를 인정했었다. 이런 관점은 실로 우주를 지배하고 관장하는 창조주로서의 신이라는 그림에 부합하는 것이었다. 이런 사고방식은 고중세뿐 아니라 근세에 이르러서도 계속 이어졌다. 리스본 대지진으로 대표되는 근세의 대사건을 놓고 신의 뜻에 따른 벌로 여기는 것은 자연스러웠다. 그러나 신의 질서라는 자연법칙이 배려의 방식으로만 작동하지 않는 현실에 대한 경험이 누적되면서 이에 대한 의문이 고개를 들게 되었다. 급기야 칸트는 이를 "잘못된 인간적인 목적론"[25]이라고 비난했다.

왜 그랬는가? 신과 인간의 관계가 인격적이라고 하는 것은 인간중심주의적인 관심을 기반으로 하기 때문이다. 이러한 인격주의적 관점이 목적론적 세계관에서는 별문제가 없어 보이지만, 과학의 출현으로 인해 인간의 관심과 무관한 비정의 세계가 신과 인간 사이를 가로지르면서 시작한 근세 이후 상황은 역전되었다. 달리 말하면, 세계의 운행을 목적론적으로 보는 관점이나 신과 인간의 관계를 인격적으로 보는 것은 모두 삶의 차원에만 집중한다는 한계를 지닌다. 말하자면, 인격, 목적, 삶 등 인간이 보고 싶은 것만을 보면서 세계를 파악하고 신·인 관계를 구성하다 보니 비정한 세계의 무인격성이라는 현실을 이해할 수

24　같은 책, 72쪽.
25　같은 책, 87쪽.

없게 되었다. 이에 대한 근세인들의 반응은 한편으로 종교의 영역에서는 여전히 신의 인격성과 세계의 목적성으로 보려는 폐쇄적 시각에 머물러 있었고, 다른 한편으로 세속의 영역에서는 세계의 무인격성을 근거로 무신론의 주장으로까지 치달았던 것이다. 그러나 현대에 이르러 물질적이며 기계론적인 세계가 인간을 잘 살게 하기보다는 오히려 비정함과 무의미함을 드러내면서 인간들은 그 근저에 허무가 깔려 있음을 발견하고 신 부재 체험에 주목하는 무신성(Gottlosigkeit)으로 나아가게 되었다.[26] 그러나 그러한 무신성 체험의 절규에 대해 그리스도교는 오해한 나머지 '형이상학적 무신론'이라고 매도하면서 외면했다. 더 나아가 니시타니는 그리스도교 신학이 신의 인격성만 붙들고 늘어지다가 근세와 현대의 시대적 전환에 부응하지 못하고 있다고 일갈한다.

> 성서의 신에 대해서는 두 가지 이질적 관점을 볼 수 있다. 과거의 기독교는 이러한 인격적 면만을 주목하고 다른 면은 주목하지 않았다. …… 기독교 교리사는 이러한 복합적인 문제를 해결할 만한 신학적 장치를 제시하지 못했다고 생각한다.[27]

그렇다면 왜 인격주의적 신관이 문제인가? 신이 인격적이지 않다면 어떤 도덕적 판단도 할 수 없으리라는 문제 때문에 그러한 신관이 요구되었을 것이다. 그러나 신의 인격성이 의인화의 산물이요, 투사의 결과라는 비판을 피하기는 쉽지 않다. 물론 그리스도교가 이런 문제에

---

26 이 대목에서 본회퍼, 베르쟈예프, 맥그레거 등이 주목한 무신성이 연관될 터이다.

27 같은 책, 103~104쪽.

대한 대책이 없는 것은 아니었다. '무로부터의 창조(creation ex nihilo)'라는 창조론이 좋은 실마리였다. 창조란 없음으로부터 있게 되었다는 것이다. 그러나 피조물이 없음을 벗어나서 있기만 한 있음이 되었다는 것이 아니라 그러한 있음이 없음 출신이라는 것, 그래서 그 앞에 없음이 깔려 있고 그 안에 없음이 드리워져 있을 뿐 아니라 없어질 것이기도 하니 아예 그 있음이 곧 없음이라는 것을 가리킨다. 창조가 피조물에 대해 지니는 뜻은 바로 이것이었다. 그런데 내내 있음만 붙들고 늘어지면서 없음을 억누르다가 잊어버리기까지 했으니 이런 설법이 생경하고 심지어 이단적으로 들렸다. 말하자면, 양면을 볼 수 있는 틀이 이미 그 안에 있었다. 다만 역사에서의 왜곡이 한쪽을 취하고 다른 한쪽을 버리게 했을 따름이니 아예 없었던 것이 아니라, 잊어버리고 그래서 잃어버리게 되었다. 그러니 이제 할 일은 그렇게 잊어버린 것을 되새기는 것이고 잃어버린 것을 되찾는 것이다. 인격성에 대해 무인격성이 바로 그런 관계에 있다. 이렇게 되면 그리스도교는 무신론으로부터도 통찰의 지혜를 얻을 수 있다. 특히 무신론이 그리스도교가 지니는 인격주의적 신관이 포함하는 의인화와 우상화의 경향에 대한 성찰의 계기가 된다는 점에서 더욱 그러하다.

결국 관건은 대조적인 양면을 동시에 함께 보는 길이다. 이것이 편향적 집착으로 인한 왜곡과 그 왜곡에서 빚어지는 억압을 극복하고 본래적인 실재를 향해 다가감으로써 해방을 구할 수 있는 길이다. 이것을 여러 종교가 '구원'이나 '해탈'이라고 했다. 사실상 니시타니는 그렇게 해방을 향한 길을 더듬으면서 그 시작인 우리의 일상을 지배하는 의식의 장부터 분석한다. 그러고는 의식의 대조적인 양면에 주목함으로써 해방을 향해야 할 필요성과 함께 가능성을 일구어내고자 한다. 먼저 의식에 대한 구조적인 분석부터 살펴보자. 서양의 고전 형이상학에서는 거기 그렇게 있는 실체를 먼저 설정했고 근세로 넘어와 자기중심적으로 파악하는 의식이 등장하고 여기에 잡히는 대상으로서의 실체를 객체라 했지만, 니시타니는 사실 고전 형이상학이 말하는 실체가 이미 의식에 잡힌 표상일 뿐이니 근세의 인식론적 전환이 새로울 것은 없다고 일갈한다.

> 과거의 형이상학은 이성의 무비판적인 힘을 믿어 실체의 있음이 앎의 사유에 의해 그대로 포착된다고 생각했다. 그러나 주체 밖에 세워진다는 실체는 사실 주체에 의해 표상된 것임에 불과하다. …… 과거의 형이상학도 칸트의 비판철학도 실체와 그 표상이란 입장을 전제로 하고 있다는 근본에서는 일치한다. 다만 전자에서 단순히 은폐된 기반이었던 실체와 표상의 관계가 후자에 들어서는 명백하게 드러났다는 것만이 다를 뿐이다.[28]

그러니 의식이 하는 내재적 자기파악은 한편으로는 '하는 행위'이면서 동시에 '주어진 운명'이라는 것이다. 실체만을 말하는 형이상학에서도 이미 자기중심적 의식이 깔려 작동하고 있다는 점에서 구조적으로 주어진 '운명'이다. 그러나 동시에 그러한 의식은 그저 아무 생각 없이 실체를 그대로 받아들이는 것이 아니라 자기의 틀과 꼴 안에 잡히는 범위까지만 파악하고는 대상이라고 선언하는 적극적인 '행위'이다. 니시타니는 말한다.

---

28 같은 책, 202~203쪽.

자기파악은 언제나 우리 자신이 행하는 행위이다. …… (그러나) 우리 자신의 행위라고 해도 그것은 우리들이 그렇게 하려고 마음먹고 그대로 행하는 행위가 아니다. …… 그러한 행위는 우리가 행하려고 마음먹기 이전부터 행하고 있는 행위이다. 거기에는 우리로 하여금 그렇게 하게 하고, 그렇게 되게 하는 힘, 일종의 운명적인 힘이 작용하고 있다고 할 수 있다.[29]

이처럼 의식도 행위와 운명이라는 대조적인 양면으로 이루어져 있다. 서구 철학사의 언어로 풀자면 '주어진 것'으로서의 의식, '하는 것'으로서의 인식, '나오는 것'으로서의 지식, 그리고 '향하는 것'으로서의 진리라는 일련의 단계에서 '주어진 것'과 '하는 것'을 하나로 묶어 설명하는 것으로 볼 수도 있다. 그러나 사실상 의식의 지향성이 인식의 주객 구도를 이루는 근거라는 점을 염두에 둔다면 이 둘을 분리할 수는 없는 일이니, 한데 엮어 분석하는 것은 충분히 타당하다.

장의 대조적 양면성은 이어지는 허무의 장에서도 발견된다. 니시타니는 양면을 동시에 함께 보는 길을 위해서 과학이 드러내준 자연법칙에 대한 인간의 관계에서 그 실마리를 찾는다. 즉, 기계라는 탁월한 사례를 들어서 지배와 자유의 역설을 읽어낸다. 그는 말한다.

법칙에 따른다는 사실이 곧 법칙의 속박에서 자유를 뜻한다는 것은 인간의 행동에서 비로소 선명해진다. 그런 현상을 가장 분명하게 볼 수 있는 시점은 기술이 기계화되는 단계에서이다. …… 기계에는 사물에 대한 자연법칙의 지배가 가장 깊게 나타나 있다. 그러나 또 한편 기계의 성립이

---

29   같은 책, 160쪽.

란 자연법칙의 지배로부터의 가장 큰 해방이요 자연법칙을 사용한다는 자유의 가장 큰 표시이다.[30]

기계가 철저하게 자연법칙의 지배를 받지만 바로 그것이 자연법칙을 자유롭게 사용하게 하니 지배와 자유가 한데 얽힌다. 그러나 그렇게 역설적으로 얽혀 있는 곳은 바로 다름 아닌 '인간의 행동'이다. 여기서 사람이 관건이고 삶의 뜻이 드러난다. 삶에서 역설이 이루어진다.

그런데 그 역설은 형식적이다. 그 껍질을 벗겨보면 기계화로 인한 인간의 허무가 드러나며 기계를 통해 자연법칙을 자유롭게 사용하겠다는 욕구가 무의미를 드러냄으로써 또한 허무를 열어간다. 말하자면, 기계화를 통해 자연법칙에 대한 속박과 자유의 역설이 오히려 허무를 드러낸다. 심지어 어떤 사물이나 사건이 의식으로부터 독립되어 있다고 하더라도 허무로부터 독립할 수는 없다.[31] 자고로 삼라만상은 그 어떤 것이든 앎에서 벗어나 여전히 모르는 상태에 있더라도 생성소멸의 원리에서 예외일 수는 없기 때문이다. 그러나 이러한 역설의 꼴로 열리는 허무는 존재를 부정하고 무로 가거나 삶을 비관하고 죽음으로 치닫는 일방성일 수는 없다. 역설이 그것을 허락하지 않기 때문이다. 당연하게도 양면적 대조의 동시적 공존을 향하는 역설은 허무로 하여금 적극적인 순기능을 발휘하게 한다.

인간은 그 심연화한 허무에 확고하게 입각함으로써만 진실로 자유로우며

---

30 같은 책, 134~135쪽.
31 같은 책, 168쪽.

자주적이 되며 진실로 주체적이 될 수 있다. 다시 말해서 허무는 거기에서 인간 존재의 탈자적인 초월의 장으로 즉, 실존이 성립하는 장으로 포착되어 있다. 그 장 위에서 실존은 존재와 삶 자체에의 무의미함과 철저한 허무에서 다시 그런 것들의 의미를 자기 책임하에서 창조하려고 한다.[32]

실존주의를 위시한 현대사상의 기조가 삶에 뿌리를 두고 펼쳐지는 가운데 인간의 자리매김을 위한 부정적 계기들이 긍정적 기능을 지니고 있음을 갈파한다. 그러나 역시 허무의 꼴인 역설은 그 이면도 동시에 들추어낸다. 왜냐하면 허무에서 무는 사물로 표상되는 성향으로 인해 대상화되기 때문이다. 물론 그렇다고 해서 무가 객체화된 존재처럼 된다는 것은 아니다. 오히려 허무의 장에서는 주체가 의식의 장에서의 실체를 대체하는 위상을 부여받기 때문에 주체중심적인 구도를 이루게 된다. 의식의 자기중심성을 의식하지 못한 채 실체를 선언한 고전 형이상학의 독단론이 폭로된 것과 같은 방식으로, 이제 의식의 자기중심성에 주목하고 보니 심지어 자기집착적이어서 오히려 한계를 지닐 수밖에 없다는 인식론적 회의론이 선언되는 지경이다. 실체라고 했던 것이 사실 실체가 아니라, 한갓 주체에 잡히는 객체일 수밖에 없다는 한계 선언이다.

구체적으로, 니시타니도 거론한 사례인 '이름 짓기'를 들 수 있다. 모르는 것을 모르는 채로 놔두면 불안하고 허무를 초래하기 때문에 인간은 불안을 극복하고 허무를 덮기 위해 어떻게 해서든지 아는 것으로 만들려고 한다. 그러나 모든 경우에 그렇게 할 수는 없으니 우선 모르

---

32 같은 책, 146쪽.

는 것에 이름을 붙이고서는 아는 것으로 간주한다. 그리고 그렇게 아는 것은 나에게 익숙한 것이니 나를 편안하게 해준다. 결국 이름 짓기 (naming)는 길들이기(taming)이다. 그런데 그렇게 길들여진 길에 함정이 있다.[33] 우리에게 익숙한 것, 우리를 둘러싸고 있는 안락한 세계가 우리를 빠뜨리는 수렁이 된다는 것이다. 왜 그런가? 자기를 둘러싼 세계에 이름을 지음으로써 통제와 조정, 예측이 가능한 것으로 끌어들이는데, 불가피하게도 그렇게 통제와 조정을 할 수 없는 것들을 맞닥뜨리면서 이름이 허상이라는 것을 겪게 되기 때문이다. 포이어바흐는 이를 인간적 술어를 신적 주어로 둔갑시킨 의인화의 소산이라고 간결하게 지적한다.

> 종교는 이들 술어가 신 자신의 존재와 구별되지 않으며 인간이 신에 관해서 만든 표상이나 형상들이 아니라 진리, 사실이라고 생각한다. 종교는 의인화 현상에 관해서 아무것도 알지 못한다.[34]

결국 이름 짓기를 통한 일상적 길들이기라는 방식의 자기화, 또는 인간적 술어로 신을 묘사하는 의인화가 오히려 자기를 기만하는 결과

33　니시타니는 말한다. "사람은 인간이나 물체에 이름을 붙인다. 그래서 이름을 알면 그것을 안 것처럼 생각한다. …… 그러나 모든 것은 원래 본질적으로 (그것이 허무 위에 존재하고 허무 속에서 현성하므로) 이름 없는 것, 이름을 붙일 수 없는 것이며 알 수 없는 것이다. 허무의 실재가 이름을 기본으로 하는 일상세계 안에서 가리어지며 …… 우리를 둘러싼 세계는 모두 알 수 있거나 친근한 것, 혹은 알아서 친근할 수 있는 것만의 세계가 된다. 즉 너무 '일상적인' 세계가 된다. 그 친근은 수렁이다"(같은 책, 157쪽).
34　루트비히 포이어바흐, 『기독교의 본질』, 91쪽.

로 이어질 수밖에 없다. 더욱이 모르는 것이 인간의 능력을 넘어서는 종교적 위상을 지니게 되는 경우에는 무엇보다도 서둘러 이름을 붙이게 될 터인즉, 이것이 바로 우상이 만들어지는 과정이라면 그 우상은 우리를 함몰시키는 수렁이라는 것이다. 일시적인 효과를 볼 수는 있어도 기만은 시간을 견딜 수 없기 때문이다. 추리자면, 결국 허무는 그 역설적인 구조로 인해 인간을 주체로 세우면서 또한 그러하기에 동시에 없는 것을 있는 것으로, 모르는 것을 아는 것으로 대상화하게 된다. 그리고 그리함으로써 결국 알게 모르게 무에 얽매이게 한다. 그런데 허무의 장은 이러한 문제를 적나라하게 드러낸다는 점에서 의식의 장과는 확연하게 구별된다. 의식의 장은 자기중심적 대상 파악이기 때문에 언제나 스스로를 정당화하니 문제를 드러낼 길이 없다. 이런 점에서 허무는 필수불가결하다. 그러나 허무에 머무를 수는 없다. 해답을 주지 못하기 때문이다.[35] 허무만으로는 안 되는 이유가 바로 여기에 있다. 허무는 전환의 필요성을 일깨워줄 뿐이다.

그래서 니시타니는 여기서 공(空)의 장을 제안한다. 공의 장 역시 이미 그 핵심적인 원리인 색즉시공(色卽是空)이 밝히듯이 대조적 양면으로 이루어져 있다. 그는 설명한다. "색즉시공이라 하는 말은 한편에 유를 두고 다른 편에 무를 두어 나중에 그들을 연결하는 것이 아니다."[36] 왜냐하면 만일 한편에 유, 그리고 다른 편에 무를 둔다면 유와 무는 각각 따로 있어서 무 없는 유, 유 없는 무가 될 터이니 어느 한쪽으로의 집착을 피할 길 없겠기 때문이다. 그러니 따로 있다가 나중에 만난다면 만

---

35   니시타니 게이지, 『종교란 무엇인가: 종교와 절대 무』, 171쪽.
36   같은 책, 151쪽.

나서 얽힌다 하더라도 중심적 집착 사이의 각축전이 될 수밖에 없다. 사상사가 이를 증명한다. 그래서 결국 논리를 넘어서는 논리를 필요로 하게 된다. 그러한 초논리적 논리에서는 유가 유이고 무가 무이면서 곧 동시에 유가 무이고 무가 유인 즉의 논리를 구성한다. "대승불교의 맥락에서 볼 때 논리적 분석을 통해 도출되는 중심 원칙은 '유즉무(有卽無)'라는 비논리의 논리이다. '유즉무'란 오히려 '즉'에 서서 유를 유로서, 무를 무로서 본다는 의미이다."[37] 이것을 후에 '즉비(卽非)의 논리'라고 불렀다. 여기서 즉비는 어떤 과정을 거친 다음 통합되는 변증법적 종합이 아니고 그 자체로서 '역설적 하나'이다.

그렇다면 그 역설적 하나인 '즉비의 논리'는 어떻게 이루어지는가? 니시타니는 이를 설명하기 위해서 연소를 매개로 하여 불과 나무의 관계를 예로 든다. 이를 논리적으로 정리하면 다음과 같다.[38]

① 불은 나무를 태움으로써 자신은 태우지 않고, 자신을 태우지 않음으로써 나무를 태운다.
② 비연소 때문에 연소는 연소인 것이다.
③ 이것은 불이 아니다, 즉 (불이 아님으로서) 불이다.

명제 ①은 역설을 이루는 대립항을 '으로써'라는 수단·목적의 관계로 나타낸다. 명제 ②는 그러한 대립항을 '때문에'라는 원인·결과의 관계로 나타낸다. 명제 ③은 목적론과 인과율을 거쳐 그러한 대립항을 그

---

37 같은 책.
38 같은 책, 177~179쪽.

자체로서 하나로 나타낸다. 말하자면, 역설적 연합은 멀어 보이는 목적과 수단의 관계라는 일상에서 시작해 이를 좀 더 밀접하게 잇는 인과적 관계를 거치지만 결코 거기에 머무르지 않는다.[39] 물론 목적론이나 인과율은 나름대로 명분과 구실을 지니기는 하지만, 사태를 다른 것과 연결해 사태 자체를 희석하거나 왜곡하는 오류를 지니기 때문이다. 결국 역설은 현실에서 동떨어진 것일 수는 없되 일상의 왜곡을 교정하는 의미를 지닌다는 것을 즉비의 논리에서도 확인하게 된다. 여기에서 실재에 대한 논의가 의식의 장에서 실체로, 그리고 허무의 장에서 주체로 설정되었다면, 공의 장에서는 자체로 그려지는 이유를 발견하게 된다. 이는 실체의 자기동일성이라는 것이 의식의 장에서 벌어지는 집착의 산물인지라 결국 허상일 수밖에 없다는 통찰을 거쳐 그러한 자기동일성의 전적인 부정, 즉 무자성(無自性)으로 드러난다. 그러나 무자성이라고 해서 자성을 부정하는 것은 아니다. 오히려 "허무가 무화(無化)의 장임에 대해서 공은 유화(有化)의 장"[40]이다. 자체란 것이 이것을 가리킨다.

그런데 공의 장에서 자체란 자아집착적으로 포착하는 의식의 대상으로서의 실체[41]도 아니지만 무화시키는 허무와 씨름하는 주체[42]도 아

39　니시타니는 세계가 세계하는 힘의 장으로서의 공을 말할 때에도 이 과정을 거친다고 말한다. "보편적 사실로서, 즉 있는 그대로의 실재적인 사실로 있으려면 공의 장에 서 있는 근거 없는 그 자신이어야 한다. '무엇에 의해서', '무엇 때문에', '무엇을 위해서'라는 이유를 떠난 그 자신이어야 한다"(같은 책, 231쪽).

40　같은 책, 188쪽.

41　의식의 장에서의 실체라는 것은 있음이기만 한 있음이 아니라 앎에 잡힌 있음이라는 것이다. 그런데 앎이 있음을 잡을 때 있음 그대로 잡을 수도 없지만 더욱 주목해야 할 것은 앎이 잡고 싶은 대로 잡는다는 것이다. 그래놓고서는 있음 그대로라고 한 것이 바로 실체라는 것이다. 그러니 실체란 사실 앎에 잡힌 있음일 따름이다. 자기중심적 파악에 들어온

니니, 어떤 방식으로든지 의인화(擬人化)되는 것을 거부한다. 실체도 그저 실체가 아니라 이미 의식에 들어온 것이니 의인화된 것이고 주체는 허무에서 그 밀도를 더해가니 굳이 강조할 필요도 없을 터이다. 이와 견주어 자체란 인간에 의한 왜곡과 억압을 벗어난 경지를 이른다. 이를 더듬기 위해 다음의 설명을 보자.

> 공의 장에서 사물 자체는 칸트가 말한 현상, 즉 우리에게 나타난 사물의 존재 방식이 아니다. 그러나 그것은 또 칸트가 말한 물자체 – 불가지한 사물의 존재 방식도 아니다. 거기에는 물자체와 현상의 구별이 없다.[43]

이제 공의 장에서 자체란 물자체와 현상의 구별을 넘어선 경지를 가리킨다. 도대체 이를 어떻게 새겨야 할까? 칸트와 함께 이제 우리는 칸트 이전으로 되돌아가는 것은 시대착오적일 뿐 아니라 불가능하다고 한다. 있음 그 자체는 알 수 없고 다만 앎에 담긴 범위까지만 알 수 있을 뿐이라는 비판철학의 핵심을 전제하고 있다. 그런데 공의 장에서는 현상과 물자체의 구별이 없다니 도대체 무슨 뜻이며 어떻게 그렇게 되는가? 그렇다고 할 때 과연 공의 장에서의 자체는 도대체 어떤 것인가? 현상과 물자체의 구별은 그 자체에서 벌어지는 것이 아니라 의식이라

대상이라는 것이 이것을 가리킨다.

42 허무의 장에서의 주체도 마찬가지이다. 허무는 깔려 있었으나 덮여 있었다가 드러나게 된 죽음의 터를 가리킨다면 그렇게 예외를 허락하지 않는 생성·소멸의 법칙을 일깨워 주는 죽음의 터에서 살겠다고 몸부림치는 것이 바로 주체인 것이다. 물론 이것이 잘못된 것은 아니다.

43 같은 책, 207쪽.

는 주체와의 관계에서 비롯된 것이니 허무의 장을 거치면서 주체의 의인화에 의한 왜곡이 폭로된 마당에 공의 장에서는 그 구별이 정당한 것으로 유지되어야 할 이유가 없다는 것이다. 이렇게 본다면 공의 장이란 허무의 장을 거쳐 나온 것이니 삶과 죽음이 각각이면서 하나임을 일컬을 터이고 자체란 바로 그러한 터에서 물자체에 해당하는 있음과 현상에 해당하는 앎이 또한 하나임을 가리킨다. 말하자면, '삶-즉-죽음'의 장에서 '있음-즉-앎'인 것이다.

그런데 여기서 우리가 주목해야 할 것이 있다. 우선은 공의 장을 가리키는 '삶-즉-죽음'이다. 삶과 죽음이 불가분리로 얽혀 있는 것이라면 이러한 세계는 신적 의지의 인격성뿐 아니라 맹목적 필연성을 통해 자유를 보장하는 근거로서의 무인격성도 함께 얽혀 있는 것으로 보아야 한다. 물론 여기서 맹목적 필연성이란 자유만 보장하는 것이 아니라 온갖 비극의 가능성도 허용되는 터전이어서, 그저 무색투명한 그림이기만 한 것은 아니다. 그러나 인간의 욕망은 보고 싶은 것만 보려고 하기 때문에 무인격성의 예측불가성과 살벌함을 외면하고자 하는 자기기만에 빠지게 만든다. 바로 여기서 우상화가 일어난다. 이에 대해 공의 장은 인격성과 무인격성의 역설적 얽힘으로 신을 보아야 할 것을 가리킨다.

또한 자체를 '있음과 앎의 같음'으로 새긴다면 헤겔(Georg Wilhelm Friedrich Hegel)이 말하는 이른바 '존재와 사유의 동일성'에서 가장 탁월한 예를 살필 수 있듯이 서구 근세 형이상학의 결론과 비슷해 보인다는 점도 주목을 요한다. 그러나 바로 이런 비교에서 오히려 명백하게 공의 장의 뜻을 새길 수 있다. 즉, 헤겔의 동일성에는 죽음이 없고 따라서 삶에서도 착지될 수 없는 공허한 동일성인데 비해, 공의 장에서 자체를 가리키는 '있음-즉-앎'은 죽음과 하나인 삶에서 있음과 앎의 같음이니

'꽉 차 있는 같음'이 아니라 '텅 빈 같음'이다. '다름을 싸안고 묶어내는 같음'이 아니라 '다름 그대로 가를 것 없이 뒹구는 같음'이다. 공의 장이란 그런 것이고 거기서의 자체는 당연하게도 '다름으로서의 같음'이다. 언어유희처럼 보일 수도 있지만 오히려 삶의 참 모습에 다가가는 몸부림이다.

그렇다면 이러한 공의 장에서의 자체는 우리의 일상을 지배하는 실체와 주체에게 어떤 뜻을 지니는가? 실체는 주체가 보는 대로이면서 객관적 대상이라고 하니 모순일 수밖에 없고, 이를 해결하겠다고 나온 주체의 한계 선언은 현상과 물자체의 분리로 인한 허무로 내몰릴 수밖에 없다. 자체는 이것을 드러낸다. 사물이 명사로 표현되고 마는 움직이지 않는 물체가 아니라 사람에게 드러나면서 이루어지는 사건이라는 것이다. 그러니 사람이 그것을 다 알 수도 없지만 이때 알 수 없는 것은 목석 같은 물자체이어서가 아니라 현성하는 사건이기 때문이다. 어떤 시점에도 대상으로 고정할 수 없으니 '비인식적인 앎'이며 '모름을 아는 앎'[44]일 수밖에 없다. 신앙이 붙잡으려는 고정된 우상을 허락하지 않는 통찰이다. 포이어바흐가 그리스도교가 표방하는 주요 덕목인 신앙과 사랑의 모순을 폭로하면서 당파성에 의한 분리를 주장하는 신앙으로부터 비당파적 통일로서의 사랑으로 전환해야 한다고 주장할 때에도 바로 이를 두고 하는 말이다. "사랑은 인간을 신과 동일화하고 신을 인간과 동일화하며 따라서 인간과 인간을 동일화한다. 신앙은 신을 인간으로부터 분리하고 인간을 인간으로부터 분리한다."[45]

---

44   같은 책, 209쪽. 전통적으로 서구에서 신비주의자들이 일갈하는 '무지의 지'가 이에 견주어질 만하다.

3. '공'과 투사비판이 가리키는 우상파괴

그런데 이러한 자체의 입장에서 보면 우리의 일상을 지배하고 있는 의식의 장에서의 실체는 불가피하게도 우상화될 수밖에 없다. 의식의 장에서의 실체라는 것이 이미 '앎에 포착되는 있음'이어서 부득이 앎의 관심과 욕구뿐 아니라 이에 의한 집착과 왜곡, 억압으로 이어질 수밖에 없겠기 때문이다. 말하자면, 이미 그렇게 관계적이고 상대적일 수밖에 없는 것을 '실체'라는 이름으로 절대적인 것으로 오인하는 우상화인 것이다. 물론 안정 욕구 때문이다. 프로이트의 지적처럼 인간은 우상 없이 살 수 없기 때문에 결국 칼뱅의 일갈처럼 끝없이 우상을 만들어낸다. 실체이어서 우상이라기보다 우상을 필요로 하기 때문에 실체화하는 것이다. 그것도 포이어바흐가 지적한 바와 같이 인간적인 방식으로 말이다. "인간은 인간이기 때문에 신에 관해서 바로 인간적인 표상 이외의 어떤 다른 표상도 만들 수 없다."[46]

이러한 분석은 허무의 장에 대해서도 그대로 적용된다. 허무도 "있음의 측면에서 표상된 없음이고 있음에 대한 없음이며 따라서 상대무이기"[47] 때문이다. 말하자면, 허무라고 하더라도 "그 표상의 근저에 의지, 혹은 욕심과 집착이 쌓일 수"[48] 있기 때문이다. 결국 허무의 장에서의 주체는 그러한 의지와 집착으로 이루어진 자기중심적 주체일 수밖에 없다. 서구 사상사에서 칸트가 말하는 선험적 구성의 주체가 대상에

---

45   루트비히 포이어바흐, 『기독교의 본질』, 391쪽.
46   같은 책, 80쪽.
47   니시타니 게이지, 『종교란 무엇인가: 종교와 절대 무』, 187쪽.
48   같은 책, 188쪽.

앞서 주도권을 지니지만 동시에 그로 인해 한계를 지닌다는 양면성의 조합과 같은 맥락이라 하겠다.[49] 다시 말해서 있음이 앎을 통해서이면서 동시에 앎의 한계 안에 잡히는 만큼이니 상반적인 조건과 상황이 동시에 일어난다. 이러한 상반성은 허무의 장이 오히려 자신으로 돌아가게 한다는 데에서도 확인된다. "각각 귀일해야 할 곳을 상실하고 의지할 곳을 빼앗겼을 때 비로소 자기 자신으로 돌아온다."[50] 그럼에도 불구하고 허무의 장은 귀일해야 할 필요를 일깨우는 데까지일 뿐이다.

공의 장은 허무의 장에서 허무가 여전히 자기 밖에 있는 대상이었던 것과는 달리 자기 안으로 들어와 자기를 이루니 오히려 자기를 공으로 보는 탈자적인 초월의 장이다. 자기집착이 깨뜨려졌으니 "단순히 자기에게 의식된 자기만이 자기의 전부가 아니"[51]라는 것을 깨닫게 된다. 이 깨달음은 실로 머물러 주목해야 할 것인데 '내가 모르는 나'가 있으니 '나 안에 있는 없음'을 보게 하기 때문이다. 그렇게 되면 스스로가 둘러싼 세계를 보는 기준일 수 없음을 깨닫게 될 터이다. 포이어바흐가 "비기독교적인 민족의 신앙에 들어 있는 먼지들만을 바라보고 스스로의 신앙에 들어 있는 대들보를 바라보지 않으려는 것은 기독교도들의 이기주의, 자아도취에 불과하다"[52]고 했을 때 그도 역시 자기가 스스로를 온전히 알 수 없음을 깨달아야 한다는 것을 말하고자 했다. 이제 자

---

49 즉, 칸트가 말하는 선험적 자아는 한편으로는 물자체로부터 앎으로 들어온 대상에 대해 의식하는 주체이지만 동시에 후에 허무로 드러나게 될 한계를 선구적으로 읽어낸 것이라 하겠다.

50 같은 책, 215쪽.

51 같은 책, 224쪽.

52 루트비히 포이어바흐, 『기독교의 본질』, 398쪽.

기 자신에 대해서도 '무지의 지'가 해당되고 요구되니 세계야말로 두말할 나위도 없게 된다. 하물며 신에 대해서는 더 말할 것도 없다. 자기비움이 우상파괴의 길임을 일깨워주는 통찰이다.

이렇게 본다면 공의 장은 의식의 장에서의 실체에 대한 우상화를 들추어낼 뿐 아니라 허무의 장에서의 주체에 대한 자기중심성을 넘어서는 우상파괴와 자기비움의 터라고 하겠다. 공의 장은 일반적인 무신론이 아님은 물론이지만 그렇다고 유신론도 아니다. 이것이 대중에게 오해되고 있지만 그 취지는 '상(象) 없는 신성(神性)'을 일컫고자 함이고 결국 종교에서 집요하게 나타나는 우상화를 거부하고 이에 따른 자기비움의 자유를 향하는 것을 가리킨다. 그렇다면 공의 장은 어떻게 우상을 파괴하는가? 그리고 어떻게 우상파괴가 자기비움의 자유에 이르게 하는가? 니시타니의 단적인 대답을 찾아보자.

> 보편적 사실로서, 즉 있는 그대로의 실재적인 사실로 있으려면 공의 장에서 있는 근거 없는 자신이어야 한다. '무엇 때문에', '무엇을 위해서'라는 이유를 떠난 그 자신이어야 한다.[53]

이 선언을 자세히 살펴보면 공이 어떻게 우상을 파괴하는지 볼 수 있다. 사실상 '때문에'의 인과율과 '위하여'의 목적론은 잘 사는 삶에서는 굳이 필요하지 않을 것이다. 그러나 삶에서 당하고 겪게 되는 문제들에 대해 어떤 방식으로라도 해명해야 하는 절박한 상황에서는 이런 구성과 해석의 관계 방식이 유용하게 작동할 수 있고 또 인류사가 실제

---

53 같은 책, 231쪽.

로 그렇게 엮어져 왔다. 인과응보 사상이 그렇고, 또한 인격주의적 신관이 그렇다. 그런데 나름대로의 역할이 있기는 했지만 바로 거기, 현실의 문제에 대해 근거를 짓는 것이 결국 우상을 만든다는 것이다. 사실 우상은 그렇게 안정감을 제공하는 방식으로 나름대로 역할을 해왔었다. 그런데 여기에서 왜곡과 억압이 불가피하게 일어난다. 처한 현실을 그보다 앞선 원인에서 비롯된 결과로 봄으로써 해명하려는 인과율은, 결과로서의 현실의 시제인 현재로부터 원인의 시제인 과거로 거슬러감으로써 과거를 확장해 이데올로기를 만들어내니 현실을 외면하고 왜곡하기 때문이다. 당하는 현실을 앞으로 이루어질 것으로 기대하는 목적에 대한 수단으로 보는 목적론은 미래를 확대해 유토피아를 그려내니 역시 현실을 기만하게 되기 때문이다.[54] 우리 삶의 현실에서 즉각적인 해결이나 포기를 거친 도피의 방식으로 나타나는 안정화의 도구로 동원되는 우상이, 인과율적이든지 목적론적이든지 공히 시제를 대체하면서 작동한다는 통찰은 소름이 끼칠 정도이다. 니체도 그저 당하는 불행을 불복종에 대한 벌로, 행복을 복종에 대한 보상으로 보는 반자연적 왜곡의 인과율을 비판했었는데[55] 같은 맥락에서 견줄 만하다.

그렇다면 어떻게 해야 하는가? 이 대목에서 니시타니는 서구 중세 말기 그리스도교 신비주의사상가 에크하르트(Johannes Eckhart)가 설파한 '이유 없는 삶(Leben ohne Warum)'을 떠올린다. 이는 그저 삶이 무의

---

[54] 니시타니는 더욱 상세히 설명한다. "현재의 사실에 대한 원인을 과거로 거슬러 올라가서 어디까지든지 구해가는 실증주의와 목적이라는 이상을 미래를 향해서 구해나가는 진보의 이상주의는 급진적인 허무주의 속에서 그들 자신의 의미의 근저를 빼앗긴다"(같은 책, 318쪽).

[55] 프리드리히 니체, 「안티크리스트」, 249쪽.

미하다는 허무주의가 아니라, 의미를 넘어서고 이유가 없이 사는 삶을 가리킨다. "우리의 존재와 행위와 삶은 원래 그 근원에서는 다른 어떤 것의 수단이 아니기"[56] 때문이다. 현실에 대해 원인이나 목적과 같은 이유로써 아귀가 맞도록 설명되어야만 한다는 상념이 인과율이나 목적론과 같은 세계관을 엮어냈지만 이것이 오히려 삶을 왜곡하고 억압했다. 이 대목에서 니시타니는 '무엇을 먹고, 무엇을 마시고, 무엇을 입을까 걱정하지 마라. …… 하루의 노고는 하루만으로 족하다'(마태복음 6:31·34)는 성서 구절이 '이유 없는 삶'의 경지를 가르친다고 일갈한다. 그는 말한다. "참다운 열반의 장은 열반에 매달리지 않으며, 열반이 열반이 아닌 것으로 전화하는 곳에서 비로소 나타난다."[57] '열반에 매달리지 않는 것'은 자기를 비우는 것이요, '열반이 아닌 열반'은 우상을 파괴하라는 가르침이다.

결국 공의 장은 우상이 안정을 제공한다는 것을 구실로 현실을 왜곡하고 도피하게 하는 방식으로 오히려 억압하는 장치였다는 것을 고발한다. 당연하게도 우상파괴는 자유와 해방을 위해 절실한 것이며 이를 위해 왜곡의 원리인 시제 대체의 오류를 극복하고 현실의 시제인 현재에 충실하는 것이다. 이를 니시타니는 시제의 '동시성'으로 설명한다. "실제로 과거와 현재는 시간의 전후 서열을 무너뜨리는 일이 없이 동시에 있을 수 있다. 그러한 동시성의 장이 없으면 종교도 문화도 성립하지 않는다."[58] 현재를 과거나 미래로 돌리지 않고 대면하고 직시하며

---

56 니시타니 게이지, 『종교란 무엇인가: 종교와 절대 무』, 352쪽.

57 같은 책, 260쪽.

58 같은 책, 235쪽.

더욱이 참여하고 구성하는 삶에서, 우상에 의한 왜곡과 억압이 극복될 수 있다. 동시성을 달리 설명한다면 우리가 시간에서 살 뿐 아니라 시간을 살고 결국 우리 자신이 시간으로 이루어져 가고 있음을 가리킨다. "우리 자신의 근본에 있어 우리는 단순히 생사 속을 유전하고 있는 것이 아니라 삶과 죽음을 살고 죽고 한다. 단순히 시간 안에 살고 있는 것이 아니라 시간을 살고 있다."[59] 그리고 바로 이런 이유로 삶은 움직임(行)이니 머무르는 모습(像)으로 묶어서는 안 되는데, 대상화의 방식으로 표상하면 왜곡과 억압의 우상이 만들어질 수밖에 없다. 공이 가리키는 우상파괴의 결정적인 선언을 다음의 구절에서 읽을 수 있다.

> 만일 대상적으로 표상하는 태도가 끼어든다면 즉시 어떤 모양이 생겨 자신의 자유에 받아들일 수 없는 것이 된다. '혼돈'이 사라지게 된다. 표상이 끼어들게 되면 이미 행(行)에서 벗어나게 된다. 그러므로 행을 표상적으로 본다면 이미 상에 집착한 것이 된다. …… 무상의 상을 자신의 상으로 하는 것이 행의 입장이다.[60]

있음을 붙잡으려는 입장에서 보면 허무주의로밖에 보이지 않지만 그러기에 오히려 그렇게 보고 있는 바닥에 깔려 있는 있음에 대한 집요한 욕망을 보라는 되돌림의 일침이다. 여기서 현실적으로 주목해야 할 것은 바로 '혼돈'이다. 우리는 혼돈을 견디지 못하고 이로부터 야기되는 불안을 벗어나고자 한다. 이는 그 자체로 잘못된 것은 아니다. 다만 벗

---

59 같은 책, 233쪽.
60 같은 책, 284쪽.

어나기 위해서는 혼돈으로 겪어지는 행을 잡아 상을 만드는 방식이 아니라 행으로서의 삶을 살고 죽음으로써 나아가야 한다는 것이다. 결국 우상파괴는 혼돈의 삶을 살 것을 요구한다. 우상 없이 살 수 없어 끊임없이 우상을 만드는 이유가 여기 있으니 우상파괴가 불가능할 정도로 어렵게 보이는 까닭이다.

그럼에도 우상파괴는 삶의 혼돈을 직시하라는 현실의 과제이지 추상적인 이념이 아니다. 현실을 옭아매는 왜곡과 억압으로부터 해방되는 것이니 이것이 '실재에 대한 실재적인 자각'으로서 종교의 뜻이다. 따라서 공의 장은 무슨 특수한 경지가 아니라 삶의 일상에서 바로 이것이 참답게 엮어지게 하는 것이다. 우상파괴는 바로 그런 뜻이다. 비단 종교적인 차원에만 해당하는 것은 아니지만 여기서 가장 절실하다. 종교에서 가장 심하게 왜곡과 억압이 일어나기 때문이다. 종교는 신경강박증이라는 비판을 떠올리지 않더라도 말이다.

4. 우상파괴를 통한 종교해방: 그리스도교 신앙의 성찰을 위하여

공의 장이 일깨워주는 통찰은 그리스도교 신앙에 어떤 뜻을 지니는가? 물론 신과의 관계에서 자기비움(kenosis)이라는 가르침이 그리스도교 안에도 이미 들어 있다. 또한 불교와 견주어 비교되기도 한다. 그러나 니시타니는 "서양의 종교에서는 인간의 자기중심성이 끊임없이 따라붙어 한 번 부정해도 다시 신의 선택을 받은 자라는 모습으로 나타난다"[61]는 토인비를 인용해 비판한다. 무의식적인 반작용으로 인해 자기중심성으로 역전한다는 것이다. 타인과의 관계에서, 다른 종교와의 관계에서 그리스도교는 진리의 절대성을 표방하여 신앙의 절대성으로까지 확장함으로써 배타적 불관용으로 나타나는 자기중심성으로 무의식적으로 회귀한다는 것이다. 포이어바흐가 그리스도교의 핵심적 덕목인 '신앙과 사랑의 모순'을 비판하면서 신앙의 당파성을 지적한 것도 이와 같은 맥락이다. 그런데 이런 회귀는 이미 신앙의 인격성에 예견되어 있다는 것이다.[62] 인격성을 자각적 이성으로 풀이하면서 포이어바흐는 다음과 같이 맹렬하게 우상파괴를 통한 종교해방의 과제를 선언한다.

> 종교의 자각적 이성과의 관계에서는 하나의 환상을 파괴하는 일이 중요하다. 이 환상은 인류에게 근본적으로 파괴적인 영향을 미치며 인간에게서 실제 생활의 힘을 없애며 진리와 덕에 대한 감각을 말살하는 것이다. 왜냐하면 자체로 가장 내적이고 진실한 심성인 사랑까지도 종교성을 통하여 가상적이고 환상적인 사랑이 되기 때문이다.[63]

이런 맥락에서 인격성을 넘어서는 경지, 즉 이미 살고 있음이 삶의 마땅한 길을 걷는 것을 과제로 삼아야 한다는 것이다.

현존재 자체의 과제성 또는 사명성은 존재 자체가 종교적 수행이라는 의미이다. 공의 장에서 '있다'-'한다'-'된다'의 역동적 연관은 그 자신이 자신

---

61 같은 책, 288쪽.

62 같은 책, 293쪽.

63 루트비히 포이어바흐, 『기독교의 본질』, 427쪽.

에게 과제라는 의미를 본질적으로 포함한다는 것이다.[64]

　'존재 자체가 종교적 수행'이라면 사는 것이 곧 믿음이라는 것이다. 우상숭배의 유혹을 떨치기 어려운 특수한 종교적 행위나 체험을 통해서 신실한 종교인이 되는 것이 아니라, 참사람이 되는 것이 참믿음의 길이고 그 역도 성립한다는 것이다.[65] "기독교적 사랑이 기독교성을 포기하지 않는 한, 곧 사랑을 최상의 법칙으로 삼지 않는 한 기독교적 사랑은 진리의 의미를 모독하는 사랑"이라고 했을 때 포이어바흐도 같은 맥락에서 비종교화를 주장한다. 결국 '종교 아닌 종교', '종교 없는 종교'로 일컬어지는 비종교화가 종교의 마땅한 길이다. 나아가 포이어바흐가 "사랑은 죄 안에서도 덕을 인식하고 오류 속에서도 진리를 인식한다"고 했을 때 종교에 대한 고정적 통념이 자아낸 우상을 파괴할 것을 주문한 것이다. 이제 비종교화를 통해 종교를 종교적 인간으로부터 해방해야 한다. 아울러 종교적 인간도 그 원초적 종교성으로부터 해방되어야 한다. 그런 경지를 니시타니는 다음과 같이 묘사한다.

　자체적 자유는 단순히 주체적 자유가 아니다. 주체적 자유는 소위 자유주의의 기초이지만 그것은 역시 인간 자신의 자기중심적 존재 방식을 벗어나지 못한다. 진정한 자유는 공의 장에서 '의지할 곳 없는 것'으로서의 절대적인 자주성에 선 자유이다. 그것은 자신을 무화해서 모든 것에 봉사하

64　니시타니 게이지, 『종교란 무엇인가: 종교와 절대 무』, 362쪽.
65　왜냐하면 포이어바흐에 따르면 "도덕적으로는 나쁘지만 신앙이라는 면에서는 칭찬받을 만한 행위가 있을 수 있기 때문이다"(루트비히 포이어바흐, 『기독교의 본질』, 409쪽).

는 행위와 다를 바 없다.[66]

자신을 무화해서 모든 것에 봉사하는 삶, 이것이 종교의 존재 이유이니 이것을 실현하기 위해서 참된 종교는 종교적 인간이 요구하는 종교를 벗어나야 한다. 참된 그리스도인은 스스로가 종교적 인간에서 시작함을 깨닫고 이를 넘어서기를 구하는 데에서 그 가능성을 일구기 때문이다. 포이어바흐가 "사랑은 직접적인 사랑이어야 한다"고 했을 때, 사랑이 어떤 다른 목적을 향한 수단이어서는 안 된다고 했을 때, 바로 자신의 무화를 통한 이유 없는 봉사의 삶과 호응한 것으로 볼 수 있다. "우리는 범속한 것에서 범속하지 않은 의미를 획득하고 일상적인 생활 자체에서 종교적인 의미를 획득하기 위해서 사물의 일상적인 범속한 흐름을 중단해보기만 하면 된다"[67]는 포이어바흐의 일침은 바로 이러한 경지를 일컫는 소름 끼칠 정도로 예리한 통찰이다. 현대를 열어주었던 이러한 예언자적 외침이 오늘날에도 공명을 일으키니, 많은 후예 중에 벡(Ulrich Beck)과 같은 종교사회학자의 다음과 같은 언설도 이 대목에서 새길 만하다.

교회의 아버지인 성직자들이 실존적인 문제에 답을 줄 권위를 잃는 만큼 종교공동체에 대한 애착 역시 엷어진다. 그렇다고 해서 종교적 경험이나 종교적 질문이 개인들의 삶에서 점점 덜 중요해지는 것도 아니다. "반대로 기성 종교제도가 쇠퇴하면서 개인적인 종교 성향은 오히려 증가한다."[68]

---

66 니시타니 게이지, 『종교란 무엇인가: 종교와 절대 무』, 395쪽.
67 루트비히 포이어바흐, 『기독교의 본질』, 431쪽.

말하자면, 교회종교가 쇠퇴하면서, 또는 종교의 제도적 굴레로부터 벗어남으로써 역설적으로 종교가 삶에서의 뜻을 진지하게 구하는 인간에게 지녀야 할 마땅한 모습에 더욱 가까이 갈 수 있다는 것이다. 결국 종교적 인간의 집요한 우상화를 공의 성찰과 투사비판이 공유하는 우상파괴를 통해서 비종교화함으로써 인간 욕망의 집결체가 되어버린 종교를 해방할 수 있고, 따라서 종교적 인간이 신앙하는 인간으로 전환되기를 기대할 수 있을 것이다. 물론 공 사상이 표방하는 '자체'가 도로 아전인수가 되지 않을 장치뿐 아니라 '투사'가 존재론적 무신론 주장으로 오해되지 않을 경계 장치를 더욱 적극적으로 마련했어야 한다는 비판도 곁들여야 하겠지만 말이다.[69]

68　　울리히 벡, 『자기만의 신: 우리에게 아직 신이 존재할 수 있는가』, 홍찬숙 옮김(서울: 길, 2013), 62~63쪽.

69　　등장한 사상가들의 입장을 꼭 본격적으로 비판해야만 연구논문이라고 생각하는 학문적 협착성도 극복되어야 한다. 필적하는 통찰을 찾기 쉽지 않은 이런 거작들에 대해서는 간략하게나마 진하게 읽어내는 것만으로도 적지 않은 뜻이 있음을 더불어 공감하기를 바라마지 않는다. 아울러 덧붙인 비판은 작품들을 밀도 있게 독해한다면 거의 해당되지 않을 부차적인 것일 뿐이다.

종교 간 만남을 넘어 신앙의 성숙으로

종교관계 유형에 대한
파니카의 성찰을 통하여

1. '종교적 인간'과 여러 종교들

"사람은 삶이 두려워 사회를 만들었고 죽음이 두려워 종교를 만들었다"
는 말이 있다. 죽음이 없었다면 종교도 없었을 터이니[1] 이래서 인간은
'종교적 인간'이다. 물론 여기서 '종교적 인간'이라 함은 인간이 구체적
인 종교를 갖는가의 여부와는 무관하게, 죽음의 가능성으로서의 유한
성을 넘어서는 무한한 힘에 대한 초월적 동경을 본성으로 하는 종교성
을 지니고 있다는 것을 뜻한다. 다시 말하면, 구체적으로 특정 종교에
귀속되어 있지 않더라도 인간은 이미 정신과 육체 사이의 간극으로 인
해 자기 스스로를 초월하려는 성정을 본성적으로 지니고 있을뿐더러
특히 죽음과 관련해 그러한 간극과 성정이 더욱 극대화된다는 말이다.
그런데 이러한 초월지향성이 비일상적으로만 나타나는 것이 아니라 일
상적으로도 물질문명과 정신문화의 다양한 형태로 수행되어왔으니 '종
교적 인간(homo religiosus)'이라는 말은 '생각하는 인간(homo sapiens)'
처럼 인간에 관한 전적인 묘사다. 그리고 바로 이런 이유로 인간에게
종교는 그 동기와 목표로서의 비일상성뿐 아니라 그 과정과 터전으로
서의 일상성으로 인해 다양한 삶의 방식만큼이나 다양한 문화와 전통
을 형성해왔다.

그러나 당연히 그럴 수밖에 없고, 또한 그러해야 마땅한 종교의 이
러한 구조에도 불구하고 바로 이런 이유로 인해 '여러 종교들'이라는 현
실은 마치 '둥근 사각형'처럼 인간들에게 혼란을 일으켰고 더 나아가 무

---

1   루트비히 포이어바흐, 『종교의 본질에 대하여』, 강대석 옮김(파주: 한길사, 2006),
82쪽.

수한 살육과 억압이라는 인류사의 비극이 일어나는 원천이 되기도 했다. 역사가 기록된 이래 그 무수한 전쟁의 대부분이 서로 다른 민족 사이의 종교문화적 갈등과 충돌로 야기된 것이라는 점은 새삼스러운 증거를 필요로 하지 않는다. 게다가 오늘날도 심심치 않게 일어나고 있는 많은 전쟁이 여전히 종교적 연원과 무관하지 않다는 점도 우리로 하여금 적어도 다음과 같은 근본적인 문제들을 숙고하지 않으면 안 되게 만드는데, 우선 인간에게 종교란 무엇이며, 또한 절대를 표방하는 종교가 여럿인 현실에서 인간은 종교(또는 종교들)와 어떠한 관계를 가져야 하는가라는 문제이다. 물론 이러한 근본적인 문제는 서로 떼려야 뗄 수 없지만 이 글에서는 논의의 효과를 위해 좀 더 구체적인 두 번째 문제에 대한 관심에서 논의를 시작하고자 한다. 말하자면, 죽고 사는 문제와 관련된 절대적 진리를 표방하는 종교가 하나가 아니고 여럿인 현실에서 과연 내가 선택한, 또는 내가 귀속되어 있는 종교가 참으로 참인지의 여부를 어떻게 판단할 수 있는가라는 물음과 나아가 과연 그런 판단이 가능한가라는 물음을 함께 관심하고자 한다.

그런데 바로 이러한 문제의식이 다양한 삶의 방식 안에서 축적되면서 종교들 사이의 관계에 대한 교통정리의 논의가 이미 나타났었으니, 소위 종교학에서는 일찍이 '비교종교학' 분야에서 시도되었으나 특정 종교의 획일적 기준에 의한 횡포라는 그 구조적 한계로 인해 오늘날에는 문화의 다양성을 적극적으로 인정하는 '종교현상학'으로 발전했다. 다른 한편, 그리스도교 신학계에서는 이와 나란히 여러 종교들의 관계에 대한 신학적 성찰을 시도하는 분야가 '종교신학'이라는 이름으로 나타났다. 물론 신학을 교학으로 하는 그리스도교에서 그동안 절대군주로 군림해오던 그리스도교를 한낱 여럿 중의 하나로 보는 '종교'라는 일반적 단위를 받아들이는 것부터가 전통적으로, 그리고 정서적으로 큰 장애였으니 그 관점에서는 '종교신학'이라는 이름 자체가 황당무계하게 들릴 수밖에 없었다. 그러나 역사는 이미 '있음과 앎의 같음'이라는 구름 위의 영롱한 환상으로부터 땅 위에서 아우성치는 '삶의 다름'이라는 치열한—그러나 바로 그런 이유로 다름을 자유하게 하는—현실로 혁명적인 전환을 이루어가고 있었으니 역사와 현실에 두 발을 딛고, 아니 온몸으로 사는 인간에게, 종교의 자리와 역할은 새롭게 매겨질 것이 절박하게 요구되었던 것이다. 그러기에 이러한 시대적 요청의 과제를 수행하려는 종교신학은 이제 고전 신학에서는 상상하기조차 거부했던 '종교들 사이의 관계'라는 현실을 전제하고 이에 대해 진단과 처방을 제시하기 위해 그 관계에 대한 이론적·실천적 논의를 전개해왔다.

이 글은 그러한 종교신학의 과제들 중에서 관계 유형에 대한 기존의 논의들을 집중적으로 분석하고 평가하고자 한다. 그러나 그러한 논의들이 나름대로의 의미를 지니고 역할을 수행해왔음에도 불구하고 구조적으로 한계를 지닐 수밖에 없었으니, 이 글은 그러한 한계를 극복하기 위한 대안을 시도하고자 한다. 구체적으로 소위 배타주의, 포괄주의, 다원주의로 분류되는 각 유형을 대표하는 주장을 담은 연구물들을 문헌학적으로 분석함으로써 각 입장이 나름대로의 논리적 근거와 역사적 배경을 지니고 있음을 확인하게 될 것이다. 아울러 이를 통해 각 입장 사이의 대조적이고 모순적인 차이들이 확연하게 드러나게 될 것이다. 그러나 이 글은 이들 중의 어느 하나를 택하여 지지하고 옹호하며 다른 입장들을 반박하는 방식으로 입장을 표명하기보다는, 오히려 각 입장이 그러한 현격한 대조와 차이에도 불구하고 공교롭게도, 그리고 불가피하게도, 공통적인 전제들, 그것도 비현실적인 허상의 전제들을 공유하기 때문에, 바람직한 종교관계 구성을 위해서는 오히려 모두 적절하지 않다고 비판하고자 한다. 말하자면, '종교'라는 단위 개념이 구체적인 특정 종교에 적용된다고 하더라도 인간에게서 종교의 의미를 분석하고 설명하며 나아가 문제를 진단하고 처방하기에는 너무도 광범위하고 모호할 뿐 아니라 실제적으로는 거의 내용을 담을 수 없이 공허하기만 한 이름일 뿐이라는 점을 비판한다. 그리고 그 대안으로서 인간에게 구체적이고 현실적인 '신앙'이라는 범주를 통해 '삶의 다름과 믿음의 뜻'이 얽히도록 함으로써 '종교적 인간'이 '신앙하는 인간'으로 전환되어야 함을 역설하고자 한다. 말하자면, 한 종교인의 개별적인 신앙을 결코 대체할 수 없는 특정 종교의 이름을 가지고 또한 역시 그런 상황에 처해 있는 다른 종교인과 교류한다는 가상적인 '종교 간 만남'을 시도하기보다는 이를 넘어 이름 없이도 삶의 맛을 나누고 믿음의 뜻을 키울 수 있는 '신앙의 성숙'을 향해야 한다는 것이 이 글의 주제이고 주장이다. 이를 위해 여기서는 이 분야에서 심도 있는 성찰을 토해내는 파니카(Raimundo Panikkar)의 연구를 주요한 전거로 사용하고자 한다. 그의 연구가 위의 유형 분류를 넘어서는 신앙적 각성을 위한 통찰의 지혜를 담고 있는 것으로 보이기 때문이다. 아울러, 특히 우상파괴를 향한 그의 신학적 성토는 근래 서구 신학에서는 듣기 쉽지 않은 예언자적 목소리이며 우리 한국 교회를 향해서도 소중한 깨우침이라고 하지 않을 수 없기 때문이다.

2. 종교 간 관계 유형에 대한 기존 논의 분석

종교 간 관계 유형에 대한 논의에 들어가기 전에 먼저 전제해야 할 것이 있으니 소위 종교신학이 개진하는 종교 간 관계 유형이라는 것이 연구실에서 인위적으로 분류한 조작물이 아니라 나름대로 그만한 구조적 근거와 역사적 배경을 지니고 엮어진 것이라는 점이다. 그러기에 각 관계 유형에 대한 신학적 입장을 살피기에 앞서 그 관계 유형의 논리적 근거와 역사적 배경을 간략하게라도 살펴야 할 것이다. 그래야만 유형보다 더욱 복잡할 수밖에 없는 현실에 대한 진단과 처방을 하기 위해 좀 더 효과적인 논의를 전개할 수 있을 것이기 때문이다.

그렇다면 종교들 사이의 관계는 어떤 흐름을 엮어왔는가?[2] 그리스도교가 태동하고 제도적 종교로서의 틀을 갖추게 된 초대와, 융성하게 된 중세의 서양 문화는 여럿으로부터 하나를, 또는 다름으로부터 같음을 향해 거슬러간 초자연주의적 동일성을 추구하던 형이상학 시대였으니만큼, 다른 종교와 문화에 대한 배타주의는 이미 불가피한 귀결이었다. 말하자면, 계시를 근거로 함으로써 그리스도로 표상되는 신 그 자체가 온전히 인간 안에 자리 잡을 수 있다는 실체주의적 사고에 입각해 타자와의 관계를 객관주의적으로 설정한다는 입장을 취한다. 그리고 그렇게 주장되는 그리스도의 유일성에 입각해 '원초적인 것(자기)과 같

---

2   수하키(Marjorie Hewitt Suchocki)도 이 대목에 연관해 서구 문화사에서 진리관의 변천 과정을 중심으로 종교 간 관계 구성 유형의 변화 과정을 설명하는 철학적 통찰을 보여 준다. 그녀의 다음 책 제3장을 참조하기 바란다. Marjorie Hewitt Suchocki, *Divinity and Diversity: A Christian Affirmation of Religious Pluralism* (Nashville: Abingdon Press, 2003).

은 것은 참이고 역사 안에서 파생되는 것(타자)들은 거짓일 수밖에 없다'는 판단에 이르게 됨으로써 배타주의로 귀결될 수밖에 없었다.

그러다가 초중세의 초자연주의로부터 자연으로의 전환과 함께 시작된 근세라는 시대는 자연의 시공간적 유한성으로 이루어진 많은 다름들이 사회와 역사라는 범주로 자기 전개 과정을 거치면서 같음으로 모아지는 세계관을 이루게 됨으로써 '다름을 싸안는 같음'이라는 포괄주의가 엮어지게 되었다. 여기서 고전적으로 군림하던 그리스도교는 다른 종교들이 단순히 거짓이기보다는 그리스도교보다 열등하지만 결국 종말적 완성을 이루는 과정 안에 흡수되고 포섭될 수 있는 것으로 간주했다. 그러나 이러한 포함은 다른 종교들을 모두 경험하고 검토하면서 할 수는 없는 노릇이었으니 다른 종교들에 대해 선험적으로 판단함으로써 판단 주체에 의한 임의적 대상화(對象化)로 이어지는 것은 불가피한 결과였다. 말하자면, 배타주의가 표방하던 그리스도의 유일성 대신에 그리스도교의 우월성을 내세움으로써 다른 종교들을 나름대로 가치 있는 것으로 포함하자는 포괄주의는 선험적 대상화의 방식을 취하는 주관주의의 반영이라고 하겠다.

그러나 고전적 객관주의나 근세적 주관주의 모두 나름대로의 의미와 시대적 역할이 있었음에도 불구하고 결국 왜곡과 억압을 일으키는 일방적 환원주의라는 한계를 지니고 있었다. 따라서 그 현실적 편의성에도 불구하고 환원주의가 초래한 획일화의 횡포는 급기야 다름들의 해방을 향한 절규를 일으킬 수밖에 없었으니, 바야흐로 쌍방의 긴장에 주목하는 상호성으로 눈을 돌리지 않을 수 없게 되었다. 이제 현대의 시대정신이 된 상호성이란, 타자를 자기의 임의대로 대상화하는 주체의 거만으로 인한 타자 소외에 대해 성찰하여 끌어낸 자구책이었으니,

자기와 타자는 마주하는 상대(相對)로서 서로 긴장할 수밖에 없는 여럿 사이의 만남으로 내던져지게 되었다. 이른바 다원주의로 불리는 이 입장은 배타주의의 기준인 그리스도의 유일성과 포괄주의가 표방하는 그리스도교/교회의 우월성이 환원주의적일 수밖에 없다는 판단을 거쳐 상호성에 입각한 상대적 관계를 위해서는 신의 절대성이라는 더 큰 범주로 확대해야 한다는 데에 이르게 된다. 물론 그 범주를 어떻게 위치 짓는가에 따라 여전히 동일성에 대한 향수를 떨치지 못한 서구 그리스도교의 일원적 다원주의가 있는가 하면 비서구/비그리스도교권에서 제시되는 다원적 다원주의라는 다소 번거로운 표현을 필요로 하는 입장에 이르기까지 그야말로 여러 갈래의 주장들이 개진되고 있다.

이와 같이 종교 간 관계 유형론을 간략히 개괄했다면, 이제 각 유형에 대한 대표적인 주장들을 통해 각 유형의 특성을 좀 더 자세히 분석할 필요가 있다. 각 유형이 겉으로 드러나는 대립적 입장에도 불구하고 앞서 말한 대로 종교성의 뿌리를 이루고 있는 인간 및 신앙에 대한 심층적 성찰이 결여된 채 역사적이고 구체적인 종교를 하나의 정체적 단위로 설정하는 허상의 전제를 공유함으로써, 실상과는 동떨어진 종교의식을 초래하고 이로써 종교주의적 우상화의 왜곡으로 전락할 수밖에 없겠기 때문이다.

먼저 종교 간 관계 유형론에서 흔히 배타주의라고 분류되는 복음주의부터 살펴보자. 사실상 '배타주의'라는 표현 자체가 이미 부정적 판단을 담고 있으니 스스로를 그렇게 일컬을 부류는 없을 터이다. 따라서 여기서도 그 입장에 대한 기본적 존중을 전제로 '복음주의'라는 표현을 쓰고자 한다. 물론 '복음'이라는 표현에다가 새삼스레 '주의'를 붙이는 것이 어색할 수도 있고 마치 다른 입장들은 복음과는 거리가 먼 것으로 판단하는 듯한 횡포의 분위기를 담을 수밖에 없다는 점에서 배타주의를 각인해주는 효과를 지니기는 하지만, 어차피 종교적 태도와 입장이라는 것이 그러한 특성을 지니고 있으니만큼 적정선에서의 타협은 불가피하기도 하고 적절하기도 하다. 또한 무릇 다른 입장들도 그러하지만 복음주의의 경우에도 이러한 분류 아래 여러 주장이 공존하고 있어 여전히 일의적 규정이 쉽지는 않다. 그럼에도 복음주의가 종교 간 관계라는 문제에서 표방하는 가장 중요한 기준이 무엇보다도 '예수 그리스도의 유일성'이라는 데에는 재론의 여지가 없어 보인다. 그리고 이에 대한 좋은 증거로 이 맥락에서 적극적 논의를 개진한 맥그래스(Alister McGrath)의 주장을 살필 만하다.

맥그래스는 그의 책 『복음주의와 기독교적 지성』에서 바로 '예수 그리스도의 유일성'에 대한 논의로 첫 장을 시작한다. 그에 따르면 그리스도의 유일성은 그의 궁극성을 위한 전제라는 것이다. 그리고 이를 위해 예수라는 사건의 특수성에서 하느님의 계시의 보편성을 확인함으로써 유일성을 확보할 수 있다고 주장한다.[3] 이런 주장을 토대로 그는 그리스도의 권위의 기반을 도덕에 두려는 칸트, 이성에 두려는 레싱(Gotthold Ephraim Lessing)을 거부하고, 나아가 "해석자는 자유롭게 자신의 선택에 따라 어떠한 해석도 사용할 수 있다"[4]는 비평으로 니체의 해석에서 절정에 이르는 것으로 판단하는 근대성의 지배이념을 통렬하게 비판한다. 말하자면, 다름을 거짓으로 치부하던 신중심주의의 고전

---

3   엘리스터 맥그래스, 『복음주의와 기독교적 지성』, 김선일 옮김(서울: 한국기독학생회출판부, 2001), 30쪽.
4   같은 책, 38쪽.

시대를 지나 다름을 싸안고 같음으로 몰아간 인간중심주의의 근세에 대해 스스로를 '강력한 반문화운동'으로 규정하면서, 계시의 절대적 권위에 근거한 그리스도교의 근본적인 권리를 변호하고자 한다. 그의 이러한 지론은 다음과 같은 서술에서 핵심적으로 드러난다.

> 복음 전도의 중요성에 대한 복음주의의 강조는 이러한 기독론에서 비롯되는 전적으로 타당하며 자연스러운 결과다. 만일 예수 그리스도가 구세주이자 주님이시라면, 그 사실을 세계에 선포해야만 한다. 복음 전도에는 기독론적인 기반과 동기가 있으며, 복음주의는 이를 선택된 소수를 위한 임의의 특별 프로그램이 아닌, 교회의 생활과 증거에 본질적인 것으로 보았다.[5]

이 주장을 한마디로 요약하면 다음과 같다. '예수 그리스도가 유일한 구세주인 것은 복음 선포를 위한 본질적 기반과 증거이다.' 여기서 '예수 그리스도의 유일성'이 특수성과 보편성의 결합으로 이루어진 자체적인 전제라면 '본질적 기반과 증거'는 실체주의를 반영하는 지표로 볼 수 있겠고 '복음 선포'는 객관주의적 지향이라 하겠다. 이처럼 복음주의가 취하는 자체-실체-객관으로 이어지는 일련의 구도는 자기동일성의 철저한 옹립을 통해 복음주의를 결국 배타주의로 드러낼 수밖에 없는 특성을 지닌다.

그렇다면 구체적으로 복음주의가 어떻게 배타주의로 드러나는가? 여러 방식으로 대답할 수 있겠지만 다원주의에 대한 복음주의의 비판

---

5   같은 책, 55쪽.

을 살핌으로써도 확인할 수 있다. 맥그래스는 같은 책 제5장에서 '복음주의와 종교 다원주의'라는 제목으로 이 문제를 다룬다. 그는 다원주의라는 것이 보편적 지식을 표방하던 근대의 계몽주의가 붕괴되면서 일어난 현대의 문화 현상이라고 분석하면서, 이를 삶에서 일어나는 현실적 다양성을 인정하는 기술적 다원주의와, 현실적 다양성의 당위성을 주장하면서 규범적 진리의 패권주의를 비판하는 규범적 다원주의로 구분하고, 전자를 타당한 것으로 인정한 반면에 후자를 비판한다. 이 비판은 다소 상세한 주목을 요하기 때문에 그의 다음과 같은 진술은 인용할 가치를 지닌다.

> 다원주의라는 기본적인 현상은 전혀 새로운 것이 아니다. 새로운 것은 이러한 현상에 대한 지적인 대응이다. 즉, 신앙의 다원성이 단순히 객관적인 사실의 문제가 아니라, 전반적인 지적·문화적 생활에서, 또한 특히 종교들과 관련하여, 이론적으로 정당화될 수 있다는 주장이 그것이다. 따라서 어느 특정 집단이나 개인이 '진리'를 독점한다는 주장은 지적인 파시즘과 다를 바 없다. 이러한 형태의 다원주의는 단지 믿는 바를 기술하는 것이 아니라 믿어야 할 것을 지정하려고 하기 때문에 상당히 규범적인 성향을 띤다. …… 의미심장한 사실은 규범적 다원주의로 인한 첫 번째 희생자가 바로 진리라는 것이다.[6]

한마디로 말하자면, 복음주의는 다원주의에 의해 진리가 희생된다고 본다. 그런가 하면 서구 그리스도교권에서 제기된 다원주의는 유일

---

6   같은 책, 226쪽.

신 사상과 신의 초자연성, 그리고 이를 근거로 한 도덕규범 등과 같은 기준으로 종교를 정의하고 이에 비추어 다른 종교들 안에서 유사성을 찾아 합의에 이를 목적으로 대화를 도모한다고 비판한다. 그러나 이러한 비판이 부적절한 것은 아니지만, 이는 그야말로 아직도 동일성의 신화에 대한 향수를 지니고 있는 서구 그리스도교권에 해당하는 것일 뿐이며 동일성에 대한 그러한 집착이야말로 오히려 복음주의자들이 옹호하려는 진리에 부합하는 것일 수도 있다는 점을 고려할 필요가 있다. 물론 여기서 다원주의에 대한 맥그래스의 비판을 집중적으로 분석하는 것은 이 글의 목적에는 부합되지 않기 때문에 상세하게 논의할 수는 없지만, 그가 비판하는 다원주의는 다원성에 대한 문화적 담론이 시작된 현대 초기를 지배했던 서구의 일원적 다원주의일 뿐이며, 더욱이 그의 비판은 다원주의 자체보다는 일원성에 집중됨으로써 오히려 배타주의에도 적용될 사항들이라고 하지 않을 수 없다. 이는 앞서 언급했던바 복음주의가 니체의 해석에 대한 비평에서 '해석 이전의 진리', 즉 서로 다를 수밖에 없는 해석에 앞서 모두에게 같은 진리를 주장한다는 점에서도 확인된다.

결국 맥그래스가 개진하는 복음주의는 물론, 이어서 살펴보게 될 포괄주의나 다원주의도 모두 같음과 다름을 어떻게 엮는가가 관건일 터인즉, 그리스도의 특수성과 하느님의 보편성에 대한 각 입장을 살피는 것은 시각적으로도 일관된 대조를 보여줄 것이다. 맥그래스는 그리스도교의 구원의 독특성과 고유성을 주장하면서도[7] 동시에 잠재적인 차원에서 보편적 확장을 시도한다.[8] 그의 이러한 시도는 다음과 같은

---

7   같은 책, 258~259쪽.

그의 진술에서 극명하게 드러난다.

> 책임 있는 기독교 신학은 그리스도의 위격과 사역의 특수성과 그의 사명
> 의 보편적 범주를 동시에 고백하는 신약 성경으로부터 말미암는 창조적
> 긴장 가운데 적용할 수 있어야 한다. 이러한 긴장은 단순히 모든 사람이
> 결국에는 구원을 받을 것이라는 만인 구원론적 노정을 따르는 것으로 해
> 결되지 못한다. [왜냐하면] 하나님에 대한 개념은 오직 예수 그리스도를
> 통한 하나님의 자기계시라는 기준에 입각할 때만 '기독교적'이라 할 수 있
> 는데, 이는 바로 성경을 통해서 알게 되는 것이다.[9]

간략히 살핀 바와 같이, 복음주의는 그리스도의 유일성으로 집약
되는 독특성에 더욱 큰 비중을 두고 있으며 보편성은 어디까지나 잠재
성의 차원에서 전제되는 데에 머무르는 것으로 보인다. 말하자면, 복음
주의는 이미 주어진 특수성과 이루어질 가능성을 지닌 보편성의 관계
를 표방한다고 하겠다. 타자의 다름이 포함될 가능성은 사실상 잠재적
으로만 인정될 뿐이어서, 이는 현실적으로는 결국 타자를 배제할 수밖
에 없으니 의도하지 않더라도 결과적으로 배타주의가 될 수밖에 없어
보인다.

그렇다면 이제 다름을 싸안으려고 노력하면서도 같음을 향하는 포
괄주의에 대해 살펴보자. 포괄주의가 지니는 일련의 요소들 중 그리스
도교의 우월성 주장이 그 초기 특성에 해당할 터인데, 이에 대한 좋은

---

8   같은 책, 253·260쪽.

9   같은 책, 260·252쪽; [ ]는 필자의 삽입.

예증으로 슈바이처(Albert Schweitzer)의 지론을 들 수 있다. 슈바이처는 불교와 바라문교, 장자의 도교 등 동양 종교들을 서구 그리스도교적인 시각으로 검토하고 이를 정신과 행위, 논리와 윤리 등의 구도로 대비시키면서 그리스도교는 다른 종교들에 비해 윤리와 행위에서 우월하다고 주장한다.[10] 구체적으로 그는 동양 종교들과 그리스도교를 다음과 같이 비교한다.

> 바라문교 및 불교와 기독교 사이의 투쟁은 정신적인 것과 윤리적인 것 사이의 투쟁입니다. …… 바라문교의 사유와 불교의 사유는 세상을 등지고 무위의 자기완성을 살아갈 수 있는 입장에 있는 사람들에게만 무엇인가를 제공할 수 있습니다. …… 중국의 경건한 사람들은 사상누각을 지었습니다. 그러나 이것은 하나의 착각입니다. …… 종교를 가름하는 궁극적인 척도는 종교가 참된지 어떤지 그리고 생명력 있는 방법으로 윤리적인지 혹은 그렇지 않은지의 여부입니다. 이러한 결정적인 시험에서 볼 때 동양의 논리적인 종교들은 거절됩니다. …… 어떻게 내가 세계와 신 안에서 동시에 존재할 수 있는가라는 물음에 예수의 복음은 다음과 같이 답합니다: 너는 세계 안에서 살면서 세계와는 다른 한 사람으로 행동하면 된다.[11]

물론 그는 그리스도교의 자기성찰이라는 과제를 결론적으로 지적했지만[12] 여기서 다른 종교들을 비교 선상에 상정하는 것은 대상화의

---

10 알베르트 슈바이처, 「기독교와 세계 종교」, 김승철 편역, 『종교 다원주의와 기독교 1』(서울: 나단, 1993), 56~71쪽.

11 같은 글, 49·51·58·69~70쪽.

12 슈바이처는 같은 글에서 다음과 같이 그리스도교의 자기성찰의 필수성을 통렬하게

방식이라 하겠고, 논리와 정신에 대비해 윤리와 행동을 내세우는 것은 주관주의의 반영이며, 우월하다는 판정은 다른 종교들을 일일이 경험적으로 검토하거나 실제로 참여하지 않은 채 그리스도교의 눈으로 보면서 내린 것이어서 선험적인 것이라 하지 않을 수 없다.

그러나 만일 포괄주의가 그리스도교의 우월성 주장에만 머무르고 말았다면 배타주의와 특별히 구별되어야 할 이유가 없기 때문에 지속적인 유형으로 발전할 수는 없었을 것이다. 여기서 우리가 특히 배타주의와 견주어 주목해야 할 것이 바로 포괄주의가 관심하는 종교의 역사적 격의성[13]이다. 포괄주의는 그리스도교가 그 태동 당시 헬레니즘의 강력한 영향 안에서 이방 종교들과 서로 영향을 주고받았고, 후에도 문화적으로 성숙하는 과정 안에서 다른 종교나 사상들과 교류했었음을 인정한다. 사실 포괄주의라는 것이 이미 자연 자체의 사회적·역사적 전개라는 근세를 배경으로 하는 사유 방식이니만큼 이는 당연한 것이기도 하다. 포괄주의의 이러한 특성을 좀 더 현격하게 드러내준 지론은 그리스도교가 표방하는 절대성의 문제를 시대정신인 역사성의 차원에서 접근한 트뢸취(Ernst Troeltsch)에게서 찾아볼 수 있다.

지적한다. "기독교적인 국가들을 평화를 애호하도록 교육하는 것이 매우 충분치 못했다는 사실 때문에, 그리고 기독교가 전쟁 자체 속에서 매우 세속적이고 보기 흉한 성향을 가지고 사회화되었으며 오늘날에도 여전히 그의 성향에서 벗어나지 못했다는 사실 때문에, 기독교가 사랑의 종교로서 수행해왔던 것이 사라진 것이라고 여겨집니다. 섬뜩한 방법으로 기독교는 예수의 정신에 불성실했던 것입니다. 우리가 밖에다 복음을 설교하는 곳에서 우리는 이 슬픈 사실에 관해 아무것도 부인하지 못하며 아무것도 변명하지 못합니다"(같은 글, 78~79쪽).

13 중국에 불교가 전래되며 기존의 토착적인 도교나 유교문화와 뒤섞이는 과정을 일컬어 '격의불교'라고 부르는 데에서 원용한 것이다.

여기서 기독교의 완전한 증거는 전체 종교사이며 그 종교사의 명백한 진행 과정이다. 역사의 발전은 기독교와 결코 대립하는 것이 아니라 전체로서 기독교의 궁극적인 크기와 모든 것을 움켜쥐는 힘의 예증이다. ……하나님과 인간의 본질로부터 확증된 가장 내적인 보편타당성은 모든 종교들로부터 기독교에 귀속된다. 그러고 나서 우리는 다른 종교들 안에 포함되어 있는 타당성이라는 척도를 조용히 놔둘 수 있게 된다.[14]

다시 말하면, 트뢸취에게서 그리스도교는 다른 종교들이 사유의 보편타당성에 뿌리를 두고 있는 것과는 달리, 종교적인 계시확신에 근거하고 있어 최고의 타당성을 지니는 방식으로 다른 종교에 대한 우월성을 유지한다. 그러기에 그의 주장은 다음과 같은 직접적 진술로 요약된다. "주변 일대에서 최고의 타당성은 기독교에 귀속된다."[15] 여기서 '주변 일대에서'는 대상화의 구도를 보여주고, '최고'라는 수식은 주관의 반영이며, '타당성'은 선험적인 기준에 의한 것이라면 역시 대상화·주관·선험이라는 포괄주의의 특성을 충실하게 지닌 것으로 평가할 수 있다. 이는 그의 글 마지막 구절에서도 확인할 수 있는데, "다양성 속에서 통일성을 예감하는 것은 사랑의 본질이다"[16]라는 진술이 그것이다. 여기서 '다양성 속에서'가 대상화를 보여주는 것이고 '통일성'이 아직 이루어지지 않고 전제된 선험성을 가리킨다면 '사랑'이란 곧 주관에 해당하는 것이기 때문이다.

---

14   에른스트 트뢸취, 「세계 종교들 가운데 처한 기독교의 상황」, 김승철 편역, 『종교 다원주의와 기독교 1』, 88·94쪽.

15   같은 글, 94쪽.

16   같은 글, 104쪽.

그러나 포괄주의의 대표로는 역시 라너(Karl Rahner)를 들지 않을 수 없다. 라너는 "한 인간이 가시적인 그리스도교의 신앙고백을 받아들이기 전에, 그리고 세례를 받기 전에도 성화하게 하는 은총을 받을 수 있다"는 교의에 따라 다른 종교인들을 '익명의 그리스도교인'으로 간주한다. 그런데 그들이 "구원을 받기 위해서는 주체적인 삶을 영위할 책임"을 지니는데 이는 "전 생애의 과정 속에서 가시적인 그리스도교에 소속되지 않고서는 입증되지 않을 것"[17]이어서 선교를 통한 가시화가 반드시 필요하다고 주장한다. 즉, 그의 주장을 한마디로 요약하면 '은총에 의한 익명성은 선교를 통한 가시화를 요청한다'이다. 여기서 '은총'이란 선행적이지만 그 전제의 가능성은 주관적일 수밖에 없겠고 '익명성'은 곧 선험성의 또 다른 이름일 것이며 '가시화'는 대상화에 해당한다면 라너의 주장도 역시 주관·선험·대상이라는 포괄주의의 핵심적 구도로 이루어져 있다.

그럼에도 불구하고 '익명의 그리스도교인'과 '선교의 필요성'의 관계에 대해서 끊임없이 시비가 제기되어왔는데 그 관계가 조화인가 지양인가 하는 것이 바로 그것이다. '이름만 안 쓸 뿐 이미 그리스도인이라면 선교가 굳이 필요 없는 것이 아닌가?,' 또는 '익명의 그리스도인이야말로 선교가 필요한 것이 아닌가?'라고 묻지 않을 수 없다는 것이다. 이에 대해 라너는 다음과 같이 대답한다.

복음의 설교가 듣는 자들에게 떨어지는 순간에 이 믿음의 은혜가 주어진

---

17   카를 라너, 「익명의 그리스도교와 교회의 선교적 사명」, 김승철 편역, 『종교 다원주의와 기독교 1』, 112·113쪽.

다고 생각한다면 그것은 기적적이며 거의 신화적인 관념이다. …… 따라서 선교의 수행은 익명의 그리스도교와 조화될 수 있어야 한다. 왜냐하면 신학적인 근거에서 이와 같은 선교의 수행은 익명의 그리스도교인을 일종의 복음적 사명의 잠재적인 청취자로서 전제하기 때문이다.[18]

그런데 라너의 이와 같은 주장은 사실상 선행은총이 필수적이라는 것과 역사적으로 화육되어야 한다는 두 전제 위에 서 있다.

복음의 말씀은 그 말씀이 들려지기 위하여 은총을 필요로 하며, 또 복음의 말씀은 사람들이 객관적이며 반성적으로 파악할 수 있는 차원에서 일종의 은혜의 화육으로 이해할 수 있고 또 이해되어야 하기 때문이다. …… 만일 익명의 그리스도교를 주어진 것으로 받은 자가 가시적인 그리스도교를 근본적으로 폐기시킨다면 익명의 그리스도교는 더 이상 존재하지 않으며 기껏해야 심판으로 주어질 뿐일 것이다.[19]

결국 믿음에 앞서 구원의 은총이 임하지만 그러한 은총은 "인간 실존의 역사와 공동체 속에서 구현되고 표현된다"[20]는 점에서 익명의 가시화, 또는 은총의 구현은 역사의 완성을 향한 포괄주의적 구도를 필요로 하고 귀결시키기도 한다. 간략히 살핀 바를 토대로 비교할 때, 앞서 논한 복음주의가 고유성에 의한 유일성을 위해 특수성에서 출발하여

---

18 같은 글, 117·118쪽.
19 같은 글, 122쪽.
20 같은 글, 124쪽.

잠재적 보편성을 끌어들이는 방식이었다면, 포괄주의는 익명성의 근거가 되는 은총의 선행적 차원이 보편성을 확립하는 역할을 하는 한편, 선교를 통한 가시화, 또는 역사 안에서의 구현 등이 특수성을 가리킴으로써 역사적 구체화를 계기로 보편성이 특수성을 향해 얽히는 것으로 읽을 수 있다.

그렇다면 이제 마지막으로 다원주의에 대해 살펴보자. 다원주의는 앞의 입장들과는 달리 표현 그대로 여러 갈래의 주장들이 개진되었기 때문에 이를 일률적으로 논의하는 것은 적절하지도 않고 가능하지도 않다. 따라서 여기서는 앞의 논의와 일관된 맥락을 유지할 수 있는 사례를 택해 검토하고자 한다. 니터(Paul Knitter)는 그리스도교의 정체성이 고전적 '절대종교'로부터 현대의 '참된 종교'로 전환하기 위해서는 그리스도중심주의로부터 신중심주의로 전환해야 한다고 주장한다. 이를 위해 우선 계시의 자리를 새롭게 매기려 하는데, 복음주의가 고유한 특수계시를 출발점으로 삼고 포괄주의가 선행은총이라는 보편계시를 전제하는 반면에, 니터는 계시가 계시이기 위해 역사와 사회에서의 인간의 참여와 협력을 본질적으로 필요로 한다는 상호성을 확연하게 설정한다. 니터의 다음과 같은 진술은 이를 확인해준다.

인격이 다른 자아와 함께 존재하지 않거나 상호작용하지 않고서는 자기의 자아를 알 수도 없고 찾을 수도 없는 것과 마찬가지로 계시-은총은 종교적인 사회 밖에서는 알려질 수도, 습득될 수도, 그리고 경험될 수도 없다. …… 우리는 과연 은총을 통해서 구원을 얻게 되지만 우리의 협력과 참여가 없다면 그것은 불가능한 것이다.[21]

말하자면, 신·인간 관계가 이제는 더 이상 복음주의의 토대인 고전적 신중심주의나 포괄주의의 배경인 근세적 인간중심주의가 엮어내는 것처럼 평면적이고 일방적인 것이 아니라 입체적이고 쌍방적이라는 것이다. 바야흐로 중심주의의 억압과 환원주의의 왜곡을 경험한 근세인의 후예인 현대인에게 탈중심적·비환원적 상호성이란 삶의 해방을 위한 절실한 구도인지라 이러한 시대정신의 요청에 부응하려는 노력의 일환으로 등장한 것이 바로 다원주의라고 하겠다. 그리고 적어도 이런 맥락에서는 시대의 흐름이 인간 해방을 향한 개진 과정이었다고 평가할 수도 있겠다. 이처럼 새로이 요청된 상호성은 급기야 신 관념의 수정까지 요구했으니 니터는 이를 다음과 같이 읽어냈다.

> 만일 인간들이 자신을 역사적으로, 사회적으로, 정치적인 존재로 경험한다면, 이것은 우연이라든지 혹은 근거 없이 투사된 욕구들 때문이 아니라, 궁극적인 실재가 역사적이고 사회적이며 정치적이기 때문이다.[22]

이제 궁극적 실재로서의 신도 유한성의 범주인 시간성에 의한 역사성과, 공간성에 의한 사회성이라는 차원에서 새겨진다. 그러나 그렇다고 해서 신의 본질적 정체가 유한하게 되었다는 것이 아니라 인간과의 관계에서 체험되는 바가 그렇다는 것일 뿐임은 물론이다. 그럼에도 불구하고 굳이 이런 사족을 덧붙이는 것은 고전 형이상학으로부터 현

---

21 폴 니터, 「기독교는 하나의 참된 종교이며 절대종교인가?(로마 가톨릭의 답변)」, 김승철 편역, 『종교 다원주의와 기독교 2』(서울: 나단, 1993), 51·52쪽.

22 같은 글, 52쪽.

대의 탈형이상학으로의 패러다임 전환에 대한 무반성적이고 본능적인 저항이 아직도 강하게 도사리고 있는 현실이기 때문임도 물론이다.

신과 인간 사이의 이와 같은 상호관계는 신의 절대성을 내세워 절대종교로서의 그리스도교를 고집했던 종래의 폐단을 여지없이 폭로하기에 이른다. 니터가 적나라하게 열거한 문제들은 ① 권위와 교리의 신성화, ② 미신으로 빠지는 제의적이고 윤리적인 실천, ③ 권위주의와 위선으로 변질된 윤리, ④ 국외자들에 대한 '그릇된 의식'과 오만불손한 정체감[23] 등인데, 이는 곧 일방적 절대성이 삶의 현실에서 불가피하게 일으킬 수밖에 없는 문제들이라 하겠다. 그러기에 이제 신자들은 그리스도교적인 상징과 교의 등이 중개자이기는 하지만 신비 자체가 아니라는 것을 고통스럽더라도 자유롭게 해주는 자각 과정을 통해 받아들여야 하고, 교회는 익명이라는 방식으로 비그리스도교인들을 교회 뒷문으로 끌어들이려는 시도를 포기해야 한다는 것이다. 더 나아가 이제 그리스도교는 새로운 시간에 상응하기 위해 다른 종교들과의 새로운 관계와 아울러 새로운 자기이해를 추구해야만 한다는 것이다. 니터의 다음과 같은 선언은 교회주의자들에게는 극심한 분노를 일으키겠지만 손바닥으로 하늘을 가린다고 달라질 것은 아니니 이 대목에서 진지하게 되새겨야 할 것이다.

교회중심주의의 포기는 교회는 보편적으로 구원에 필수적인 것이 아니라는 사실에 대한 분명한 승인과 선포를 요구한다. 교회의 근본적인 사역은 구원사업이 아니라 하나님 나라를 촉구하는 과제이다. 왜냐하면 교회는

---

23 같은 글, 56쪽.

하나님 나라가 형성되는 표징이며 봉사이기 때문이다. 그러므로 종말이 오기 전에 모든 인간들이 교회의 지체가 되어야 한다는 것은 필연적으로 '하나님의 계획' 속에 있는 것은 아니다.[24]

말하자면, 교회나 종교의 실체적 절대화가 오히려 신의 자리를 침해했으니 구원을 내세워 뭇사람들을 현혹할 것이 아니라, 하느님 나라 건설이라는 본연의 사명으로 되돌아가야 한다는 것이다. 니터의 이러한 지론이 그리스도중심주의까지도 넘어서 신중심주의로 향해가는 도정에 있음은 물론이다. 그에 따르면 복음주의가 표방하는 그리스도의 유일성이란 "초대교회의 묵시적인 지평과 그 당시의 혼합주의적인 종교들 속에서 사라질지도 모른다는 초대교회의 두려움에 직면하여" 그리스도의 유일성을 확보하고자 했었지만, "오늘날 그러한 자격 부여는 하나님께서 나사렛 예수 안에서 행하셨던 것을 의미심장한 것으로 선포하기에는 당연하지도 않고 필연적이지도 않은 것 같다"고 잘라 말한다.[25] 물론 그가 경고하듯이 그의 이러한 자리매김은 그리스도 예수의 열등화를 의미하는 것이 아니라 보편과 특수 사이의 동시적 역설에 주목하려는 의도를 지니고 있는 것으로 보아야 한다.

신중심주의는 언제나 위대하신 보편적 하나님은 제한된 특수 형식 안에

---

24 같은 글, 62쪽.
25 같은 글, 65쪽. 니터는 이를 다음과 같이 분명히 단언한다. "그리스도 예수의 전체성은 우주-신인적 원리, 즉 하나님의 보편적인 계시와 구원의 현재이지만, 그리스도의 전체성은 예수가 아니며 예수 안에 완전히 포함될 수도 없고 예수에게 국한될 수도 없다. …… 신약성서 그 어디에고 그리스도는 단순히 하나님과 동일시되지 않았다"(같은 글, 65쪽).

간힐 수 없음을 인정할 뿐 아니라 우리는 이 보편적 하나님을 하나의 특수한 형식 속에서만 실제로 만날 수 있다는 사실도 인정한다. 모든 참된 종교 경험 속에는 보편과 특수 사이의 감추어진 역설적 긴장이 있다.[26]

니터가 정리한 보편과 특수의 관계는 이제 역설적 긴장의 그것이다. 앞서 복음주의가 유일성이라는 특수를 전제로 하고 잠재적으로 구원의 보편을 향했다면, 그리고 포괄주의가 은총의 보편을 전제하고 선교를 통한 특수를 요구했다면, 이제 니터가 개진하는 다원주의는 이와는 달리 보편과 특수를 동시적인, 그래서 역설적인 긴장관계로 엮어내고자 하는 것으로 읽혀야 할 것이다. 언뜻 보기에 '하나의 특수한 형식 속에서만'이라는 표현 때문에 복음주의가 주장하는 그리스도의 유일성으로 회귀하는 것처럼 느껴질 수도 있을 터이다. 그러나 보편과 특수의 역설적 긴장이란 신·인간 상호관계성의 또 다른 표현이거나 신의 계시와 인간의 참여 사이의 상호공속성을 가리키는 것이니만큼, 오히려 신의 절대성과 보편성이 특수한 형식 속에서만 체험될 수 있을 뿐 아니라 동시에 특수한 형식에만 제한되지 않는다는 것을 함께 뜻한다. 그의 다음과 같은 진술은 우리의 이러한 풀이를 옹호해준다.

신의 절대성은 역사의 다른 거대한 형태들과 다른 구원의 길들에 대해 예수를 유일하고도 표준적인 위치로 내세우도록 강요받았다고는 생각하지 않는다. 하나의 특수한 계시자에로의 전체적인 위임이 다른 특수 계시자들 가운데서의 보편적인 하나님을 위한 전체적인 개방성을 배제하지

---

26 같은 글, 66쪽.

않는다.[27]

다소 난해한 표현이기는 하지만 간단히 풀어본다면, 신의 보편성
이 전체적으로 하나의 특수한 형식으로 위임되지만 또 다른 특수 형식
으로의 전체적인 위임이 불가능한 것은 아니어야 한다는 것이다. 왜냐
하면 만일 후자가 불가능하다면 신의 보편성과 절대성은 망실되고 특
수가 보편의 자리를 대치해버릴 것이기 때문이다. 이제 다원주의가 표
방하는 보편과 특수의 역설적 긴장관계라는 관점에서 보면 종래 배타
주의로 전락할 수밖에 없었던 복음주의나 포괄주의가 공히 이러한 오
류를 범한 것으로 평가하지 않을 수 없다. 말하자면, 한 특수한 형식으
로 신의 보편성이 전체적으로 위임된다고 할 때 '전체적'이라는 것을 양
(量)적인 것으로 상정하려는 유혹이 우리에게 집요하게 도사리고 있지
만, 이는 사실상 종교적 인간의 자기절대화 본능에서 기인한 것일 뿐이
다. 오히려 신의 보편성의 '전체'를 양적으로 상정하는 것이야말로 신의
무한성에 위배되는 것이니 신성모독일 뿐이라면, 여기서 '전체'란 신의
무한성을 올곧게 읽을 가능성을 높여주는 질(質)적인 차원에서 새겨야
할 일이다.
　　이제 신의 보편성의 전체에 대한 우리의 위와 같은 풀이는 니터의
다음과 같은 결정적인 선언에 의해 더욱 확연하게 입증된다. 니터는 일
반적으로 서구에서, 그리고 특히 그리스도교에서 '참된 것'과 '절대자'를
동일시해왔던 전통이 문제의 뿌리라는 것을 실로 예리하게 지적한다.
언뜻 무슨 말인가 싶을 정도로 들리지만 바로 이것이 문제의 핵심이다.

27　같은 글, 66쪽.

이른바 고전 형이상학에서 완전성과 불변성을 동일시했던 것과 궤를 같이하는 바로 이와 같은 동일시로 인해, 안정을 제공해주는 진리가 절대화하면서 결국 고정되고 고착됨으로써 화석화하기에 이르렀기 때문이다. 그러나 이렇게 화석화된 진리는 살아 숨 쉬지 못하여 인간을 자유롭게 살도록 하지 못하니 더 이상 진리가 아닌 것이다. 그러기에 니터는 우리에게 다음과 같이 되묻지 않을 수 없었다.

> 물론 우리는 여기에서 인간의 근본적인 안전 욕구와 관계하고 있다. 그러나 우리가 타종교들의 가치를 경험하는 종교다원주의 세계 속에서, 모든 현실의 과정적이고 관계적인 특성을 인식하게 되는 역사의식의 세계 속에서, 인간의 의식은 그 낡은 안정을 포기하고 종교적 진리를 포함한 새로운 진리 이해를 맞이하도록 부름받고 있지 않은가?[28]

위의 물음 형식으로 제기된 니터의 주장을 한마디로 추린다면, '과정적이고 관계적인 현실에 대한 역사의식은 낡은 안정을 넘어서는 새로운 진리를 향한다'는 명제로 정리된다. 여기서 '과정'이 상대를 가리키고 '관계'가 상호성을 뜻한다면, '새로운 진리'는 대화를 요구하고 대화를 통해 모색되는 것으로 새겨지니 과연 상대-상호-현실-대화로 이어지는 다원주의적 구도를 이루게 된다. 이제 그리스도교는 스스로 절대 종교라는 비역사적 환상을 버리고 이에 의한 억압 구조를 극복함으로써 참된 종교로 새롭게 거듭날 수 있다는 것이다. 여기서 참된 종교란 "보다 폭넓고 진정으로 참된 종교들이 있을지도 모른다는 가능성을 염

---

28 같은 글, 67쪽.

두에 두는"[29] 자세를 지닌 종교를 일컫는다. 앞서 언급된바 보편과 특수의 역설적 긴장이 이 맥락에도 연관됨은 물론이다.

3. 종교관계 유형론 비판과 신앙 성숙을 위한 성찰

우리는 앞에서 종교 간 관계 방식에 대해 서구 그리스도교계에서 제시된 세 가지 유형을 그 사상적 구도와 역사적 배경을 곁들여 살펴보았다. 그런데 과연 그 구도와 특성에서 비교하건대 종교 간 관계에 대한 이러한 입장들은 이처럼 단순히 다양하기만 한 것이 아니라 실제로 서로 모순되거나 상반되기까지 하다.[30] 왜냐하면 논리적으로는 배타주의와 포괄주의가 서로 모순관계이며, 현실적으로는 배타주의와 다원주의가 첨예하게 대립되기 때문이다. 우선 배타주의와 포괄주의는 객관 대 주관의 대결, 자체와 대상의 분리로 대립되어 있고, 배타주의와 다원주

---

29 같은 글, 68쪽.

30 간략히 추리자면 우선 배타주의란 누구를 막론하고 같음을 보장해주어야 할 것 같은 '무엇' 물음에 집중함으로써 '참된 하나와 같음'만이 참이고 다른 것은 거짓일 수밖에 없다는 입장으로 나타난다. 이에 비해 포괄주의는 '무엇'의 같음에 대해 도전이 될 수밖에 없는 앎의 문제를 끌고 나옴으로써 같음의 틈바구니를 헤집어볼 수도 있겠다는 '어떻게'라는 물음에 힘입어 '정도의 다름'에 주목하는 다소 온건한 입장으로 보인다. 말하자면, 여전히 같음을 기준으로 보아 다름은 나름대로의 가치를 지니기는 하되 적어도 같음에 비해 열등하므로 더욱 우월한 같음으로 흡수되어야 한다는 주장으로 귀결된다. 한편 다원주의는 같음과 다름의 관계란 참과 거짓의 구분 기준이 아닌 것은 물론이지만 우열 관계에 있는 것도 아니고 차라리 동가적인 것이어서 같음과 다름 사이의 구별은 잠정적이고 임의적이라고 주장하는데, 이런 점에서 '종류의 다름'에 초점을 맞추는 '왜'라는 물음을 공유하는 구도로 간주될 수도 있다.

의는 자기충족적 실체 대 타자의존적 대화로 정면충돌할 수 있다. 그런데 사실상 배타주의를 이루는 자체·실체·객관이라는 요소들이 이미 그렇게 주어진 것으로 전제되는 것이라면, 포괄주의를 이루는 대상·선험·주관이라는 요소들은 우리가 주체로서 벌리는 것인데 비해, 다원주의를 이루는 상대·대화·상호라는 요소들은 우리가 일부러 해야 하는 것이라는 점에서 이런 대립 양상은 이미 불가피한 것이기도 하다. 그리고 바로 이런 이유로 복음주의라는 이름의 배타주의는 안정을 추구하는 종교적 인간의 원초적 본능에 의해 전 반성적으로 취해지는 입장이겠고, 포괄주의는 인간이 인식 주체로서 기본적으로 하고 있는 짓거리에 대한 일차적 성찰을 통해 '주어진 것'과 '해야 할 것' 사이를 조화롭게 타협하려는 시도라면, 다원주의는 이미 벌어진 현상이기도 하지만 그것을 그렇게 볼 수 있는 시야가 그저 무반성적으로 주어질 수 있는 것은 아니어서 사실상 기술적 다원주의와 규범적 다원주의 사이의 구별도 무의미할 수밖에 없을 정도로 자기성찰을 요구하는 관점이라 하겠다. 사실 다원주의가 이해되기보다는 오해되기 십상이고 게다가 배격되기까지 하는 이유들이 많이 있지만 무엇보다도 원초적 본능을 거슬러 불편을 감수하면서까지 애써 해야 하는 과제로서의 성격을 지니고 있다는 점이 가장 크게 작용하고 있을 것이다.

그러나 이처럼 나름대로의 이유와 타당성을 가지고 개진된 관계 유형론들이 그러한 특성의 역할에도 불구하고 그 한계와 맹점들로 인해 종교적 인간의 종교성을 왜곡하기 때문에 비판적으로 검토하지 않으면 안 된다. 먼저 복음주의로 대표되는 배타주의는 신의 계시가 인간의 해석과 불가분리하게 얽혀 있다는 것을 외면하는 '인식론적 천박함'[31]과 바로 이런 이유로 자기를 합리화하기 위해 계시를 내세우는 '신성모독'의 오류를 지닌 것으로 비판된다. 앎 이전의 있음이 가능하다고 착각하는 것이 인식론적 천박함에서 비롯된 것이라면, 앎 이전의 있음이 불가능함에도 불구하고 이를 마구 설정하는 것이 신성모독에 해당한다. 포괄주의도 별다르지 않게 "진리를 모두 유비적 개념으로 치부해버리고 마는 내적인 문제,"[32] 즉 진리를 하나의 기준으로 우열을 가릴 수 있는 정도의 문제로 환원해버리는 오류가 있다는 것이다. 아울러 그러한 우열 판단을 할 권리와 능력을 자기만이 갖고 있다고 착각하는 교만이라는 문제도 내포한다. 말하자면, 있음을 앎의 틀 안에서 주무를 수 있다는 오만에 빠질 수밖에 없다는 것이다. 또한 다원주의, 특히 형이상학적 동일성에 대한 향수를 떨치지 못한 서구 그리스도교가 개진한 일원적 다원주의는 서로 다른 삶을 배경으로 엮어진 종교들의 다름을 받아들인다고 하면서도 결국 받아들이는 쪽으로 흡수하려는 유혹에 빠지기 십상인 것으로 비판된다. 말하자면, 일원적 다원주의는 이미 표현 자체가 가리키는 것처럼 다원성에서 시작해 일원성으로 귀결하는바 전제와 정면으로 모순되는 결론에 도달하는 오류를 지닌다는 것이다. 이미 종교들이 격의적 과정으로 형성되어왔는데 마치 아무런 연관 없이 별개의 실체인 것처럼 전제하고 그로부터 유사성과 공통성을 끌어내는 동일성의 횡포를 자행하게 된다는 것이다.

간략히 살펴본바 이런 이유만으로도 각 종교관계 유형에 대해 수정과 보완이 필요하다는 것을 확인할 수 있다. 그러나 이보다 더욱 심각한 것은 종교관계 유형론이 전면적으로 재구성되어야 한다는 점이

---

31   라이문도 파니카, 『종교 간의 대화』, 김승철 옮김(서울: 서광사, 1991), 20쪽.
32   같은 책, 23쪽.

다. 왜냐하면 이 세 가지 유형 사이에 현격한 차이가 있고 또한 나름대로 보완해야 할 문제들도 있지만, 공교롭게도 이들이 공유하는 매우 핵심적인 전제가 있으니 바로 구체적이고 역사적인 종교를 그 이름 단위에 근거해 '하나의 종교'로 설정한 것이기 때문이다. 말하자면, 종교관계 유형론이 공히 시간과 공간 사이의 차이에도 불구하고 하나의 이름을 쓰는 종교를 본질적으로 하나인 종교로 간주한다는 말이다. 배타주의의 구도인 자체·실체·객관이나 포괄주의의 구도인 대상·선험·주관, 그리고 다원주의의 구도인 상대·대화·상호 모두 자타(自他) 관계를 기축으로 하는 특성들인바, 관계 유형의 현격한 차이에도 불구하고 타자와 구별되는 자기의 동일한 정체성을 의식적으로나 무의식적으로나 전제한다는 말이다. 한편 이는 우리가 인간으로서 가지는 본능적 자기의식인 자기동일성을 종교에 대해서도 자연스럽게 적용하면서 일어나는 당연하고도 불가피한 것이라고 할 수도 있겠지만, 그것은 시공간적 가변성을 넘어서는 초역사적 불변성을 확보하려는 본능에 의해 인간과 종교에 대해 공히 무반성적으로 자기동일성이라는 허상을 만드는 오류일 수밖에 없다. 말하자면, 인간이건 종교이건 시공간적 가변성 안에서 구체적이고 개별적일 수밖에 없는데, 허황되게 초역사적 동일성을 설정하여 인간의 자기정체성을 소외시킬 뿐 아니라 종교에 대해서도 왜곡을 일으킬 수밖에 없는 것이다.

종교는 현실에서 구체적이고 가변적일 수밖에 없으므로 언제 어디서나 똑같이 '하나의 종교'로 분류될 수는 없다. 극단적으로 들릴 수도 있지만 결코 부정할 수 없는 것이, 이름만 같거나 이름만 다를 뿐일 수 있을 정도로 종교라는 단위가 실상과는 동떨어진 가상적 개념이라는 점이다. 종교적 격의성이란 이를 두고 하는 말이니 따라서 소위 배타주의와 포괄주의, 그리고 다원주의가 언뜻 보기에 서로 모순되고 상반되더라도 이러한 입장들이 모두 '하나의 종교'라는 허상을 공유하는 한 이들 사이의 차이가 실상은 그만하지 않을 수밖에 없다. 구체적으로 본다면, 복음주의라는 이름의 배타주의의 경우 배제되어야 할 타자와 배제하는 자기 사이를 갈라낼 동일성이 무시간적 착각에서나 성립할 수 있을 뿐이다. 이미 종교 자체도 격의적으로 형성된 것일 뿐 아니라 종교인 안에서도 중층적으로 뒤범벅되어 있으니, 배제되어야 할 타자와 배제하려는 자기가 사실상 이름에 의한 구별 이상의 근거를 갖기 쉽지 않다. 무조건 서로 같다는 것이 아니라 제쳐버려야 할 만큼 다르게 보이는 것이 자기에게도 깊이 깔려 있을 수 있다는 것이다. 포괄주의도 마찬가지이다. 종교 자체도 격의적이고 종교인도 중층적이라면 하나의 기준에 의거해 일렬로 세우고 우열을 판정할 수 있는 것이 아니기 때문이다. 게다가 다원주의라는 것도 일원성에 대한 향수를 극복하지 못한 경우에는 다원주의라는 포장이 가면일 수밖에 없고, 다원성을 수용한다면 애써 주장할 필요도 없이 이미 벌어지고 있는 삶의 현실이니 이를 정직하게 보는 통찰을 서로 나누는 것으로 족할 일이다.[33]

결국 '삶의 다름'에서 본다면 종교라는 단위는 지나치게 비현실적으로 크고 모호하다고 하지 않을 수 없다. 같은 이름을 쓰는 종교를 '하나의 종교'로 전제하는 배타주의, 포괄주의, 다원주의가 서로 그렇게 많이 다르다기보다는 같은 이름을 쓰는 종교 안에 속한 인간들과 그들의

---

33 이 문단에서 언급한 세 관계 유형의 경계 해체의 불가피성에 대한 필자의 지론은 『망치로 신-학하기: '말씀'이 말이 되게 하기 위하여』에 수록한 논문에서 다루었던 내용 중 일부(187~188쪽)를 이 글의 맥락에 맞게 재구성한 것이다.

삶이 일일이 더욱 다르기 때문이다. 그런 반면에, 종교의 이름들이 다름에도 불구하고 그렇게 다른 인간들과 그들의 삶이 그보다는 서로 주고받을 수 있을 만큼 비슷하기도 하다. 이래서 같음과 다름의 경계는 우리가 생각해온 것보다 훨씬 복잡하며 사실상 확연하게 가르는 것은 불가능하다. 그래서 이제는 종교가 아니라 그 종교의 이름이 지칭하는 범위를 인간 단위로 회복시키는 신앙으로 범주를 전환해야 한다.

그렇다면 이제 어떻게 해야 하는가? 여기서 우리는 이 방면에서 심도 있는 연구를 개진한 파니카의 제안을 우리 나름대로 추려보고자 한다. 그의 지론이 이 대목에서 크게 기여할 것으로 기대되기 때문이다. 그는 모든 것에 앞서 인간 자신의 '자기동일성'에 대해 수정을 요구한다. 그에 따르면 종래의 자기동일성은 전통적인 실재론과 명목론 사이의 대립이 보여주듯이 개체와 전체 사이를 오가는 방식으로 개진되다 보니 유아론이나 자기소외로 빠질 수밖에 없었다는 것이다. 동일성이라는 것이 영원성에 대한 본능적 갈망 때문에 추구되기는 하지만 현실에서는 환상일 수밖에 없기 때문이다. 그러기에 파니카는 시공간 안에서 시공간에도 불구하고 유지하려는 자기동일성 대신에 시공간을 살아가는 '구성적 상대성'을 제안한다.[34] 이는 자기가 자기를 둘러싼 세계를 판단하는 주체로 머무르는 것이 아니라 오히려 자기에게 물음을 던지고 종교 간 대화에 앞서 종교 내 대화에 참여하며 심지어 개종가능성[35]

---

34   라이문도 파니카, 『종교 간의 대화』, 44쪽. 물론 여기서 상대성이란 상대주의와는 전혀 다를 뿐 아니라 오히려 정반대의 뜻을 지닌다. "그는 상대성을 인정함으로써 상대주의의 유혹을 극복하였다. 모든 것이 불가지론적이고 무차별적인 상대주의로 전락하지는 않는다. 그와는 반대로 모든 것은 철저한 상호 의존에서 비롯되는 궁극적인 상대성 속에 자리 잡고 있다." 같은 책, 45~46쪽.

에까지 자기를 여는 도전과 모험을 감행하는 자기비판적 태도를 일컫는다.[36]

같은 맥락에서 이제 종교가 표방하는 진리는 인간에게 더 이상 소유의 대상이 아니라 다만 추구의 목표일 뿐이다. 물론 이 진리 추구 과정에서 필수적인 것이 타자와의 만남이며 대화일진대 이제는 대화를 통해 '우리가 남이가?'라는 방식으로 공통성이나 유사성을 확인하거나 합의에 도달하는 것을 목적하는 것이 아니다. 파니카에 따르면 오히려 어떻게 나올지 모르는 타자와의 만남은 늘 새로운 것을 향해 사유하게 하며 이로써 위기마저 불러올 가능성으로 내던져지는 것이기 때문이다.[37] 그런데 이는 종교의 이름으로 안정을 구하려는 종교적 인간의 원초적 본능을 정면으로 거스르는 것이었으니 바로 이런 이유로 만남과 대화가 합의를 도모해야 한다는 강박이 우리를 짓눌렀을 뿐 아니라, 합의가 아니라면 굳이 만날 필요가 무엇인가라는 회의가 팽배했던 것이 아닌가 한다.

그런데 이제 인간의 자기동일성은 구성적 상대성으로, 종교의 진리 소유는 진리 추구로 전환되었다면 타자와의 만남은 신앙에 추가되는 부수 작업이 아니라 신앙의 본질적 구성이라는 것이다.[38] 말하자면,

---

35   많은 신실한(?) 종교인들이 개종가능성이라는 표현 자체에 대해 불경스러워하며 불쾌해하지만 이혼가능성을 포함한 결혼관계가 매일 새롭게 선택하고 결단하는 신선하고 건강한 관계인 반면에 이혼가능성이 원천적으로 봉쇄되어 억지로 동거하는 관계가 그렇지 못한 것에 견준다면 그 뜻을 이해하기가 어렵지는 않으리라 본다. 물론 개종하는 것이 더 좋다든지, 이혼하는 것이 더 바람직하다고 말하는 것이 아님을 굳이 덧붙일 필요는 없으리라.

36   같은 책, 91쪽.

37   같은 책, 52쪽.

"신을 사랑하지 않고는 이웃을 내 몸과 같이 사랑할 수 없지만" 또한 "이웃을 사랑하지 않는다면 신을 사랑할 수 없는 것"이니 진정한 신앙은 안정을 확보하기 위한 것이 아니라 오히려 그 반대일 수도 있다는 것이다.

> 우리는 신앙을 살아갈 수 있을 뿐이다. 그러나 신앙을 살아간다는 것은 때로 참된 신앙에 머물기 위해서 그 신앙에 대한 위험을 받아들이는 것도 요구한다. 나아가 신앙의 위기는 자기 자신의 신앙 그 자체로부터 솟아나오는 것으로 이해해야 한다. 즉 그 위험은 우리가 믿는 것에 대한 의심이 아니라 그것을 심화하고 풍요롭게 하는 것으로 이해되어야 한다.[39]

위와 같은 통찰이 강조하는 신앙의 역동성은 신앙과 교리의 관계를 살펴보면 더욱 확연해진다. 신앙이 교리를 필요로 하기는 하지만 이로 축소되어서는 안 되는데, 종교공동체의 생리와 신앙생활의 특성상 이런 오류가 쉽게 일어난다는 것이다. 특히 만남과 대화가 없는 신앙이나 동질의 문화권에서의 신앙은 교리와의 긴장을 느끼지 못하기 때문에 신앙과 교리를 동일시하거나 혼동함으로써 배타주의에 빠질 수밖에 없다고 파니카는 지적한다. 그러나 그의 다음과 같은 차원 구별은 바로 이런 문제에 대한 해법의 실마리를 제시한다.

기독교인이 하느님 아버지와 그리스도와 성령을 믿는다고 할 때 그는 기

---

38 같은 책, 53쪽.
39 같은 책, 56쪽.

독교적으로 사용된 기계장치의 신을 믿는 것이 아니라 어디에나 현존하는, 심지어는 자기 자신의 경험 영역 밖에도 현존하고 있는 진리의 실재를 믿는 것이다. 그러나 기독교인은 이 진리를 자기의 전통으로부터 물려받은 언어로 전달한다. 또 그는 이 진리의 의미를 오직 그 전통적 용어로써만 파악할 수 있을 뿐이다.[40]

여기서 '진리의 실재'가 있음을 가리키고 '진리의 의미'가 삶을 뜻하며 '물려받은 언어'가 앎에 해당한다면, '실재'인 있음은 그리스도교인의 경험 밖에도 자리하고 있으며 '의미'인 삶도 '언어/용어'인 앎 안에 모두 담길 수 없다는 인식론적·해석학적 통찰인 것이다. 말하자면, 여기서 실재인 있음이 신과 같은 절대자를 가리키고 언어나 용어로 나타나는 앎이 종교에 해당한다면 의미로 새겨지는 삶은 신앙을 뜻하는 것이라 하겠다. 이제 있음·앎·삶이라는 일련의 분석 구도에 입각해 실재·언어·의미라는 차원이 신·종교·신앙이라는 유기적 구도를 엮어내는바, 이 세 요소들이 서로 유기적으로 얽혀 있되 또한 구별되는 것이다. 앞서 말한 교리와 신앙 사이의 구별도 이 대목에서 종교와 신앙 사이의 관계에 해당하는 것은 물론이다.[41] 파니카가 다른 대목에서 "종교라는 현상은 종교적 실재 전부를 다 낱낱이 드러내는 것이 아니라"고 한 것이나 "믿는 사람과 분리되는 '벌거벗은' 혹은 '순수한' 신앙이란 존재하

---

40 같은 책, 65쪽.
41 이 대목에서 이른바 '종교적 인간(homo religiosus)'으로부터 '신앙하는 인간(homo fidei)'으로의 이행을 촉구할 필요가 있다고 본다. 여기서 이행이란 정태화한 신념체계를 가리키는 명사로서의 '종교(religio)'로부터 삶과의 동치를 꿈꾸는 역동성을 머금은 동사로서의 '신앙(fides)'으로 대체한다는 것을 뜻한다.

지 않는다"고 할 때에도 이를 가리킴은 물론이다. [42] 그런데 이들 사이의 연관성이야 굳이 새삼스러운 강조를 필요로 하지 않을 수도 있지만, 이들 사이의 구별이 망각됨으로써 벌어진 무수한 오류들을 고려한다면 파니카의 위와 같은 통찰이 제시하는 이러한 차원적 구별과 유기적 연관성을 통해 종래 종교관계 유형론에서 벌어진 오류들을 교정해야 할 것이다.

나아가 있음·앎·삶의 기본 구도에 입각해 신·종교·신앙의 유기적 관계를 살핀다면 "모든 교리는 하나의 동일한 신앙에 대한 여러 표현에 불과하다는 극단주의"도 배격되어야 하며 일원적 다원주의자들이 꿈꾸는 "종교의 초월적 통일성"이라는 몽상도 파괴되어야 한다. "문제는 우리가 어떤 교리의 형식이나 개념을 묶으려고 할 때보다는 실존적인 차원에서 개인 각자의 근원적인 신앙을 묶어버리려고 할 때 일어나기"[43] 때문이다. 말하자면, 만나고 대화한다고 하더라도 종교들이 만나는 것이 아니라 신앙들이 만나는 것이고 결국 "인간 존재 전체와의 인격적 만남"이라면 이 만남과 대화는 "모든 종교를 하나의 동질적인 혼합종교로 환원시키려고 하는 것이 아니라 …… 모든 것을 한 덩어리로 뭉치기보다는 인간의 종교적인 뿌리를 발견함으로써" 자기성찰을 통한 성숙을 도모하고자 하는 것이다. [44]

---

42 같은 책, 106쪽. 파니카가 삼위일체론 형성 과정을 설명하면서 "그들은 하나의 단일한 기독교적 경험을 표현하기 위해서 그리스적 개념을 이용한 것이 아니었다. 그들은 오히려 기독교적 사실을 서로 다르게 체험하고 이해했던 것이다"(같은 책, 118쪽)라고 할 때에도 같은 맥락이었다. 여기서 사실이 있음에 해당한다면, 개념이 앎을, 그리고 경험/체험과 이해가 삶을 가리키는 것이다.

43 같은 책, 94쪽.

그렇다면 파니카가 말하는 '인간의 종교적인 뿌리,' 그것은 도대체 무엇인가? 그는 『종교 간의 대화』라는 저서에서 이에 대해 더 상세하게 논의하지는 않는다. 그러나 여기서 '인간의 종교적 뿌리'라는 것이 인간을 '종교적 인간'이게 만든 근거라면 이를 발견한다는 것은 '종교적 인간의 자기성찰'을 가리키는 것이니 이 대목에서 인간과 종교의 관계라는 원론적 의제를 잠시라도 검토하는 것이 적절하겠다. 간략히 살피건대, 삶의 터전에서 드러나는 인간과 종교는 어떠한 관계인가? 물론 서두에서 말한 바와 같이, 인간에게 종교가 죽음에서 정점에 이르는 삶의 온갖 어려움과 올무로부터 벗어나려는 희구와 뗄 수 없는 관계라는 것은 두말할 나위도 없다. 그러나 이러한 배경과 동기에도 불구하고 인간과 종교의 사이[45]가 언제 어디서나 서로 좋기만 했던 것은 아니다. 구체적으로, 인간은 종교를 통해 해방을 원하지만 종교는 인간에게 억

44　같은 책, 107쪽. 신앙은 단순한 호기심이 아니라 인간의 삶 전체에 연관되어 있기 때문이다. 파니카는 이 대목에서 다음과 같이 단언한다. "지금 문제가 되고 있는 것은 단순히 인간에 대한 존경―모든 의미에서―이 아니라 인간학적인 완전성이다. 만일 우리가 신앙을 아무런 거리낌 없이 내버릴 수 있는 것이라고 하면서도 여전히 사람들 사이에 종교적으로 의미 있는 인간적인 만남이 가능하다고 한다면, 내가 우연히 믿게 된 것은 나의 존재에 대한 호기심에서 그런 것일 뿐 나의 인간성에 대한 근본적인 관련성을 가질 수 없다고 주장하는 셈이 되고 만다"(같은 책, 103쪽).

45　종교와 인간의 관계에 대해 모든 인간은 나름대로의 그림을 갖고 있는데 이 그림은 원초적이어서 결국 전 반성적이다. 엄연히 인간과 종교의 '관계'인데 이미 '종교적 인간'이다 보니 '관계'를 망각하게 되고 스스로가 인간이라는 자기의식적 반성 없이 종교에 대한 나름의 생각으로 인간과 종교의 관계를 채우게 된다. 이렇게 되면 인간은 없는 듯이 착각하게 되고, 자신이 가진 종교 이해가 종교 자체를 대치하게 된다. 이것은 독실한(?; '독선적인'과 거의 구별되기 어려운) 종교인은 물론이거니와 적극적 무신론자나 종교무용론을 주장하는 비종교인("이렇게 살다 죽을래!"라고 외치는 사람들)의 경우에도 마찬가지이다.

압으로 다가온다. 그리스도교가 표방하는 구원이나 불교의 해탈 등이 해방에 해당한다면, 종교성이 지니는 불가피한 요소로서의 강박신경증은 억압의 증거이다. 이렇게 본다면 종교란 인간이 스스로를 보존하려는 원초적 본능을 충족하기 위한 문화체계로 태동했으면서도 동시에 반인간적 억압과 비인간적 고통의 원천으로 작용하는 야누스의 얼굴을 지니고 있음을 부정할 수 없다. 그런데 이러한 양면성은 사실상 종교적 뿌리인 인간의 원초적 욕망에 대해서 종교가 지닌 이중적인 관계에 뿌리를 두고 있는 것으로 보인다. 말하자면, 한편으로는 죽음으로 정점을 이루는 삶의 온갖 불안과 고통 등으로부터 벗어나려는 인간의 원초적 욕망에서 종교가 추구되었지만, 다른 한편으로는 종교가 인간에게 욕망을 버림으로써 삶의 질곡으로부터 해방될 수 있다고 가르치는 만큼 인간의 욕망에 대해 종교는 이중적으로 얽혀 있기 때문이다.[46]

따라서 이제 우리는 종교와 관련된 문제를 다룰 때 파니카가 설파한 것처럼 인간의 본능과 욕망이라는 종교적 뿌리로 거슬러 살피지 않으면 안 된다. 그리고 여기서 바로 그의 결론적 언어인 '성장'에 주목할 필요가 있을 것이다. 그에 따르면 이제 삶의 터에 뿌리를 둔 신앙은 "완성된 형태로 세상에 태어나는 것"이 아니며 "실수를 용납하지 못하는 죽은 언어"도 아니니 삶으로서의 신앙은 곧 성장이기 때문이다. "성장 안에는 새로움뿐 아니라 과거와의 연속성도 자리 잡고 있으며, 또 발전뿐 아니라 과거에는 외부에 머물러 있다가 지금은 안으로 들어와서 한

---

46 이를 간략히 추린다면 다음과 같다. "종교는 인간에게 욕망을 버리라고 가르친다. 그러나 만일 인간이 욕망을 버리기라도 한다면 종교는 사라질 것이다. 왜냐하면 종교는 인간의 욕망을 먹고 살아가기 때문이다."

몸으로 섞인 진정한 동화작용도 포함되어 있다. 성장, 그 속에는 자유가 있다."[47] 이렇게 본다면 그가 말하는 성장(growth)이란 양적인 증가보다는 질적인 상승을 뜻하니 성숙(maturity)이라는 표현으로 새기는 것이 더욱 적절하다. 이제 이러한 신앙의 성숙, 아니 성숙으로서의 신앙은 "변형과 혁명까지 함축하고 …… 어떤 파열이나 내적이고 외적인 혁명을 배제하지 않으며 …… 또 죽음과 부활의 과정을 부정하지 않는다."[48] 결론적으로 신앙을 신앙되게 하는 성숙은 "새로운 삶과 함께 동시에 죽음도 갖고 있다. 사방에서 밀려드는 우상을 우리가 끊임없이 파괴해야만 한다는 사실, 우리는 바로 이 사실을 수용할 태세를 갖추어야 한다."[49]

결국 삶이라는 것이 이미 죽음과 역설적으로 얽혀 있으니만큼 삶의 미완성과 실수 등을 적극적으로 싸안으면서 죽음이 요구하는 변형과 혁명뿐 아니라, 급기야 죽음을 망각한 삶이 욕망으로 인해 헛되이 붙잡으려는 우상을 파괴해야 하는 삶의 과제를 실현하는 것이 곧 성숙한 신앙의 길이라는 것이다. 그러기에 이제 우리는 진정한 자유를 향한 성숙을 위해 그리스도인됨 안에 도사리고 있는 종교적 인간의 본능과 욕망이라는 성정에 대해 성찰해야 하고 그러한 본능적 욕망이 그려내는 우상을 파괴해야 한다. 많은 경우 우상파괴에 대해 동의하면서도 그 대안에 대해 막연해하지만, 우상파괴 이후를 염려하는 노심초사야말로 여전히 신을 믿지 못해 안달하는 실제적 무신론일 뿐이기 때문이다. 더

---

47   같은 책, 134쪽.
48   같은 책, 135쪽.
49   같은 책, 136쪽.

욱이 우상파괴는 신에 대한 불가지론에 빠지는 것이 아니라 예측불가 성을 핵심으로 하는 신의 거룩함을 오히려 회복시키는 길이니, "어떤 유일한 개인적인 전통, 혹은 어떤 유일한 종교적 전통만이 인간 경험의 보편적 영역을 점할 수 없다는 사실을 비판적으로 자각하는"[50] 길이기 도 하다. 따라서 이러한 우상파괴야말로 본능과 욕망이라는 종교적 뿌 리에 기인한 '종교적 인간'을 참으로 '신앙하는 인간'으로 전환하게 하 는, 그리하여 종교 간 관계 구성이라는 것이 가상적이거나 적어도 피상 적일 수밖에 없다는 것을 철저히 깨닫게 해주는 지름길이다.

---

50   같은 책, 131쪽.

고통에 대한 오해와 맞갖은 대안 모색

종교철학적 성찰을 통하여

1. 고통의 현실과 우리의 물음

모든 살아 있는 피조물은 고통을 당한다. 새삼스럽게 강조할 필요도 없이 고통은 태어나면서부터 죽음에 이르기까지 삶의 모든 과정에 깔려있다. 평생 동안 아무런 문제 없이 지낼 수 있다 하더라도 이 삶을 마감해야 하는 죽음이라는 고통을 피할 수 없다면, 고통은 그 정도와 모양은 다를지라도 어느 누구에게도 예외를 허용하지 않는다. 그러나 우리가 고통을 당하는 방식은 매우 다양하다. 우선 육체적 통증(pain)이라는 고통이 있다. 물론 육체적 고통이 그 자체로서 나쁘기만 한 것은 아니다. 그러한 통증은 우리 몸에 무엇인가 이상이 있다는 경고이기 때문이다. 이렇게 본다면 육체적 통증은 인간에게 유익할 뿐 아니라 필요하기까지 하다.[1] 그렇지만 모든 육체적 고통이 그런 것은 아니다. 회복 불가능하다는 난치병으로 당하게 되는 고통은 유익하지도 않을 뿐 아니라 차라리 안락사를 바라게 할 만큼 잔인하기까지 하다. 게다가 인간의 고

---

[1]   E. C. Carterette and M. P. Friedman(eds.). *Handbook of Perception*, Vol. VIB: *Feeling and Hurting*(New York: Academic Press, 1978), p. 254. 물론 생존을 위해 육체적 통증이 어떤 의미를 지니는가에 대해 다양한 주장이 개진될 수 있다. 흄(David Hume)은 고통이란 생존을 위한 필수조건이 아니라고 주장한 반면에[David Hume, *Dialogues Concerning Natural Religion*, edited by H. D. Aiken(New York: Hafner, 1969), p. 74], 힉(John Hick)은 고통이 없다면 쾌락도 정도에 따라 유쾌와 불쾌로 나누어질 수밖에 없다고 했다[John Hick, *Evil and the God of Love*(San Francisco: Harper & Row, 1977), pp. 303~304]. 그러나 고통을 불쾌와 연관시키는 것은 악을 선의 결여로 보는 아우구스티누스의 지론의 분위기를 연상시키는데, 고통은 단순히 쾌락의 부재로서의 불쾌와는 근본적으로 다른, 즉 쾌락으로 환원해 설명할 수 없는 그 자체의 고유한 경험이다.

통은 육체적 차원에만 머무르지 않는다. 우리는 정신적 차원에서도 고뇌(anguish)를 겪는다. 먼저 개인적인 차원에서 고통을 겪는데 공포, 불안, 절망이 아무런 의미도 없는 듯이 마구 쳐들어온다. 또한 사회적인 차원에서는 정치적 억압이나 경제적 착취, 계층적 차별, 문화적 소외, 그리고 종교적 박해와 같은 것들을 들 수 있다. 이렇게 본다면 우리는 육체적으로뿐 아니라 정신적으로도 끊임없이 고통 속에서 살고 있다. 아마도 산다는 것은 고통과의 싸움이라고 해도 과언이 아니다. 문자 그대로 고통이란 괴로움과 아픔이다. 굳이 정신적인 괴로움과 육체적인 아픔으로 나누더라도[2] 이는 어디까지나 논의를 위한 구분일 뿐 인간이 육체와 정신의 분리할 수 없는 단일체라면 괴로움과 아픔의 구별은 별다른 뜻을 지니지 않을 만큼 고통은 그야말로 전인적인 차원에 이른다. 그래서 '고통받는 인간(homo patiens)'이다.

그러나 제아무리 고통이 무엇인가를 밝힌다고 하더라도 그것이 고통이라는 문제를 해결할 수는 없다. 다음의 일화는 고통이라는 문제는 '무엇' 물음만으로는 너무도 불충분하다는 것을 단적으로 드러내준다.

아프리카의 오지에서 의료 선교를 하고 있는 의사이자 선교사인 사람에게 어떤 아주머니가 자기의 아이를 데리고 왔다. 그러고는 "왜 내 아이가

2　F. J. J. Buytendijk, *Over de pijn*(Utrecht: Spectrum, 1957), pp. 25~26. 손봉호, 『고통받는 인간: 고통문제에 대한 철학적 성찰』(서울: 서울대학교 출판부, 1995), 27쪽에서 재인용. 나아가 고통 문제를 심도 있게 연구한 모리스(David B. Morris)는 육체적 아픔과 정신적 괴로움을 구별하는 것을 '두 가지 고통의 신화'라 부르며 비판한다. David B. Morris, *Culture of Pain*(University of California Press, 1991), pp. 9~12를 참조하기 바란다.

이렇게 열이 나고 죽을 지경이 되었습니까?" 하고 물었다. 그러자 그 의사는 "말라리아균을 갖고 있는 모기에게 물려서 그렇다"라고 대답해주었다. 그러나 그 아이의 어머니는 그 대답으로 만족할 수 없었다. "아니 하필이면 왜 내 아이가 말라리아모기에게 물려서 그 몹쓸 열병에 걸리게 되었습니까?"라고 다시 물었다.

물론 고통이라는 문제가 나에게 직접적으로 닥치기 전까지는 고통의 정체를 밝히면서 따뜻하게 위로해주는 것이 마땅하다고 생각한다. 하지만 막상 나에게 고통이 닥치게 되면 이야기는 전혀 달라진다. 사랑하는 사람들을 잃게 되었을 때 죽음의 원인을 안다고 해도, 또한 질병이나 억압으로 인한 고통에서 그 원인을 안다고 해도, '왜'라는 물음을 잠재울 수는 없다. 도대체 왜 나에게, 내가 사랑하는 사람에게, 아니 그렇게도 착하게 살고 있는 사람들에게 이토록 어려운 고통이 따르는가? 분노하고 절규하면서 되묻게 된다.

2. 왜 고통당하는가?

그렇다면 도대체 인간은 왜 고통을 겪어야만 하는가? 그런데 '왜'라고 묻게 되면 '이유'를 가리킨다. 고통이란 그냥 당하는 것이 아니라 그만한 이유가 있어 이로부터 비롯된 것이라고 보는 것이다. 그리고 그러한 이유는 원초적 근거로부터 종국적 의미를 포괄하는 뜻을 지닌다. 물론 니체의 절규처럼 고통의 '의미'에 대한 반론도 만만치 않으니 고통이 언제나 의미를 귀결시키리라고 전제할 수는 없는 노릇이다.

인간은 물론 다른 방법으로도 고통을 당했다. 인간은 주로 병든 동물이다. 그러나 그의 문제는 고통 그 자체가 아니라 '왜 우리가 고통을 당하나'하는 절실한 질문에 대해 대답이 없다는 사실이다. 가장 용감한 동물인 인간, 그러나 무엇보다도 확실하게 고통을 당하게 되어 있는 인간은 고통을 그 자체로 부인하지 않는다. 그 고통의 의미가 분명하다면, 즉, 고통의 목적이 드러난다면 그는 고통을 바라고 심지어는 추구할 것이다. 그러나 고통 그 자체가 아니라 고통의 의미 없음이 …… 인류 위에 내려진 저주였다.[3]

그럼에도 불구하고 우리는 여전히 고통의 의미를 묻는 것을 포기할 수 없다. 죽음 너머를 잡을 수는 없더라도 그것을 향해 내뻗기를 포기할 수 없는 것과 마찬가지로, 고통의 의미는 대답될 수 없더라도 묻지 않을 수 없다. 삶이 요구하기 때문이다.

그런데 '왜'가 드러내는 이유를 좀 더 일반적으로 새긴다면 '때문에'로 풀이되는 원인과 '위하여'로 풀이되는 목적으로 나눌 수 있다. 물론 여기서 이유를 그렇게 가르는 것은 임의의 선택이 아니라 어떤 사태에 접근하는, 더 줄일 수 없는 대조적 방법에 의한 것이다. 그 방법은 시제를 근거로 다음과 같이 나뉘는데, 일상적으로 사태 분석을 위해 원인과 결과의 관계에 주목하는 관점은 현재의 사태를 이에 앞선 과거의 원인 '때문에' 벌어진 결과로 본다면, 사태 해명을 위해 목적과 수단의 관계로 엮으려는 관점은 현재의 사태를 미래의 목적을 '위하여' 취해진 수단

---

3   프리드리히 니체, 「도덕의 계보」, 제3부, 김태현 옮김, 『도덕의 계보; 이 사람을 보라』(서울: 청하, 1982), 183쪽.

으로 간주한다. 다시 말하면, 원인·결과 관계는 '이미 있었던 과거'가 '있는 중인 현재'를 지배한다고 봄으로써 '법칙'으로 설정되어 인과율(causality)이라고 하며, 목적·수단 관계는 '아직 없는 미래'가 '있는 중인 현재'를 이끌어간다는 '추론'이기에 목적론(teleology)이라고 한다.[4] 그런데 이렇게 대조적인 관점은 이제 살펴보고자 하는 바와 같이 고통의 이유를 드러내는 데에 나름대로 역할을 해왔으면서도 동시에 현실을 왜곡하는 한계를 지니고 있었다. 이 글은 그러한 왜곡이 고통에 대한 오해를 자아냄으로써 고통을 더욱 가중해왔다는 점에 주목하고 이제 이를 분석·비판함으로써 고통과 마주하는 좀 더 맞갖은 대안을 모색하고자 한다.

---

4 플라톤에 뿌리를 두되 갈릴레이적 전통으로 불리는 인과율적 방식은 계기나 이유를 원인으로 간주하고 벌어진 사건을 결과로 보는 반면에, 여러 원인들을 묶고서는 이들 사이의 관계를 유기적으로 통합하려는 아리스토텔레스를 따르는 목적론적 방식은 실재를 목표와 목적의 견지에서 살피고자 한다. 현대철학 방법론에서는 법칙정립적인(nomothetic) 실증주의와 개성 기술적인(ideographic) 해석학 사이의 대조가 그러한 양대 전통의 반영으로 간주될 수 있을 터이고(W. Windelband, "Geschichte und Naturwissenschaft," in *Präuludien* 참조), 사회과학방법론에서는 소위 설명(Erklären)과 이해(Verstehen) 사이의 대조를 근간으로 하는 자연과학과 정신과학의 두 문화론이 역시 같은 맥락에서 엮어졌다고 하겠다(J. G. Droysen, *Grundriss der Historik* 참조). 여기서 설명과 이해가 곧 인과율과 목적론에 단순히 획일적으로 대입되고 마는 것은 아니지만 기본적으로 그러한 특성을 지니고 있음은 재론의 여지가 없다. 설명이 대상에 대한 객관적 기술을 중심으로 하는 것이라면 이해는 이해의 주체가 대상에 대해 지니는 지향성으로 표기되는 의도와 목적에 더욱 초점을 맞추는 것이기 때문이다. 이러한 대조는 20세기 사회학에 들어와서는 실증주의 사회학을 개진한 뒤르켐(Émile Durkheim)과 감정이입적 이해를 강조하는 이해사회학을 말하는 베버(Max Weber)로 쌍벽을 이루기도 했다. G.H. 폰 리히트, 『설명과 이해』, 배철영 옮김(서울: 서광사, 1995), 68~74쪽을 참조하기 바란다.

1) 인과율적 고통관과 그 파행으로서의 숙명주의적 저주

먼저 고통에 대한 인과율적 관점은 고통이란 원인이 있어 벌어지는 결과라고 본다.[5] 이때 고통은 사람들이 싫어하니만큼 나쁜 원인으로부터 비롯된 나쁜 결과로 고통을 당한다고 보는 것이다. 말하자면, 악업을 쌓았거나 죄를 지었기 때문에 그에 대한 결과로 벌이 주어지는데 그 벌이 바로 고통이라는 것이다. 즉, 고통을 죄에 대한 벌로 간주한다. 물론 이러한 인과율적 관점은 고통당하는 사람에게는 모욕적으로 들릴 수도 있다. 그러나 지금 당하고 있는 고통이 황당한 불행이 아니라 죄에 대한 마땅한 대가라고 새김으로써 당하는 고통을 합리화하면서 견디어낼 수 있게 하는 방법으로서 널리 받아들여지고 있다. 한편으로는 고통을 벌로 보고 그 벌의 원인으로서의 죄를 찾으려 하니 심지어 태어나면서부터 당하는 고통마저도 전생의 악업에 대한 벌이라고 새기는 환생적 인과율을 말하는 불교를 포함한 동양 종교의 전통에서 좋은 사례들을

---

5   물론 여기서 원인과 결과의 관계로 세계를 엮으려는 인과율적 관점은 사태나 사건들이 그저 무관한 낱개의 파편들이 아니라 일정하게 연속성을 지니는 원리에 따라 얽히어 일어난다고 보는 입장으로서 현재의 사태를 과거의 원인에서 연유한 결과로 간주함으로써 결국 미래에 대한 예측가능성을 높이고 따라서 삶에서 예측불허성에 의해 일어나는 불안을 해소하려는 자기보존 본능의 동기와 밀접하게 연관되어 있다. 그런데 인과율적 관점은 그러한 동기로 인해 때로는 이러저러한 사태들을 원인과 결과의 관계로 무리하게 묶어내려는 경향에 지배되는 것도 사실이다. 상식적으로 본다면 인과관계에서 원인은 결과에 대해 충분조건이고 결과는 원인에 대하여 필요조건이라고 할 수 있을 터인데, 그렇다면 원인과 결과는 비대칭적일 수밖에 없게 된다. 원인과 결과 사이의 이러한 비대칭성은 인과율적 분석의 대상이 삶의 현실일 경우 원인과 결과 사이의 시간적 관계에 의해서도 다시금 확인된다.

찾을 수 있다. 이러한 종교들은 인과응보적인 정의와 인연생기적인 평등의 실현에 참여한다는 신념을 토대로 스스로를 위로하고 현재의 고통을 감내해야 한다고 가르친다.[6] 다른 한편, 서구 사상사를 배경으로 한 그리스도교 역사에서 주요한 지위를 차지해온 신정론[7]도 세계에서 경험하는 악과 고통의 현실에 대한 신의 면책을 위해 죄와 벌 사이의 인과율을 설정하고 이에 입각한 고통관을 개진했다. 결국 동양 종교들뿐 아니라 유대교를 모태로 하는 신현적인 종교들도 이러한 인과율적 고통 이해로 넘쳐나고 있다.

먼저 유대교와 그리스도교가 공유하는 구약성서를 보자. 이 성서는 유감스럽게도 고통이 인간이 범한 죄 때문에 당하는 벌이라는 관점을 기본으로 한다. 말하자면, 죄는 악한 것이므로 이에 마땅한 벌을 받아야 하는데 그것이 바로 고통으로 체험된다는 인과율적인 고리를 철저하게 전제한다. 심지어 이러한 인과율은 선조들이 죄의 대가를 치르지 못했다면 후손들로 이어져 고통을 당해 대가를 치른다는 연좌제적인 세습의 고리로까지 이어진다. 구약성서 안에서 고통의 문제를 생각하면 가장 먼저 떠오르는 「욥기」에서 엘리바스의 이야기야말로 이러한 이해의 절정이라고 할 수 있다.

---

6   Georg Siegmund, *Buddhism and Christianity: A Preface to Dialogue,* translated by Sister Mary F. McCarthy(Alabama: University of Alabama Press, 1968), pp. 60~67. 이처럼 불교는 고통을 정의와 평등이라는 가치와 연결함으로써 자기구원적인 성향을 분명히 한다는 것을 볼 수 있다.

7   G. W. Leibniz, *Theodicy: Essays on the Goodness of God, the Freedom of Man, and the Origin of Evil*, edited by Austin Farrer, translated by E. M. Higgard(La Salle, Ill: Open Court, 1988)를 참조하기 바란다.

죄 없이 망한 이가 어디 있으며
마음을 바로 쓰고 비명에 죽은 이가 어디 있는가?
내가 보니, 땅을 갈아 악을 심고
불행의 씨를 뿌리는 자는 모두 심은 대로 거두더군(「욥기」 4:7~8).

욥의 친구인 엘리바스가 이렇게 비아냥거리듯이 조롱하는데 욥이 가만히 있을 수가 없어 절규한다. 죄지은 악인의 고통은 당연한 것이지만 죄 없는 의인의 고통은 부당한데 어떻게 나에게 이런 일이 일어날 수 있는가 하고 말이다.

나 비록 죄가 없다고 하여도
그는 나에게 죄가 있다고 하시겠고
나 비록 흠이 없다고 하여도
그는 나의 마음 바탕이 틀렸다고 하실 것일세.
......
땅을 악인의 손에 넘기셨으니
재판관의 눈을 가리신 이가
그분 아니고 누구시겠는가?(「욥기」 9:20, 24)

욥은 친구의 조롱에 대해 이렇게 스스로 항변했다. 그러나 욥 자신도 역시 고통이란 죄 때문에 당하는 벌이라고 생각한다. 다만 자신은 죄가 없는데 고통을 당하니 재판관의 눈이 가려졌다고밖에 볼 수 없다고 절규할 뿐이다. 이런 식의 절규는 「욥기」뿐 아니라 구약성서의 다른 곳에서도 얼마든지 찾아볼 수 있다. 「하박국서」에서는 죄와 벌 사이의 인과율적 고리는 준엄한 원칙인데도 불구하고 현실에서는 이것이 잘 지켜지지 않는다고 절규한다.

> 주께서는 눈이 맑으시어
> 남을 못살게 구는 못된 자들을
> 그대로 보아 넘기지 않으시면서
> 어찌 배신자들을 못 본 체하십니까?
> 나쁜 자들이 착한 사람들을 때려잡는데
> 어찌 잠자코 계십니까?(「하박국서」1:13)

그런가 하면 「전도서」의 기자는 그러한 인과율이 아예 뒤집혀 작동한다고 탄식한다.

> 아무리 죄를 지어도 당장 벌을 받지 않기 때문에 사람들은 나쁜 일을 할 생각밖에 없다. 백번 죄를 짓고도 버젓하게 살아 있더구나. 하느님 두려운 줄 알아서 하느님 앞에서 조심하며 살아가는 사람은 잘되어야 하고 하느님 두려운 줄 몰라 하느님 앞에서 함부로 사는 악인은 하루살이처럼 사라져야 될 줄은 나도 확신하지만 땅 위에서 되어가는 꼴을 보면 모두가 헛된 일이다. 나쁜 사람이 받아야 할 벌을 착한 사람이 받는가 하면 착한 사람이 받아야 할 보상을 나쁜 사람이 받는다. 그래서 나는 이 또한 헛되다고 한 것이다(「전도서」8:11~14).

그러나 고통의 이러한 무차별성과 맹목성에 대한 절규도 결국 죄와 벌 사이의 인과관계에 대한 신념에 철저하게 뿌리를 두고 있다.[8] 그런데 신약성서의 「요한복음」이 전해주는 기사에서도 고통에 대한 인과율은 철저히 고수되고 있다.

예수께서 길을 가시다가 태어나면서부터 눈먼 소경을 만나셨는데 제자들이 예수께 "선생님, 저 사람이 소경으로 태어난 것은 누구의 죄 때문입니

---

8 그런데 인과율적 고통관에 대한 이토록 집요한 신념은 사실상 권선징악이라는 도덕적 이념에 뿌리를 두고 있다. 말하자면, 착하게 살면 복을 받고 악하게 살면 벌을 받으니 착하게 살라는 뜻이 이러한 인과율적 고통관에 담겨 있는 것이다. 더 나아가 이러한 권선징악이라는 주제는 인과율적 고통관이라는 것이 얼굴도 없고 인정도 없이 그저 원인과 결과 사이의 삭막한 기계적인 공식이 아니라 회개를 유도하기 위한 신적인 섭리와도 이어져 있다는 것을 가리킨다. 「에스겔서」에 나오는 다음과 같은 구절은 그 좋은 증거가 된다. "그가 못된 행실을 한 자라고 해서 사람이 죽는 것을 내가 기뻐하겠느냐? 주 야훼가 하는 말이다. 그런 사람이라도 그 가던 길에서 발을 돌려 살게 되는 것이 어찌 내 기쁨이 되지 않겠느냐?"(「에스겔서」 18:23) 그러나 이러한 인격주의적 고통 이해도 여전히 인과율적 고리를 벗어나는 것은 아니다. 오히려 그러한 인과율적 고통관의 타당성을 반어법적인 방식으로 강조하고 있다고 보아야 할 것이다. 급기야 그런 난황을 해결하겠다는 듯이 이사야는 '고난받는 종'(「이사야서」 53:4~9) 이야기에서 의인이 죄인을 대신해서 죄 때문에 받아야 하는 벌로서의 고통을 당한다고까지 말한다. 이른바 대리적 고통관(vicarious suffering)이다.

셸러(Max Scheler)가 말하는 '고통의 존재론(Ontologie des Leides)'에 나오는 '희생으로서의 고통'이라는 개념이 이 맥락에서 다소의 연관성을 지닐 수 있을 것으로 보인다. 그는 한 생명체의 죽음이란 전 유기적 생태계의 원활한 운행을 위해 필수적인 것인 만큼 시간 안에서 일어나는 고통이란 전체를 위한 부분의 희생이라고 갈파한다. 그러나 '모든 고통이 반드시 이렇게 타자를 위한 희생으로 새겨질 수 있는가'라는 물음은 여전히 가능하며 또한 설령 그렇다고 하더라도 전체를 위한 부분의 희생이라는 것은 아무래도 전체와 부분을 인과적 필연성으로 묶는 것일 수밖에 없어 보인다. Max Scheler, "Vom Sinn des Leides," Max Scheler, *Gesammelte Werke*. Bd.6(Bonn: Bouvier), p. 40을 참조하기 바란다. 손봉호, 『고통받는 인간』, 114~118쪽에서 재인용.

까? 자기 죄 때문입니까? 그 부모의 죄 때문입니까?" 하고 물었다(「요한복음」 9:1~2).

시각장애의 고통은 의심할 여지 없이 죄의 대가일진대 자기의 '죄 때문'인가 하려다 보니 '태어나면서부터 눈먼 소경'인지라 자신의 죄가 아니라면 어디론가 거슬러 올라가서 찾아야 하겠으니 부모의 '죄 때문'인가라고 묻지 않을 수 없었다. 그런데 이처럼 고통을 '죄 때문에 받는 벌'로 보는 태도는 우리가 살면서 당하게 되는 고통이라는 것이 최소한 막무가내가 아니라는 것으로 받아들이게 한다. 더 나아가서 '그러니까 착하게 살라'는 권선징악과 같은 숭고한 뜻을 지니고 있기도 하다. 합리화와 윤리적 동기라는 장점이 있다. 그러나 우리가 앞서 살펴본 대로 구약성서의 선지자들이 그렇지 않은 현실을 절규했던 것처럼 인과율이 현실을 설명하고 해결책을 제시하기보다는 대체로 당위적인 차원에 머무르고 있다. 게다가 이러한 인과율적 고통관이 특히 '못 가진 자들'에 대한 '가진 자들'의 억압을 정당화해주는 폐습의 역사를 지녀왔음을 고려한다면, 그리고 못 가진 자들에 대해서는 고통의 합리화를 구실로 숙명에 대한 체념을 부추겨왔다면, 인과율적 고통관에 대해서는 숙명적인 저주로의 전락가능성을 지적하지 않을 수 없다.

그럼에도 불구하고 도대체 왜 인과율적 고통관이 이토록 집요하게 고수되었는가? 그것은 인과율이 눈앞에서 확인할 수 없음에도 불구하고 여전히 원인과 결과 사이의 필연성을 통해 예측불가능성을 극복할 보루로 여겨져 왔기 때문이다. 아울러 그러한 인과적 필연성에 근거한 권선징악이라는 사회 조정 원리를 통해 최소한의 안정을 추구하려는 욕구도 한몫했을 것이다. 그런데 그러한 착각과 욕구가 불행하게도 우리를 억누르고 있다.[9] 그러나 인과율적 고통관이 지니고 있는 좀 더 심각한 문제는 역시 인과적 필연성으로부터 비롯되는 숙명주의적 인생관이라고 하지 않을 수 없다.[10] 세계의 모든 사건은 이미 앞서 주어진 원인으로부터 결정되어 있으며, 따라서 인간의 삶은 숙명에 지배된다는 관점이 이 맥락에서 자연스럽게 이어진다. 그런데 이것이 문제가 되는 것은 자유가 끼어들 여지가 없다는 데에 있다. 인간의 자유는 물론이거니와 하느님의 자유도 이러한 인과율적 고리 안에서는 개입하고 역사할 공간이 없다. 그야말로 하느님도 어쩔 수 없는 인과율의 필연성이다. 결국 인과율적 고통관은 죄에 대한 벌을 집행하는 힘에 노예적으로 종속되는 것도 포함하는 숙명주의적 저주를 초래하거나, 고통의 무의미를 절규하는 허무주의적 자조로 이어질 소지가 있다. 현재 당하고 있는 고통이 과거에 이미 저질러놓은 죄에 대한 대가로 꼼짝없이 치러야 할 벌이라 하니 당하는 고통의 숙명적인 무게를 가늠 길이 없기 때문이다. 또한 죄와 벌 사이의 인과적 필연성이 과도한 죄의식이나 징벌에 대한 끝없는 두려움을 자아낼 수밖에 없기 때문이다. 나아가 인과율의 필연성과 충돌하는 현실의 예측 불가한 고통으로부터 도무지 어떠한 의미도 끌어낼 수 없을 것이기 때문이다. 따라서 우리는 인과율적 고통관이 빠질 수도 있는 억압성과 허무를 조장하는 무의미성을 극복할 방도를 찾지 않으면 안 된다. 그리고 이 대목에서 앞서도 언급했던 목적론적 구도가 등장한다.

---

9   루돌프 오토, 『성스러움의 의미』, 길희성 옮김(왜관: 분도출판사, 1987), 47~74쪽을 참조하기 바란다.

10   동양 전통의 종교들이 말하는 환생론과 악업에 의한 무한한 윤회나, 구약성서가 전해주는 세습적인 연좌제도가 이러한 문제의 고전적인 사례이다.

2) 목적론적 고통관과 그 왜곡으로서의 낭만주의적 기만

인과율적 고통관은 원인과 결과가 부합하여 자기충족성을 구현한다는
점에서 억울하고 황당해 보이는 고통을 합리적으로 받아들일 수 있게
해주는 매우 위력적인 길잡이가 될 수 있었다. 그러나 이러한 관점은
죄와 벌 사이의 폐쇄적 고리로 인해 결국 숙명주의적 노예의식으로까
지 이어지는 억압적 구조를 지녀왔다.[11] 말하자면, 그 설명의 자기충족
적 정합성에도 불구하고, 아니 오히려 바로 그렇기 때문에, 공포적인
신 이미지를 포함한 억압 구조를 배태할 수밖에 없었다.

　　그러나 앞서도 언급한 「요한복음」의 기사에서 곧 이어지는 예수의
말씀은 억압성과 공포심을 씻어주기에 충분한 해방 선언이라고 하겠다.

　　예수께서는 이렇게 대답하셨다. "자기 죄 때문도 아니고 부모의 죄 때문

11　또한 이러한 인과율적 고통관과 밀접한 관계를 맺는 신정론이라는 것도 고통 자체의
인간적 현실에 주목하기보다는 신의 올바르심을 주장하기 위해 신의 전능성(ens summe
perfectum)과 지선성(summum bonum)을 함께 엮는 데에 초점을 맞추었기 때문에 사실
상 인간을 포함한 피조세계의 악과 고통에 대해서는 오히려 둔감할 수밖에 없었다. 신정론
에 짓눌려 부질없이 죄의식을 부추겨왔던 그리스도교의 역사에 비추어 신정론을 비판하
는 것은 종교를 포함한 일상에서 큰 의의를 지닌다. 오늘날 악에 대한 진하고도 실재적인
체험으로 점철된 삶을 살아가는 우리들에게는 이와 같은 신정론적 변명이 우스꽝스러운
유희로 들릴 수밖에 없기 때문이다. 그러나 사실상 이를 불사하면서까지 신의 올바르심을
수호해야 한다고 거품 물고 덤벼드는 인간들의 측은함이 기실 더욱 심각한 문제이다. 신정
론이란 인간의 언변으로 신의 옳음을 방어하겠다는 것인데, 도대체 신이 인간에 의해 보호
되고 방어되어야만 하는 존재였던가? 신이 해야 할 일을 인간이 하겠다고 나서는 순간, 양
쪽 모두에게 비극이 벌어질 수밖에 없고, 신정론을 포함한 신학의 역사는 이를 에누리 없
이 증명해준다.

도 아니다. 다만 저 사람에게서 하느님의 놀라운 일을 드러내기 위한 것이다(「요한복음」 9:3).

예수의 이러한 선언은 고통이라는 것이 죄 때문에 받아야 하는 벌이라는, 감히 항거할 수 없을 것 같은 억압적인 고리를 끊어내는 혁명적인 선언이다. 그러나 예수의 선포는 여기에만 머무르지 않는다. 그는 더 나아가서 "다만 저 사람에게서 하느님의 놀라운 일을 드러내기 위한 것이다"라고 단언한다. 말하자면, '때문에'라는 인과율적 고리를 넘어서 '위하여'라는 목적론이 선포된다. '태어나면서부터 눈먼 소경'이라고 할지라도 '하느님의 하시는 일을 나타내기 위하여' 의미 있는 존재로서의 가치를 지니고 고통을 겪는다는 것이다. 이처럼 '때문에'와는 달리 이제 '위하여'에서는 고통이 죄와의 연관성에서 벗어나 선한 목적을 위한 수단으로 사용될 수 있게 된다.[12] 이런 점에서 목적론적 고통관은 인과율적 고통관의 억압가능성을 극복하는 해방 선언으로서 소중한 의미를 지닌다.

구체적으로, 이러한 목적론적 고통관에서는 고통은 더 이상 선과 악을 분별할 도덕성이나, 의인과 죄인을 구별할 인격성을 요구받지 않

---

12 인과율적 고통관은 당하고 있는 고통의 현실을 이에 앞서 이미 저질러진 죄를 원인으로 하는 결과로서 꼼짝할 수 없이 치러야 하는 벌로 본다면, 목적론적 고통관은 당하는 고통을 좀 더 좋은 목적을 이루기 위한 수단으로 간주한다는 점에서 꽤 극명한 대조를 이룬다. 물론 인과율이나 목적론은 공히 법칙적 연관이라는 구도로 세계를 본다는 공통점을 지니지만, 인과율적 관점이 설정하는 연관은 충분조건의 관계라면 목적론적 관점에서는 필요조건적 연관이 전형적이라고 하겠다. G.H. 폰 리히트, 『설명과 이해』, 123~127쪽을 참조하기 바란다.

는다. 선과 악은 윤리적 가치판단의 상대적 요소들일 뿐이어서 그 자체로는 무인격적이며 고통도 그 자체로는 선악판단과는 무관한 맹목적인 무차별성을 지닐 따름이다. 왜냐하면 이러한 맹목적 무차별성의 세계에서만 인간에게 자유가 허용될 수 있으며,[13] 고통이 궁극적으로 선한 목적을 위한 수단으로 사용될 가능성이 보장되기 때문이다. 이러한 목적론적 고통관은 부정성 안에서 긍정성을 일구어내려는 변증법적 사고를 토대로 하는 역사관에 의해서도 옹호되어왔다. 사실상 삶의 현실에서 긍정성은 너무도 당연한 것[14]이어서 새삼스러운 인식의 대상이 되지 않는 반면에, 헤겔이 말하는 '이성의 간계(die List der Vernunft)'처럼 부정성은 무엇인가 해결되어야 할 것으로 인식되기 때문에 곧 역사 발전에서의 추동적 계기가 된다는 변증법적 역사관[15]은 너무도 당연하게 합목적적·낙관주의적 세계관, 그리고 이에 토대를 둔 목적론적 고통관과 맥락을 같이한다. 그리고 이러한 점은 우리가 고통을 당하게 되면

---

13 Geddes MacGregor, *He Who Lets Us Be: A New Theology of Love* (New York: Paragon House, 1987), p. 125. 인간의 자유를 위해서 자연적 필연성의 세계는 비인격적일 수도 있을 만큼 무인격적이고 맹목적(blind)이어야 한다. 맹목적 필연성이 자유의 조건이라는 통찰은 인과율과 목적론이 실재를 향해 얽혀 마땅한 반쪽들이라는 점을 시사하는 것으로 읽을 수도 있겠다.

14 긍정성의 당연함은 일반적 의식에서는 재론의 여지가 없다. 단지 삶의 부정적 계기들이 자기성찰의 동기가 된다면 그러한 부정성에 주목할 때 긍정성은 그저 당연함에 머무르기보다는 새삼스러움이요, 나아가 신비로움이어서 감사함의 대상이 될 수 있는 것이다. 하이데거(Martin Heidegger)가 '존재에 대한 생각(das Denken des Seins)'은 곧 '존재에 대한 감사(das Danken des Seins)'라고 한 것도 이러한 맥락에서 연결될 수 있을 것이다.

15 G. W. F. Hegel, *Die Vernunft in der Geschichte* (Hamburg: Felix Meiner, 1955), p. 105. 부정적인 것은 역사 발전의 원동력이라는 변증법적 역사관은 고통을 자유를 위해 필수적인 것으로 간주한다.

우선 원인을 찾으려 하지만 도대체 어떠한 원인도 더듬을 수 없을 것 같은 경우에는 그 의미를 찾기 위해 원인보다는 목적에 관심을 기울이게 된다는 점에서도 확인된다.

그런데 목적론적 고통관이 이처럼 인과율적 고통관이 지니는 폐쇄성과 억압성을 넘어서는 해방적 차원을 제시하는 것은 분명하지만, 그럼에도 불구하고 그 자체로 한계를 지니고 있다는 것을 덮어둘 수는 없다. 왜냐하면 앞에서 언급된 예수의 선언을 다시 읽는다면 '하느님의 놀라운 일을 드러내기 위해서' '태어나면서부터 눈먼 소경'이라는 고통은 수단이 되는 것으로 보일 수도 있기 때문이다. 다시 말해, 하느님의 일을 위해서 인간의 고통이 언제든지, 그리고 얼마든지 수단으로 사용될 수 있다는 식의 이야기가 되어버린다.[16] 숙명주의적 저주로 치달을 수밖에 없는 듯이 보이는 인과율이라는 답답한 고리로부터 애써 벗어났음에도 불구하고 목적론적 고통관은 이제 좋은 목적이라는 포장 안에서 기껏 꼭두각시놀음이나 해야 할 만큼 인간을 수단으로 전락시킬 수도 있는 것이다. 그러나 아무리 해방과 구원이라는 좋은 목적을 위한 것이더라도 인간이 고통이라는 수단을 거쳐야만 한다면 너무도 잔인한 기만일 뿐이지 않은가? 목적론적 고통관이 인과율적 고통관보다 조금은 나은 듯이 보이지만 고통 자체의 비극성을 직시하기보다는 '훨씬 아름답고 고상한 목적'이라는 포장 안에서 '허울 좋은 수단'으로서 고통의 비참함을 은폐할 수도 있다는 맹점을 지닐 수도 있으니 말이다.

---

16 물론 예수의 선언에 대한 해석은 별도의 신학적인 문제라서 여기서 다루지는 않는다. 관심하는 독자는 이 글의 자료가 된 필자의 논문을 참고하기 바란다. 정재현, 「더불어 사는 삶을 향하여: 고통관의 전환을 통한 해방과 그 윤리적 함의」, ≪기독교윤리학 논총≫, 제8집(한국기독교윤리학회, 2009).

그러나 고통은 어떠한 경우에도, 심지어 고통의 극복을 위해서조차도 수단이 될 수 없고 되어서도 안 된다. 만일 그렇게 된다면 그것은 신이 꾸며낸 우주적 각본에 의한 신의 인간 희롱일 뿐이라는 비판을 벗어날 수 없기 때문이다. 게다가 목적론적 고통관은 '가진 자'와 '못 가진 자'로 갈라지는 인간들 사이에서도 못 가진 자가 현실에서 당하는 고통을 미래의 보상에 대한 투자라는 수단으로 포장하는 유토피아적 환상을 그려낼 수도 있다. 그리고 이로써 한편 지배층의 영달에 대한 정당화나 억압체제의 현상 유지에 도용되기도 하고, 다른 한편 피지배층을 아무런 저항이나 개혁의지 없이 고통을 견디도록 마취하는 데 악용되기도 한다. '천국에 가서 잘 먹고 잘 살 것이니 현재의 고통을 조신하게 겪어라'는 것이다. 그러나 마취란 일시적인 것이며 그렇지 않다면 죽음을 뜻한다. 그리고 바로 이런 점에서 종교가 구원에 대한 값싼 희망을 남발함으로써 '마약'이라는 비판을 받을 수밖에 없는 실정이기도 하다. 말하자면, 목적을 향한 희망을 말하지만 그러한 희망이 무책임하게 살포될 가능성이 뿌리 깊이 도사리고 있다. 이처럼 목적론적 고통관은 개방성에도 불구하고 유토피아적 허위의식을 거쳐 낭만주의적 기만으로 전락할 가능성에서 벗어날 수 없다.

게다가 우리 현실에서 인과율과 목적론은 따로 움직이기보다는 오히려 서로 얽혀서 사실상 문제를 더욱 심각하게 증폭하기도 한다.[17] 고

---

17 예를 들면, 수십 년 전 대형 건물이 붕괴되고 큰 다리가 무너져 많은 인명 피해를 입었을 때의 일이다. 성수대교가 무너지고 삼풍백화점이 붕괴되었을 때 그리스도교계의 한 신문에서는 "지금 우리나라가 범죄로 만연되어 있기 '때문에' 하느님이 벌을 주시면서 회개를 촉구하기 '위하여' 경고하시려는 뜻이 그 안에 담겨져 있다"는 내용의 논평을 낸 적이 있었다. 이 논평은 한국에 만연해 있는 죄 '때문에' 비극적인 죽음과 같은 고통의 벌을 받

통의 현실이라는 현재를 과거나 미래로 끌고 가서 희석하려 한다는 점에서 인과율의 파행으로서의 숙명주의적 저주와 목적론의 왜곡으로서의 낭만주의적 기만은 사실상 동전의 앞뒤와 같은 관계에 있기 때문이다. 그리고 그런 증거를 우리 현실에서 무수하게 볼 수 있다.

3. 어떻게 해야 하나?: 이기주의와 공동체성의 얽힘으로서의 '더불어'

지금까지 살핀 대로, 고통에 대해 던진 '왜' 물음이 가리키는 이유는 원인이든 목적이든 저주나 기만으로 인해 고통을 오히려 더욱 가중할 수밖에 없었다. 그런데 '왜'라는 물음이 나름대로의 역할에도 불구하고 고통을 더욱 가중한다는 것은 그 물음이 고통에 대해서는 결국 부적절하다는 것을 가리킨다. 그렇다면 어떻게 해야 하는가? 물음을 고쳐 물어야 한다. 어떻게? '왜' 물음에 대한 대답인 인과율은 고통의 현실 시제

아야 하고, 또한 많은 사람에게 회개를 촉구하기 '위하여' 고통을 당해야 한다는 것이다. 그런데 만일 그들의 이야기대로라면, 사고로 인해 '우연하게 희생된' 사람들은 사고를 당하지 않고 '우연히 아직도 살아남은' 사람들보다 더 많은 죄 '때문에' 죽어 마땅한 사람들이었는가? 그리고 다른 한편으로, '우연히 아직도 살아남은' 사람들의 회개(?)라는 목적을 '위하여' 사고에서 희생된 수십, 수백 명의 목숨쯤은 얼마든지 수단으로 사용되어도 좋다는 것인가? 왜 자기의 '영생'은 목적이어야 하고 타인의 생명은 수단이어도 무방한 것인가? 그로부터 십수 년 후 대구 지하철 참사 현장에서도 새까맣게 탄 역사의 벽 이곳저곳에 '죄를 회개하고 구원받읍시다'라는 글귀들이 난무했었다고 한다. 그러더니 급기야 세월호 침몰 때에는 '하나님이 5000만을 몰살시킬 수 없어 300명을 수장시켰다'고 설교하는 사람들도 있었다. 종교 강박은 이토록 자학적이고 폭력적이다.

인 현재를 과거로 돌리고, 또 다른 대답인 목적론은 미래로 돌리니 결국 현실을 회피하게 한다. 따라서 현실의 시제인 현재에 주목하기 위해 고통에 대해서는 '어떻게'로 가야 한다. '어떻게'라는 방법 물음은 다른 물음들보다도 가장 직접적으로 현실로 끌고 들어가기 때문이다. 그리고 '어떻게' 물음에 대한 대답으로서 '더불어'로 풀어질 수 있는 상관성(co-relatedness)[18]을 제안하고자 한다. 고통당하는 모든 피조물이 그 자체와의 진솔한 대면을 통해 이를 함께 나누는 상관성이 현실적인 대안이라고 보기 때문이다. 상관성의 '더불어'는 당할 수밖에 없는 고통에 대해 인간이 연대해 함께 대처하자는 것이다.

그렇다면 상관성은 인과율이나 목적론과 비교해 구체적으로 무엇이 어떻게 다른가? '더불어'는 고통이 '죄 때문에 받는 벌'이라거나 '더 좋은 보상을 위하여 취해진 수단'이라는 식으로 고통 이외의 다른 것과 연결함으로써 호도하는 것을 단연코 거부한다. 오히려 '윤리라는 것은 고통을 극복하려는 인간의 자기보존 본능이 공동적 이기주의로 표현된 것'[19]이라는 통찰을 이 대목에서 되새겨볼 일이다. 이기주의와 공동체성은 겉보기에는 모순이지만, 고통을 겪을 수밖에 없는 인간들이 바로 그 고통과 대면하여 해결책을 모색하기 위해, 자신들을 지켜내려는 이

18　인과율은 원인과 결과 사이의 필연적 법칙이고 목적론은 수단으로부터 목적으로의 추론이라면 상관성은 현실의 시제인 현재에서의 작동 방식일 뿐 법칙이나 추론이 아니다. 따라서 그저 상관성이라고 한다.

19　터커·그림 외 엮음, 『세계관과 생태학: 종교, 철학, 그리고 환경』, 유기쁨 옮김(성남: 민들레책방, 2003), 제3부를 참조하기 바란다. 고통에 대한 체험이 인간에게 윤리적 차원을 요구하게 되었다는 통찰이 이 대목에서 의미를 지닐 수 있다. 왜냐하면 윤리란 고통을 피하고 극복하려는 인간의 자기보존 본능이 공동적 이기주의의 형태로 표현된 것이라고 볼 수 있기 때문이다. 손봉호도 『고통받는 인간』에서 이러한 입장을 피력한다.

기주의를 이와 충돌할 것처럼 보이는 공동체적인 방식으로 구현함으로써 오히려 현실적 효과를 증폭할 수 있다는 역설적인 전략이다. 그러기에 '더불어'는 무슨 대단히 숭고한 성인군자의 도를 말하는 것이 아니라 개인의 이기주의를 보장함으로써 현실성을 확보하고 이를 실현하기 위한 방안으로, 이기주의의 갈등과 충돌을 조정할 연대성을 도모하는 타협의 윤리로 제안된다. '기쁨은 나누는 만큼 커지고 고통은 나누는 만큼 작아진다'는 삶의 격언도 이 맥락에 연관될 수 있다.

돌이키건대, 역사 안에서 '가진 자들'은 언제나 그들의 기득권에 대한 현상 유지를 위해 근거 규명을 명분으로 한 인과율적 저주나 사실 호도에 불과할 목적론적 기만을 일삼아왔기에 너무도 당연한 인류의 상관적 연대가 적절한 대안으로 등장할 계기를 갖지 못했었다. 그러나 이제 '못 가진 자들'의 절규가 이 시대에 다름의 논리로 전면에 등장하게 된 마당에 생태적 공존의 윤리적 차원에서도 현실적 연대의 필수성은 재론의 여지가 없다. 실제로 고통을 당하는 경우, 고통을 유발한 하나의 사건에 함께 연관되어 있더라도 고통 그 자체는 서로 다를 수밖에 없다는 점도[20] '더불어'를 절실히 필요로 한다는 것을 오히려 웅변해준다.

엄밀히 본다면, '때문에'나 '위하여'는 자기에게는 결코 적용하지 않는 태도로서 타자에 대한, 타자를 향한 언어일 뿐이다. 이와 견주어 '더불어'는 비록 이기주의가 기본적인 동기라고 하더라도 타협을 통해 공동체를 도모하는 일이니 자기와 타자의 관계가 사뭇 달라질 수밖에 없

20　월터스토르프(Nicholas Wolterstorff)는 이를 "우리는 슬퍼함으로 하나가 되었으나 우리는 서로 다르게 슬퍼한다"고 고백한다. 니콜라스 월터스토르프, 『아버지의 통곡』, 권수경 옮김(서울: 양무리서원, 1992), 92쪽.

다. 사실 자기와 타자는 우리가 통상 생각하는 것처럼 그렇게 경계 지어지지 않는다. 자기와 타자란 실체적으로 구별되고 분리되기보다는 원초적 관계(relatio)에서 비롯된 피관계체(relata)들이다. 흔히 자기의 같음과 타자의 다름을 대비하여 자기의 같음은 옳음이고 타자의 다름을 그름으로 보아온 관습이 지배적이었지만, 이는 자존적이고 자족적인 실체를 옹립하던 시대의 구습일 뿐이다. 그러한 구습은 가진 자들과 지배자들에게는 당연하고 편리한 것이었지만, 다름들이 아우성치는 우리 시대에는 더 이상 적절한 논리도, 윤리도 아니다. 자기의 같음이 언제나 옳지만은 않을 뿐더러 타자의 다름이 그르기만 하지 않다는 것을 겪으면서 자기중심주의적인 이기주의는 그 이기주의마저도 지탱할 수 없는 비현실적 윤리라는 것이 만천하에 폭로되었다. 더 나아가 자기가 같음으로만 이루어진 것이 아니라 자기 안에 무수한 다름들이 이글거리고 있다는 것을 발견하게 된 오늘날, 개인(the individual)은 더 이상 쪼개어질 수 없는 것(the indivisible)이 아니니 더 이상 동일성(identity)이 정체성(identity)일 수 없게 된 것과 같은 맥락이다. 오죽하면 이제 인간을 '비동일적 정체성(non-identical identity)'이라 하고 '구성적 상대성'이라고 하겠는가?[21] 한 개인이 이미 '더불어'의 산물이다. 삶이 이미 '더불어'를 생리로 한다. 태어남이 결정적인 증거이고 죽음과의 관계조차도 이를 보여준다. 나아가 자기와 타자도 실체적으로 분리될 수 없이 이미 '더불어'를 생리로 하여 살고 있다. 삶의 생리가 이토록 역설적이기도

---

21 '비동일적 정체성'은 니시타니 게이지가 설명한 즉비(即非)의 논리를 참고로 구성한 표현이며(니시타니 게이지, 『종교란 무엇인가: 종교와 절대 무』참조), '구성적 상대성'은 종교 간 관계에서 인간의 정체성에 대한 대안을 제시한 라이문도 파니카의 용어를 빌려 왔다(라이문도 파니카, 『종교 간의 대화』참조).

한 '더불어'라면 삶의 마땅한 길로서의 윤리도 그러해야 한다. 이러한 '더불어'의 역설은 전통적으로 모순으로 간주되었던 대립관계가 일방성의 폭력으로 왜곡되어왔음을 고발하고 상관성을 회복할 것을 지시하고 있으며 현대의 시대정신은 다양한 사조들을 통해 이에 부응하고 있다. 결국 '더불어'는 자기와 타자의 관계를 포함해 온 세계를 관통하는 원리일 뿐 아니라, 거슬러 가장 근본적으로는 자기라는 인간을 엮어내는 생리이다. 따라서 고통의 문제에 대해서도 이토록 근본적으로 삶을 엮어내는 생리와, 현실을 작동시키는 원리에서 추려지는 '더불어'의 윤리가 좀 더 맞갖은 대안이 될 수 있다. '더불어'는 고상한 선택이라기보다는 이 시대의 마땅하고 절박한 대안이다.

더 나아가 '더불어'가 '어떻게'라는 물음에 대한 대답이라면 이 대답은 우리를 '누가 고통당하는가?'라는 물음으로 이끌어간다. 그리고 '누가'는 앞서 논했던 자기와 타자의 관계가 그렇게 구별될 수 없다는 통찰을 다시금 확인해준다. 왜냐하면 누구나 그 '누가'가 될 수 있기 때문이다. 그리고 여기에는 어떤 예외도 허락되지 않는다. 고통을 당하기 전까지 자기는 아니라고 착각하면서 살아가지만 '더불어'가 끌어낸 '누가'는 그 착각이 어리석음이라고 가르쳐준다. 이기주의를 공동체적으로 엮어야 하는 이유가 바로 여기에 있다. 이런 맥락에서 돌이켜 새긴다면, '왜 고통당하는가?'라는 물음은 결국 대답될 수 없는 물음이다. 왜냐하면 고통이란 삶에서 일어나고 겪게 되는 것이라기보다는 삶 자체가 곧 고통이라면, 삶이 달리 이유가 없듯이(Leben ohne Warum) 고통이라는 것도 그 근거를 밝힐 수 없을 것이기 때문이다. 많은 사람이 고통을 신비라고 하는 것도 이러한 통찰과 무관하지 않다.[22] 그리고 '더불어'는 그 신비를 삶에서 체험하게 하는 길이기도 하다. 고통의 신비 그 자체를 알 수는 없다고 하더라도 이를 대면하는 현실의 '더불어'는 이기주의와 공동체성이 모순을 넘어 절묘하게 역설적으로 얽히는 신비로 우리를 이끌어간다.

　이제 '더불어'는 고통당하는 이웃에게 정죄의 저주 대신에, 그리고 보장 없는 위로 대신에, 그저 함께 아파하도록 우리를 이끈다. 또한 고통은 이웃이라는 타자만 당하는 것이 아니라 나도 당할 수 있으니, 내가 고통당할 때 '더불어'는 부질없는 죄의식으로 나 자신에게 강박을 씌우지 않으며 헛된 보상에 대한 기대로 자신을 자학적으로 채찍질하지도 않게 한다. 신약성서가 전해주는 바와 같이 예수가 친구의 죽음에 찾아가서 가장 먼저 한 행동은 함께 울음을 나눈 것이었다. "우는 자와 함께 울라"는 말씀처럼 이것밖에 우리가 할 것은 없다. 이제 우리는 마땅히 인과율적 저주와 목적론적 기만을 넘어 이러한 '더불어'의 상관적 연대로 고통당하는 피조물과 만남으로써 전 우주의 생태적 연대로 나아가야 할 것이다. 이것이 바로 이웃이 고통당할 때 우리가 살아야 할 삶이고 또한 우리가 고통당할 때 이웃에게 기대해 마땅한 믿음일 것이다.

22　Douglas John Hall, *God and Human Suffering: An Exercise in the Theology of the Cross*(Minneapolis: Augsburg Publishing House, 1986), pp. 31~48. 고통의 신비를 절규하는 사람들이 한둘이 아니로되 홀(Douglas John Hall)은 십자가의 신학에 이를 잇대어 풀고자 하는 점에서 우리가 주장하는 상관적 연대에 대해 의미가 있어 보인다.

자유가 너희를
진리하게 하리라

모순에서 역설로의
전환을 통하여

1. 어느 것도 버릴 수 없이 소중한 진리와 자유, 그 사이는?

일본의 가톨릭 작가 엔도 슈사쿠(遠藤周作)는 그의 소설 『침묵』에서 그리스도교 선교의 한 역사를 소개한다. 이 소설은 1587년 일본의 도요토미 히데요시(豊臣秀吉)가 그리스도교를 박해하면서 나가사키에서 26명의 성직자와 신자들을 화형에 처하는 것을 시작으로 피비린내 나는 순교의 역사가 전개되는 상황을 그린다. 각지에서 수많은 신자가 고문받고 학살당하더니 1614년 모든 가톨릭 성직자에게 추방령이 내려졌다. 그런데 이런 엄중한 추방령에도 불구하고 37명의 성직자가 신자들을 차마 버리고 갈 수 없어 비밀히 일본에 남았다. 포르투갈의 예수회에 소속되어 있는 페레이라 신부도 이들 잠복 사제 중의 한 사람이었다. 그는 처형되고 있는 성직자와 신자들의 실상을 본국 해당 교구에 보고했다. 1632년 3월 22일 당시 교황사절이었던 안드레아 신부에게 페레이라 신부가 나가사키에서 써 보낸 편지가 전해 온다.

> 고문이 시작되었다. 일곱 명은 한 사람씩 펄펄 끓는 연못가로 가서 들끓는 물보라 앞에 세워져 그 무서운 고통을 맛보기 전에 그리스도교를 버리라는 훈계를 들어야 했다. 추위 때문에 기온 차가 심한 연못은 무서운 기세로 들끓어 하느님의 도움이 없었다면 보기만 해도 기절할 정도였다. 그러나 모두가 하느님의 은총으로 커다란 용기를 얻어 '어서 고문하라'고 외치며 자신들이 신봉하는 종교를 절대로 버리지 않겠다고 대답했다.[1]

---

1   엔도 슈사쿠, 『침묵』, 김윤성 옮김(서울: 바오로딸, 2000), 9쪽.

그런데 이와 같은 편지를 썼던 페레이라 신부가 구덩이 속에 달아매는 고문을 받았고 결국 배교했다는 소식이 나가사키에서 마카오로 돌아온 선원을 통해 포르투갈 예수회 본부에 보고되었다. 그러나 본부 신부들에게는 페레이라 신부가 아무리 혹독한 고문을 받았다고 하더라도 배교한다는 것은 생각할 수 없는 일이었다. 어떻게 된 것일까? 어떠한 이유도 물을 수 없을 것 같은 '진리를 위한 순교'와, 어떠한 이유라면 그러한 진리마저도 저버릴 수 있을 것 같은 '자유를 향한 배교' 사이에서 양자택일만이 허용될 뿐인가? 다시 말해, 순교를 각오하는 진리와 배교도 불사하는 자유 사이의 관계가 이처럼 대조적이기만 한 것이라면 과연 진리와 자유는 함께 갈 수 있는 것인가?

2. 그렇다면 "진리가 너희를 자유하게 하리라"라는 말은?

이런 상황을 염두에 두면서 신약성서에 나오는 "진리가 너희를 자유하게 하리라"(「요한복음」 8:32)는 구절을 살펴보자. 이 말씀은 성서 안에서도 가장 자주 인용되는 구절들 중의 하나이다. 이 간결한 문장 안에 소중하면서도 매력적인 진리와 자유라는 단어가 쌈박하게 들어 있기 때문일 것이다. 그러나 이 구절은 과연 무엇을 뜻하는가? 만일 그리스도교 신자들에게 설문조사를 하여 대답을 추려본다면 그 뜻에 대해서는 여러 주석에서 확인할 수 있는 것처럼 대체로 교리적으로 새기려고 하는 것이 일반적일 것이다. 예를 들면, 한국 가톨릭의 『200주년 신약성서 주해』에서는, 진리란 "인간이 추구해서 얻어진 것이 아니라 인간 구원을 위해 하느님으로부터 계시된 가르침, 곧 하느님으로부터 파견된 예수가 말과 행동으로 이 세상에 드러낸 종말론적 구원 계시"를 가리키고, 자유하게 한다는 것은 "그러한 구원의 계시를 통하여 죄의 굴레로부터 해방시킨다는 것"을 뜻한다고 한다.[2] 또한 독일성서공회의 해설에서는, 진리란 "그리스도 안에서 접근 가능하게 된 하느님의 현실을 뜻하는 것"이며, "이 마지막 실제를 알고 거기에 결합함으로써 자유하게 된다"고 설명한다.[3] 그런데 국제성서주석에서는 이보다는 다소 자세하게 그 말씀의 배경에 대한 설명으로 시작한다. 즉, 유대교에서 진리란 곧 율법을 가리키고 바로 그 율법에 대한 탐구가 인간을 자유하게 한다고 이해했으며, 스토아 철학자들도 인간이 만물의 지배원리인 자연법(logos spermatikos)과 같은 진리에 따라 살아감으로써 자유를 얻게 된다고 믿었다는 것이다. 그런데 요한이 전한 말씀은 이러한 배경과는 달리 진리란 바로 하느님과 인간 사이의 올바른 관계를 가리키는 것이며 자유란 죄로부터의 구원으로서 결국 하느님과 인간 사이의 올바른 관계 회복을 가리킨다는 것이다.[4] 그런데 몇 가지 예를 살펴본바, 이러한 주석들은 그 표현은 다소 달라도 대체로 교리적으로 풀이하고 있고 우리도 거의 이런 식으로 예수의 이 말씀을 새기고 있는 듯하다. 그러나 이런 식으로 읽게 되면 진리와 자유는 결국 동어반복이 되고 마는데, 표현도 구태의연할뿐더러 같은 말을 되풀이하는 것이어서 별다른 뜻이

---

2   200주년신약성서번역위원회 엮음, 『200주년 신약성서 주해』(왜관: 분도출판사, 2001), 499쪽.

3   독일성서공회 해설, 대한성서공회 엮음, 『관주 성경전서』(개역개정판), 신약성서, 237쪽.

4   C.K. 바레트, 『국제성서주석: 요한복음 II』, 박재순·박경미 옮김(서울: 한국신학연구소, 1985), 82쪽.

드러나지 않게 된다.[5]

그러나 이 구절은 이렇게 새기고 말 일이 아니다. 우선 '진리'와 '자유'라는 것이 우리의 일상에서 그리 사이좋은 관계가 아닐 뿐 아니라 많은 경우에는 오히려 서로 간에 대조적인 모순과 갈등, 때로는 충돌로 이어지기도 하기 때문이다. 그럼에도 불구하고 '진리'와 '자유'를 교리적인 틀 안에서 그렇게 자연스럽게 이어지는 듯이 읽게 되면 양자 사이의 교차 규정에 의해 폐쇄적인 굴레로 빠질 수밖에 없고, 나아가 의도하지 않더라도 단순한 동어반복에 의한 알량한 종교적 주술 효과를 거쳐 그리스도교의 게토화로 치달을 수밖에 없기 때문이다.[6] 따라서 예수의 이 말씀이 한갓 종교적 주술에 머무르지 않고 참으로 인간해방적인 선언으로 새겨질 수 있기 위해서는 먼저 성서를 덮고 일상적인 의미와 감각으로, 즉 진리와 자유 사이의 대조적인 모순을 정직하게 받아들이면서 접근해볼 필요가 있다. 그래야만 이를 넘어설 가능성이라는 관점에서 예수의 말씀의 넓이와 깊이를 새길 수 있기 때문이다. 그리고 이를 통해 인간에 대한 종교의 본래적 의미를 더듬을 수 있을 것이기 때문이다.

---

5   그 신학적 입장의 다양성과 차이에도 불구하고 각종 주석에서 종교적 언어로서 진리와 자유에 대해 이렇게 동어반복적으로 새기는 것은 우연한 일이 아니라 종교언어가 이미 인식의 확장보다는 확신의 강화를 목적으로 단순 반복에 의한 주술 효과를 기획하고 있기 때문일 수도 있다.

6   종교학자 정진홍은 종교언어의 폐쇄성이라는 문제를 다음과 같이 지적한다. "종교 언어가 일상 언어와 단절되어 있거나 그렇게 될 까닭은 없습니다. 당연히 종교 경험을 다루는 신학 또는 경전의 언어가 일상 언어와 다를 까닭도 없습니다. 언어를 일상 언어와 종교언어로 분류하는 것 자체가 자연스럽지 못한 일이기도 합니다." 정진홍, 『경험과 기억: 종교문화의 틈 읽기』, 269쪽.

3. 일상적인 삶에서 진리와 자유가 지니는 뜻

그렇다면 나날의 현실에서 진리와 자유는 무엇을 가리키고 어떠한 뜻을 지니는가? 물음을 이렇게 묻는 것은 어느 특정한 학문이나 사상 체계 안에서 통용되는 진리나 자유에 대한 정의들은 그 해당 영역 안에서 작업가설적으로 의미를 지닐 수는 있을지언정 우리의 일상과는 여전히 별개의 것이거나 또는 지극히 전문적이어서 결국 지엽적인 것일 수밖에 없기 때문이다. 따라서 우리는 일상적으로 새겨지고 쓰이는 뜻에서의 진리와 자유에 대해 좀 더 진술하게 관심하고자 한다. 이제는 겉보기에는 거창하지만 더 이상 현실과는 무관한 구태의연한 논의들을 계속할 이유가 없기 때문이다.

1) 진리란 무엇인가?

우선 진리란 무엇인가? 진리에 대해서는 무수히 많은 정의가 있다. 물론 이것들을 모두 망라할 수도 없고 그럴 필요도 없지만 우리의 목적을 위해 자유와의 관계를 염두에 두면서 살핀다면 다음과 같이 추릴 수 있다. 즉, 진리라고 하면 적어도 '참되고 옳은 것', 그리고 더 나아가 그 무엇을 바로 그렇게 '참되고 옳은 것이게 하는 것'이라는 최소한의 정의를 만족시켜야 하는 것은 재론의 여지가 없다. 그러나 이것이 최소한인 것은 참됨과 옳음이라는 판단이 여전히 괄호에 묶인 채 같은 말을 되풀이하고 있는 매우 형식적인 묘사이기 때문이다. 결국 그러한 참됨과 옳음을 무엇으로 판단할 것인가라는 물음이 관건일 터인즉, 여기서 일찍이 이러한 물음을 고민한 사람들이 여러 견해를 내놓았다. 예를 들면, 서구 정신문화사의 본격적 원조 중의 한 사람인 플라톤(Platon)은 순간적인 감각에 의해 휘청거리기도 하는 개인적인 견해를 뜻하는 억견(doxa)과는 달리 무수히 서로 다른 현상들을 관통해 '같은 하나'(同一)로 있게하는 보편적 본질(eidos)에 대한 지식(episteme)이 곧 참됨과 옳음을 뜻하는 진리를 향하는 지름길이라 했다. 그런가 하면 그토록 '같은 하나'에도 불구하고 여전히 무수하게 다양한 현상들의 개별적인 다름에 좀더 주목한 아리스토텔레스(Aristoteles)는 진리란 '사물과 이에 대한 영혼의 동화(homoiosis)'라고 공식화함으로써 이후 진리관에 대한 수많은 논의의 원형을 이루었다. 그러한 공식으로부터 영향을 진하게 받은 중세 스콜라주의에서 비로소 '사물과 판단의 일치(adaequatio intellectus et rei)'라는 고전적 진리관을 완성하게 되었음은 물론이다. 그리고 이로써 우리는 이미 고전적인 진리관에서부터 진리의 핵심 구조인 동일성, 즉 '같음의 논리'가 확고하게 자리 잡고 있음을 확인할 수 있다.

그러나 고전적 진리관에서의 일치 또는 동일성의 방식에 관한 탐구가 본격적으로 펼쳐지게 된 것은, 진리에 이르기 위한 과정에 대한 탐구로서 인식론이 정신문화사의 전면에 등장하게 되었던 근세 초기에 이르러서였다. 한편으로 이성론자들은 일치란 보편적 이성에 근거한 판단들 상호 간의 '정합'과 다르지 않다고 주장한 반면에, 경험론자들은 후일 논리실증주의자들에게서도 나타나는 것처럼 일치란 기준으로서의 외계 사실에 대한 개별 감각적 판단의 '대응'을 의미하는 것이라고 논박했다. 그러다가 그러한 정합과 대응이라는 것이 과연 앎의 주체인 사람의 어쩔 수 없는 한계에 대해 진지하게 되돌아보지 않은 채 일치의 공식만을 그려낸 것이 아닌가라는 의혹이 제기되었다. 이러한 분위기에서 실재 그 자체는 알 수 없고 다만 우리 경험의 한계 안에 잡힌 것만을 알 수 있을 뿐이라는 통찰로 인해 종래의 일치는 심각한 균열의 위기에 처하게 되었다. 그러나 같음을 향한 집념이 여기서 멈출 수는 없는 일이었으니 그러한 위기를 넘어서 급기야 '존재와 사유의 동일성'이라는 공식이 이성의 보편성과 역사의 구체성을 함께 싸잡겠다는 야심으로 옹립되었다. 결국 고전적이든 근세적이든 전통적인 진리관은 그 구체적인 방식에서는 다소 다를지언정 대체로 일치, 또는 동일성으로의 귀결을 기본 구도로 하고 있었다. 그리고 이렇게 같음을 시원이요, 종국으로 옹립하는 전통적 진리관이 우리 시대인 현대에도 일반적으로는 여전히 지배적이라는 것에 재론의 여지가 없다.

결국 진리란 일반적으로는 모든 사람에게 해당되고 받아들여지는 '같음'을 뜻한다. 말하자면, 진리는 보편적으로 타당한 원리로서의 같음을 일컫는다. 널리, 아니 모두에게 옳은 것으로 받아들여지는 것, 그것이 아니면 도대체 진리하고 할 수 없다는 것이다. 그리고 바로 이런 이유로 진리의 보편타당성은 당연하게도 객관성을 포함한다. 여기서 보편타당성과 객관성이란 동일성의 또 다른 표현임은 물론이다. 그리고 이로부터 우리는 진리의 보편타당성에 입각해 실체주의와 본질주의, 그리고 토대주의와 같은 환원주의를 통해서라도 무수한 다름들을 묶어내는 같음을 확보하려는 노력을 확인하게 된다. 그도 그럴 것이 사실상 저마다 서로 다른 진리를 표방한다면 진리에 관한 무정부적인 상대주의가 되고 말 것이니, 이것이 우리에게 불안과 불의를 일으킬 수밖에 없을 것임은 자명하다. 그리고 바로 이런 이유로 사람들이 서로 다르고 처지가 서로 달라도 진리는 마땅히 동일해야 한다는 데에 집중하게 된다. 말하자면, 같을 뿐 아니라 더 나아가 하나이어야 한다는 것이다. 우리가 가지고 있는 신(神) 관념에서 자연적인 다신 사상으로부터 초자연적인 유일신 사상에 이르는 진화 과정도 그러한 진리관의 종교적 표출이라고 볼 수 있다. 우리가 '하나님'이라고 부르는 신의 이름도 이런 생각과 연관되어 있다고 하지 않을 수 없다. 결국 진리는 철저하게 동일성, 즉 '같음'의 논리에 뿌리를 두고 있는 것으로 보인다.

그렇다면 진리가 향하는 같음이란 구체적으로 어떠한 틀을 지니고 있는가? 다시 말하면, 그 틀에서 진리란 어떠한 것들의 같음인가? 가장 형식적으로 그려본다면 진리란 '있음과 앎의 같음'을 근본적인 틀로 한다. 즉, 어떠한 사물이나 사건에 연관하여 진리란 그 사물이나 사건이 있는 대로 알려지고 그렇게 알려지는 대로 있다면 그러한 있음과 앎의 같음이 곧 그 사물이나 사건에 대해 진리인 것이다. 고전 형이상학의 차원에서 말하자면, 존재('있다')와 본질('이다')의 일치이고, 형이상학과 인식론의 만남이 이루어진 근세의 방식으로 표현한다면 존재와 사유의 일치이다. 하여튼 진리의 진리성에서 있음과 앎의 구체적인 내용은 부차적인 것이로되 적어도 '있음과 앎의 같음'이라는 근본적인 형식 요건을 만족시켜야만 진리라고 할 수 있으며 그렇지 않으면 진리라고 할 수 없다는 것이다. 돌이키건대 있는 대로 알고 아는 대로 있다면 그것이 곧 진리일 것은 의심의 여지가 없을 것이다. 물론 있음과 앎 사이의 온전한 같음을 통해서 확보되는 진리는 진리이기 위해 더 이상 여타의 요소를 필요로 하지 않을 만큼 자기충족적임도 재론의 여지가 없다. 있음은 앎에서 드러나고 앎은 있음에서 주어지니 그 자체 안에서 순환적일지언정 이외의 것이 끼어들어서는 안 될 뿐 아니라 그럴 필요도 없기 때문이다.[7] 그런데 바로 이러한 이유로, 즉 그처럼 자기충족적인 진리

---

7   진리의 동일성에 근거한 본질주의를 핵심으로 하는 토대주의란 바로 이것을 가리킨다.

이기 때문에 다름이 끼어들 여지가 없으며, 따라서 자유가 허용되고 행사될 공간도 찾아보기는 어려울 수밖에 없다. 그럼에도 불구하고 일상적인 삶을 지배하는 일반적이고 대중적인 진리관은 적어도 이러한 테두리 안에 아직도 머물러 있는 것으로 보인다.

2) 자유란 무엇인가?

그렇다면 다른 한편, 자유란 무엇인가? 자유에 대해서는 진리와 비교도 안 될 정도로 엄청난 정의들이 쏟아져 왔다. '자유 아니면 죽음을 달라!' 고 할 정도로, 목숨을 대가로 내놓을 정도로 소중한 자유이니 얼마나 많은 생각이 여기에 얽혀왔겠는가? 물론 자유란 적어도 억압이나 강제가 없는 소극적 상태로부터 무엇인가를 추구하고 선택할 수 있는 적극적인 행위에 이르기까지 광범위한 뜻을 포함하기 때문에 그럴 수밖에 없었을 것이다. 그러나 자유의 그처럼 넓은 의미도 자기실현이라는 우리 삶의 목적과 밀접하게 관련된다는 점을 주목한다면 어느 정도 추릴 수는 있다. 먼저 전통적으로 익숙한 결정주의적 세계관에서, 자유란 우선 타자로 둘러싸인 세계 안에서 자아를 이루는 자기정합(self-integration)에서 시작해 세계의 지평을 향한 수평적 자기창조(self- creativity)와 무한성을 향한 열망으로서의 수직적인 자기초월(self-transcendence)까지 포함하는 가히 입체적인 차원을 지칭하는 것으로 새겨진다.[8] 말하자면, 이 세계관

---

8   결정주의적 세계관에서의 자유에 대한 이해의 좋은 예로서 우리는 틸리히의 철학적 신학이 전개하는 자유의 삼각구도를 택했는데, 그 이유는 인간의 실존 구성 요소로서의 존재와 자유의 관계에서 자유에 대한 존재의 우위를 설정하는 존재주의적(ontologistic) 구도를 채택하고 있기 때문이다. Paul Tillich, *Systematic Theology* III (Chicago: Univer-

에서 자유는 묶음에서 풀어 헤침으로 나아가는 방식으로 전개되는 것으로 그려진다. 그러나 다른 한편으로, 그러한 결정주의와는 대조를 이루는 자유주의적 세계관에서는 자유가 좀 더 상세히 분화되어 새겨진다. 즉, 자유는 우선 외부적 결정에 대항하는 자기결정(self-determination) 능력으로서의 자율성을 가리키는데, 이는 아우구스티누스가 말하는 소자유(libertas minor)에 해당하는 것으로서 자아중심적 개인주의로 전락할 수밖에 없는 도덕 이전의 자유이다. 따라서 마땅히 대자유(libertas major)인 자기완성(self-perfection)의 단계로 전이되어야 하는데 여기에서 자유는 도덕성을 확보하면서 인격성의 차원까지 덧입게 된다. 그러나 대자유의 도덕성이라는 주어진 법칙은 소자유의 자기결정적 자유와 충돌할 수밖에 없다. 도덕성이란 아무래도 개인주의와 긴장을 이룰 수밖에 없기 때문이다. 따라서 자기결정적 자유의 비합리성을 드러내주면서도 동시에 자기완성적 자유의 자발성을 드높이는 자기실현(self-realization)적 자유가 요청되는데, 이 단계에서 이러한 자유는 역설적이게도 의무나 책임, 또는 심지어 운명으로까지 새겨진다.[9] 결국 여기서는 자유가 심지어 서로 충돌하기까지 할 정도의 분화로부터 그러한 가닥들에 대한 매듭의 방식으로 개진되는 것을 볼 수 있다. 말하자면, 자유는

---

sity of Chicago Press, 1962), pp. 32~34 · 50~51 · 86~88을 참조하기 바란다.

9   자유주의적 세계관에서의 자유에 대한 이해의 좋은 예로서 우리는 베르자예프의 철학적 신학이 개진하는 자유의 실존변증법을 택했는데 그 이유는 인간의 실존 구성 요소로서의 존재와 자유의 관계에서 존재에 대한 자유의 우선성을 주장하는 실존주의적(existentialistic) 구도를 채택하고 있기 때문이다. Nicholas Berdyaev, *Freedom and the Spirit*, translated by O. F. Clarke(New York: Books for Library Press, 1972), pp. 131~141을 참조하기 바란다.

어떠한 세계관을 지평으로 하는가에 따라 이렇게 대조적인 전개 양상을 보일 정도로 다양하다는 점을 새삼 확인하게 된다.

다소 대조적인 세계관에서 이해되는 자유에 대한 개념들을 간략히 살핀바 이들에게서 공통적으로 추릴 수 있는 것은 자유란 형이상학적으로는 필연을 뜻하는 결정성에 대조되는 우연성을 가리키기도 하지만 인생론적으로는 운명과 얽히면서도 숙명과 대결하는 긴장을 지니기도 한다는 것이다. 그런데 필연적 결정성이나 주어진 숙명이 우리 삶에서 같음의 논리를 경험할 수 있는 중요한 방식들이라면 자유란 그 본질적 예측불허성에도 불구하고 바로 그 덕분에 그러한 같음의 논리에 대항하는 우연성과 임의성을 통해 다름이 숨쉴 수 있는 시공간을 확보하는 근거가 된다. 또한 같은 방식으로 사회적 차원에서 자유는 같음의 확대 재생산을 기본으로 하는 평등이나 평화라는 덕목과 부딪칠 수밖에 없으며, 역사적 차원에서는 전통의 같음을 지향하는 수구에 대해 다름으로 벗어나려는 개혁의 대립을 엮어내기도 한다. 이처럼 자유가 개별적인 다름을 지향하는 것이라면 결국 자유란 누구에게나 같은 방식이나 내용을 가리키기보다는 저마다의 길을 갈 수 있는 조건이나 능력을 뜻한다고 잠정적이나마 규정해볼 수 있겠다. 이렇게 된다면 자유는 서로 간에 다를 수 있는, 아니 다를 수밖에 없는 조건과 상황에 주목하는 요소가 아닌가 한다. 그러기에 자유는 보편성이라는 이름으로 옹립되는 본질주의와 토대주의를 거부하며, 그런 이유로 있음과 앎 사이의 같음으로 환원되기에는 너무도 다를 수밖에 없는 삶에 더욱 옹골차게 주목한다. 말하자면, 자유란 삶의 다름을 진솔하게 드러내고자 하는 열망이고 몸부림인 것이다. 그리고 이러한 점에서 일반적으로 이해되는 진리의 같음에 대해서 자유의 다름은 긴장을 일으킬 수밖에 없는 것이다.

3) 일상에서의 진리와 자유 사이: 반대 방향으로 달리는 두 마리의 토끼(?)

이렇게 본다면, 진리와 자유는 서로 정반대로 향하리만큼 대조적이라고 하지 않을 수 없다. 진리가 동일성, 즉 같음의 논리를 기본으로 한다면, 자유는 임의성도 불사할 만큼 다름의 논리로 이루어져 있기 때문이다. 나아가 진리가 같음의 논리에서 보편성을 토대로 안정을 추구하는 것이라면 자유는 다름의 논리를 바탕으로 개체성에 의한 불안가능성도 포함한다. 그리고 바로 이런 이유로 진리와 자유 사이의 관계는 반대 방향으로 달리는 두 마리 토끼에 비견된다.[10] 이러한 관계를 좀 더 구체적으로 살핀다면, 앞서도 잠깐 논급한바 종래 전통 형이상학에서 주요한 의제였던 결정주의와 자유주의의 관계도 이런 맥락에서 풀이될 수 있다. 진리가 주어진 구조의 결정성을 뜻하는 필연성을 특징으로 한다면 자유는 현실에서 경험되는 예측불허성이 가리키는 우연성의 영역에 주목하는 덕목이라고 볼 수 있기 때문이다. 또한 이러한 형이상학적·심리학적인 차원뿐 아니라 사회적인 차원에서도 진리와 자유 사이의 대조성을 확인할 수 있는데, 평등과 자유의 관계나 평화와 자유의 관계가 그 좋은 예이다. 왜냐하면 같음의 논리를 지향하는 평등의 확대는 다름을 추구하는 자유의 축소를 요구하며, 갈등과 전쟁 등 다름들의 극단적인 충돌이 없는 상태로서의 평화는 힘에 의한 통제를 통해서만

---

10 진리와 자유의 관계는 같음과 다름의 구도에서 실체와 관계, 또한 사실과 의미 사이의 그것으로도 읽힐 수 있다. 즉, 진리가 자기충족적인 실체라는 관점에서 옹립되어왔다면 자유는 타자의존적인 관계를 전제하지 않으면 안 된다는 점이 주목을 요한다. 또한 진리는 암암리에 누구나 받아들여 마땅한 것으로 보이는 '사실'에 대응하는 것으로 여겨지는 반면에, 자유는 모름지기 나름대로 새겨야 하는 의미로 추려진다고 하겠다.

주어질 수 있다는 역사의 현실은 갈등도 불사하는 자유와 부딪히지 않을 수 없기 때문이다.

그런데 여기서 우리의 특별한 주목을 요하는 것은 진리와 자유 사이의 이토록 오묘한 관계가 시대의 흐름에 따라 격변하기까지 한다는 점이다. 전통적으로는 진리가 자유 위에 군림했었다면 현대에 이르러서는 그 관계가 다소 역전된 것으로 보이기 때문이다. 좀 더 구체적으로 살펴본다면, 전통적으로는 진리와 자유의 관계에서 진리는 대의명분적인데 비해 자유는 다소 개인적이고 임의적이어서 진리와의 동등권을 인정받지 못하거나 열등하고 왜소한 것으로 간주되기까지 한 악습의 역사를 지니고 있다는 것을 부정하기 어렵다. 종교가 말하는 신(神)이란 가장 고결하고도 온전한 가치로서의 자기를 확인하려는 인간의 욕망이 투사된 것일 뿐이라는 포이어바흐도 현대라는 새로운 시대의 초입에서 전통에 대해 비판하면서 진리의 신적 위상에 견주어 자유의 인간적 왜소함을 개탄한다.

신이 인간의 머리카락까지도 세어두었다면, 그리고 신의 의지에 의하지 않고서는 한 마리의 참새도 땅에 떨어지지 않는다면, 신이 어떻게 자신의 말 — 인간의 영원한 행복이 달려 있는 말 — 을 필기자의 무분별과 변덕에 맡기겠는가? 그리고 어째서 신이 자신의 사상을 모든 왜곡으로부터 지키기 위해 필기자에게 구술하지 않았겠는가? "그러나 인간이 성령의 단순한 기관이었다면 그것에 의해서 인간의 자유는 폐기되었을 것이다!" 오오, 이것은 얼마나 보잘 것 없는 논거인가? 도대체 인간의 자유는 신적인 진리 이상으로 가치가 있는 것인가? 또는 인간의 자유는 오로지 신적 진리의 왜곡 속에서만 성립하는 것인가?[11]

포이어바흐가 절규하듯이 전통적인 구도 안에서는 진리가 우리에게 생각할 여유를 허락하지 않으며 성숙의 과정을 견디도록 내버려두지도 않는다. 왜냐하면 진리는 단번에 천하를 평정하는 탕평책으로서 그 역할을 해야 한다는 신념에 사로잡혀 있기 때문이다. 적어도 전통적으로 옹립되어왔던 진리에 대한 확신이라는 것이 바로 이것을 가리킨다. 그런데 진리에 대한 확신을 강조할수록 자유는 그만큼 억압될 수밖에 없다. 진리의 불변적인 무시간성이 자유의 가변적인 시간성을 압박하고 말살하기 때문이다. 결국 진리의 억압성을 더욱 증폭하는 것은 바로 우리가 진리에 대해 부여하는 확신이다. 그런데 이러한 확신은 사실상 자기 자신에 대한 것이다. 다시 말하면, 진리에 대한 확신이란 자기 자신에 대한 절대화 이외에 아무것도 아니다. 많은 경우에 신에 대한 인간의 투사가 무의식적인 욕망에서 기획되며 따라서 신앙이 자기착각(self-deception)일 수밖에 없는 이유가 여기에 있다. 그런데 그러한 착각이 순간에 머무르지 않고 지속적일 수 있는 것은 자유를 억누르는 진리가 평등한 이성의 사용보다는 위계적 권위에 대한 의지로 우리를 몰아가기 때문이다. 나아가 권위에 대한 의지에는 시간성을 망각하게 해주는 마력이 있어서 이 안에서 이를 통해 누리는 안정감은 착각을 지속시키는 원동력이 되기 때문이다.

　그러나 이와 같이 전통적으로 진리가 자유 위에 군림했었다면, 이후 터져 나온 현대의 해방담론은 다양한 형태의 포스트주의들을 통해서 오히려 자유에 대한 진리의 전통적 지배권을 거슬러 강력한 반기를 드는 것으로 보인다.

11　루트비히 포이어바흐, 『기독교의 본질』, 김쾌상 옮김(서울: 까치, 1992), 331쪽.

비판적 모더니즘이나 포스트모더니즘은 모든 형태 — 이성론이든 경험론이든 현상학이든 실증주의든 혹은 그 무엇이든 — 의 토대주의가 실패했다는 데에 동의한다. 그것은 두 가지 의미에서 실패했다. 첫째는 이론상으로 토대주의[진리]가 옹호될 수 없다는 사실이다. 인간의 지식이 조건화되는 수많은 방식[자유]을 무시한 채 무조건적으로 주장되는 지식의 다발[진리]이란 아무래도 설득력이 없거나 심하면 우스꽝스러운 것에 지나지 않는다. 둘째로는 실천적인 차원에서 볼 때 모든 형태의 토대주의[진리는 진보[자유]를 화근으로, 해방[자유]을 공포로 변질시키는 오만함을 구체적으로 보여준다. 악톤 경의 경구, '절대 권력은 절대로 타락한다'는 여기에서 다음과 같은 대구를 갖는다: '절대 지식[진리]은 절대로 타락한다.'[12]

달리 말한다면, 사람들 사이에서의 갈등과 억압을 조정하겠다는 취지로 등장한 정치뿐 아니라 고통이나 죽음과 같은 궁극적인 문제에 대해 해결해주겠다는 종교를 포함해 인류의 정신문화사 안에서 진리라는 이름을 표방한 신조나 신념들은 바로 그 진리를 구실로 자기를 절대화함으로써 독단으로 빠질 수밖에 없었다. 그런데 위의 분석에서 보듯이 이는 역사적 우연이라기보다는 자유와의 긴장관계를 고려하지 못한 진리 자체의 운명이라고 하지 않을 수 없다. 결국 자기절대화로 전락할 수밖에 없는 무조건적 진리를 거슬러 서로 다른 사람들 사이에서 터져나오는 개별적인 다름에 남다른 애정을 갖는 자유가 힘을 얻게 되어간다는 것이다.

---

12 J. L. Marsh and J. D. Caputo, *Modernity and Its Discontents*(New York: Fordham University Press, 1992), xi. 대괄호 부분은 필자가 삽입한 것이다.

간략히 살펴본바, 진리와 자유의 관계는 전통으로부터 현대로의 전환에서 그 관계의 위상이 역전되었기도 하지만, 어느 시대에나 앞서 말한 안정과 불안, 필연과 우연, 그리고 평등과 자유의 그것처럼, 또한 바로 위 인용구에서 살펴본바 토대와 진보의 그것처럼, 반대 방향으로 달리는 두 마리의 토끼 같은 관계라고 하지 않을 수 없다. 그런데 이렇게 진리와 자유가 서로 반대 방향으로 달리니 사람들은 일반적으로 진보를 명분으로 하지만 불안을 동반할 수밖에 없는 자유를 포기하고서라도, 아니 교조적인 강박을 대가로 치르고서라도, 토대와 안정을 제공해줄 것으로 기대되는 진리를 붙잡으려고 한다. '자유로부터의 도피'라는 것이 이것을 가리키거니와, 이것이 바로 현대에서도 동일성의 신화에 대한 향수를 저버리지 못하는, 그래서 암암리에 기득권을 옹호하는 기존 체제에 길들여진 대중에게 자유보다는 진리가 여전히 집요하게 위세를 떨치는 이유이다.

4. 다시 "진리가 너희를 자유하게 하리라"라는 말의 뜻은?

그러나 예수는 진리가 너희를 평안하게 하리라고 한 것이 아니라 자유하게 하리라고 했다. 무슨 뜻인가? 이를 캐어 들어가기 위해 이제 앞서 분석한 내용을 이 말씀에 적용해보자. 그러면 이 말씀은 '같음이 너희를 다르게 하리라'라는 뜻으로 번역될 수 있다. 같음이 너희를 같게 하리라거나 다름이 너희를 다르게 하리라고 했다면 당연하기는 하지만 그런 만큼이나 뻔한 이야기다. 그런데 같음이 너희를 다르게 하리라고 했다. 그렇다면 과연 같음이 우리를 어떻게 다르게 하는가? 좀 더 구체적으로 말한다면, '있음과 앎의 같음'이 우리를 어떻게 '삶의 다름'이 되게, 또는 이에 이르게 하는가? 이 물음에 대한 대답이야말로 과연 이 말씀이 교리적인 서술로 이루어진 동어반복에 의한 종교적 주술의 굴레로부터 벗어나 일상적인 차원에서도 참으로 인간해방적인 의미를 향한 설득력을 지닐 수 있는 길일 것이다.

물론 이 물음에 대한 대답을 더듬어가는 길은 여럿일 수 있다. 그러나 무엇보다도 '있음과 앎의 같음'에 대해 '삶의 다름'이 지니는 뜻에 대해 진지하게 주목한다면 우리에게 맞갖은 실마리를 모색할 수 있을 것이다. 즉, 죽음을 잊어버린 삶에서는 있음과 앎의 같음이 최대 관건일 수밖에 없을지라도, 잊어버릴 수 없는 죽음에 대해 정직하고 진지한 삶은 이미 없음과 모름의 뿌리인 죽음과 얽힌 삶이어서 있음과 앎의 같음으로 해소될 수 없다. 왜냐하면 삶과 그렇게 얽혀 있는 죽음은 있음에 대해 없음을, 앎에 대해 모름을 드러내고 겪게 해주는 결정적인 계기이기 때문이다.[13] 그뿐만 아니라 죽음에 대해 그렇게 열려 있는 삶은 바로 그 죽음과의 얽힘으로 인해 '있음과 앎의 같음'이라는 것이 기껏해야 '삶의 다름' 안에서의 작은 이야기일 뿐임을 드러내게 되며 따라서 양자 사이의 경계를 허물어뜨리지 않을 수 없게 된다. 그리고 이렇게 같음과 다름 사이의 경계를 허물어뜨림으로써 다름 안에서 추려지고 확인되는 같음이 비로소/오히려 우리를 다르게 한다는 점을 드러내게

---

13 여기서 죽음이란 논의의 편의를 위해 우연히 선택된 개념이 결코 아니다. 신학하기의 다양한 방법들이 부분적이고 심지어 지엽적일 수밖에 없는 것은 특정한 목적 때문이기도 하지만 결국 인간의 죽음에 대한 망각이나 외면과 무관하지 않다. 종교의 발생이 인간의 죽음과 불가분리적인 관계에 있을진대 이 시원에 대한 새삼스러운 경각이 필요한 것도 이 때문이다. 그리고 여기서 우리는 신학하는 방법에서의 통전성을 기대할 수 있을 것이다.

된다.[14] 물론 이것은 진리의 같음이라는 것이 본래의 의도와는 달리 우리에게 암암리에 강박으로 군림한다는 현실에 대한 진솔한 통찰에서 시작되는 사건이며, 또한 의도되지 않은 억압이 오히려 진리로 주장된 것으로 하여금 참으로 진리이지 못하게 한다는 사실에 대한 정직한 시인을 전제한다.[15]

그러나 같음과 다름의 경계를 허물어야 한다고 해서 대책 없는 상대주의를 예찬하는 것은 결코 아니다. 왜냐하면 상대주의란 차라리 진리의 절대성에 대한 강박에서 나오는 언어로서 인간의 조건과 한계에 대해 오히려 둔감하기 때문이다. 말하자면, 그러한 상대주의를 그 뜻대로 경험할 수 있는 사람은 절대주의에 토대를 둔 보편인, 즉 선험적 자아일 터인데 이는 어떠한 차원에서도 가상적인 인물일 뿐 죽을 수도 없

---

14 탈중심주의나 비환원주의와 같이 현대의 시대정신을 특징짓는 표현들이 이 맥락에서 나타나는 것은 당연한 일이다.

15 같음이 가리키는 진리라는 것을 그 무엇의 실재와 본질을 단번에 잡아냄으로써 그야말로 무시간적으로 전제되고 군림하는 것이 아니라 주체와 대상, 물질과 정신 사이의 상호 관련성에 기반한 시간적인 과정으로 이루어지는 다름 안에서 형성되어가는 것으로 이해함으로써 실마리를 풀 수 있을 것이다. 다시 말하면, 실체에 뿌리를 둔 형이상학으로부터 관계에 기반한 반(反)형이상학으로의 전환을 통해 진리의 시간성과 과정성을 드러내자는 것이다. 그런데 진리의 이러한 과정성은 명석판명으로부터 애매모호로의 전이를 포함한다. 다시 말하면, '군건한 토대 위에 세워진 자명한 주체의 화려함'을 포기하고 '언제 어떻게 될지 모르는 불확실한 우리라는 공동체의 초라함'마저 감수해야 하는 상황으로의 전환을 가리킨다. 그리고 바로 이런 이유로 꽤 타당한 근거를 지닌 저항들이 적지 않게 터져 나왔었다. 특히 '상대주의'라는 이 시대의 전위적인 명패가 이 맥락에서 다름의 애매모호함을 향한 돌팔매의 단골 메뉴로 등장한 것은 물론이다. 근세의 토대주의에 대한 집요한 향수를 버리지 못한 현대의 뭇 대중이 여전히 다름의 소용돌이로 내몰리는 형국을 '풀어야 할 문제'나 '없애야 할 위협'으로 보는 근대성의 사고를 유산으로 물려받고 있기 때문이다.

기에 결코 살아 숨 쉬는 사람은 아니기 때문이다. 또한 상대주의를 설령 현실적인 것으로 받아들인다고 하더라도 진리의 절대성이라는 억압적 허상에 대한 과도한 반동으로 인해 무리(無理)로의 충동을 억제하지 못할 것이기 때문이다.[16] 이렇게 본다면 동일성이 결국 야기할 수밖에 없는 획일성으로 인한 억압가능성을 지닌 진리뿐 아니라 그 억압으로부터 벗어난답시고 방종도 불사하리만큼 대책 없는 무리도 인간의 해방을 향한 길에 뜻있는 이정표가 될 수 없다. 사실상 있음과 앎의 같음이라는 포장을 둘러싸고 있는 무시간성의 환상을 깨고 삶의 다름으로 나아가면 상대주의 따위가 관건일 수 없다는 것이 오히려 우리의 체험이다. 결국 같음과 다름의 경계 허물기란 다름을 억압하는 같음으로서의 절대주의적 진리는 물론이거니와 같음을 거부하는 다름으로서의 상대주의적 무리도 공히 거부하고 '있음과 앎의 같음'과 '삶의 다름'이 서로 얽힌다는 것을 겸허하게 드러내는 것이다.

그렇다면 '있음과 앎의 같음'과 '삶의 다름'이 어떻게 서로 얽히며 이것은 무엇을 뜻하는가? 이를 살펴보기 위해서는 우리를 둘러싼 대상세계가 우리와 불가분리적인 상호관계 안에 들어와 있어서 같아야 할 것으로 여겨지는 그 '무엇'은 이미 서로 달리 새겨질 수밖에 없는 '왜'에 의존하지 않을 수 없다는 점에 주목할 필요가 있다. 왜냐하면 '왜' 없이는 '무엇'이 있을 수도 없고 더욱이 아무런 뜻을 지닐 수도 없기 때문이다. 말하자면, 다름은 같음에 필수불가결할 뿐 아니라 바로 그 같음을 이루는 근거이기도 한 것이다. 나아가 그 자체로서 참과 거짓 사이를

---

16 김영민, 『진리·일리·무리: 인식에서 성숙으로』(서울: 철학과 현실사, 1998), 176~196쪽을 참조하기 바란다.

가르는 진위 판단이라고 믿었던 것들이 정오 판정이 아닐 뿐더러 실은 '누구의 목소리가 더 큰가?'에 달린 일이거나 '얼마나 맞갖게 어울리는 가?'에 대한 판정이라는 사실도 그러한 같음과 다름의 경계 허물기를 통한 서로 얽힘의 필수성에 대한 좋은 증거라고 하겠다. 따라서 이런 점에 주목한다면 결국 같음은 다름에 기반하는 잠정적인 것으로 간주될 수밖에 없다.

> 게다가 자연의 법칙을 바탕으로 '사실'로서의 사건과 '진실'로서의 지각 인식을 측량하는 방법은 어디에도 존재하지 않는다. 자연 가운데에는 문자 그대로 의문의 여지가 없는 유일의 현실 및 절대적 진리 따위는 애초부터 존재하지 않는 것이다. 이것은 결코 단순한 철학적 결론이 아니다. 생리학 및 심리학 분야에서 우리 자신과 세계와의 상호관계[있음과 앎의 같음]는 단지 추론 및 해석 행위[삶의 다름]에 바탕하는 잠정적인 것에 불과하다는 사실이 이미 명확하게 입증되어 있는 것이다.[17]

그렇다면 이제 같음과 다름의 관계가 단순히 반대 방향으로 달리는 두 마리의 토끼가 아니라 서로에게 속하리만큼 경계가 허물어지면서 얽힌 것이라고 할 때 이러한 구도가 예수의 말씀에 대해 시사하는 바는 무엇인가? 이를 상세히 살피기 위해 예수의 말씀에서 우선 '진리'에 주목해보자. 진리란 무엇인가? 빌라도의 법정에서 예수마저도 침묵

---

17   라이얼 왓슨, 『생명조류』, 박용길 옮김(서울: 고려원미디어, 1992), 305~306쪽. 김영민, 『진리·일리·무리: 인식에서 성숙으로』, 160쪽에서 재인용. 대괄호 부분은 필자가 삽입한 것이다.

했던 이 물음은 과연 무엇을 향하고 있는가? 과연 자유를 향한 모든 아우성들을 일순간에 잠재움으로써 고요한 평화로 이끄는 막강한 위력을 지닌 만고불변의 원리일까? 만일 그런 것이었다면 당대의 현자들처럼 예수도 무엇인가를 읊었을지도 모른다. 그러나 과연 예수의 침묵은 무엇을 의미하는가? 적어도 그는 진리란 어떤 방식으로든지 쌈박하게 일의적으로 명제화할 수 있는 것이 결코 아니라는 점을 그의 침묵으로 웅변한 것이 아닐까? 물론 이런 짐작에 대해 우리가 밝힐 수 있는 고증적인 자료는 매우 희박하다. 그러나 분명한 것은 진리가 먼저 등장하고 자유가 뒤따라 나오는 것은 결코 아니라는 점이다. 문장을 그냥 따라 읽으면 그렇게 보일지도 모른다. 번역하기 나름으로 자유를 미래형으로도 표현하니까 그렇게 보일지도 모른다. 그러나 다름에 앞서 같음이 설정되면 바로 그 같음이 불가피하게 다름을 억압하게 되는 것과 같이 자유에 앞서 진리가 등장하면 진리는 의도하지 않더라도 자유를 제한하면서 스스로를 우상화하게 되고 결국 그 우상을 모시는 자기 자신을 절대화하게 된다.[18] 게다가 신앙이라는 이름으로 이러한 경향은 더욱 부추겨진다. 신의 절대성과 신앙의 절대성을 혼동해 자기가 믿고 있다는 사실에 대한 믿음을 고수하려 하기 때문이다. 신앙 안에 진리와 자유가 함께 있기 어려운 이유가 바로 여기에 있다.

그렇다면 예수의 이 말씀에서 진리와 자유는 도대체 어떠한 관계인가? 이에 대답하기 위해 이 둘의 관계를 문장을 이루는 주부와 술부

---

18 종교언어와 관련된 절대화와 우상화의 경향에 대한 신학적 성찰을 위해서는 다음의 글을 참조하기 바란다. 김균진, 「절대화, 우상화를 거부하는 종교 언어의 은유성」, 민경배 박사 고희기념논문집 출판편집후원위원회, 『교회 민족 역사: 솔내 민경배 박사 고희기념논문집』(서울:한들출판사, 2004), 111~134쪽.

사이의 역학이라는 관점에서 풀어보자. 즉, '진리가 너희를 자유하게 하리라'라는 말씀에서 주어인 '진리가'와 술어인 '자유하게 하다'의 사이에 주목해보자는 말이다. 이를 분석하기 위해 예를 들어 '하느님은 사랑이다'라는 명제를 생각해보자. '하느님은'이라는 주어와 '사랑이다'라는 술어 중 어느 것이 우선인가? 흔히 주어가 술어보다 우선이라고 생각한다. 그러나 만일 그렇다면 '사랑이다'라는 술어가 없어도, 즉 사랑이 아니어도 여전히 하느님인가? 아니라면 주어가 오히려 술어에 의존하고 있는 것은 아닌가? 술어가 오히려 주도권을 지니고 있는 것은 아닌가? 그런데 이런 물음이 예수의 선언에도 당연히 해당된다. 즉, '진리가'라는 주어도 의미상 '자유하게 하다'라는 술어에 의존한다. 말하자면, 자유하게 하는 것이 진리이며 자유하게 하지 않거나 못하는 것은 진리가 아닌 것이다. 그럼에도 불구하고, 아니 바로 그렇기 때문에, 진리가 우리를 자유하게 한다고 할 수 있는 것이다. 앞서 말한 같음과 다름의 경계 허물기는 진리와 자유의 관계를 이렇게 상호공속적인 것으로까지 요구한다.

이제 같음과 다름의 경계 허물기에 입각해 주어와 술어의 역학에 대해 분석함으로써 우리는 술어에 대한 주어의 우선성이라는 상식을 뒤집고 술어적 체험을 근거로 주어의 의미를 규정하는 동사화 또는 사건화의 현장을 만나게 된다. 인간의 체험 안에 아직 잡히지 않은 주어의 의미는 거꾸로 술어에 의해 규정될 수밖에 없다는 해석학적 순환성의 원리를 굳이 거론하지 않더라도 자유하게 하는 것의 여부가 진리의 의미를 결정한다는 것은 재론의 여지가 없는, 그러나 새삼스레 주목하지 않으면 안 되는 우리의 통찰이다. 그리고 이러한 통찰은 우선 진리와 자유 사이에 어떠한 차원의 선후관계도 설정되어서는 안 된다는 것

을 가리킨다. 즉, 이 맥락에서 진리가 자유에 앞서 먼저 등장하는 것이
아니라는 것은 이제는 더 이상 진리가 제한적이고 억압적인 독단으로
자유에 대해 오히려 모순을 일으키면서 자유 위에 군림하는 것을 허용
하지 않는다는 것을 뜻한다. 다시 말하면, 절대성과 독단으로 점철된
역사의 무게를 안고 있는 진리가 아니라 오히려 다름으로 향하는 자유
와 역설적인 긴장으로 얽힘으로써만 비로소 같음을 도모하려는 진리의
뜻이 일구어질 수 있다는 것을 가리킨다. 이렇게 자유와의 역설적인 긴
장에 대해 '겸손한' 진리를 종래의 '군림하는' 진리와 구별해 '일리(一理)'
라고 표현할 수도 있겠다.[19] 어쨌든 진리와 자유의 이와 같은 역설적
상호공속성은 앞서 말한 같음과 다름의 경계 허물기의 또 다른 이름일
따름이다.[20]

---

[19] 여기서 '일리'란 간단히 말해 오만하게 군림하는 진리와 경솔하게 대책 없는 무리 사
이에서 '하나의 이치'로서의 겸손함을 가리킨다. 김영민, 『진리·일리·무리: 인식에서 성숙
으로』, 180쪽에서 이 표현을 빌렸다.

[20] 더 나아가 진리와 자유의 이와 같은 역설적 상호공속성은 한자어의 문자대로의 뜻풀
이를 통해서도 확인된다. 즉, 진리(眞理)가 '참된 다스림'이라면 자유(自由)란 '스스로 따
름'이라고 할 때, 진리와 자유 사이의 상호공속성에 대한 더할 나위 없는 증거이기 때문이
다. 과연 참된 다스림이란 억지로가 아니라 따르는 사람의 스스로 따름을 바탕으로 해서만
가능한 것이요, 또한 스스로 따름이란 그 따름을 이끄는 다스림이 거짓되지 아니하기에 가
능한 것이라면 이 둘은 서로 얽혀야만 제대로 된 뜻에 이를 수 있기 때문이다. 이렇게 새긴
다면 진리와 자유는 결코 한가롭고도 역겨운 동어반복이 아니라 서로 간의 긴장을 여전히
유지한 채 얽히는 역설적 상호공속성의 관계라고 하지 않을 수 없다. 한 걸음 더 나아가 조
금은 일상적인 용례로 새긴다면, 진리는 '참된 이치'라 하겠고 자유는 '스스로의 이유'라고
할 수 있겠다. 그런데 이 둘 사이의 상호공속성은 사물이나 사건의 이치라는 것이 그냥 주
어지는 것이 아니라 그만한 까닭이 있는 것이며, 또한 모든 사물이나 사건이 지니는 그만
한 이유라는 것은 바로 그 사물이나 사건의 이치를 이룬다는 것을 가리킨다. 그러기에 이
제 진리와 자유의 관계는 이치로 이루어진 정체를 향하는 '무엇' 물음과 이유 또는 근거를

그러므로 이제 우리는 진리와 자유의 역설적 상호공속성에서 드디어 이 둘의 관계에 대한 재래적인 왜곡을 교정할 확실한 구도를 발견한다. 비록 진리와 자유의 관계에서의 현대적 역전을 외면할 일은 아니지만 아직은 서투른 시작일진대 그간 진리가 자유 위에 강박적으로 군림해왔던 역사를 돌이킨다면 우선 손보아야 할 것이 진리임은 두말할 나위도 없다. 즉, 자유 위에 군림하려는 진리는 여전히 타자의 다름을 지배하려는 동일성의 권력 욕망에서 자유로울 수 없으며 따라서 여기서 진리와 자유는 부딪칠 수밖에 없었다. 왜냐하면 진리로 표방되는 것이 모든 일리들을 묶어내는 진리이기에는 여러 다른 일리들 사이의 틈이 결코 쉬이 메워질 수 없으며 일리들 사이의 다름에 의한 오해들이 단숨에 씻길 수 없기 때문이다. 결국 진리란 집착의 산물이며 우리 안에 도사리고 있는 자기절대화의 화신일 뿐이다. 한마디로 진리라고 주장된 것은 사실상 보편성의 망상을 떨치지 못한, 그러나 여전히 어쩔 수 없이 그저 그런 일리일 뿐이다. 그런데 이것이 자유를 망각하거나 무시함으로써 억압적인 진리로 군림하려 했던 것이 그간 오도된 역사의 실상이었다. 그러나 자유와 함께 얽히려는 진리는 진위(眞僞)나 정오(正誤)의 칼을 더 이상 함부로 휘두를 수 없다는 것을 깨닫고 자유에 대해 겸손한 일리로서 스스로의 자리를 매긴다. 죽음과 얽힌 삶이라는 것이 간단하게 참과 거짓이나 옳고 그름으로 판가름 나기에는 너무도 복잡다단한 층과 면으로 얽혀 있기 때문이다.

향하는 '왜' 물음의 관계로도 읽힐 수 있다. 그런데 과연 '핑계 없는 무덤이 없듯이' 어떤 근거나 이유가 없는 정체나 이치란 있을 수 없으며, 따라서 '무엇' 물음의 바탕에 '왜'가 깔려 있듯이 진리의 뿌리에 자유가 펼쳐져 있는 것이다. 자유 없이는 진리일 수 없으며 자유하게 하지 못하는 것은 진리가 아니라는 것은 바로 이 때문이다.

일리일 수밖에 없는 '겸손한 진리'라는 새로운 그림은 타자를 앎의
대상으로 포착하려는 종래의 오만한 인식론을 넘어서고자 한 하이데거
(Martin Heidegger)가 말하는 진리관에도 적용되는 것으로 보인다. 앞서
도 살핀 바와 같이 전통 형이상학에서 진리는 인간과 관련되어 있는 시
간적 제약성이나 나약성과는 달리 불멸하고 영원한 것으로 간주된 반
면, 자유는 인간의 임의성과 동일하게 취급되어왔다. 물론 이것은 주
객 분리에 뿌리를 둔 재래적 사유의 불가피한 산물이기는 하지만, 이런
이유로 심지어 진리와 자유는 상호 모순관계에 있는 것으로까지 상정
되어왔다. 그리고 바로 이런 점에서 전통 형이상학을 넘어서려는 하
이데거는 진리(a-letheia)라는 것이 열어 보여짐이라는 사건이라는 점에
주목해 이를 자유와 밀접하게 연관시킨다. 그는 '감추어진 것의 벗겨짐
(Unverborgenheit)'[21]으로서의 진리에 대해, "진리의 가능성의 내적 조건
으로서의 관계의 개방성은 자유에 근거를 둔다. 따라서 진리의 본질은
자유이다"[22]라고 선언한다. 말하자면, 진리란 더 이상 종래의 그것처럼

21　앞서 살펴본 것과 같이 일상적인 의미에서의 진리관은 외형적 다양성에도 불구하고
일치 또는 동일성이라는 구호 아래 이미 언급한 바 있는 순환적 폐쇄성이라는 공통적 난
제를 해결하지 못한 채 진행되어왔다. 바로 여기에서 하이데거는 일치의 원초적 구조를
밝히고자 했으며 모든 일치는 대상 사물인 존재자들을 드러내 보이도록 하는 발견
(entdecken)을 전제한다고 갈파했다. 그런데 존재자의 발견이란 현존재와 세계의 개시성
(Erschlossenheit)에 근거하고 있기 때문에 진리의 본래적인 의미는 결국 탈은폐성
(Unverborgenheit)이라는 것이다. 다시 말하면, 일치라는 상태는 발견이라는 능동적 행
위를 전제하지만 이 발견도 드러내어짐이라는 수동적 행태(행위적 상태라는 의미에서)에
근거하고 있다고 함으로써 전통적인 진리(veritas logica)관의 타당성을 부정하기보다는
이를 넘어서 그 뿌리(veritas ontologica)를 캐어가는 과제를 수행하고자 했다.
22　Martin Heidegger, *Vom Wesen der Wahrheit*, 81, in *Wegmarken*(Frankfurt am
Main: Vittirio Klostermann, 1978), p. 183; 이하 *WW*로 표기한다.

자기충족성에 의한 폐쇄회로 안에서의 철옹성이 아니라 드러나고 열려지고 벗기어지는 과정의 사건으로 이해된다. 그리고 바로 이런 이유로, 곧 그 본질은 자유일 수밖에 없다는 것이다. 그런데 이러한 혁명적인 이해에 대해 제기되어 마땅한 질문을 하이데거는 스스로 던진다. "진리의 본질이 자유라는 이 주장은 진리를 인간의 임의성에 종속시키는 것이 아닌가?" 그러고는 곧 자유가 단순히 인간의 속성이라는 통속적 견해를 단호하게 거부하며 더 나아가 자유를 존재의 개시로서의 진리의 본질에 동치시킴으로써 자유는 진리의 가능성의 근거이고 진리는 자유의 본질의 근원으로 이해되어야 함을 역설한다.

> 자유는 상식적으로 통용되어온 바와 같이 선택이나 경향에서의 임의성이 아니다. 또한 인간의 행동에 대한 금지적 제한의 제거를 뜻하지도 않는다. …… 그러한 모든 '부정적'이고 '긍정적'인 규정에 앞서서 근본적으로 자유란 존재의 열어 보임에 함께하는 것이다.[23]

여기서 존재의 열어 보임이 진리라면 그러한 열어 보임을 가능케 하는 것이 곧 자유이며 따라서 "존재의 열어 보임을 가능케 하는 자유는 이미 모든 움직임을 존재에 맞추어 함께한다"[24]고 함으로써 하이데

---

23 같은 책, 84, in *Wegmarken*, p. 186. 전기에는 자유가 세계를 향한 자아의 초월이라는 의미에서의 자기실현을 뜻하는 것이었다면 후기에는 존재의 개시를 선물로 받아들이는 현존재적 사건을 일컫는다. 이제 자유는 존재자들과의 관계에서 능동적인 것은 진리로서의 비은폐를 뜻함이고 존재와의 관계에서 수동적인 것은 비진리로서의 은폐를 지칭하는 것이다. Heidegger, *Was heisst Denken?*(Tübingen: Max Niemeyer, 1954), pp. 85~94를 참조하기 바란다.

거도 진리와 자유의 상호공속성을 끈질기게 강조한다.

이제 진리와 자유의 상호공속성에 대한 우리의 풀이와 하이데거의 탈형이상학적 통찰에서도 확인할 수 있는 호응 등을 살피면서 도달하는 우리의 주장은 다음과 같이 간단히 정리된다.[25] 즉, 삶이 지평으로 전제되지 않으면 명제적으로는 진리와 자유가 거의 동의어적이며, 일상적인 삶에서는 진리와 자유가 서로 충돌할 수밖에 없으나, 양자 사이의 바람직한 관계는 동어반복으로 되돌아가지 않으면서도 그저 모순적인 상충에만 머무르지 않고 이를 넘어 그 간격과 긴장을 싸안은 채 양자 사이의 모순을 역설로 엮어냄으로써 기대될 수 있다. 그리고 예수의 말씀도 이렇게 풀어질 때에 진리의 독단성과 억압성을 정당화해주기라도 할 듯이 오해되어온 동어반복적 주술에 의한 최면 효과로부터 벗어나 진실로 자유하게 하는 사건으로서의 진리에 대한 선포가 될 수 있을 것이다.

그렇다면 '자유하게 하는 진리'란 무엇을 가리키는가? 이 물음이 이글의 핵심일 터인즉 앞서 읊었던 진리와 자유 사이의 역설적 상호공속성이 바로 그 실마리를 제공해주리라고 본다. 즉, '자유하게 하는 진리'와 '진리하게 하는 자유'가 서로에게 속하고 서로를 엮어내는 것으로 본다면 이제 '진리가 너희를 자유하게 하리라'는 말은 '자유가 너희를 진리하게 하리라'는 말로 바꾸어 새겨볼 수도 있겠다.[26] 그런데 자유 위에

---

24   *WW*, 87, in *Wegmarken*, p. 189.

25   물론 여기서 하이데거의 통찰이 우리의 주장의 타당성을 더 높여줄 것으로 기대할 이유는 없다. 그런 이야기들이 없어도 충분하기 때문이다.

26   그러나 이것이 진리와 자유를 동어반복으로 간주해 서로 자리를 바꾸는 것이 아니라, 앞서 말한 상호공속성에 의거한 것임은 물론이다. 여기서 동어반복적 치환이 양자 사

군림해왔던 진리의 유구한 역사를 염두에 둔다면 이러한 어순 도치는 유치한 말장난이 아님은 물론이지만 단순한 발상의 전환이기만 한 것도 아니다. 그것은 오히려 자유의 자리를 회복함으로써 진리를 진리되게 하는 결정적인 길인 것이다. 여기서 회복되어야 할 자유의 자리란 군림하는 진리 뒤에 따라오는 자유가 아니라 오히려 진리로 하여금 '진리하게'[27] 하는 원천으로서의 자유를 가리킨다. 따라서 '진리가 너희를 자유하게 하리라'라는 예수의 선포는 진리와 자유 사이의 상호공속성에 주목하는 풀이를 통해서 '자유가 너희를 진리하게 하리라'로 뒤집음으로써 오히려 그 뜻을 더욱 넓고 깊게 새길 수 있지 않을까 한다.[28]

이의 무시간적 동일성이라는 환상에 근거한 것이라면, 상호공속성은 시간 간격에 의한 차이와 긴장을 지니는 상호구성성을 내포한 것이라는 점에서 확연히 구별된다.

27   물론 이러한 도치문에서 '진리하게'라는 표현이 한국어 어법에 비추어 어색하게 보일지도 모르지만 사실 '자유하게'라는 표현도 어법에는 맞지 않는다. 그런데 한글 번역 성서들 중에서 개역성경은 물론이고 표준 새 번역으로 개정까지 한 '표준새번역 개정판'에서도 어법에 맞지 않는 '자유하게'라는 표현을 포기하지 않는 것은 그저 우연한 관습이라기보다는 바로 자유가 동사라는 점에 진지하게 주목하기 때문이 아닐까 한다. 그렇다면 같은 방식으로 '진리하게'라는 표현을 쓰지 못할 이유가 없을 것이다.

28   결국 "진리가 너희를 자유하게 하리라"는 예수의 말씀은 그의 또 다른 혁명적인 선언인 "사람이 안식일의 주인이다"라는 말씀과 이어서 풀이하면 더욱 분명하고도 풍성하게 새겨질 수 있다. 즉, '사람'이란 안식일의 엄격한 율법적 계명을 지키지 못할 수도 있고 때로는 지키고 싶지 않을 수도 있는 '자유'를 추구하는 반면에, '안식일'이란 이를 준수할 것인가에 대한 사람의 자유로운 선택에 앞서 미리 주어진, 그래서 마땅히 존중되어야 하는 '진리' 같은 것으로 간주할 수 있겠다. 이는 '사람이 안식일의 주인이다'라는 선언이 그저 평범한 일상에서 읊어진 문구가 아니라, 안식일이 사람에게 안식은 고사하고 오히려 반인간적 억압의 계율로 다가오는 상황에서 외쳐진 절박한 선언이라는 점에서 더욱 분명하게 확인된다. 말하자면, 안식일과 사람 사이에 깔려 있는 대립각은 결국 진리와 자유 사이의 긴장으로 읽힐 수 있다. 그런 마당에 "사람이 안식일의 주인이다"라는 선언은 곧 '자유가

5. 배교도 불사하는 해방 선언: "자유가 너희를 진리하게 하리라"

그렇다면 예수의 이 말씀을 왜 이렇게 애써 뒤집어가면서까지 그 뜻을 새기고자 하는가? 이제 이 글의 시작에서 소개했던 페레이라 신부에 관한 이야기로 되돌아가 보자. 과연 어떻게 된 것일까? 포르투갈 예수회 본부에서 일본으로 잠입한 신부들이 파악한 진상은 이러했다. 페레이라 신부는 추방령에도 불구하고 일본에 남아서 신도들을 보살피다가 관헌들에게 체포되어 배교를 강요당한다. 당시 예수의 그림이 그려진 목판을 밟는 행위는 배교의 잣대로 사용되었다. 이제 만일 페레이라 신부가 예수상을 밟고 배교한다면 이미 체포되어 죽음만을 기다리고 있는 신도들의 목숨을 살릴 수 있을 상황이었다. 길고 깊은 고뇌로 밤을 지새우면서 인간 사랑을 위해서 결국 유대교의 율법을 넘어선 예수의 결단이 곧 복음이라는 깨달음에 이른 신부는 종교를 위한 순교보다 더 귀중한 것을 찾아 예수의 그림을 향해 걸어 나간다. 드디어 예수의 얼굴 위에 그의 발을 올려놓는 순간, 목판 속의 그분은 그를 향해 절규한다. "밟아도 좋다. 네 발의 아픔은 바로 내가 가장 잘 알고 있다."[29]

만일 페레이라 신부가 진리와 자유의 관계에서 진리를 우선으로 내세우고 이를 붙잡으면 자유가 자연스럽게 따라올 것이라고 생각했다면 결코 예수상을 밟지 못했을 것이다. 달리 말해 자유를 그저 진리로

진리의 핵심이다'라고 번역될 수 있으며 이런 뜻에서 진리와 자유의 역설적 연합 또는 상호공속성에 대한 탁월한 통찰이라고 할 것이다.

29   엔도 슈사쿠, 『침묵』, 201쪽.

부터 주어지는 동어반복적 선물로 간주하고 따라서 그러한 선물로서의 자유가 심지어 죽음 이후로 미루어지더라도 진리를 사수하고자 했다면 결코 예수상을 밟지 못했을 것이고 신도들과 함께 떼죽음을 면치 못했을 것이다. 그러나 그는 극심한 고뇌와 번민을 통해서 자유하게 하는 것이 아니면 진리가 아니라는 통찰에 이르게 되었고 자유하게 하는 진리를 찾아 예수상 위에 발을 올려놓을 수 있었던 것이다. 되뇌이지만, 순교를 거부할 자유 없이 순교해야만 하는 상황으로 내모는 것은 결코 진리일 수 없다. 아니 그것은 이미 순교일 수 없다. 순교 아니면 배교라는 양분적 도식은 진리에 대한 반인간적 강박 이외에 아무것도 아니기 때문이다. 결국 그는 '진리가 너희를 자유하게 하리라'라는 말씀을 '자유가 너희를 진리하게 하리라'는 통찰에까지 이르도록 새김으로써 무모한 희생을 막을 수 있었던 것이다.

물론 종교가 말하는 신앙의 신실성에 따라 순교를 감내하면서 예수상 밟기를 거부하는 것과 많은 목숨을 살리기 위해서 배교를 불사하면서라도 예수상 위에 발을 얹는 것은 분명히 상충하는 두 일리 사이의 긴장이다. 그런데 여기서 페레이라 신부의 선택과 결단은 상충하는 두 일리를 싸안을 만한 더 크고 포괄적인 기준으로 저울질하고서 주어진 결과가 아니다. 왜냐하면 만일 이런 기준이 상정될 수 있다면 그것은 진위(眞僞)나 정오(正誤)일 터인데 서로 충돌하는 일리들이 결코 만만치 않은 상황에서 참과 거짓, 또는 옳음과 그름을 확연하게 갈라내기란 불가능하고 설령 가능한 것처럼 보이더라도 그것은 결국 얼마나 맞갖은가의 여부를 가늠하는 적부(適否)로 드러날 수밖에 없기 때문이다. 말하자면, 삶의 자리를 고려하지 않는다면 진위나 정오의 문제로 보일지라도 삶의 자리가 아니면 문제도 아닐 터이니 결국 모든 문제는 적부의 문제일 뿐이다. 그리고 바로 여기에 진리와 자유 사이의 해소될 수 없는 긴장이 깔려 있다. 그러나 이 긴장은 해소되거나 극복되어야 하는 것이라기보다는 양자를 얽히게 할 당위성과 원동력의 근거가 된다. 왜냐하면 자유 없는 진리는 '참이라고 주장된 것'에 대해 대립된 것을 '모순적인 거짓'으로만 파악하지만, 자유와 얽히는 진리는 그러한 모순이 거짓이 아닐 수 있을 뿐 아니라 제거되어야 할 것이라기보다는 그 참과 얽히어야 할 역설의 요소라고 받아들이기 때문이다. 그런데 이 둘 사이의 얽힘이 그저 주어지는 것이 아니라 이루어야 할 과업인 것은 모순이라는 관계는 시간을 필요로 하지 않지만 서로 간의 얽힘을 향하는 역설은 시간을 그러한 과정으로 겪어내야 하기 때문이다.[30]

---

30 자유 없는 진리는 질식할 것 같은 필연을 명분으로 우리에게 절대주의와 독단성의 멍에를 씌울 수밖에 없으며, 진리 없는 자유는 예측을 불허하는 우연을 예찬하는 경거망동으로 치달을 수밖에 없다. 그렇다면 진리를 명분으로 하는 필연과 자유를 구실로 하는 우연 사이에서 진리와 자유의 상호공속성은 구체적으로 무엇을 가리키는가? 우리 삶의 복잡하게 얽혀 있는 구조 때문에라도 이미 어찌해볼 도리가 없는 필연이 억압과 족쇄로 다가올 수밖에 없는 것이라면, 아무래도 좋은 우연은 우리에게 예측불허의 신선함이 가져다주는 희열일 수도 있겠지만 그보다는 사실상 또 다른 힘의 횡포를 허용하는 혼란으로 다가올 수밖에 없다. 즉, 이미 주어져 있고 정해져 있어 어찌해볼 도리가 없어 보이는 필연이 시간의 흐름을 지배하려고 한다면 어찌해도 무방할 듯한 우연은 시간의 흐름과 무관하려는 성향을 지니는 것으로 보인다. 결국 진리의 필연과 자유의 우연이 공유하는 무시간성으로 인해 자유 없는 진리나 진리 없는 자유는 공히 우리의 일상적인 삶을 억압하거나 왜곡할 수밖에 없다. 그러나 진리와 자유가 서로에게 속해 있고 서로를 얽어간다는 것은 양자 사이의 긴장이 펼쳐지는 터로서의 시간을 살아가는 과정을 가리키는 것이니, 이러한 시간의 흐름은 누구도 꼼짝할 수 없는 필연으로 묶일 수 없음은 물론이려니와 그렇다고 아무도 거리끼지 않는 우연으로 흩어져버리지도 않을 '나름대로의 길을 일구어내기' 위한 터전이 된다. 필연과 우연 사이의 모순에서 진리와 자유 사이의 역설로 전환하기 위해서는 이렇게 무시간성의 영역으로부터 시간의 삶으로, 즉 죽음과 얽힌 삶으로의 정직한 결단이 요구된다. 앞

그렇다면 이제 이런 성찰을 토대로 우리는 다음과 같은 물음을 묻지 않을 수 없다. 페레이라 신부의 경우는 번민과 고뇌의 과정을 통해서 모순으로부터 역설로의 전환을 이루어냈기에 많은 목숨을 살릴 수 있었지만 역사상 벌어졌던 수많은 순교와 배교의 현장에서 뭇사람들을 몰살해가면서까지 지켜져야 했던 진리란 그 무수한 순교나 배교가 갈망하는 자유와 과연 어떠한 관계이었는가? 달리 묻는다면, 역사상 얼마나 많은 살육과 같은 비극이 자유를 억압하면서도 진리의 이름으로 자행되었는가? 파스칼(Blaise Pascal)의 통찰대로 진리에 대한 숭고한 신념과 끓어오르는 희열로 가득 찬 종교적 신앙이 자유에 대한 간절한 열망에도 아랑곳하지 않고 바로 그 진리의 이름으로 극악무도한 살인을 얼마나 많이 저질러왔었는가? 지금도 도처에서 행해지는 수많은 전쟁과 테러가 진리의 이름을 표방하고 있다. 이런 사건들은 자유하게 하지 못하는 진리가 단순히 무의미한 것이 아니라 이토록 억압적이고 더욱이 잔인할 수 있다는 것을 극적으로 보여준다. 사실상 우리는 진리의 이름으로 남도 속이고 나 자신도 속인다. 우리는 진리의 이름으로 남도 억압하고 나도 억압한다. 우리는 진리의 이름으로 남도 죽이고 스스로도 죽인다. 말하자면, 자유하게 하지 못하는, 아니 오히려 우리를 억압하는 진리가 우리 주위에, 그리고 우리 자신 안에 너무도 많다.[31]

서 말한 진리와 자유의 상호공속성은 바로 이것을 가리키고 또한 이것을 요구한다.

31 신앙과 사랑의 관계도 사실상 마찬가지이다. 자기의 신념을 굳건히 지키려는, 그래서 때로 당파성과 불관용성도 마다하지 않는 신앙과 그러한 편파성을 넘어서 다름을 받아들이고 함께 나눈다는 사랑이 서로 부딪칠 수밖에 없기 때문이다. 그런데 신앙과 사랑의 이러한 모순은 진리와 자유 사이의 모순의 또 다른 표현이라고 하겠다. 이렇게 본다면 종교라는 것이 인간과의 관계에서 이중적일 수밖에 없는 것은 어쩌면 불가피한 일인지도 모른다.

그러므로 우리는 이제 '자유 이전의 진리'에 대한 향수를 버려야 한다. 자유가 아니면 진리가 아니기 때문이다. 아니 진리가 아니면 어떤가? 자유하게 하는 것이 핵심이 아닌가?[32] 그리고 그것이 바로 진리가 아닌가? 그럼에도 불구하고 우리가 그야말로 '자유로부터의 도피'처럼 불안을 동반할 수밖에 없는 자유를 외면하면서 안정을 줄 것으로 기대되는 진리만을 붙잡으려 한다면 시간과 공간을 삶의 터로 살아내는 인간임을 망각한 자기우상화의 경거망동일 수밖에 없다. 진리 없는 자유가 대책 없는 무리로 치달을 가능성에서 벗어날 수 없는 것 이상으로 자유 없는 진리는 의도하지 않고 의식하지 못하더라도 이미 스스로를 신격화하는 자가당착에 빠짐으로써 오히려 자기뿐 아니라 타자까지 억압하는 오류일 뿐이기 때문이다.[33]

6. 인간과 종교의 관계를 다시 돌아보며

인간에게 종교란 과연 무엇인가? "사람은 삶이 두려워서 사회를 만들었고 죽음이 두려워서 종교를 만들었다"는 명제를 굳이 들먹이지 않더라

---

32   진리로 하여금 진리하게 하는 자유란 억압과 위선이 동전의 양면처럼 함께 갈 수밖에 없는 현실에서 그러한 억압으로부터의 해방만이 위선을 극복하는 참으로 향하는 지름길이라는 것을 뜻한다. 결국 자유가 핵심이라고 할 때 자유는 무엇보다도 생명을 살리는 힘이며 그 무엇이든 진리일 수 있게 하는 최소한의 필요조건이라는 것을 가리킨다.

33   이론적으로만 본다면 자유 없는 진리만큼이나 진리 없는 자유에 대해서도 비판이 가해져야만 할 것이다. 그러나 현실은 전자에 의한 피해가 후자에 의한 그것보다도 훨씬 더 컸기 때문에 형평성을 빌미로 균형적인 양비론을 요구한다면 이는 그 일그러진 역사를 연장하는 데에 도움이 될 뿐이다.

도 인간에게 종교는 죽음에서 정점에 이르는 삶의 온갖 어려움과 올무로부터 벗어나려는 희구와 뗄 수 없는 관계에 있다는 것은 두말할 나위도 없다. 물론 그러한 희구가 채움에서 비움으로의 성숙을 통해 승화되어야 할 것이기는 하지만 하여튼 종교란 성숙 과정의 어느 단계에서나 해방의 기제로서 작동할 것이 기대된다. 따라서 종교는 이제 인간에게 더 이상 순교와 배교의 양분 구조로 다가와서는 안 된다. 순교나 배교는 인간과 종교의 관계에서 인간을 저버리더라도 종교가 지켜져야 한다는 종교주의적 사고에서 비롯된 언어일 뿐이다. 물론 명분은 언제나 진리이다. 그러나 그러한 진리가 어떤 것이었는가가 드러난 마당에 '종교를 위한 종교'는 더 이상 고수되어서는 안 될 것이다. 그러므로 종교는 자유를 망각한 채 진리만을 주장하는 독단에서 벗어나 인간에게 진리와 자유를 한 묶음으로 선사해줄 만큼의 통찰을 지닌 것이어야 한다. 그리고 그러기 위해서는 진리와 자유 사이의 일상적인 긴장과 모순을 진솔하게 읽어내야 하며 이를 넘어서 상호공속적인 관계를 엮어내는 데에까지 이르도록 죽음과 얽힌 삶의 깊이에 천착해야 할 것이다. 그리고 우리는 지금까지 그러해야 할 당위성과 그럴 수 있는 가능성을 함께 살펴보았다.

그렇다면 진리와 자유의 역설적 상호공속성이 궁극적으로 가리키는 뜻은 무엇인가? 그것은 곧 인간을 죽음으로부터 살리는 생명의 과업이다. 또한 어찌 인간뿐이겠는가? 바울의 고백처럼 우리도 살아 있는 모든 피조물들이 신음하는 소리를 외면할 수 없다면 생명을 죽음으로 내모는 모든 억압과 오류로부터 건져내어 생명의 고귀한 뜻을 실현하게 해주어야 하는 것이다. 그리고 이때의 생명이란 그저 추상적으로 정신적이거나 영적인 차원만을 말하는 것이어서는 안 된다. 당연히 육체의 생명 그 자체에서 출발해야 하며 이 점에서는 어떠한 타협도 허용될수 없다. 생명을 놓고 육체와 정신이니 육체와 영혼이니 하는 따위의분리가 저질러온 엄청난 과오를 고려해서라도 더 이상 이런 알량한 분리를 용인해서는 안 될 것이다. 바로 그 자리에 자유 없는 진리가 횡행해왔었기 때문이다.

그러므로 이제 우리는 자유하게 하는 것이 아니면 진리일 수 없다는 엄연한 통찰을 천명함으로써 진리와 자유 사이의 일상적인 모순을서로의 얽힘에서만 그 뜻을 이룰 수 있는 역설로 전환시키도록 해야 할것이다. 왜냐하면 죽음과 얽혀 있는 우리의 삶이라는 것이 이미 이렇게생겨먹었기 때문이며, 바로 진리와 자유의 그러한 역설적 얽힘을 통해서만 종교가 인간에 대해 그나마 참된 뜻을 지닐 수 있기 때문이다.

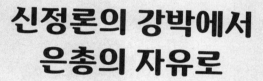

신정론의 강박에서
은총의 자유로

아우구스티누스의 논의를
다듬음으로써

1. 논의를 위한 제안: 신의 '올바름'에서 인간을 향한 '베풂음'으로

오늘을 사는 우리는 '자유'를 만끽하고 있기 때문에 자유의 고귀함보다는 오히려 그 분방함을 느끼고 있는지 모른다. 역설적이게도 인간은 자유를 누리고 살 때보다는 자유에 대한 모순, 즉 억압 구조에서 자유를 더 고귀한 것으로 여긴다. 다시 말하면, 자유는 오히려 억압 기제 속에서 그 본질을 드러낸다고 해야 할 것이다. 이처럼 자유는 현실에서 역설적 구조를 지닌다. 이 대목에서 신학적 장르도 좋은 증거를 제공한다. 예를 들면, 미국에서는 흑인들이 자신들의 노예 상황을 극복하기 위해 '흑인신학'을 만들었고, 우리나라에서는 소외받는 민중을 대변하기 위해 '민중신학'이 일어났다. 이 신학들은 사실 억압 구조를 뚫고 나온 자유에 대한 외침이다. 그러나 자유가 이와 같은 '신학적'인 작업에만 한정되지는 않는다. 자유라는 개념은 '사회적·문화적·정치적' 영역을 포함하여 과연 인간이 활동하는 거의 모든 영역에 적용되고 해당되기 때문이다. 그러다 보니 현대에는 자유의 영역이 너무나도 광범위해져서 하나의 통합적 개념으로 사용하기 힘든 지경에 이르렀다. 자유가 이렇게 광범위한 의미로 사용되는 것은 다시 말하지만, 자유의 역설적 구조, 즉 억압 기제가 작용하는 곳에서 범위에 구애받지 않고 자유가 활동하기 때문이다. 결국 억압이 어떠한 형태로든 항상 도사리기에 자유 역시 항상 나타나는 것이다.

---

* 이 연구는 한국학술진흥재단의 2005년도 기초학문육성 인문사회분야지원에 의한 심화연구(2005-AS0048)의 일환으로 수행되었다.

자유의 이러한 역설적 구조에 주목한다면 그 개념을 살피기 위해 굳이 그 차원을 '신학적이냐, 인간학적이냐'로 나눌 필요는 없을 것이다. 하지만 실제 자유의 역사에서 신 또는 초월자와의 관계가 중요한 역할을 해왔다는 것을 고려한다면 '신학적'인 차원이 그저 부가적인 것이라고만 할 수는 없다. 사실상 자유의 역설적 구조에서 신의 역할은 너무도 큰 것이었기 때문이다. 즉, 인간의 자유가 유한하다는 것은 특별히 신의 완전하고 무한한 자유에 비추어 인식되어왔다. 그러나 인간의 자유가 그저 유한에만 머무르지 않고 미래를 지향하고 개방시키는 실제적 힘을 뜻하는 초월적 성격을 지니고 있다는 것도 무시할 수는 없다. 그렇다고 해서 신학적 자유론에서 인간학적 접근을 배제할 수도 없는 노릇이다. 인간학적 접근을 통해 우리는 비로소 자유의 역설적 구조가 어떤 형태로 드러나는지 알 수 있기 때문이다. 따라서 자유의 현실적 구조와 그것이 인간을 어떤 방향으로 이끌어가는지 살피기 위해 우리는 신학적 접근과 인간학적 접근을 통합할 필요가 있다.

우리는 자유에 관해 신학적·인간학적 접근을 시도함에서 하나의 실마리를 추리기 위해 아우구스티누스의 자유론, 즉 그의 자유의지론을 살펴보고자 한다.[1] 인간의 현실 모습을 신학적으로 이해하려고 했을

---

[1]   Mary T. Clark. *Augustine, Philosopher of Freedom: A Study in Comparative Philosophy* (New York: Desclee Company, 1958). p. 95. 클락(Mary T. Clark)은 다음과 같이 비평한다. "신의 내재성은 그 자체로서 참된 것이지만 아우구스티누스로 하여금 신학을 격상된 인간학으로 대치하도록 결코 유도하지 않았다. 또한 신의 초월성도 그만큼이나 참된 것이지만 신과 대화하려는 인간의 열망을 포기하도록 결코 종용하지도 않았다. 아우구스티누스의 신-인간관계 이해는 인간의 심성에 매우 흡족하게 부합될 만큼의 정합적인 신중심주의를 결코 포기하지 않았는데 …… 아울러 인간의 권리도 이 방식을 통해 결코 위협당한 것이 아니라 오히려 강화된 것으로 이해되었다."

때, 아우구스티누스는 자유의지에서 시작하기 때문이다. 그러나 아우구스티누스의 자유의지론이 일단 신정론이라는 의도에서 시작되고 있다는 점은 부인할 수 없을 정도로 분명해 보인다. 그렇지만 만일 그의 자유론을 신정론의 측면에만 국한해 본다면, 인간의 자유는 설명하기 힘든 딜레마에 빠지게 된다. 그에게 자유의지는 신의 형상과 인간의 죄성이라는 두 축 사이에 끼여 오묘하면서 애매한 형태의 모순으로 이해되고 있기 때문이다. 즉, 신의 형상이라는 측면에서 인간은 자유로운 존재이지만, 인간의 죄성이라는 측면에서 인간은 오염된 존재로서 선을 향한 자유를 잃어버린 것으로 묘사되기 때문이다. 아우구스티누스의 이러한 자유론이 이후 종교개혁자 루터(Martin Luther)와 칼뱅에게까지 직접적인 영향을 줌으로써 그리스도교의 자유론에서 하나의 큰 틀로 자리 잡게 되었다는 점에서 아우구스티누스는 모호한 형태의 신학적 자유론의 원형을 제공한 장본인이라고 할 수 있다. 그러나 우리가 보기에 이것은 아우구스티누스의 자유론을 신정론의 방향에서만 접근했을 때 초래되는 결과이다. 신정론의 관점은 그야말로 신의 '올바름'에만 초점을 맞춘 것이어서 자유를 인간의 삶과 적극적으로 연관시킬 것을 기대하기는 어렵기 때문이다. 말하자면, '신이란 무엇인가?'로 표상되는 신의 정체 물음에만 초점을 맞추고 이에 대답하려는 데에만 집중했기 때문에 자유와 뗄 수 없는 관계에 있는 '왜 사는가?'라는 물음을 던질 수밖에 없는 인간의 삶이 이에 견주어질 비중을 지닐 수는 없었다. 한마디로 '무엇' 물음이 지배하던 시대인지라 신 자체의 올바름만이 관건이었고 이 물음을 넘어서거나 제쳐놓고서라도 인간의 자유에 진지하게 주목하는 '왜'라는 물음은 될 수 있는 대로 억눌리고 덮여야 할 뿐이었다. 이 점에서 우리는 아우구스티누스의 신정론적 의도가 초래하는 자유의 모순된 구조를 비판할 것이다.

그러나 우리는 인간의 자유를 소극적으로만 접근하는 신정론에 대한 비판에만 머무르지 않고 이를 넘어서 '신학적·인간학적' 관점에서 그의 자유의지론을 재구성하고자 한다. 그런데 우리가 신정론의 관점으로부터 신학적·인간학적 관점으로 전환하려고 할 때 결정적으로 중요한 역할을 하는 것이 바로 인간을 향한 신의 '베풀음'을 뜻하는 '은총'이다. 그러기에 우리는 아우구스티누스의 은총론에서 하나의 가능성을 발견하고 이를 토대로 그의 자유론을 새로이 다듬으려고 한다. 아우구스티누스가 설파하려는 자유는 신의 '올바름'에만 주목하는 신정론적 차원과는 다르게 인간을 향한 신의 '베풀음'을 뜻하는 은총에서 그 뜻이 분명하게 드러나는 것으로 보이기 때문이다. 그리고 여기서 다듬어지는 새로운 자유론이 인간 삶의 해방적 차원을 지향하고 있음은 물론이다.

2. 아우구스티누스의 자유론을 조금 다듬기 위하여

아우구스티누스의 사상에서 자유의 문제를 다루려고 할 때[2] 두 가지 작업을 생각해봐야 한다. 먼저 해야 할 작업은 자유에 대한 의미 정립이다. 그러나 모든 철학적·신학적 정의가 그러하듯 하나의 명료한 규정을 만든다는 것은 사실상 불가능하다. 무릇 정의란 하나의 개념이 우리 삶의 자리에 이르러 경험으로 체득되었을 때, 말뿐이 아닌 실제적인 가치

---

[2] 아우구스티누스의 자유론을 반드시 신학적인 것으로만 구분해 사용하려는 것이 아니다. 그의 자유론이 신학적 자유론이라는 것은 신과의 관계를 고려해 전개되기 때문이다.

가 형성되기 때문이다. 그런데 이러한 경험은 저마다의 가치를 담고 있어서 하나의 준거로 명료화될 수 없다는 문제를 지닌다. 그렇다면, 자유에 대해서 철학적·신학적으로 고찰하기 위해서는 무엇을 향해야 하는가? 그것은 자유 자체에 대해 정의를 내리고자 하기보다는 자유가 우리 삶에 어떤 가치와 의미를 지니는지를 살피는 일이 되어야 할 것이다.

그렇다면 자유는 과연 어떤 의미로 인간에게 받아들여져 왔는가? 역사가 알려주듯 자유라는 개념은 다양한 의미와 가치로 정신사를 이끄는 실제적 모티브가 되어왔다. 예를 들면, 인식 주체의 등장과 함께 시작한 시대인 근대의 철학자 중 스피노자(Baruch Spinoza)는 자유를 외부적인 원인과 결부되지 않고 스스로에 의해 움직이는 자율성이라고 생각했다. 그러나 스피노자는 이러한 자율적 능력인 자유가 인간에게는 제한된다고 생각했다. 오직 신만이 외부적 원인과 관계없는 절대적이고 완전한 자유를 가진다는 것이다. '신'만이 자기 원인(causa sui)이기 때문이다.[3] 그에 따르면 인간에게서는 절대적인 자유에 대한 욕망이 아니라 자신이 필연성에 관계되어 있다는 인식에서 자유가 나오게 된다는 것이다. 물론 스피노자가 생각하는 이러한 자유는 인간이 처한 상황을 잘 나타내주는 것으로 보인다. 일반적으로 자유란 완전한 자율적 능력이라고 생각되어왔지만, 인간에게 자유가 있다고 했을 때 그 자유는 완전한 것이 아니라 제한된 것이기 때문이다. 헤겔 역시 스피노자와 같이 자율성과 독립성을 자유의 요건으로 생각했다. 그는 정신의 본질이 자유라고 생각했다. 헤겔의 절대정신은 외부의 어떤 힘에 의존하지 않

---

3   Baruch Spinoza, *Ethics*, edited and translated by G. H. R. Parkinson(Oxford: Oxford University Press, 2000), pp. 106~112.

으며, 자기 자신을 스스로 인식하는 행위의 주체이다.[4] 물질의 경우 그
것은 외부의 조건들에 종속되어 수동적인 반면, 정신은 자기 자신을 움
직여 나아가는 능동적인 것이다. 헤겔은 물질은 의존적인 것이지만, 정
신은 이렇게 자유를 본질로 한다고 여겼다. 그러나 이와는 현격히 다르
게, 자유는 현대 실존주의에 와서 비로소 본격적으로 인간 자체의 의미
로 새겨진다. 예를 들면, 사르트르(Jean Paul Sartre)에게서 자유는 인간
의 본질에 앞서는 근원적인 것으로 여겨진다. 그에게 자유란 인간을 실
존이게 하는 근거이다. 인간으로 산다는 것은 그가 자유롭다는 것을 뜻
한다.[5] 인간 앞에는 무한한 자유가 놓여 있으며 인간은 스스로가 자신
을 만들어가는 존재이다.

　　여기서 자유의 문제를 다루기 위한 첫 번째 작업, 즉 자유가 삶의
자리에서 어떻게 새겨져 왔는지를 살펴볼 때 가장 우선적인 것은, 자유
가 무엇보다도 외적인 요건에 종속되지 않는 자율성을 가리킨다는 점
에 주목하는 일이다. 즉, 자유라는 것은 인간에게 자율성, 또는 독립성
이라는 의미를 갖는다. 물론 자율성은 인간 행위의 가장 기본적 요건이
다. 만일 인간의 행동이 타율적이라면 행위의 결과에 대한 책임을 행위
자에게 물을 수 없게 된다. 행위자에게 자율적 선택의 힘이 있을 때 행
위자에게 그 책임을 물을 수 있을 것이기 때문이다. 따라서 자율성은
자유가 전개되기 위한 기반이 된다.[6] 아우구스티누스가 타락 이후의 자

4　　G. W. F. Hegel, *Reason in history: A General Introduction to the Philosophy
of History*, translated by Robert S. Hartman(New York: Liberal Arts Press, 1953),
pp. 22~25.

5　　Jean-Paul Sartre, *Being and nothingness: A Phenomenological Essay on
Ontology*(New York: Pocket Books, 1966), pp. 559~618.

유의지의 제한을 말했다 해도 의지에 대해서는 기본적으로 자율성을 인정한다. 물론 아우구스티누스에게서 자율성은 악의 책임이 인간에게 있다는 것을 나타내는 신정론적 동기를 지니고 있었지만 말이다.[7]

그러나 인간의 자유는 사실상 개인적으로나 사회적으로 어떤 제약들을 수반한다. 다시 말해, 역설적이게도 자율성과 독립성은 타율적이고 종속적인 관계에서 발생한다. 이런 점에서 자유는 우선 '무엇으로부터의' 자유이다. 그리고 바로 이러한 점이 자유의 제한성을 가리킨다. 심지어 밀(John Stuart Mill)과 같은 이들은 개인적 행위의 자유를 논할 때 개인의 자유가 타인에게 해를 끼치지 않는 한 제한받아서는 안 된다고 말해 최대한의 자유를 주장했지만,[8] 이것이야말로 오히려 자기의 행위에서 타인이라는 존재가 최소한의 제한이 됨으로써 자유가 완전히 무제한적일 수 없음을 반증하는 것이다.

그런데 이제 인간의 자유가 제한되어 있다는 인식에서 두 번째 작업의 필요성이 발생한다. 말하자면, 그러한 자유에 대한 제한의 근거를 파고 들어가는 일이다. 여기서 초월적 근거로서의 신을 상정한다면 이러한 작업이 신학적 성격을 지니게 되는 것은 불가피한 일이다. 그러나 신학에서 자유의 문제를 다룬다는 것은 인간의 자유가 신과의 관계에

---

6 Frederick Copleston, *A History of Philosophy: Medieval Philosophy*, Vol II(New York: An Image Book, 1993), p. 82.

7 아우구스티누스, 『자유의지론』, 성염 역주(왜관: 분도출판사, 1998), 제3권, 제3부, XV, 44. 아우구스티누스는 죄의 책임이 인간에게 있음을 분명히 한다. 이것은 인간의 자유로운 선택의 행위, 즉 자율성을 인정한 것이다.

8 John Stuart Mill, *On liberty*, edited by Currin V. Shields(New York: Liberal Arts Press, 1956), pp. 91~112.

서 고려되어야 할 뿐 아니라 그것을 통하더라도 인간의 자리에서 자유가 말해져야 함을 의미한다. 말하자면, 신학적 자유론을 시도한다고 했을 때, 그것은 단순히 자유론과 결정론 사이의 양자택일을 가리키는 것이 아니다. 오히려 신학적 자유론이란 인간의 자율성의 근원이 신적인 것에 있기에 인간의 자유는 제한된 것이라는 통찰이다. 즉, 인간의 자율성의 특징은 신과의 관계에서 드러나게 된다는 점에 주목한다. 그리고 이로써 인간의 자유는 외부적인 테두리를 가지게 되는데 틸리히(Paul Johannes Tillich)는 이것을 운명(destiny)이라고 불렀다.[9] 그에 따르면 인간은 자유롭지만 무한과 대비되어 유한하기 때문에 그 자유는 운명의 개념과 얽혀서 생각될 수밖에 없다. 그러나 운명은 결정론이 아니라 인간이 자유로운 존재라는 것을 나타내는 필연적 개념이 된다. 여기서 자유와 운명은 양자택일적일 만큼 대립되는 것이 아니기에 어느 하나를 선택해야만 하는 것이 아니다. 그것은 오히려 인간의 존재, 즉 제한된 현실을 나타내는 것이다. 신학적 자유론은 이러한 측면에서 인간이 자유와 운명의 역설적 상황에 놓여 있음을 보여주는 작업이어야 한다. 구체적으로, 자유와 운명을 대립시키게 되면 인간은 비극적인 존재가 되지만, 자유와 운명의 관계를 한 묶음으로 이해하는 것은 인간으로 하여금 자신의 현실을 인식하게 한다. 우리가 자유를 자율성의 차원에서만 고찰했을 때에는 인간이 처한 상황이 구체적으로 드러나지 않고 또한 인간에게서 자유가 어떤 의미를 갖게 되는지 알 수 없다. 오히려 인간의 상황보다는 인간의 행위에 대한 주체적 책임의 문제에만 집착

---

9   Paul Tillich, *Systematic Theology* I(Chicago: University of Chicago Press, 1951), p. 185.

하게 되어 인간이 처해 있는 상황은 매몰되기 때문이다. 그러나 자율성의 테두리인 신과의 관계를 고려한다면 오히려 인간의 자유는 그 본래의 모습을 드러내게 된다는 것이다.

　마찬가지로, 아우구스티누스의 자유론을 자율성의 차원에서만 읽는다면 우리는 인간 행동의 책임, 악에 대한 책임 등의 문제에만 집중하게 된다. 그러나 인간이 자신의 행위의 완전한 주체일 경우, 행위의 책임은 인간에게 전적으로 있게 되는 반면, 인간이 제한된 자율성을 가지고 있을 경우, 행위의 책임을 인간에게만 있다고 주장하기는 어렵게 된다. 이 문제를 아우구스티누스의 의지의 자유, 즉 자유의지의 문제에서 중요한 뼈대로 삼을 경우, 의지의 자유로운 선택이 과연 스스로의 자유로운 결단에 의한 것인지, 외부의 조건들, 즉 인간 스스로에 의하지 않은 것 — 예를 들어 아우구스티누스에서는 신의 예지(praescientia dei)나 원죄 같은 것 — 에 의해서 일어나는 필연적 결과인지가 문제가 된다. 그런데 이것은 자유와 운명의 개념을 대립시켜서 우리를 딜레마에 빠뜨린다. 악을 자유의지에 의한 선택이라고 생각하면 되지만, 신의 예지에 의해 유도된 것은 아닌지를 물을 수밖에 없는데, 만일 그것이 아니라면 신은 예지의 능력이 없는 우리와 같은 운명에 놓인 존재가 되고 말 것이기 때문이다. 그러나 아우구스티누스는 신의 예지와 자유의지를 대립시키지 않는다. 오히려 그는 신과의 관계에서만 인간의 자유의지가 의미 있음을 말한다.[10] 이것은 인간의 자율성에 대한 인식을 자유론과 결정론의 차원에서 읽음으로써 자유와 운명을 대립시키는 것이 아니라, 신과의 관계에서 자유와 운명을 얽힘의 관계로 보기 때문에 가능한

10　아우구스티누스, 『자유의지론』, 제2권, 서론, I, 2.

것이다. 이러한 시도는 자유론과 결정론의 흑백논리를 넘어서 자유와 얽힌 인간의 현실을 구체적으로 드러내준다. 따라서 아우구스티누스의 자유론을 고찰하면서 이 글은 자유를 자율성의 차원에서만 생각하는 것이 아니라 신과의 관계, 즉 은총을 고려해 구성하려고 한다. 이것은 아우구스티누스의 자유론이 신과의 관계를 고려해 은총의 차원에서 이루어지고 있으며, 악에 대한 책임이나 죄책 문제를 넘어서서 궁극적으로 자유가 인간의 해방적 희망을 나타내며 추구하고 있다고 해석하려는 시도이다.

3. 신의 '올바름'에서: 신정론이 내포하는 자유의 모순성[11]

아우구스티누스의 시대 이후 신의 예지와 인간의 자유, 또는 신의 선함과 세계의 악 사이의 양립가능성을 설정하려는 시도들이 끊임없이 전개되어왔다는 것[12]은 주지의 사실이다. 현실적으로 겪고 있는 악의 고통은 우리가 없는 것으로 여겨 넘기기에는 너무나 크기 때문에 사람들은 왜 세상에 악이 존재하는가를 끊임없이 물어왔고, 교리화된 종교들은 악의 현실에 대해 대답하려고 노력해왔던 것이다. 그런데 이러한 악의 문제에 대한 설명에서 논리적으로 어려움을 겪고 있는 것은 특히 일

---

11   이 절은 필자의 다음 논문에서 세밀한 논의를 개진했기에 일부 발췌해 맥락에 적합하게 조정했다. 정재현, 「자유와 은총의 역설적 상관성: 아우구스티누스의 인간론에 대한 시비를 통하여」, ≪현대와 신학≫, 제28집(2004년 5월, 연세대학교 연합신학대학원), 154~163쪽.

12   아우구스티누스, 『자유의지론』, 제3권, 제1부, IV, 10.

원론의 전통, 그중에서도 유일신론의 전통에서였다. 그리고 유일신론 중에서도 그리스도교[13]와 같이 신을 전능하고 지선하신 분으로 이해했을 때 악의 현실 또는 기원을 설명하는 데에는 논리적인 어려움이 극에 달하지 않을 수 없었다.[14] 그리스도교 전통에서 선한 신과 악의 관계를 설명하는 데에 나타나는 논리적 모순은, 지선하시고 전능하신 신이 창조하신 세상에 악이 있어서는 안 된다는 것이었다. 만일 악이 존재한다면 신으로부터 온 것이고 따라서 신은 지선하시지 않거나 혹은 전능하시지 않게 된다. 그러므로 신의 전능 및 지선과 악의 양립은 논리적 모순이 된다. 그렇다면 이 문제를 어떻게 해결할까? 해결 방향은 크게 두가지로 분류될 수 있다. 첫 번째는 하느님의 본성 개념을 바꾸는 것이다. 하느님이 전능하고 지선하시다는 개념을 바꾼다면 악의 존재 문제를 쉽게 해결할 수 있다. 다음으로 하느님의 존재 개념을 바꾸는 것이다. 하느님의 존재 방식이 일원적(monistic)이지 않고 이원적(dualistic), 또는 더 나아가 다원적(pluralistic)이라고 설명함으로써 악이 하느님으로부터 온 것이 아님을 주장할 수도 있다. 만일 하느님이 유일한 창조자가 아니라면, 악의 기원을 다른 곳으로 돌릴 수 있다. 예를 들면, 고전적으로는 조로아스터교나 마니교와 같이, 그리고 현대적으로는 과정

---

13 엄밀히 말해서 그리스도교 전통이 유일신론·일원론적 전통인가의 문제는 삼위일체의 문제와 관련된 것이기 때문에 정확하게 결론 내리기 어렵다. 그러나 이 글에서는 신으로부터 모든 것이 창조되었다는 근원적 측면에서 유일신론·일원론적이라고 말한다.

14 Alvin Plantinga, *God and Other Minds*(New York: Cornell University Press, 1967), pp. 115~130. 플랜팅가(Alvin Plantinga)는 유신론적인 신념을 받아들이는 사람들에게 악의 존재가 문제시된다고 철학자들이 주장해왔다고 말한다. 플랜팅가는 그러한 철학자로 흄(David Hume), 프랑스 백과전서파 철학자들, 브래들리(F. H. Bradley), 맥타가트(J. McTaggart), 밀(J. S. Mill) 등을 예로 들었다.

신학[15]과 같이 이원적·다원적 체계에서는 악이 하느님과 무관하게 얼마든지 설명될 수 있기 때문이다.

그러나 이러한 결론을 도출하려는 교리적인 정제 작업이 언제나 성공적으로 설득력을 지녔던 것은 아니었다. 어떤 경우에는 신의 예정과 인간의 자유의 양립가능성(compatibility)이 합리적 기준에 입각한 논리적 증명에 토대를 두었다기보다는 종교적이거나 도덕적인 정합성을 확보하려는 현실적인 동기에서 주장되기도 했다.[16] 그런가 하면 때로는 양자의 화해가능성(reconciliability)이 변증법적 관계를 제시할 수 있는 '상호관통성'을 덮어둔 채 '단순한 공존'의 도식으로 파악되는 것에 만족한 경우도 결코 적지 않았다. 그러나 이 모든 경우에서 공통적인 전제는 악이 현실적으로 있다고 해서 그 자체로 신의 정의와 사랑을 반드시 부인하지는 않는다는 것이었다. 예를 들면, 현대의 과정신학자인 하트혼(Charles Hartshorne)은 인간의 창조성을 억누르는 신의 개입은 부당하다는 입장에서 새로운 현대적 형이상학의 체계를 설정하기 위해 아리스토텔레스의 '부동의 원동자' 개념이 제시된 이래 발전되어왔던 신의 자기충족적 자존성(aseity) 대신에 변화의 보편적 과정에서의 신의 참여를 갈파하기도 했다.[17] 그런데 이러한 주장들은 악이 신의 선함을 훼손한다는 지적이 논리적으로 타당하다고 입증될 수는 없다는 것과

---

15 David Griffin, *God, Power and Evil: A Process Theodicy*(Philadelphia: The Westminster Press, 1976)를 참조하기 바란다.

16 David Decelles, "Divine Prescience and Human Freedom." *Augustinian Studies.* Vol.8(1977), p. 152.

17 Charles Hartshorne. *The Logic of Perfection*(Lasalle, IL: Open Court Publishing Company, 1962)을 참조하기 바란다.

그러한 지적을 논증하기 위한 시도에는 반드시 논리적 순환성이 불가피하게 포함될 수밖에 없다는 점을 귀결시킬 따름이었다.

간단히 살폈듯이, 악이 실재하는 상황에서 신에게 면책을 부여하려는 근현대의 철학적·신학적 노작들은 역사적으로 아우구스티누스가 제시한 신의 선함과 이로부터 귀결되는 피조계의 선함에 관한 교리로 거슬러 올라간다. 『고백록』과 『신의 도성』을 비롯한 주저들에서 아우구스티누스는 있음과 선함의 정비례 관계를 귀결시키는 플라톤의 존재론적 계층 구조에 입각해서[18] 피조계의 악을 선의 결여(privatio boni)로 간주함으로써 신의 면책을 정당화하고자 했다. 아우구스티누스는 『신의 도성』에서 악에 대해 다음과 같이 말한다.

> 그러므로 아무도 악한 자유의지의 작용인을 찾아서는 안 된다. 거기에는 작용인이 존재하지 않고 결함인이 존재한다. 그것이 작용이 아니고 결함이기 때문이다. 최고로 존재하는 자로부터 그보다 더 못하게 존재하는 사물로 떨어져나가는 것, 바로 그것으로부터 악한 의지를 갖기 시작한다. 내가 말한 대로 악한 의지는 작용인을 갖지 못하고 결함인만을 가진다고 할 때 만약 굳이 그 결함의 원인을 찾고자 한다면, 그것은 마치 어두움을 보고 싶어 하고 침묵을 듣고 싶어 하는 것과 흡사하다.[19]

그러나 여기에서 분명하게 짚어야 할 것은 아우구스티누스 자신이

---

18 이에 대한 상세한 설명을 위해서는 다음을 참조하기 바란다. 정재현, 『신학은 인간학이다: 철학 읽기와 신학하기』(왜관: 분도출판사, 2003), 제1부, 제1장.

19 아우구스티누스, 『신국론: 제11~18권』, 성염 역주(왜관: 분도출판사, 2004), 제12권, 제1부, 7.

매우 야릇하게 선과 악을 비대칭적인 구도에서 접근하고 있다는 것이다. 즉, 인간의 선함이란 그의 존재론적 근원으로서의 신의 영원한 선함으로부터 비롯된 시간적인 파생(derivation)이며 따라서 인간이 그 자신의 윤리적 책임의식을 향한 어떠한 인준도 인간 자체의 선함으로부터 확보할 수는 없다는 것이었다. 그런가 하면 이와는 대조적으로 인간의 악함은 그 존재론적 근원으로부터의 파생이 아니라 일탈(deviation)로 규정되는바 이기적 자기고양(concupiscentia)과 자기파멸적 경향을 뜻하는 것이며,[20] 따라서 그러한 악에 대해서는 윤리적인 견지에서뿐 아니라 존재론적인 차원에 이르기까지 인간이 스스로 책임을 져야 한다는 것이었다. 한마디로 표현한다면 선은 전적으로 신에게 속하며, 이와 대조적으로 악은 전적으로 인간에게 속한다는 것이었다. 그러나 아우구스티누스에게서 선과 악의 이러한 비대칭적 구도가 반드시 "자유의지를 무질서로 붕괴시키는"[21] 악이 신에 의해 지어지고 새겨진 인간의 선함을 약화시키는 것을 가리키지는 않았다. 왜냐하면 그에 따르면 악이 인간을 신과 그 자신으로부터 소외시키는 데 성공한다고 하더라도 신의 능력을 전복할 수 있는 능력으로까지 간주될 수는 없기 때문이었다.

그렇다면 아우구스티누스가 논리적 정합성의 문제를 안으면서까지 애써 선악 사이의 비대칭성을 고수한 이유는 무엇인가? 그것은 바로 악이 본질적으로 인간의 의지에서 비롯된 것임을 가리키고자 함이었다.

---

20   아우구스티누스, 『자유의지론』, 제1권, 제1부, III, 6.
21   William Mallard, "Language and Love: Introducing St. Augustine's Religious Thought through His Confessions," Unpublished Manuscript, p. 109.

각자가 어느 것을 뒤쫓고 끌어안기로 선택할지는 의지에 달려 있음도 분명해졌다. 지성이 (사물을) 지배하는 저 정상으로부터 끌려 내려오고 올바른 질서로부터 끌려 내려오는 것은 다른 무엇에 의해서도 아니요 어디까지나 자신의 의지에 의해서임도 밝혀졌다. 누군가 사물을 악용한다고 해서 사물이 비난을 받아야 할 것이 아니라 오로지 악용하는 사람이 비난받아야 함도 확실하다.[22]

그리고 바로 이러한 통찰에 기반해 지금 보기에는 다소 애처로울 수밖에 없는 신정론을 개진하고자 했던 것이다. 과연 아우구스티누스의 비평가인 맬러드(William Mallard)가 표현한 바와 같이, "아무것도 그 자체로서 악으로 실재하지는 않는다. 단지 악의 유일한 원천은 선한 것을 악한 무질서로 전복시키는 악한 의지일 뿐이었다"[23]는 설명은 악의 형이상학적 실재성에 대한 부정에 뿌리를 둔 신정론의 의도에 충실한 아우구스티누스에 대해서는 적절한 것이라고 하겠다.

그렇다면 의지와 밀접하게 연관되는 인간의 자유는 여기서 어떠한 위치를 지녔던가? 아우구스티누스의 영혼론에 따르면 자유는 정신의 삼위일체적 기능들 중 과거적 기억(memoriam)과 현재적 지성(intellectus)에 이어지는 미래적 의지(voluntas)의 형태로 간주되고 있음이 드러난다.[24] 그에 따르면 도덕적 숙고와 결단 기능으로서의 의지는 인간 의

---

22   아우구스티누스, 『자유의지론』, 제1권, 제3부, XVI, 34.

23   William Mallard, "Language and Love: Introducing St. Augustine's Religious Thought through His Confessions," p. 103.

24   Augustine, *The Trinity*, Bk. X: The Realization of Self-Knowledge: Memory, Understanding, Will, 1Ci)-5Ciii), in John Burnaby(ed.), *Augustine: Later Works*

식의 지향성과 연관된 자유를 본유적으로 내포함으로써 자유의지 또는 의지의 자유(liberum arbitrium)와 동일한 것이었다. 다시 말하면, 의지에게서 자유가 갈취된다면 더 이상 진정한 의미에서의 의지가 아니라는 것이다. 그러기에 아우구스티누스는 "우리가 의지하는 것이 구체적 행위 없이 어떤 것도 의지할 수 없으되, 의지함을 행하는 자들만이 의지를 갖는다. 인간의 의지는 인간의 능력 안에 있지 않으면 있을 수 없거니와 그 안에 있기에 의지는 자유로운 것"[25]이라고 갈파했다. 따라서 의지의 자유는 이제 인간의 행위에 대한 판단의 타당성을 설정하는 근거로 등장한다.

> 인간은 자유로운 의지를 지니고 있어야 한다. 그것이 없이는 올바르게 행동하지 못할 것이다 …… 사람에게 의지의 자유 선택이 결여되어 있다면, 죄악은 벌하고 올바른 행실은 상 주는 데서 우러나오는, 정의라는 선은 어떻게 되겠는가? 의지로 이루어지는 것이 아니라면 죄도 아니고 올바른 행위도 아닐 것이다.[26]

그런데 인간의 행위에서 자유의지의 이와 같은 지위는 아우구스티

(Philadelphia: The Westminster Press, 1955), pp. 72~75. 인간의 차원에서의 과거적 기억(memoriam)이 신의 전능(omnipotentia)에 상응하는 것이라면, 미래적 의지(voluntas)는 신의 절대적 선함(summum bonum)에 상응하는 평행적 대칭 구도를 이루고 있다는 것이 아우구스티누스의 영혼론이 주장하는 바이다. 이는 그가 「삼위일체론」에서 인간의 영혼의 연합적 구조를 신의 속성에 준거해서 설정하려고 시도한 데에서 비롯된 것이다.

25   아우구스티누스, 『자유의지론』, 제3권, 제1부, III, 8.
26   아우구스티누스, 『자유의지론』, 제2권, 서론, I, 3.

누스가 일찍이 제시했던 선과 악의 비대칭적 구도에 대해 다소의 모순을 일으키면서 새로이 검토할 것을 요구한다. 인간의 선함은 신의 소유이며 악함은 전적으로 인간에게 속한다고 했거늘, 선악 판단의 전제 요건으로서의 자유의지는 선에 대해서는 무력하며 악에 대한 책임만을 짊어져야 한다는 모순이 과연 의지를 자유의지와 동일시하는 아우구스티누스의 이해와 부합될 수 있는가?

여기서 이 문제를 좀 더 면밀히 논의하기 위해서 죄와 타락에 관한 그의 설명을 살펴보자. 최초의 사람인 아담은 타락 이전에 진정한 자유를 누렸다고 기록되어 있지만 아담 이후의 인간들은 타락함으로써 신의 은총에 의해서만 회복될 수 있는 '죄를 피할 수 있는 가능성'을 상실했기 때문에 죄의 노예가 되었다는 것이 창조와 타락에 대한 성서의 전통적 이해이며, 아우구스티누스도 역시 이를 공유하고 있다.

> 인간은 죄로부터 자유로워지지 않고서는 결코 의를 행할 수 있는 자유를 지니지 못한다 …… 인간이 자유의지뿐 아니라 그 자신마저 파괴하게 된 것은 자유의지에 대한 남용에 의해서였다 …… 따라서 인간이 자유의지에 의해 죄를 지었기 때문에 죄가 인간을 억누르게 되었고 의지의 자유는 상실되고 말았다.[27]

그런데 여기서 부분적으로 발췌해 인용한 위의 세 명제들은 우리

---

27 Augustine, *Enchiridion, XXX.* Fred Berthold, Jr., "Free Will and Theodicy in Augustine: An Exposition and Critique," *Religious Studies,* Vol. 17(1981), p. 528에서 재인용.

의 논의에 다음과 같은 점들을 시사해준다. 첫째 명제는 자유의지가 죄와 연결되는 고리가 자유와 선의 관계에 대한 선행 조건이 됨으로써 앞서 우려했던 논리적 순환성의 문제를 드러내준다. 둘째 명제는 이와는 다소 다르게 자유의지 자체가 죄 또는 악의 즉각적인 원인이거나 논리적 전건이 아니라 자유의지의 남용이 그러한 것임을 밝히는 것으로 보인다. 그리고 셋째 명제는 '자유-죄-자유 상실'이라는 다소 자기모순적인 악순환의 방식으로 자유의지와 죄 사이를 묶으려는 의도를 분명히 드러내는 것으로 볼 수 있다.

그러나 이 글을 통해 결국 우리가 주장하려는 인간 자유의 본래성[28]이라는 견지에서 본다면 자유의지와 죄의 부정적 관계가 지니고 있는 문제 및 이에 대한 아우구스티누스의 설명의 논리적 오류들을 밝혀내는 것은 그리 어려운 일이 아니다. 아우구스티누스는 그 나름대로 아담 이후의 인간에 대해서는 죄를 짓지 않을 자유의 불가능성을 명백하게 주장했다. 그러나 죄를 짓지 않을 자유가 배제된 채 죄를 지을 자유가 지니는 논리적인 의미와 현실적인 효과들은 과연 무엇인가? 이러한 자기파멸적 자유가 진정한 의미에서의 인간의 자유라고 할 수 있는가? 더욱이 죄를 짓지 않을 가능성이 배제된 인간이 어떻게 '자유롭게' 죄를 지을 수 있는가? '죄를 지을 자유'라는 어귀는 '둥근 사각형'처럼 상호모순적인 두 개념의 결합에 불과한 것이 아닌가? 더욱 냉소적으로

---

28 인간의 자유의 본래성(Eigentlichkeit)은 이 글의 핵심적인 개념으로서 악과 신의 예정에 밀접히 연관되어 있는 아우구스티누스의 자유론을 해석하고 비판하는 준거로 상용될 것이다. 특별히 인간의 자기이해에서 정신요소론적 환원주의를 거부하고 전인적 차원에서의 실존을 갈파하는 실존주의 운동과 실존철학이 추구하려는 인간의 자유 개념이 중요하게 참고될 것이다.

표현한다면, '죄를 지을 자유'란 신의 면책만을 목적한 비인간적 교리로서 죄의 불가피성에 대한 교묘한 가면일 뿐이지 않은가?

그러나 아우구스티누스의 저서들 중 많은 구절은 '죄를 짓지 않을 자유의 불가능성'이 그 자신에게도 하나의 신학적인 딜레마였음을 보여준다. 이러한 난황에 대해 그가 곤혹스러워했다는 것은 의지의 주체성에 입각해 자유와 강제에 대한 선명한 구분을 논한 그의 다음과 같은 구절에서도 여실히 입증된다.

> 의지는 정신의 운동이며, 어떠한 타자도 그 무엇을 버리거나 획득할 것을 강제하지 않는 상태이다 …… 의지 없이 어떤 일을 행하는 자는 강제된 상태이다. 그리고 강제된 자는 어떤 일을 행하더라도 비의지적으로 한 것일 뿐이다. 그러기에 다른 사람들이 비록 그가 강제되었다고 간주한다고 하더라도 그 자신이 의지하고 있다면 그는 강제로부터 자유로운 상태라 할 것이다.[29]

이렇듯이 확연한 구별에도 불구하고 인간의 자유의지가 단지 죄성의 행위에만 해당되고 죄를 피할 수 있는 가능성에 대해서는 닫혀 있다는 협소한 신정론적 주장은 자유와 무의식적 강제 사이의 내적 관계를 암묵적으로 설정하고 있는 것이어서 결국 아우구스티누스의 자유 이해의 진정성에 의문을 갖지 않을 수 없게 한다. 왜냐하면 어떤 행위를 할 수 있는 자유가 그 행위와 정반대되는 행위를 할 수 있는 자유를 배제한 제한적 자유라면 그것은 비록 무의식적인 것이라 하더라도 강제와

---

29 Augustine, *On Two Souls: Against the Manichaean*, X, 14.

다르지 않기 때문이다. 이에 관한 맬러드의 설명은 우리의 지적을 옹호해준다. "아우구스티누스는 원죄, 사멸성, 자기중심적 욕망과 습관화된 관습의 결과를 선한 선택의 자유를 행사할 수 있는 의지의 비극적 무능력으로 간주했다."[30]

그렇다면 이러한 난황을 인지한 아우구스티누스 자신의 해결책은 무엇이었는가? 그는 '의지의 구분 구조'라는 논의에서 의지 자체와 의지되는 바를 행하는 능력에 대한 구별을 소개하면서 제삼의 범주를 추구한다. 인간의 죄성을 '죄 자체의 드러남'에 기인한 것으로 간주하려는 바울[31]에 대한 비평에서 제시된 아우구스티누스의 이 구별 도식은 인간의 죄성적인 행위가 외적인 힘에 기인된 것인지 또는 내적인 강제에 의한 것인지의 여부에 그 타당성을 의존하고 있다. 그런데 의지의 구분 구조가 외적인 강제의 경우에 적용될지언정 내적인 강제의 경우에 해당될 수 없는 것임에도 불구하고 그러한 구분 구조를 난황의 해결을 위해 주장한다면 이는 곧 인간 자신 안에 거하고 있을 수도 있는 죄의 실재성을 외적인 강제로 간주하고 죄 행위의 뿌리를 밖으로 돌리려는 책임 전가의 오류일 뿐이다. 다시 말하면, 만일 죄의 실재가 외적인 요소라면 '죄를 지을 자유'라는 표현은 논리적인 모순일 뿐이다. 또 이와 반대로, 죄가 내적인 요소라면 '죄를 지을 자유'는 죄를 짓게 되는 강제 또는 불가피성에 다름 아니다. 결국 자유의지가 지닐 만한 긍정적 의미를 대가로 치르면서 신의 선함과 악의 실재의 양립가능성을 설정하려는

---

30 William Mallard, "Language and Love: Introducing St. Augustine's Religious Thought through His Confessions," p. 131.
31 「로마서」 7:16~17을 참조하기 바란다.

아우구스티누스의 신정론적 시도는 논리적 근거에 뿌리를 두고 있다기보다는 종교적이고 도덕적인 정합성에 대한 고려에서 비롯된 것이라는 점이 더욱 명백해졌다.

그렇다면 아우구스티누스로 하여금 자유를 악 또는 죄에 잇대도록 한 종교적·도덕적 합목적성의 구체적인 내용은 무엇인가? 아우구스티누스가 죄성을 피할 수 있는 가능성을 배제한 채 '죄를 지을 자유'만을 강조했을 때 그가 실제로 하고자 했던 것은 인간을 그 전체로 죄인으로 묘사하고자 했던 것이었다. 아우구스티누스는 『고백록』을 통해서 신 앞에서 자신의 죄성을 깨닫는 것이 인간의 현실적 상태를 올바르게 인식하는 시작점임을 보여준다.

> 오 주님! 당신은 참으로 위대하신 분이시며, 크게 찬양을 받으셔야 할 분이십니다(「시편」 145:3). 주의 능력은 참으로 크시며 주의 지혜는 무궁하십니다(「시편」 147:5). 인간은 당신의 피조물로서 한 줌의 흙에 불과하며 죄로 말미암아 죽을 수밖에 없는 존재이고, "하나님께서 물리치실 교만함에 가득 찬 자"(「야고보서」 4:6; 「베드로전서」 5:5)입니다. …… 주님 안에서 안식을 발견하기까지 우리의 마음은 평화를 누릴 수 없습니다.[32]

단지 인간의 행위로서의 죄가 아니라 구원을 위해 신의 은총을 필요로 하는 죄인으로서의 인간 존재에 대한 전체적 표상이 아우구스티누스의 신학적 인간학의 핵심적 전제가 된다. 신에게서 악의 책임을 돌리기 위해서, 또한 인간의 구원이 신의 은총에 의한 것임을 나타내기 위

---

32 아우구스티누스, 『참회록』, 김종웅 옮김(서울: 크리스챤다이제스트, 1986), 35쪽.

해서 아우구스티누스는 순환적 모순에도 불구하고 인간의 의지에 죄성의 근거를 지운다. 같은 맥락에서 펠라기우스(Pelagius)와 대립한 이유도 아우구스티누스가 자유의지의 죄성을 말하면서도 동시에 신의 은총을 말하고 있기 때문이다. 물론 펠라기우스가 보기에 이것은 모순이었다.[33] 그러나 그리스도교 역사에서 자유의지의 죄성과 은총의 모순성은 해결해야 할 과제이기도 했지만 동시에 상호관계를 통해서 역설적 강조를 드러내는 구조로 쓰이기도 했다. 아우구스티누스의 이러한 경향은 그리스도교 내부에서 죄의 보편성에 대한 넓은 지지를 유도하여 오랫동안 유지하는 결과를 가져온다. 예를 들면, 종교개혁 시대에 루터는 아우구스티누스의 죄와 은총 개념의 연장선에서 말한다. 죄성에 놓인 인간이 의롭게 되는 것은 믿음에 의해서일 뿐이라는 것이다.[34] 이러한 전통은 현대 신학자들에게도 영향을 미쳐서 브루너(Emil Brunner)[35]와 틸리히[36]는 아담을 인간의 원형적·상징적 의미로 인식하면서도 아담이 가지고 있는 죄성을 인간의 보편적 죄성으로 확대 해석한다.

그렇다면 우리는 이제 인간의 자유의지가 죄 또는 악과의 관계에서 불가피하게 순환적일 수밖에 없다는 부정적인 차원을 넘어서서 어떻게 인간 존재를 포괄하는 긍정적 의미를 지닐 수 있는가라는 문제를

---

33 J. N. D. Kelly, *Early Christian Doctrines*(London: A. and C. Black, 1958), pp. 357~361.

34 Martin Luther, *Against Latomus*, in *Luther's Works*, Vol. 32, translated by George Lindbeck(Philadelphia: Fortress Press, 1958), pp. 223~225.

35 Emil Brunner, *The Christian Doctrine of Creation and Redemption*, translated by Olive Wyon(Philadelphia: Westminster Press, 1952), p. 104.

36 Paul Tillich, *Systematic Theology* II(Chicago: University of Chicago Press, 1957), p. 29.

검토해야 할 것이다. 『은총과 자유의지에 관하여』라는 저서에서 아우구스티누스는 그러한 가능성을 제시한 것으로 보인다. 그가 그 서두에서 "신의 은총을 수호하기 위해 인간의 자유의지를 부정하거나 양자의 반비례적 관계를 상정하는 부류들이 있기에 이제 이 문제에 대하여 언급하고자 한다"[37]고 한 진술은 그러한 의도를 분명히 하고 있는 것으로 보이기 때문이다. 그러나 자유의지와 은총의 상관관계에 대해서 아우구스티누스 자신도 사실상 예정론적 측면과 자유론적 측면을 동시에 지니고 있다.[38] 한편으로는 자유의지에 대해서 은총이 우선적인데 그 이유는 자유의지의 공로로 은총이 덕을 입지는 않으며,[39] 오히려 모든 자유로운 행위가 신의 은총의 산물이기 때문이라는 것이다. 그러나 다른 한편으로는 자유의지가 없이는 신의 은총은 단순히 잠재적인 것일 수밖에 없다는 것이다.[40] 포탈리(Eugene Portalie)는 이 측면을 다음과 같이 온화하게 표현했다. "신은 그의 포고를 통해서 인간의 자유를 갈취하는 방식으로 은총이 선포되는 상황의 가능성을 명백하게 배제했으며, 인간이 죄에 대해 항거할 수 있는 수단을 갖지 못하는 상황도 있을 수 없도록 조치했다."[41]

---

37   Augustine, *Grace and Free Will*, translated by Robert Russell(Washington, D. C.: The Catholic University of America Press, 1968), I, 1.

38   Theodore T. Shimmyo, "Free Will in St. Augustine's Doctrine of Predestination," *The Patristic and Byzantine Review*, Vol. 6, No. 2(1987), pp. 136~145를 참조하기 바란다.

39   Augustine, *On Rebuke and Grace*, in J. Patout Burns(ed. & trans.), *Theological Anthropology, Sources of Early Christian Thought*(Philadelphia: Fortress Press, 1981), p. 103.

40   아우구스티누스, 『자유의지론』, 제2권, 서론, I, 3.

그렇다면 이렇게 외관상으로는 모순적인 양면성을 어떻게 화해시키거나 종합할 수 있는가? 아우구스티누스는 피조적 의지의 자유는 그 자유에 해당하는 적절한 은총을 선택하여 행사하는 신의 자유로운 결단에 대해 결코 모순되지 않는다[42]는 주장으로 양자의 종합을 시도했다. 그러나 이 주장은 타락 이후의 인간에게도 온전한 자유의지가 부여되어 있음을 전제하지 않고서는 수용될 수 없는 것이다. 그렇지만 유감스럽게도 이 추론은 아우구스티누스의 사상 체계에는 해당될 수 없다. 그에 따르면 타락한 인간에게는 '죄를 지을 자유'만이 허용되어 있으며, 이는 차라리 죄를 향한 경향성을 지칭하는 것[43]으로서 죄에 대한 가능성 또는 필연성을 의미하는 것과 다르지 않기 때문이다. 이와 같은 맥락에서 오달리(Gerard O'Daly)도 아우구스티누스가 죄의 책임을 자유의지에 두기 위해서 노력했지만, 사실 자유의지를 허용하시는 신에게 완전히 책임이 없음을 설명하는 것에 어려움이 있었음을 지적한다.[44]

결국 자유의지와 은총의 긍정적 상관성에 대한 아우구스티누스의

---

41   Eugene Portalie, *A Guide to the Thought of Saint Augustine*, translated by Ralph J. Bastian(Chicago: Henry Regnery Co., 1960), p. 217.

42   Augustine, *On Rebuke and Grace*, in *Theological Anthropology, Sources of Early Christian Thought*, p. 105.

43   Augustine. *On Nature and Grace*, 79, translated by Peter Holmes, in Philip Schaff(ed.), *The Nicene and Post-Nicene Fathers*(Grand Rapids, Michigan: Wm, B. Eerdmans Publishing co., 1974), Vol. III, p. 149; William Mallard, "Language and Love: Introducing St. Augustine's Religious Thought through His Confessions," pp. 116·122·132~133을 참조하기 바란다.

44   Gerard O'Daly, "Predestination and Freedom in Augustine's Ethics," in Godfrey Vesey(ed.), *The Philosophy in Christianity*(Cambridge: Cambridge University Press, 1989), pp. 96~97.

양면적 접근은 내용적 차원에서의 종합이라기보다는 잘 말해주어 형식과 내용의 상관성의 견지에서 이해되는 것이 더욱 적절할 것이다. 즉, 인간의 자유의지는 신의 은총에 형식을 제공함으로써 후자로 하여금 인간 안에 구체화할 수 있게 해주며, 후자는 전자에게 내용을 부여함으로써 신과 인간 사이의 상호관계를 엮을 가능성을 추구할 수 있게 한다는 것이다. 그러나 내용과 형식의 상관성에 입각해서 신의 은총과 긍정적 관계를 구성할 수 있다는 자유의지는 아우구스티누스가 표상한바 전인적 차원에서 죄인으로 규정되는 인간에 대해서는 어떤 의미를 지니는가?

4. 신의 '베풀음'으로: 은총에 의한 자유의 역설적 얽힘

지금까지 살펴본 바와 같이, 자유의지에 대한 아우구스티누스의 기본적인 이해가 대체로 신정론적 차원에서 출발했다는 것은 두말할 나위가 없다. 그의 『자유의지론』이 "신이 악의 장본인이 아니신지 내게 말씀해주십시오"라는 에보디우스의 질문으로 시작한다는 것은 그 좋은 증거이다.[45] 여기서 아우구스티누스의 의도는 악에 대한 책임 문제를 신이 아닌 인간의 의지에 두려고 했음이 분명하다. 그러나 앞서 살핀 것처럼 신정론적 차원에서 이를 정당화하기 위해 인간의 자유는 신정론보다 훨씬 소중한 은총과 대립하게 되고 모순적 관계에 놓이게 된다. 그렇지만 좀 더 깊이 살핀다면 아우구스티누스는 플라톤적 형이상학

---

45   아우구스티누스, 『자유의지론』, 제1권, 서론, I, 1.

체계의 영향에서 신을 선하시며 모든 것들의 근원이라고 이해하고 있기[46] 때문에 사실상 악의 책임은 신과 관련될 수밖에 없다. 말하자면, 신정론적 차원에서 문제를 파고들수록 오히려 신의 선함은 더 옹호하기 어려워진다. 그런데 실제로 여기서 아우구스티누스는 문제를 더 복잡하게 만든다. 즉, 인간에게는 선택의 자유가 있다고 말하면서 동시에 모순되게도 그 선택의 자유에서 선한 것을 선택할 자유는 잃어버렸다는 것이다. 그리고 그렇기 때문에 오직 하느님의 은총에 의해서만 인간은 자유의지를 바르게 사용할 수 있게 된다는 것이다.[47] 결국 아우구스티누스는 자유의지에 대해서 옹호하면서도 제한된 자유를 이야기하고 있다. 그러나 제한된 자유란 선택의 능력은 남아 있지만 선을 선택할 능력이 없기 때문에 사실상 결정론이 될 여지가 있다. 이에 반해 펠라기우스는 차라리 인간의 완전한 자유의지를 이야기함으로써 결정론을 피할 수 있었다. 이러한 문제점에도 불구하고 아우구스티누스는 자유의지에 대해서 이중적 태도를 유지하는 것으로 보인다. 그렇다면 도대체 왜 그랬을까? 아우구스티누스가 자신의 주장에 논리적 모순이 있음에도 뜻을 굽히지 않은 것은 결국 신의 은총을 염두에 두었기 때문인 것으로 보인다. 그러므로 이제 우리는 이러한 해석을 개진하여 그의 자유론을 새로이 다듬어보고자 한다. 인간의 자유와 신의 은총은 도덕적 책임의 차원에서는 대립하게 되지만 인간 해방의 차원에서는 일치점을 가질 수 있을 것으로 기대하기 때문이다.

---

46   Christopher Stead, "Augustine's Philosophy of Being," in Godfrey Vesey(ed.), *The Philosophy in Christianity*(Cambridge: Cambridge University Press, 1989), p. 77.

47   Augustine, *Grace and Free Will*, XV, 31.

그렇다면 구체적으로 어떻게 접근할 수 있을까? 앞서 설파한 대로 자유의 역설적 구조, 즉 자유하지만 그 자유는 제한된 것이라는 상황은 인간의 내면적 갈등을 나타낸다. 자유라는 것을 자율성이라는 의미로 새길 때, 인간에게 완전한 자율성이 있는지 생각해볼 필요가 있다. 인간의 자율성은 앞서 말한 대로 오히려 의존성과의 결합에서 발생하기 때문이다. 다시 말하면, 의존의 개념은 우리의 자율을 제한하지만 역설적이게도 자율의 가능성을 보장한다. 마찬가지로, 자유의 개념은 틸리히가 말한 '운명'의 개념에서만 발생한다. 여기서 운명은 자유와 대립되는 요소가 아니라 오히려 인간의 자유를 드러내는 필수요소이다. 틸리히는 다음과 같이 자유와 운명의 관계를 말한다.

> 오직 자유를 가지고 있는 자만 운명을 가진다. 사물들은 운명을 가지지 않는다. 왜냐하면 그것들은 자유를 가지고 있지 않기 때문이다. 신은 자유이기에 운명을 가지지 않는다. '운명'이라는 말은 어떤 사람에게 앞으로 일어날 어떤 것을 가리킨다. 운명은 종말론적 함축(eschatological connotation)을 지닌다. 이것은 운명이 자유와 양극적 관계에 놓이게 한다. 운명은 자유와 대립하는 것이 아니라 오히려 자유의 조건들과 한계를 나타낸다.[48]

이렇게 자유와 운명이 모순적 대립이 아닌 역설적 얽힘의 관계에서 인간 의지의 현실을 드러낸다면, 아우구스티누스도 의지를 모순적 상황에서 설명하려 했을 때, 자유와 운명 사이에서 어느 하나를 선택하

---

48 Paul Tillich, *Systematic Theology* I, p. 185.

는 기로에 서는 것이 아니라 자유와 운명의 얽힘이라는 상황에 처해 있음을 염두에 두었을 수 있다. 다만 다름들의 충돌인 모순을 한데 어울러내는 역설로 엮어낼 논리 구도가 아직 충분하게 개발되지 않았던 당시의 사고방식의 한계로 인해 때로 비일관적인 진술로 보이는 것일 수도 있다. 다음의 구절은 그 좋은 증거가 아닐까 한다.

예언자도 이렇게 말한다. "젊어서 저지른 나의 잘못과 (모르고 한) 죄를 잊어주소서." 그런가 하면 올바로 행하고 싶어도 할 수가 없는 경우에, 필연에 의해서 행해졌지만 질책을 받아야 할 것들이 있다. 그래서 "나는 내가 원하는 선은 행하지 않고 원하지 않는 악을 저지릅니다"는 말이 있고, "사실 원하기야 내게 달려 있지만 좋은 일을 하기란 그렇지도 않습니다"라는 말이 있으며, "사실 육은 영을 거슬러 욕정을 일으키고 영은 육을 거슬러 일어납니다. 이들은 서로 반대되어 여러분이 스스로 원하는 것을 행하지 못하게 하는 것입니다"라는 말도 있다. 그러나 이 모든 것들은 저 죽음의 단죄를 받고서 오는 인간들의 사정이다.[49]

이제 자유의 개념은 이러한 상황에서 분명해진다. 신의 자유와 인간의 자유는 다른 것이다. 신의 자유는 제한된 경계가 없는 무한한 자유를 말하지만, 인간의 자유는 운명과의 얽힘에서 드러나는 자유를 말한다. 물론 이렇게 말한다고 해서 자유와 운명의 얽힘이 현실에서 모순적이라고 느껴질 수밖에 없다는 것을 부정하는 것은 아니다. 오히려 아우구스티누스가 말하는바 죄에 놓인 의지가 자유와 운명의 대립이라는

---

49   아우구스티누스, 『자유의지론』, 제3권, 제3부, XVIII, 51.

구도에서 읽혀질 때는 자유론과 결정론 사이의 양자택일이라는 형태로 드러나기 때문에 죄의 책임이 문제로 부각될 수밖에 없다는 점을 부정할 수 없다. 그러나 자유와 운명의 얽힘으로 읽을 수 있다면 이는 인간의 현실적 상황을 드러내는 존재론적 의미가 된다. 말하자면, 아우구스티누스가 갈파하는 의지의 역설적 구도 안에는 은총이 내재되어 있다. 그런데 이렇게 은총이 필요한 것은 인간이 스스로 의지의 역설적 구조를 깨닫고 바로 그 자유함을 스스로 누릴 수는 없기 때문이다.

> "……우리야말로 무지의 맹목 속에, 곤란의 번뇌 속에 태어나며, 우리로서 무엇을 행해야 할지도 알지 못한 채로 먼저 잘못을 저지르고, 그리고 정의의 계명이 우리 눈을 뜨게 해줄 즈음에는 그 계명을 완수하고 싶은 마음도 없고, 어디서부터인지는 모르겠지만 육욕의 필연에 묶여서 힘을 쓸 수 없게 되어 있지 않은가?" 그런 사람들에게는 우선 간단하게 대답한다. 입을 다물고, 하느님께 투덜거리는 짓을 그만두라고. 오류와 육정을 이겨낸 인간이 단 한 사람도 없다면 그들의 불평이 온당할지도 모른다. 그렇지만 어디에나 하느님이 현존하시며, 주인이 자기에게서 멀어져 간 종을 부르듯이, 여러 가지 양상으로 또 창조물을 통해서 당신에게로 부르신다.[50]

이처럼 자유와 운명은 신의 은총과 결합되었을 때 비로소 얽힘의 구조로 드러나게 된다. 신의 은총은 그것이 없었다면 분열을 겪을 수밖에 없는 모순적 인간 상황을 역설적으로 변형한다. 자유와 운명은 신의

---

50 아우구스티누스, 『자유의지론』, 제3권, 제3부, XIX, 53.

은총에서 비로소 분열과 대립의 관계를 넘어 죄에 놓인 인간이 해방되는 지평을 열어주게 된다.

5. 은총에 의한 자유의 해방

이처럼 아우구스티누스가 말하는 의지의 자유는 은총에 의해 운명과의 얽힘이라는 모습으로 나타난다. 여기서 은총은 인간의 현재적 모습을 드러내주며, 또한 인간으로 하여금 자신의 한계상황을 인식하게 한다. 그런데 한계상황의 인식, 즉 현실을 자유와 운명의 얽힘으로 인식하는 것은 미래적 해방과 연결되어 있다. 은총은 현재적 비관에 머무르게 하지 않고 미래적 해방으로 이끌기 때문이다. 아우구스티누스는 이처럼 신의 은총이 인간의 분열되고 모순된 상황을 변형한다고 생각한다. 은총이야말로 인간을 신의 선하심으로 향하게 하며[51] 궁극적으로 은총을 통해 인간은 자신의 자유를 찾게 된다고 믿었기 때문이다. 그런데 그에게서 인간의 선함의 궁극적 원천인 신의 은총은 인간의 인격성 안에 내재적으로 활동하는 힘으로 이해될 수 있다. 즉, 단순한 자기중심적 설계에 기반한 결단의 한계를 넘어서 자유의 지평을 자기초월적 사랑으로까지 확대하는 궁극적 힘이 바로 은총이라는 것이다.[52] 맬러드는 이에 대해 다음과 같이 설명한다.

---

51 Augustine, *Grace and Free Will*, IV, 8~9.

52 Augustine, *On Nature and Grace*, 79, *The Nicene and Post-Nicene Fathers*, Vol. III, p. 149.

진실로 아우구스티누스는 은총이 의지로 하여금, 그리고 더 나아가 존재로 하여금 그 자체에 대한 속박으로부터 벗어나 사랑을 향해 자유하도록 예지하는 것으로 간주했다. 아마도 예정적인 은총과 자유를 조화시키는 그의 최선의 논리는 인간의 의지가 주어진 방향으로 조율된다는 사실이 그 의지가 그 방향을 자유롭게 선택했다는 것을 부정하지는 않는다는 주장일 것이다.[53]

이제 신의 은총은 인간으로 하여금 그의 전인적 차원에서 자유하도록 하는 신의 자유에 참여할 수 있게 해주는 능력으로 그려진다. 즉, 아우구스티누스에게서 신의 은총은 자유마저도 가두는 인간의 자기폐쇄적 상태로부터의 해방을 가리키게 된다. 말하자면, 은총에 의한 자유의 해방이다. 이것은 그가 신 안에 참된 행복이 있다고 생각했던 것과 관련이 있다. 그에 따르면 그리스도교의 길은 "선하고 행복한 삶의 길"[54]이다. 여기서 행복한 삶의 길이란 인간의 모순된 상황으로부터의 해방일 것이다. 죄의 운명에 놓인 인간을 자유의 길로 인도하는 것이다. 물론 이 길은 자유와 운명의 대립이 아니라 자유와 운명의 얽힘에서 열린다.

여기서 자유를 향한 길의 시작은 한계상황의 인식이다. 현대의 실존주의자들도 인간의 한계상황에서 오히려 미래를 향한 새로운 가능성이 열린다고 설파한다. 하이데거에 따르면 인간은 자의와는 상관없이

---

53 William Mallard, "Language and Love: Introducing St. Augustine's Religious Thought through His Confessions," p. 229.

54 아우구스티누스, 『참된 종교』, 성염 역주(왜관: 분도출판사, 1989), I, 1.

세상에 던져진 존재이다. 인간이 세상에 던져져 살아갈 수밖에 없는 상태를 그는 '피투성(Geworfenheit)'이라고 불렀다. 일상에 젖어 있는 인간은 '불안(Sorge)'에 의해 자신의 피투성을 자각하게 된다. 피투성을 자각한 인간은 죽음에 놓일 수밖에 없는 자신을 보며 삶의 의미를 향해 새로운 시도들을 하게 된다. 다시 말하면, 인간은 자신을 새로운 가능성에 던져 넣게 된다. 여기서 인간은 새로운 삶을 찾게 된다. 야스퍼스(Karl Jaspers)는 이를 인간의 한계상황(Grenzsituation)과 그것을 뛰어넘는 초월자의 관계로 설명한다.

그런데 자유의지와 은총의 관계에 대한 아우구스티누스의 논의도 이러한 현대 실존주의자들의 설명과 매우 유사하다. 아우구스티누스에서도 하이데거나 야스퍼스의 경우처럼 인간이 차라리 자신의 모순된 현실에 직면했을 때, 오히려 행복한 삶의 길이 열린다는 것이다. 그러나 그에게서 인간의 한계상황은 실존철학자들이 갈파하는 것처럼 '자각'되는 것은 아니다. 그에 따르면 인간의 한계상황을 인식하게 하는 것은 인간도 아닐 뿐더러 현실의 모순적 상황 자체도 아니다. 인간은 자유의지의 모순적 상황조차 인식할 수 없을 뿐더러 그 상황에서 스스로를 자각하고 다시금 자신을 기투(Entwurf)할 수 없기 때문이다. 아우구스티누스에 따르면 우리는 신을 만날 때 비로소 은총에 의해서 의지의 모순적 구조에 대해 인식할 수 있게 된다는 것이다.[55] 신의 은총에서 인간의 미래적 가능성뿐 아니라 현실에 대한 인식이 동시에 열리기

---

55   그러기에 아우구스티누스는 말한다. "은혜가 물러나게 되면 인간은 타락하고, 자유의지에 의해서 그는 일어서지 못하고 오히려 넘어뜨려지게 된다. 그러므로 사람이 선한 공로를 가지기 시작했을 때, 그는 그것들(선한 공로들)을 자신의 탓으로 돌리지 말고 신에게 돌려야만 한다." Augustine, *Grace and Free Will*, VI, 13.

때문이다. "율법을 성취하게 하고 우리의 본성이 죄의 지배로부터 자유롭게 하는 것은 바로 이 은총이다."[56]

그렇다면 이제 우리는 아우구스티누스의 자유론을 실체적 차원에서 신의 '올바름'에만 주목함으로써 인간에게 악에 대한 책임을 묻는 신정론의 차원에서 해석하기보다는 관계적 차원에서 인간을 향한 신의 '베풂'이 일으키는 인간 삶의 해방적 차원에서 읽어야 할 것이다. 전통적인 신정론의 차원에서 자유의 문제는 신에 대한 실체적 정의를 옹립하기 위해 기껏해야 악의 기원과 정체를 설명하려는 데에서 나타났을 뿐이었다. 말하자면, '신이란 무엇인가?'라는 물음을 충족시키기 위해 악의 실체성이라는 물음을 파고들었던 것이다. 그러나 아우구스티누스가 보여준 것처럼 악이 실체라면 신의 실체와 대립하기 때문에 악은 없는 것이 되어야만 했다. 말하자면, 악의 실체는 없는 것이며, 따라서 악의 책임은 신에게 돌려지는 것이 아니라 인간의 자유의지에서 오는 것이어야 했다. 이로써 자유의지는 모순적 구조에 놓여 자유롭지만 죄의 숙명에 놓여 자유롭지 못한 상황이 된다. 아우구스티누스가 신정론의 목적으로 자유의지의 모순적 구조를 주장하는 것이 사실이지만, 우리가 신정론의 차원에서 아우구스티누스의 자유론을 이해하게 되면 인간의 자아는 분열된 것으로 드러난다.

그러나 신 자체의 올바름으로부터 인간과의 관계에서 신의 베풂으로 전환하면, 즉 '신이란 무엇인가?'라는 물음에서 '왜 신인가?'라는 물음으로 나아가면 자유에 관한 우리의 이해는 더욱 넓고 깊어질 수 있게 된다. 구체적으로, 아우구스티누스의 자유론을 은총을 통해 이루어

---

56 같은 책, XIV, 27.

지는 자아의 통합 과정으로, 즉 인간의 분열된 현실을 극복하고 삶을
해방하는 차원으로 이행하는 것이라고 살필 수 있다면, 우리는 그의 의
도를 애써 새겨줄 수 있을 뿐 아니라 이를 넘어 우리에게 맞갖은 자유
론을 다듬을 수도 있을 것이다. 따라서 우리가 인간의 현실에서 자유의
문제를 맞갖게 다룰 수 있기 위해서는 무엇보다도 삶의 해방적 차원에
주목해야 한다. 아우구스티누스가 말하는 신의 은총도 결국 인간의 자
유가 어떤 것인지 보여주는 데에 그 본뜻이 있기 때문이다. 즉, 인간의
현실, 삶의 자리를 인식하게 하고 나아가 인간으로 하여금 자신의 자유
를 알게 하고 자유를 누리게 하기 때문이다.

6. 그래서 요소가 아니라 상징인 자유

자유가 인간의 삶과 깊은 관련이 있다는 것은 신학적 성찰에서뿐 아니
라 인간학적 고찰에서도 발견된다. 역사적으로 인간은 스스로 어떤 존
재인지 밝히고 싶어 했다. 그래서 사람들은 '인간이란 무엇인가?'라는
물음을 던지고 인간의 본질을 정의하려고 시도해왔다. 그런데 '무엇'이
라는 물음은 어떤 것의 정체를 밝히는 규정적인 작업이다. 그런데 정체
규정이란 변화를 견디어내는 불변적인 같음을 찾아내려는 것이다. '무
엇'이라는 물음은 이처럼 무수한 다름을 넘어서는 같음을 찾아내어 그
같은 하나를 '참'으로 규정한다. 고전 형이상학이란 바로 이런 방식의 탐
구를 뼈대로 한 것이다. 그리고 '인간이란 무엇인가?'라는 물음도 이러
한 구도 안에서 던져졌음은 물론이다. 모든 인간이 가지고 있으면서도
변하지 않는 하나의 요소를 찾으려는 동기가 '무엇'의 물음에 내포되어

있는 것이다. 그러나 '무엇'이라는 물음에서 인간이 발견한 것은 이에 대한 대답이 제각각 다르다는 것이었다. 말하자면, 물음이 추구하는 동일성의 원리에 대한 심각한 위협이 바로 그 물음에 대한 대답으로부터 나타나게 되었던 것이다. 그래서 인간은 '무엇'이라는 것을 알기 위해서라도 '무엇'을 '어떻게' 알 수 있는가라는 물음을 문제 삼기 시작했다.

이제 인간은 '어떻게'라는 물음을 통해 인간 스스로를 분석하기 시작한다. 이른바 근세 인식론이다. 그러나 일종의 순환논리처럼, 인간이 인간의 인식 과정을 분석한다는 것은 인간이 확실한 인식을 할 수 있다는 것을 전제로 하기 때문에 논란만 가중할 뿐 오히려 인간의 현실과는 거리가 먼 것이었다. '무엇' 물음에 대한 대답에서 비롯된 혼란을 추리겠다는 '어떻게'가 오히려 상황을 더욱 복잡하게 만들었던 것이다. 물론 이를 해결하겠다는 노력이 정신문화사에 등장하지 않은 것은 아니지만 어쨌든 '무엇'과 '어떻게'는 각각 그리고 서로 얽혀서 인간의 현실을 더욱 복잡하고 모호한 것으로 드러내게 되었다. 그리고 이러한 과정에서 인간이란 규정하기 어려운 난해한 존재라는 데에 이르게 된다. 따라서 '무엇'과 '어떻게'만을 가지고 그 정체를 밝히려 하기보다는 인간 삶의 현실에 주목하자는 데에로 옮겨가게 되었다. 인간은 삶의 자리를 떠나서는 자신의 모습을 드러내지 않을 뿐더러 공허한 정의에만 머무르고 말게 된다는 점을 늦게나마 깨닫게 되었기 때문이다. 다시 말하면, 인간이 인간으로서 드러나는 자리는 저기 이데아의 세계가 아니고 여기 삶의 자리이기 때문이다. 결국 '인간이란 무엇인가?'라는 존재론적 물음에서 '인간은 어떻게 알게 되는가?'라는 인식론적 물음을 거쳐 '왜 인간인가?'라는 삶의 물음으로 나아가게 되었던 것이다.

그런데 '왜 인간인가?'라는 물음은 정체가 아니라 현실을 묻는 것이며, 있음이 아니라 삶에 대해서 묻는 것이다. '왜 인간인지'는 삶의 자리를 살펴본 후에야 대답할 수 있기 때문이다. 그러나 '왜'라는 물음이 드러내는 것은 바로 인간 삶의 모호성이다. 우리는 우리의 삶에 대해서 모르기 때문에 '왜'라고 묻는다. 그런데 모르는 것을 모른다면 아예 물을 수 없지만 모른다는 것을 또한 알고 있기에 '왜'라고 묻는다. 이른바 앎과 모름이 얽혀 있는 모호성이 곧 삶의 모습이다. 삶이라는 것이 이미 죽음과 얽혀 있기 때문이다. 이처럼 '왜'라는 물음은 우리를 삶의 자리에서 스스로 돌아보게 한다. 그렇다면 삶의 자리에서 인간은 어떤 모습인가?

우리가 동일성의 논리로 규정되는 정체를 향한 '무엇' 물음을 넘어 비로소 삶의 자리에서 '왜'를 묻게 될 때, 인간의 본성은 더 이상 규정적이지 않게 된다. 물론 규정의 틀 속에 머무르려 하지 않는 인간이기에 우리는 '인간이란 무엇인가?'에 대해 즉각 대답할 수는 없다. 그러나 '왜 인간인가?'라는 물음에 대해서는 우리는 잠정적으로나마 '자유롭기 때문에 인간이다'라고 대답할 수는 있게 된다. 그렇지만 이것은 인간이 자유를 본질로 하고 있다는 말과는 다르다. 자유롭기 때문에 인간이라는 것은 삶의 모습에서 그렇게 나타난다는 것을 말한다. 그리고 우리는 자유로운 삶, 바로 그것을 보고 인간을 이해하게 된다. 그렇기에 우리는 그러한 삶을 상징적 차원에서 '자유'라고 말할 수 있을 것이다.

그렇다면 자유가 삶의 해방을 향한 상징이라는 것은 무엇을 가리키는가? 그것은 자유를 책임의 근거로서의 윤리적 요소로 간주하는 고전 형이상학과 이에 뿌리를 둔 신정론에서 벗어난다는 것을 뜻한다. 그뿐만 아니라 그러한 자유가 은총과 결합되어 인간에게 새로운 차원을 열어준다는 것을 가리킨다. 자유는 이제 인간에게 그저 하나의 본질적 규정이 아니라, 인간을 드러내는 총체적 차원이면서 삶을 삶되게 하는 지평인 것이다. 말하자면, 이미 주어져 있는 구성요소가 아니라 앞으로 이루어야 할 과제이기에 목표를 향하는 상징인 것이다. 자유가 그러하다면, 인간은 이제 대립되어 있던 삶의 여러 요소들을 모순적 관계가 아니라 역설적 상호성의 관계에서 받아들이게 된다. 앞서 말한 자유와 운명의 관계도 바로 이러한 맥락에서 입체적으로 얽히는 것임은 물론이다. 은총이란 바로 이를 가리킨다. 은총이 아니고서는 모순으로부터 역설로의 전환은 환상일 뿐이기 때문이다. 그리고 아우구스티누스뿐 아니라 사실상 앞서 살펴본 대로 현대 실존주의자들도 이와 비슷한 이야기를 한다. 인간은 자유롭지 못한 존재일지도 모르지만 자유를 갈망하고 있음에는 틀림없다. 적어도 인간은 폐쇄된 존재가 아니라 본성적으로 자유를 바라보는 존재이다. 이 점에서 신학적 접근과 인간학적 접근은 분리될 이유가 없다. 그러나 아우구스티누스의 자유론을 이렇게 다듬으면서 얻어지는 자유는 여기에 덧붙여 미래의 해방적·능동적인 의미를 좀 더 적극적으로 지닌다. 은총에 의해서 드러나는 자유는 구원을 내포하기 때문이다.

실존과 신앙의
상호공속성

키르케고르의 주체적 진리관을
풀어냄으로써

예수: 나는 오직 진리를 증언하려고 났으며 그 때문에 세상에 왔다. 진리

　　편에 선 사람은 내 말을 귀담아 듣는다.

빌라도: 진리가 무엇인가?

예수: …… (「요한복음」 18:37~38)

1. 문제 상황의 진단

오늘의 시대를 흔히 탈근대성(post-modernity)의 시대라고 한다. 물론 이 표현은 현대를 서양이 주도해온 문화적 흐름의 연속적 불연속성으로 보는 관점에서 나온 것이기도 하다. 이러한 와중에 우리나라의 정신문화는 민족 전통적 주체성이라는 이념이 극단적인 국수주의적 경향으로부터 범세계적 보편주의에 이르기까지 폭넓게 주장되고 있는가 하면, 서구 문명에 대한 무반성적 수입이 이에 대한 비판과 아울러 뒤범벅되어 있는 상황이다. 아울러 소위 탈근대성이라는 어휘가 유행처럼 퍼져가는 오늘날의 문화적 소용돌이 속에서 우리는 근대적 합리성의 체계화로부터의 해방(해체; deconstruction)이라는 미명 아래, 상대주의와 개체주의에 대한 절대적 교조화라는 또 다른 굴레로 정신적 혼미를 겪고 있는 것으로 보인다. 그렇다면 도대체 탈근대성이란 무엇이고 근대성과는 어떠한 관계를 지니기에 이러한 개별상들의 군집이 미화되기까지 하리만큼 저마다의 언어가 진리로의 해방이라는 이름으로 난무하는가?

　　돌이켜보면, 인간이 자기정체성을 추구하기 위해 태동시킨 인류의 정신문화가 신화(mythos)로부터 이성(logos)으로 이행되면서 "없지 아니

하고 있으되(존재) 참으로 있는 것(실재)"에 대한 탐구를 본격적으로 개진한 이래 흘러온 서양의 2500여 년은 합리적 구성의 체계화를 추구해온 역사였다. 그러한 그들이 오늘날 탈근대적 해체를 부르짖게 된 것은 실재에의 추구가 질식할 것 같은 보편적 본질에 압도적으로 한정되어왔던 나머지 개체적 독특성을 말살하는 기계적 인간상을 도출함으로써 비극적인 인간 소외를 자아내게 되었기 때문이었다. 근대화의 핵심적 주제를 합리성으로 천착했던 베버(Max Weber)의 표현을 빌리면, 삶의 전반적인 합리화가 배리적으로 자유의 상실과 제도에의 복속이라는 비합리성의 심화를 동반하는, "이성의 도착현상"이라 부를 만한 난황에 대한 극복의 시도로서 서양인들은 탈근대적 해체를 외쳤다. 즉, 그들의 해체 외침은 이성에 대한 믿음이 가져다준 계몽주의적 덕목인 보편타당한 객관성의 획일적인 기준에 절절한 염증을 느낀 나머지, 인간의 주체성과 고유성을 회복하려는 해방의 선언이라는 의미를 담고 있었다. 호르크하이머(Max Horkheimer)나 아도르노(Theodor Wiesengrund Adorno) 등으로 대표되는 전기 비판이론가들이 제시한 도구적 합리성의 피폐에 대한 비관적 진단도 그러하거니와 이어서 나타난 하버마스(Jürgen Habermas)에 의한 의사소통적 합리성을 통한 상호역동적 보완을 주장하는 움직임도 바로 이러한 해방에로의 희구를 반영하는 일련의 경향인 것이다. 말하자면, 무릇 삼라만상이 모두 그러하듯이 합리적 구성의 체계화라는 것도 그 자체 안에 자기부정성을 지니고 있어서 의도하지 않았던 비합리적 억압 구조가 때로 배태되기도 했기 때문에 합리성을 선험적·원리적 차원보다는 경험적·상황적 차원에서 추구하는 것이 인간 해방에 더욱 현실적으로 기여할 수 있으리라고 판단했던 것이다.[1]

그러나 우리의 경우는 어떠한가? 이성적 체계와 합리적 구조를 특징으로 하는 서구의 근대성에 비견할 만한 우리 문화의 유산으로는 어떠한 것을 들 수 있는가? 혹자는 이러한 질문 제기를 서양 문화의 도식으로 우리의 고유 전통을 평가하려는 문화사대주의적 발상이라고 비난할 수도 있다. 그리고 그러한 비난은 일면 정당하다. 그러나 바로 그러하기에 통속적인 의미에서 '탈근대 운운'도 적절하지 않다는 말이다. 다시 말하면, 우리는 아직도 합리적 구성의 체계화라는 과제가 사고방식으로부터 삶의 현실 전반에 걸쳐서 절실히 요청되는 단계에 있다(그런 연후에 합리적 구성의 체계화가 때로 불가피하게 수반하게 되는 폐쇄성과 억압성에 대해서 항거하라!). 사실상 유구한 세월 동안의 합리적 체계화에 대한 추구 과정이 가져다준 엄청난 업적을 오늘날 우리는 사회체계와 과학기술의 이기라는 달콤한 산물로 맛보고 있기는 하지만, 그러한 결과물의 생산 근거가 합리적 체계화를 향한 끊임없는 노력이었다는 근본적인 사실을 망각한 채 과학주의라는 현대적 미신과 이에 대조될 만한 탈근대적 해체라는 현대적 유행 사이를 모순적으로 방황하고 있는 것이다. 하지만 더욱 심각한 문제는 그러한 방황에 대한 자기인식이 결여되어 있다는 점이다.

그런데 이러한 문제는 인간의 자기정체성 추구의 주요한 통로 중의 하나인 종교와 신앙의 경우에도 결코 예외적이지 않을 뿐 아니라 오

---

1   예를 들면 전통 자체가 실재를 충실하게 영상(image)화한다는 의미에서 올바른 가르침을 제시한 것으로 스스로를 간주해온 서방 전통에서는 현대에 이르러 의심의 해석학(hermeneutics of suspicion)이 등장했다. 대표적으로 포이어바흐나 프로이트에 의해서 제기되면서 전통의 족쇄에 대한 도전과 이로부터의 해방을 선언하는 계몽주의의 유산을 현대화하는 시도들이 오늘날 이성주의적 근대성으로부터의 이탈을 외치는 해체주의의 물결로 이어지고 있기도 하다.

히려 더욱 심각하다. 종교적 진리의 절대성이 이성적 반성의 대상으로 간주될 수 없다고 믿었던 시대에는 일련의 교리 체계가 합리적 구성에 비견할 만한 역할을 담당해왔었다. 그러나 이질적인 문화와 전통 사이의 차이가 갈등으로 경험되는 단계를 거치고 조화라는 공동선을 향한 움직임이 범문화적 대화를 통해 시도되면서, 특정 종교가 표방하는 진리가 타 종교문화권에 대해서 절대성은 고사하고 의미조차 발휘할 수 없음이 현실로 나타나게 되었다. 말하자면, 합목적적 이성에서 목적이라는 것이 원초적으로 주어지는 원형이라는 의미를 지니기보다는 상호 이해를 통해 도출되는 합의적 결과로 간주되어야 한다는 주장이 더욱 큰 설득력을 지니게 되었던 것이다. 이러한 상황에서 등장한 부분적인 타개책의 하나로 '나의 우물에서 물을 마시겠다'는 소위 문화적 특수성·다원성의 논리가 반대급부적 저항의 가능성에 대한 깊은 고려 없이 많은 사람에게 호소력을 지니는 현대적 복음으로 제시되기도 했다. 바로 이것이 종교다원주의라는 이름으로 문화상대주의와 주체성·특수성의 결합이 엮어진 배경이라 할 것이다. 아울러 이로써 상대주의로의 전락가능성을 안고 있는 주관주의가 주체성이라는 이름으로 합리적 구성의 체계화라는 근대정신의 제국주의적 획일성에 대한 반성의 역할을 수행할 것이라는 기대를 받는 듯했다. 그러나 '참된 것'을 숭앙하는 종교의 경우에 통속적 주체성 논리의 상대주의적 경향이 종교적 진리의 보편타당성에 정면으로 도전하는 상황이 펼쳐짐으로써 주체(나)의 상대성과 진리(참됨)의 보편성 사이의 모순은 더욱 첨예화했다. 따라서 한편으로는 신앙의 성실성이라는 이름으로 조화로운 통일을 가장하면서 결국 독단주의가 나타나기도 하고, 다른 한편으로는 그러한 부류들을 소박한 위선자로 간주하면서 양자의 조합은 진리의 상황적·역사적 상대주의로 귀결될 수밖에 없다는 냉소적인 입장이 나타나기도 했다.

이와 같은 현실에서 볼 때 이러한 갈등과 모순의 인간적 정황을 온몸으로 싸안으면서 진리와 주체성의 관계 재구성에 밀도 있는 한평생의 정열을 바쳤던 키르케고르(Søren Aabye Kierkegaard)의 한 세기 반 전의 절규는 21세기에 와서도 작게는 상기한 문제와 관련하여, 그리고 크게는 탈근대적 해체라는 구호 아래 개별성의 극대화가 가져올 수도 있는 나와 참됨의 관계 파괴라는 난황을 극복하는 데에 의미 있게 이바지할 수 있으리라 여겨진다.

2. 범주로서의 개체성의 부각: 주체성의 개별화

서구 철학과 종교사상사의 관점에서 키르케고르의 위치와 의미는 그가 실존주의 운동의 선구자였다는 간단한 언명 속에서 함축적으로 지시된다. 그로부터 비롯된 실존철학이 전통 형이상학을 본질철학으로 규정하고 이에 대한 반동으로 자기를 파악했다는 점에서 그를 가히 현대의 반형이상학적 시대정신의 선구자로 칭하는 것은 결코 무리가 아닐 것이다. 전통 형이상학의 집대성으로서 개별자들로부터 보편자에로의 본질적인 추상화로 귀결되는, 존재와 사유의 낭만적 일치라는 헤겔의 주장은 인간이란 본래 오직 영원과 무한 속에서만 완성될 수 있고 그의 진리는 오직 보편적인, 즉 객관적인 본질성과의 일치에서만 도달될 수 있다는 선언으로 압축된다. 따라서 헤겔에게 개체적 자아란 세계 · 역사의 과정에서 체계적 구조 전체의 정합성을 위해 봉사하는 보편자의 무차별적 사례에 불과한 것이었다. 그러나 역사를 존재의 이성적 자기 전개 과정으로 간주하는 헤겔의 변증법을 결정주의적 환원주의라고 비판하는 키르케고르는 인간을 본질적·필연적 보편성의 족쇄로부터 해방하기 위해서 인간 주체의 개체성에 입각한 '실존(Existenz)'의 의미를 파고들었다. 헤겔의 존재·사유 일치는 존재를 사유로 환원하는 동화였으며 이 과정에서 자아는 개체성을 상실하게 됨으로써 결국 진정한 의미의 주체성이 위협당하게 되었다는 것이 키르케고르가 헤겔에게 가한 비판의 정점이었다. "각 시대는 저마다의 특징적인 부패상을 지니고 있다. 이 시대에는 쾌락이나 방종, 관능은 아닐지라도 개체적 인격에 대한 방탕스러운 범신론적 경멸, 바로 그것이다."[2]

　　개별적 주체성에 대한 키르케고르의 이와 같은 철학적 강조의 저변에는 사실상 진정한 그리스도인의 의미를 파헤치려는 그의 신학적 과제가 깔려 있었다. 전통적 종교사상에 따르면 그리스도인이 된다는 것은 특정한 교리 체계의 타당성을 인정하고 이에 객관적으로 동의하는 것이었다. 즉, 기존의 그리스도교적 대중성 안에 자신을 또 하나의 구성원으로서 자동적으로 흡수시키는 것이었다. 당시 국가교회(Christendom)라는 체제 속에 이러한 객관적 동화는 편리할 만큼이나 제도화되어 있었다. 그러나 보편타당성이라는 명분에 입각한 통속적 대중성 속에서 불가피하게 초래되는 개체성의 말살에 의한 인격의 무명화를 개탄하면서 키르케고르는 진리를 주체성에 정초시키는 실존주의적 진리관을 선언한다. "진리는 주체성이다 …… 자고로 객관적인 진리란 존재하지 않으며, 진리는 오로지 인격적인 전유다."[3]

2　Søren Aabye Kierkegaard, *The Present Age*, translated by A. Dru(New York: Harper & Row, 1962), p. 33.

그러나 여기서 주목해야 할 것은 "진리는 주체성"이라는 그의 격언 같은 절규가 주관주의적 상대주의로 용해되어서는 안 된다는 점이다. 오히려 그의 실존변증법이 본래적 자아 추구라는 목적을 포함하고 있으며, 이러한 철학적 성과에 근거해서 전통적으로 신학사에서 끊임없이 논의되어왔던 신의 은총의 목적론적 성격과 인간의 자유의 실존론적 성격의 공존가능성을 제시하고자 했던 그의 신학적 의도에 비추어서 이 선언은 이해되어야 마땅하다. 왜냐하면 그의 새로운 진리관은 헤겔로 대표되는 보편적 본질로의 환원에 대한 비판으로서의 개체적 실존과, 국가교회에서 예시되는 종교적 대중성에 대한 공격으로서의 주체적 신앙 사이의 내재적인 상호관통성을 규명하려는 목적을 지니고 있었기 때문이다. 즉, 그에게서는 철학적 차원에서 본래적 자아가 된다는 것이 곧 신학적 차원에서 진정한 그리스도인이 된다는 것이었으며, 그 역도 성립하는 것이었다. 진정한 신앙을 위해 개체성의 범주가 그렇게도 절실했던 키르케고르와 더불어 실존에 대한 신학적인 이해와 신앙에 대한 철학적 해명의 동시적 구성의 가능성을 음미해보고자 하며, 이를 통해서 "진리는 주체성"이라는 그의 외침이 지닌 탈근대적 함의를 오늘의 종교적 상황에서 새겨보고자 한다.

3　　Søren Aabye Kierkegaard, *Concluding Unscientific Postscript*, translated by David F. Senson and Walter Lowrie(Princeton: Princeton University Press, 1974), p. 71; 이하 *CUP*로 표기한다.

3. 실존: 신앙의 가능성의 조건

헤겔이 그 완성적 표상을 시도했던 존재와 사유의 관념론적 동치를 '은폐된 동어반복'에 불과한 것으로 비판했던 키르케고르가 거부한 것은 인간의 개체적 실존에 대한 개념 자체가 아니라 이러한 개념이 불가피하게 수반하는 물상화(Verdinglichung)에 의해 실존적 개체성이 말살되는 것이었다. 따라서 그는 이러한 부정적 폐해가 나타날 가능성을 제거하면서, 동시에 실존의 역동성을 드러낼 수 있는 분석을 위해서 불안과 절망이라는 지극히 개체적인 체험에 대한 현상학적·심리학적 분석을 시도했다. 유한과 무한 사이의 대립을 그 내적 자기부정성을 통해 매개적 종합으로 지양하는 헤겔의 사유변증법과는 달리 키르케고르는 인간의 자아를, 육체와 영혼, 필연성과 가능성, 유한과 무한의 종합을 그 내용으로 하는 시간과 영원의 역설적 종합으로 묘사한다.[4] 물론 이때의 역설적 종합으로서의 자아는 역설 자체가 이미 지시하듯이 합리주의 전통에서 자명하게 주어진 보편적 이성으로서의 자아라기보다는 그러한 자아의 데카르트적인 실체성과 칸트적인 선험성을 거부하고 현실적 상황 속에서 구체적으로 구성되고 추구되어야 하는 실존을 지칭한다. 이렇듯이 보편적 사실로서의 정신이 아니라 개체적 사건으로서의 육체와 정신의 종합인 실존은 "말이 몰고 가는 마차에 누워 실려 가는 술 취

---

4   Søren Aabye Kierkegaard, *Sickness unto Death*, translated by Howard V. Hong and Edna H. Hong(Princeton: Princeton University Press, 1983), pp. 29~42; Søren Aabye Kierkegaard, *The Concept of Anxiety*, translated by Reidar Thomte(Princeton: Princeton University Press, 1961), pp. 93~96; 이하 각각 *SD*와 *CA*로 표기한다.

한 농부"로부터 "영원성이라는 날개 달린 말을 모는 마부"로의 변신을 위한 자유와 책임을 요청한다.[5] 다시 말하면, 이제 실존은 흔히 통속적으로 감지되는 것처럼 그렇게 있는 그대로의 현실이 아니라 오히려 이를 비본래적인 것으로 간주하고, 보편성과 객관성이라는 미명 아래 은폐되어왔던 일상성의 비본래성을 적나라하게 드러내어 개별적 주체성으로 회복하고자 하는 과정적인 행위라는 의미를 함축하게 된다.

그렇다면 개별적 주체성이란 무엇을 뜻하는가? 키르케고르가 그토록 절규하고 있는 주체성 — 그의 진리관에서도 드러나듯이 — 의 의미를 새기기 위해서는 그가 그렇게도 비판하면서, 바로 그렇기 때문에 불가피하게 연관되어 있었던 헤겔과 그 역사적 배경이 되는 데카르트까지 거슬러 살펴보아야 할 것이다. 인간이 단순히 이념의 무색투명한 수용자로 간주되었던 고중세의 형이상학과는 달리, 데카르트(René Descartes)의 "나는 생각한다, 고로 존재한다(Cogito, ergo sum)"는 선언으로부터 인간은 비로소 그를 둘러싼 세계를 대상으로 설정하는 주체로 부상하기 시작했으며, 인식 대상과 동격의 실체성을 지닌 인식 주체로서 등극할 만큼 인간에 대한 격상 과정이 전개되었다. 칸트의 인식론적 종합인 선험적 구성설은 대상에 대한 주체의 우위를 지시하는 선험적 주체로까지 인간을 부각했으며 심지어 근세 주관적 형이상학의 집대성으로서 헤겔의 절대정신은 인간 주체의 신격화(deificatio hominis)라는 비판까지 받을 정도로 주체성의 절대화 과정의 정점을 이루기도 하는 것이었다. 그러한 일련의 인간적 주체성의 부상 과정에도 불구하고 키르케고르가 반기를 들 수밖에 없었던 것은 근세의 주관적 형이상학에서조차

---

5   *CUP*, p. 276.

―아니 바로 본질철학으로서의 형이상학이었기 때문에―인간은 기껏해야 인식 주체로 환원되고 있었고 거기에 이성적 정신이라는 본질 설정을 위해 실체성과 선험성을 더욱 확고하게 하는 방향으로 치달았기 때문이었다. 즉, 키르케고르에게서는 그러한 선험적 자아가 대상과의 관계에서 아무리 주체적이고 능동적으로 객관성을 구성한다고 하더라도 그 주체는 이미 완결된 실체로서 주어진 보편적·개념적 존재일 뿐이요, 따라서 개별화를 통해서 추구되어야 할 전 인격적 실존은 결코 아니었던 것이다.[6]

그가 그토록 부르짖은 실존의 전 인격성은 인간의 사유에서 이성의 위치를 부정하지 않으면서도―감정에 대한 이성의 우선성은 거부하지만―이를 비약을 위한 열정으로 역설적으로 종합함으로써 한갓 주관주의적 상대주의로의 전락가능성을 극복하는 데에 초점을 둔다. 그뿐만 아니라 자아중심적 세계관을 배태하는 유아론적 요소의 개입을 배제하기 위해 주체성(subjectivity)을 진리에의 종속성(subjectedness)에 역설적으로 연관시키기에 이른다.[7] 실존의 전인적 주체성은 진리에의 종속성을 내포함으로써 실존을 그 자신과 신의 관계에 대해서 개방성으로 드러내게 되고, 따라서 이를 '초월'로 묘사하게 한다. 여기에서 초월이란

---

6   이와 같은 견지에서 실존은 비평형적 미완성품으로 묘사된다. "인간은 그 내면적 정황에 있어서 완성된 실재가 아니라 생성과 자유로운 추구라는 지속적 과정 안에 놓여 있다. 인간의 실존과 그 가능성들이 무한한 신과의 연관성의 견지에서 파악되기 때문에 이것들은 결코 평형상태나 매끄럽게 잘 다듬어진 완성품의 경지에 이른 것으로 취급되지는 않는다." James Collins, *The Mind of Kierkegaard*(Princeton: Princeton University Press, 1983), p. 143.

7   *CUP*, p. 306.

유한과 무한의 역설적 종합으로서의 실존이 궁극적 기반으로 향하려는 운동이라고 할 때, 초월을 그 본성으로 하는 실존은 그 자체로서 가히 종교적이라 하지 않을 수 없다. 다시 말하면, 실존의 심화와 초월의 수행 사이의 정비례관계는 다음 절에서 논하게 되겠지만 신앙을 실존의 현실화의 근거로 이해할 수 있는 가능성을 계시해준다. 이제 실존은 초월의 체험을 통해서 절대자·무한자(신)의 이름으로 유한성을 부정하는 것이 아니라 피조성의 가치에 대한 새로운 의미를 부여받게 된다. 인간은 그 자아의 구성 근거가 되는 초월적 기반(신)과의 관계 없이는 실존 자체를 자아에 연관시킬 수 없다[8]는 키르케고르의 분석은 피조성이 바로 유한과 무한의 역설적 종합의 초월적 근거임을 확연하게 드러내준다. 이는 곧 피조성에 대한 전인적 수행이 신앙이라고 할 때, 그러한 피조성을 초월의 근거로 설정하는 유한과 무한의 역설적 종합으로서의 실존은 신앙을 가능케 하는 조건이라고 할 수 있음을 가리킨다.

4. 신앙: 실존의 현실화의 근거

키르케고르에게서 "진리는 주체성"이라는 실존주의적 선언이 신앙에 대한 정의에도 동일하게 적용된다는 점은 앞 절의 논의에도 이미 함축되어 있으리만큼 자명하다. 주체성으로서의 진리는 신앙 대상의 불확실성을 포함하고 있기 때문에 이제 신앙은 "개인의 내면성에 드리워진 무한한 열정과 그 대상의 객관적 불확실성 사이의 모순"[9]으로 규정된

---

8   *SD*, p. 147.

다. 물론 이러한 신앙 규정은 "가장 열정적인 내면성의 전유화 과정 속에 굳건히 지속되는 객관적인 불확실성이야말로 실존하는 개인이 획득할 수 있는 지고의 진리"[10]라는 언명과 엄격하게 평행 구조를 이루고 있다. 그러나 여기에서 특별히 주목해야 할 것은 키르케고르가 신앙의 대상을 지칭하면서 사용한 구절인 '객관적 불확실성'이 신 자체의 본성에 관한 묘사가 아니라 그러한 신적 본성에 대해 인간의 체험이 지닌 한계성을 지칭하는 것으로 새겨져야 한다는 점이다. 이러한 지적은 진리에 대한 위와 같은 언명에 이어 곧 등장한 그의 다음과 같은 부언으로도 더욱 옹호된다. "만일 내가 신을 객관적으로 포착할 수 있다면 나는 그러한 신을 믿지는 않을 것이다. 그러나 내가 바로 그렇게 할 수 없기 때문에 나는 믿을 수 있고 믿어야만 하는 것이다."[11] 그리스도교가 태동하면서 그리스 문화와의 만남에서 불가피하게 야기될 수밖에 없었던 이성과 신앙 사이의 관계 설정에 대해 당시 테르툴리아누스(Tertullianus)가 취한 바, "불합리하기 때문에 믿는다(Credo quia absurdum est)"라는 입장을 상기시키는 키르케고르의 이러한 고백은 신앙에서 비약의 필수성에 대한 설파라 하겠다. 이러한 비약은 불확실성과 상호관계를 이루는 모험을 요구하며 동반한다.

모험 없이 신앙이란 불가능하다. 모험이 클수록 신앙은 더욱 위대해진다. 객관적 안주의 경향이 짙어질수록 내면성(곧 주체성)은 흐려질 수밖에 없

---

9   *CUP*, p. 182.

10   같은 책.

11   같은 책.

으며 그러한 안정성이 적을수록 가능한 내면성이 더욱 심오해질 것이다.[12]

이 시점에서 우리는 신앙의 비약적 모험성을 드러내기 위해서 이에 관련된 불안-절망-죄-신앙의 고리에 대해서 살펴볼 필요가 있다. 예를 들면, 신과 인간의 결합인 성육신 사건은 키르케고르에게는 헤겔의 매개적 변증법으로는 해소될 수 없는 '역설', 즉 인간의 어떠한 노작으로도 화해되거나 타협될 수 없다는 점에서 철저한 '부조리' 그 자체였다. 성육신 사건과 같이 이성적 차원에서 분해될 수 없는 부조리한 교리 자체보다도 이에 대한 인간의 실존적 태도에 더욱 관심했던 키르케고르는 전능하지만 인식될 수 없는 신 앞에서의 불안과 개인적 나약함에 대한 절망―불안과 절망은 결국 죄의식에 관련됨으로써 신앙과 오묘한 역설변증법의 관계를 구성하는데―에 대해 집중적으로 분석했다. 자유의 책임 아래 가능성으로 규정된 불안은 신앙과의 관계에서 개체성을 섭리의 차원에까지 고취시키며 아울러 죄의식을 부각한다.[13] 또한 신 앞에서의 자신에 대한 자아의 관계의 내적인 비관계로 묘사되는 절망은 그 관계성을 회복시키려는 신앙과의 관계에서 아직도 꿈을 꾸는 듯한 소박함과 만족감으로부터 그 전인을 뒤흔들어 자기 자신이 될 가능성을 일깨우는 정신적 자극으로 등장한다. 이때 뒤흔들음이란 유한과 무한, 시간과 영원 사이의 종합에 포함된 균형의 파괴를 뜻하며 일깨움은 바로 그러한 뒤흔들음에 의한 파괴로 인해 더 이상의 재건가능성이 존재하지 않는 자아에서만 신앙이 시작될 수 있음을 지시한다. 왜냐하면 절

---

12 같은 책, p. 188.
13 *CA*, p. 174·179.

망 속에서 자아는 시간성을 초월해 초월의 가능성으로 자유를 드러내는 영원성을 요청할 수 있기 때문이다.[14]

　이미 암시적이나 혹은 명시적으로 언명된 바 있지만 절망과 신앙의 역설변증법의 저변에는 죄에 대한 자아의 의식이 깔려 있다. 키르케고르에게서 죄의식은 절망의 내용이면서 동시에 진정한 그리스도인이 되기 위한 출발점이었다. "기독교는 죄에 대한 의식으로부터 비롯되었고 따라서 개체 인간과 함께 출발한다."[15] 이러한 죄의식이야말로 키르케고르의 실존변증법의 세 단계 중 마지막인 종교적 단계에서도 종교성 B를 종교성 A로부터 구분하는 준거이다. 왜냐하면 강렬한 내면적 주체성과 고도의 열정으로 충만한 삶도 그 자신의 초월적 기반과 아직도 그렇게 분리되어 있다는 자아의식, 즉 죄의식 없이는 진정한 의미에서의 회복가능성을 포함한 본래적인 삶이 아니기 때문이다.

　그렇다면 절망과 신앙을 이어줄 만큼 역설적인 의미와 역할을 지니는 죄의식은 어떻게 일어나는가? 그 대답은 이미 죄에 대한 의식이 전제하고 있는 신의 임재 또는 신성과의 만남에 의해서라고 할 것이다. 키르케고르가 죄를 "신 앞에서, 또는 신 개념과 더불어 강화된 나약함 또는 강렬해진 반항"[16]이라고 표현한 것도 이와 같은 이해를 반영하고 있다. 그러므로 이제 죄의식은 그가 '순간(Augenblick)'이라고 부른 신과 인간의 만남 — 영원자가 시간성의 영역 속으로 관통함으로써 이루는 역설적 종합 — 의 사건 속에서 이성적 이해로부터 결단에로의 실존적 비약을

14　Søren Aabye Kierkegaard, *Either/Or*(Garden City: Doubleday-Anchor, 1959), II, p. 219; 이하 *E/O*로 표기한다.

15　같은 책, p. 197.

16　*SD*, p. 77.

요구하는 신앙을 위한 필요조건이 된다. 그러나 엄밀히 말해서 죄의식이 신의 임재를 전제한다면 신앙도 역으로 죄의식을 위한 필요조건이 되며 따라서 죄의식과 신앙은 상호동치적인 관계에까지 이르게 된다. 자고로 초월적 기반으로부터의 분리에 대한 인식은 곧 초월자와의 만남의 체험이라는 것이다. 즉, 만남 없이는 그것이 분리로도 인식되지 않는다는 것은 역설적이지만, 아니 바로 그렇기 때문에, 호환적인 관계가 이제 죄와 신앙 사이에 설정되었다.

이제 부조리한 사건에 대한 실존적 태도로서의 불안과 절망에 대한 분석으로부터 도출된 죄의식과 신앙의 동치적 관계에 근거해서 신앙의 모험을 요구하는 비약의 내용에 대해 직접적으로 살펴볼 수 있는 시점에 이르렀다. 물론 신앙의 비약이 진리의 주체성에 어떻게 이바지할 수 있을 것인가를 파악하려는 목적이 전제되어 있음은 재론할 여지가 없겠다. 신앙은 이제 부조리를 "파악할 수 없는 파악가능성, 즉 신성 자체나 신성과의 관계에서 포착될 수 없는 기준 또는 범주"[17]로 받아들임으로써 신성과 인성 사이의 존재 유비(analogia entis)에 의한 존재론적 연속성이 보장하는 합리적 접근의 가능성을 오히려 신의 계시에 대한 전적인 헌신으로서의 신앙의 진정성을 위해 불충분할 뿐 아니라 부적절하기까지 한 것으로 드러내기에 이른다. 따라서 신앙의 실존적 비약은 부조리를 이성초월적인 역설로 승화시키는 사건으로 그 내용을 드러낸다. 키르케고르가 신앙의 대상에 대한 경험을 묘사할 때 사용했

---

17   Søren Aabye Kierkegaard, Papirer, X6B 79. Loids P. Pojman, "Kierkegaard on Justification of Belief," *International Journal for Philosophy of Religion*, Vol. 8, No. 2(1977), p. 88에서 재인용.

던 '객관적 불확실성'이란 바로 부조리로부터 역설로의 이행으로 표현되는 비약의 '주관적 확실성'에 대조되는 개념이라 할 것이다. 부조리하고 따라서 불확실한 것에 대한 헌신의 모험 없이는 신앙이란 불가능하며 이런 의미에서 이제 신앙은 신비 또는 기적으로 선포된다.[18]

> 인간이 신비로운 기적의 안내를 받았는지의 여부는 본질적으로 그러한 도움이 불가능했었다는 점을 이해하기 위해서 그가 행사했던 지적인 정열의 정도에, 그리고 그다음으로 (불가능했었음에도 불구하고) 그를 도와주고 안내해준 초월적인 능력에 대해 그가 얼마나 진솔한가에 달려 있다.[19]

그렇다면 이제 우리의 관심은 "진리는 주체성"이라는 선언의 진의를 밝히기 위한 예비 작업의 마지막 단계에서 실존과 신앙의 관계에 대한 결론적인 선언을 요구하는 질문으로 향하지 않을 수 없게 된다. 부조리를 내재화하여 역설로 승화시킴으로써만 신앙이 진정성을 확보할 수 있다면, 철학사에서 중세를 고대로부터 구분하게 하고 또한 신학사적으로 그 기점을 장식한 소위 신앙과 이성의 관계는 어떻게 재정립되어야 하는가? 이에 대한 대답은 우선 신앙과 전면적 규모에서 상관성을 이루는 것은 결코 안셀무스(Anselmus)의 신앙전제적 이성추구(Credo ut intelligam)나 아벨라르두스(Abaelardus)의 이성전제적 신앙추구(Intelligo ut credam)의 상반된 입장이 공통적으로 보여주는 바와 같이 한갓 부분

---

18   *CUP*, p. 182; Søren Aabye Kierkegaard, *Fear and Trembling*, translated by Walter Lowrie(Princeton: Princeton University Press, 1962), p. 77; 이하 *FT*로 표기한다.

19   *SD*, p. 172.

적인 정신 기능으로서의 이성이 더 이상 아니라는 것을 전제해야 한다. 왜냐하면 이제 신앙과 마주해야 하는 것은 그 본유적 초월성을 통해 초월적 기반(신)과의 역설적이고 신비적인 연합의 가능성까지 담지하고 있는 전인적인 주체성으로서의 실존이기 때문이다.[20] 실존의 초월성에 의한 모험적 비약 없이는 신앙은 결코 부조리를 역설로 승화시킬 수 없으며 자아가 자신이 되려는 몸부림 속에서 체험되는 불안과 절망의 근저에 드리워져 있는 초월적 기반으로부터의 분리감, 즉 죄의식의 전제요, 목표가 곧 신앙이기 때문이다. 그리고 그러한 죄의식과 신앙의 역설적 동치가 지시하는 개체화 없이는 전인적 주체성으로서의 실존은 추구될 수 없기 때문이다.

이제 예비적 결론으로 선포된 실존과 신앙의 전인적 상호관통성은 키르케고르의 삶의 세 영역 가운데 종교적 단계 중 종교성 B에서 실현되기를 기대할 수 있겠다. 이 영역에서는 그 이전까지의 모든 영역들에서 행해졌던 자기확증이 포기되고 자기부정으로 변형되는, 그야말로 역설적인 자기실현이 최종적으로 선포되기 때문이다.

자기부정이야말로 인간이 신과 형성할 수 있는 관계를 위한 본질적 형식이다 …… 종교적 차원에서 보면 인간은 그가 신 앞에서 아무것도 아님을 깨달아야 하며 전적으로 무(das Nichts)가 됨으로써 신 앞에서 홀로 실존해야 하는 과제를 지닌다. 이러한 무력의식은 그가 신 앞에서 계속 지니고 있

---

20 전인적 행위로서의 신앙을 정신의 부분적 기능인 이성에 동가적인 상관성을 지닌 관계로 연결한 중세적 노작은 전체를 부분으로 환원적으로 축소해온 합리주의의 횡포였다고 할 것이다. 물론 이러한 지적은 합리주의의 존재론적 연속성을 배제한 신비주의에 대해서도 같은 형식으로 가해질 수 있다.

어야 하며 그런 의식이 사라진다면 종교성도 함께 사라지고 말 것이다.[21]

　　실존과 신앙의 전인적 상호관통성은 자기부정으로서의 자기실현을 역설적으로 선포함으로써 신의 주권적 은총과 인간의 실존적 자유의 관계에 대해 전통 신학이 설정해왔던 형식논리적 모순을 역설적 연합의 관계로 대치한다. 심미적 단계에서 관능적 방종이기까지 했던 자유가 윤리적 단계에서 자율성과 책임의식을 수반하는 성실성을 의미하게 되고, 자기비움을 통한 자신에로의 회복을 이루는 종교적 단계에서는 실존을 가능성과 필연성의 종합으로 설정하는 신의 선물로 등장한다. 자유가 충만하게 의식되면 불안은 그 밀도를 더해가게 되며 실존적 개체는 공허한 가능성 속에서가 아니라 죄로 인해 파괴된 자유를 다시금 획득하게 하는 초월적 능력 덕분에 그의 자유를 실현한다. "자유는 무한자의 열정을 가지고 객관적인 불확실성을 선택하며 역설을 극단에까지 수행하는 대담한 모험으로 이루어져 있다. 역설적 사유에 의한 정열의 결론들만이 신앙할 가치가 있는 것들이다."[22] 이러한 이유로 절망에 대한 치유로서의 신앙은 자유의 원천으로 그 모습을 드러내며, 바로 이 자유가 인간 존재로 하여금 진정한 의미에서 실존되게 하는 원동력이라고 할 때, 실존과 신앙의 상호관통성은 자유를 그 공속적 내용으로 하면서 다시금 확증된다. 이것이 바로 "진리는 주체성"이라는 키르케고르의 선언이 지니는 뜻이라 하겠다.

21　　*CUP*, p. 412.

22　　*FT*, pp. 103~104.

5. 진리와 주체성: 탈근대성의 향방으로서의 초실체적 관계성을 향하여

실존과 신앙의 동가적 상호공속성은 이제 이 글의 핵심인 키르케고르의 주체적 진리관 및 이의 탈근대적 함의를 살펴보는 데에 공시적 관계 구도로 등장한다. 그러나 그의 진리관에 대한 입체적 조망을 위해서 전통 형이상학과의 역사적·통시적 연관성이 아울러 포함되어야 한다. 역사적으로 그 연원을 거슬러 올라가자면 가히 서구의 사상적 시조인 플라톤에서부터 시작해야겠으나 논의의 효율성을 위해서 이 전통을 근대적으로 재구성한 것으로 평가되는 칸트를 살펴보고, 이어서 이에 대한 헤겔의 비판적 재구성과 관련해서 풀어가는 것도 이 글을 위해서 바람직한 시도라고 생각된다.[23]

우선 칸트는 이성적 지식의 한계를 밝힘으로써 신앙의 고유한 영역을 설정하고자 했다. 이를 위해서 칸트는 지식이란 경험적 인지에 의존하며 그 인지는 감각대상이라는 의미에서 현상으로 간주되는 것이어서 초감각적인 것, 예를 들면 신이나 불멸의 영혼에 관한 가부 판단을 할 수는 없다고 함으로써 이성의 유한성을 갈파한다. 더 나아가서 그는

---

23 앞 절에서도 언급된 바 있지만, 소위 철학사에서 중세를 고대로부터 구분 짓게 하고 그리스도교 신학의 태동을 열어준 문화사적 계기가 "없지 아니하고 있으되(존재) 참으로 있는 것(실재)"을 찾으려는 형이상학의 노작에서 이성이라는 도구와 신앙이라는 또 다른 도구의 만남에 의해 어떠한 방식으로든지 양자의 관계를 긍정적으로 구성하려는 양측의 목적이 상호 부합되었다는 데에서부터 찾아진다는 사실을 이 시점에서 다시금 상기할 필요가 있다. 왜냐하면 이러한 사실이 바로 신앙이라는 전인적 행위를 인간의 정신적 이성이라는 부분적 기능에 연관시켜왔던 역사적 악습의 무반성적 연원으로 작용해왔기 때문이다.

대상 차원에서의 충분조건의 근거는 대상과 바로 그 대상에 대한 주체 사이의 대응을 요구하는 반면에 주체 차원에서의 충분조건의 근거는 주체 자체의 필요라고 함으로써 신앙에 대한 분석을 위한 결정적인 돌파구[24]를 제시했다. 다시 말하면, 신앙은 객관적 불충분성과 주관적 충분성에 의한 판단에 의거하기 때문에 객관적 확실성이 결여된 대상과 관련하고 있는 주체의 필요에 근거한다는 것이다. 그러나 주관적 충분성, 즉 필요에 근거한 판단은 단지 실제적 관점에서만 허용될 뿐이며 이때의 실제적 관점이란 기술(Geschicklichkeit)과 도덕성을 포함한다.[25] 기술은 설정된 목적을 위한 수단의 효과에 대해서 가지는 실용적 신념, 그리고 지식을 향한 인간의 능력을 초월하지만 어떠한 사태에 대한 확실한 태도를 가리키는 것으로서 지식을 추구하는 데에 길잡이가 되는 교리적 신앙을 포함한다.[26] 아울러 도덕성의 경우에는 목적이 확고하게 설정되는데, 이는 신과 영혼불멸성이라는 조건 없이는 불가능한 것이어서, 이제 도덕성은 종교적 신앙을 위한 정당화로서 사용되어오던 형이상학적 지식을 대치시켰으며 신의 존재 증명도 주관적 판단일 뿐인 것으로 간주되었다. 다시 말하면, 신앙이 추구하는 궁극적 가치인 성(聖)의 근거가 종래의 진(眞)이라는 형이상학적·인식론적 근거로부터

---

24   Immanuel Kant, *Kritik der reinen Vernunft*(Hamburg: Felix Meiner Verlag, 1971), A 834~837, B 862~865.

25   같은 책, A 823, B 851.

26   그러기에 칸트는 "합목적적인 일치는 이성을 자연에 적용시킴에 있어서 매우 중요한 조건이어서 결코 무시될 수는 없지만 …… 광범한 목적에 준거해서 만물에 질서를 부여한 지고의 지성적 존재를 전제하지 않으면 합목적적인 일치도 자연의 탐구를 위한 길잡이가 될 수 없다"고 지적한다. 같은 책, A 826, B 854.

선(善)이라는 도덕적 근거로 대치되었다. 왜냐하면 도덕률에 속해 있는 피조물로서의 인간에게서 신앙은 인간 주체의 보편적 목적인 '지고의 선'에 근거를 두지만 결코 지식을 구성하거나 생산하지 않기 때문이라는 것이다.

칸트의 주관적 판단과 관련해서 월시(W. H. Walsh)는 심지어 신의 존재에 대해서도 "나는 신이 있음을 안다"라고 하기보다는 "나는 신이 있음을 의지한다"라고 표현해야 한다는 칸트의 제2비판의 표현은 적절하다고 지적한 바 있다.[27] 따라서 진리대응설의 관점에서 본다면 주관적 판단에 근거한 명제는 전혀 진리주장을 하고 있는 것이 아니다. 왜냐하면 주관적 판단이 확증하는 것은 신앙의 타당성일 뿐 그 신앙의 대상에 대한 확증으로 확대될 수는 없기 때문이다. 그렇다면 주관적 판단의 진리성은 어떻게 근거를 가지는가? 주관적 판단에 의한 신앙의 확증은 신의 존재 자체에 대한 것이 아니라 신의 존재에 대한 나의 믿음에 관한 것이며 이는 곧 그 믿음의 대상에 대한 객관적 불충분성을 의식하고 있음을 지시한다. 칸트로부터의 이 같은 추론은 키르케고르의 저 유명한 진술로 구체화되었다. "내가 만일 나 자신을 신앙 안에 보존하고자 한다면 나는 끊임없이 객관적 불확실성을 고수하려는 의지를 지녀야 하며 그리함으로써 7만 길의 깊은 물(과 같은 바다 모를 심연)에서도 버텨낼 수 있어야 한다."[28] 그러나 사실상 키르케고르가 주장하는 바, 객관적 불확실성의 견지에서 보면 칸트에서의 주관적 판단도 주체에

---

27   W. H. Walsh, "Kant's Moral Theology," in *Proceedings of the British Academy XLIX*(London: Oxford University Press, 1963), p. 284.

28   *CUP*, p. 417.

근거한 객관적 판단일 뿐인 것으로 간주되며, 칸트의 다음과 같은 명제는 이를 확증해준다. "신과 영혼불멸성이라는 이념은 자유의 개념을 통해서 객관적 실재성과 정당성을 확보하며 진실로 (순수 이성의 요청으로서) 주관적 필연성을 얻게 된다."[29] 다만 여기에서 분명한 것은 도덕적·실천적 논의에서의 확증의 근거는 주체인 나 자신이라는 점이다. 그러나 이때의 나 자신은 개인적인 것이 아니며 개개의 인간들이 동일한 하나의 증거를 제공할 만큼 보편적인 주체로서의 나이다.

이처럼 칸트의 분석에서 신자는 그가 확연하게 파악할 수 있는 지성적 증거는 갖고 있지 않다고 하더라도 신의 존재를 믿어야 하는 도덕적 당위의 실천적 확실성 위에 기초하고 있는 것이다. 그러나 칸트와는 달리, 키르케고르의 주체는 형이상학적·이론적 확실성에 근거하지도 않지만 그러한 만큼이나 도덕적·실천적 확실성에도 근거하지 않는다. 오히려 아브라함이 모리아산에서 이삭을 제물로 바치려 했던 사건에 대한 그의 분석이 보여주듯이 도덕과 신앙의 관계는 지식과 신앙의 그것 못지않게 상충적이다. 이러한 관점에서 본다면 칸트의 주관적 논의는 신앙의 대상을 설정하기는 하지만 바로 그 신앙의 활동성을 상실하는 대가를 치르는 조건에서만 그러한 설정이 가능하다는 한계를 지닌다고 하겠다.[30] 이와는 달리 키르케고르에게서 주관적 지식이란 신에

---

29   Immanuel Kant, *Kritik der praktischen Vernunft*(Hamburg: Felix Meiner Verlag, 1971), p. 4.

30   이렇게 본다면 물론 칸트 자신도 그의 선험적 구성설이라는 인식론적 종합을 토대로 새로운 근대적 형이상학을 재건하는 데에 지대하게 기여했고 이러한 과정에서 특히 스콜라 철학의 이성·신앙의 관계 도식에 입각한 전통적 신 존재 증명에 대해 그 부당성을 지적하는 날카로운 통찰력을 보여주기도 했으나, 그 역시 이성과 신앙을 상호공존적 역할 분담

대한 주체 자신의 관계에 의해 매개되는 자신에 대한 앎일 뿐이다.[31] 인식의 한계 너머를 칸트가 불가지적 물자체로 규정한 것에 비해 키르케고르는 부조리라고 불렀는데 이것이 때로 그를 순리증오주의자(misologist)로 간주하게 하는 오도적인 계기가 되기도 했지만 그에게는 부조리야말로 인간이 인식의 한계에 도달하여 다시금 자신에게로 되돌아오는 길만이 남아 있을 뿐이라는 주제 파악의 상징인 것이다. 이것이 바로 키르케고르에게서 신앙이 이성을 부정하는 것이 아니라 그것을 초월하게 된다는 주장의 근거이다. 반면에 키르케고르의 신은 그 불가지성, 즉 객관적 불확실성의 견지에서 플라톤의 지고의 선보다는 칸트의 물자체(noumena)에 더욱 가까운 것으로 보인다.

그러나 물자체계에 대한 칸트의 불가지론적 회의주의는 이제 헤겔의 형이상학적 집대성의 체계화 과정에서 주요한 표적이 된다. 헤겔은 플라톤과 아우구스티누스의 신학에서도 발견될 수 있는 일치의 진리관을 강화할 목적으로 칸트가 설파한 인간 이성의 유한성이 진리를 향한 결정적인 장애물이라고 보고 무한한 신적 이성으로 대치하려는 야심찬 시도를 개진한다. 모든 대립이 지양되는 역동적인 전체성의 체계를 세우려는 그에게 철학(이성)의 목적과 종교(신앙)의 목적은 동일한 것이었다. "철학과 종교의 공통 목적은 진리인데 이때의 진리란 신만이 진리

의 관계로 간주하려는 한에서는 그러한 관계 도식을 진정한 의미에서 극복했다고 평가하기는 어려울 것이다.

31 객관적 접근이 대상 자체 지향적이라고 한다면 주관적 접근은 주체와 대상 사이의 관계에 주의를 기울인다. 이 관계에서 인간은 자기 자신에게로 되돌려지며 또한 아무런 논증이나 증거 없이 그를 홀로 대면시키는 신과의 관계로 되돌려진다. 결국 키르케고르의 주체성은 칸트와는 달리 보편적 나가 아니라 철저히 개별적인 나인 것이다.

로 선포되는 탁월한 의미에서의 진리인 것이다."[32] 종교가 그러한 진리에 대한 표상(Vorstellungen)이라면 철학은 사유의 형식과 내용 사이의 불일치에 대한 극복으로서의 진리를 개념화한다. 그런데 이러한 철학적 개념화에서 헤겔은 의미된 바의 내용과 실제로 표현된 것 사이에는 본유적인 모순이 있어서 구체적으로 어떠한 표현에 근거해 그 의미를 파악하고자 할 때 그러한 모순은 더욱 첨예하게 드러나며, 따라서 모든 유한한 존재자들은 비진리를 내포하고 있다고 지적한다. 즉, 모든 유한자들은 개념과 실존을 지니는데, 그 실존이 개념의 요구를 충족시키지 못해 이 양자 사이의 양립불가성이 문제로 등장하게 된다는 것이다. 이러한 관점에서 헤겔은 진리의 정초를 판단, 명제, 또는 개념으로부터 현실로 전이시키고자 한다. 진리라는 것이 개념적인 것에 대해 서술될 수 있는 것으로 상정되는 한, 개념과 실재 사이의 일치가 그 가장 탁월한 표현이지만, 사고, 언어, 판단 등이 실재에 대해 상대적으로 설정된 것이라고 전제하는 한, 즉 그러한 것들이 기껏해야 실재를 반영하는 거울일 뿐인 한, 생각되거나 말로 나온 것이 실재의 일부일 뿐이라는 점을 신중히 고려하지 못하게 된다는 것이다. 그러나 이러한 점이 일단 인식되면 진리의 문제는 모든 항목들이 전체 안에서 자신의 고유한 위치를 점하게 될 때 비로소 이루어지는 조화의 문제로 나타나게 된다.[33] 이것이 바로 신만이 개념과 실재의 철저한 조화를 성취해 대립자들의 변증법적인 통일을 이루어냄으로써 존재의 충만성을 구성하는 유일한

---

[32] G. W. F. Hegel, *The Logic of Hegel*, translated by W. Wallace(London: Oxford University Press, 1904), pp. 4~5.

[33] Daniel Berthold-Bond, *Hegel's Grand Synthesis: A Study of Being, Thought, and History*(New York: State University of New York Press, 1989), pp. 9~36.

진리라고 헤겔이 갈파한 근거이다.

　그러나 다소 칸트적인 분위기로 되돌아가는 듯이 보이기도 하지만, 과연 이러한 의미에서의 진리가 인간의 사유에 의해서 확보될 수 있는가? 헤겔에 따르면 사고와 실재의 대립에 대한 궁극적 지양이 성공하는 경우에만 가능하다. 그러나 그러한 변증법적 통일이 인간의 사유 너머에 있다고 주장하는 자는 전적으로 객관적인 진리는 인간이 획득할 수 없다는 것을 인정해야 하는데, 바로 여기에 키르케고르가 나타난다. 그에 따르면 사유와 존재를 분리하는 것은 바로 실존 자체라는 것이다.[34]

　　실존적인 체계는 조성될 수 없다. 그러나 이것은 도대체 체계가 존재하지 않는다는 것을 의미하는가? 결코 그렇지 않다. 그뿐만 아니라 이것은 우리의 주장에도 들어 있지 않다. 실재 자체는 하나의 체계다 ― 특히 신에 대해서는 그러하다. 그러나 그것은 어떠한 실존하는 정신에 대해서도 체계일 수는 없다.[35]

　한 사물의 본질을 밝히는 것은 그러한 사물이 된다는 것이 무엇인가를 진술하는 일이지만 그러한 사물이 존재하는가의 여부는 전혀 별개의 질문이다. 따라서 헤겔에게서 본질에 대한 개념을 대상으로 하는 사유 및 이와 별개의 질문으로 제시되는 존재를 변증법적으로 통일함으로써 얻어지는 체계적인 이념으로서의 진리가 이제 키르케고르에게

34　*CUP*, pp. 170~171.
35　같은 책, p. 107.

서는 양자 사이의 분리로 나타난다. 단순히 체계적이지도 못해서 비체계성에 머무르는 것이 아니라 체계의 족쇄로부터의 해방을 위해 반체계성을 부르짖는 키르케고르는 객관적 반성이 주체를 우연한 것으로 만드는, 그리함으로써 결국 개별적 주체성을 제거하는 방식으로 전개되는 종래의 진리관을 비판하면서 존재의 의미가 관건임을 지적했다. 만일 존재가 경험적인 것이라면 진리는 인간이 추구할 수는 있으나 결코 온전히 확보할 수 없는 이상적인 것으로 변형되는데, 그 이유는 인식 주체와 경험 대상이 공히 생성의 과정 안에 있어 이 양자 사이의 일치가 어느 시점에서도 이루어질 수 없기 때문이다. "그래서 진리는 그 결론이 미확정적이고 그 결과가 반항적이기 때문에 어떤 절대적인 출발점마저도 설정될 수 없는 근사치가 되어버린다."[36] 그의 이러한 비판에는 사고와 존재의 일치로서의 진리는 생성 과정이 멈출 때에만 가능하며, 결국 이 관점에서는 생성 과정으로부터의 추상이 구체성을 소멸시키기 때문에 경험적인 존재는 결코 진리에 이를 수 없다는 그의 예리한 통찰이 깔려 있다.[37]

---

36 같은 책, p. 176.

37 이러한 상황에서 키르케고르는 존재의 의미를 추상적인 반성의 결과로 해석할 것을 제안했는데 이 경우에 사유와 존재의 일치를 완결된 것으로 볼 수는 있지만 그럼에도 불구하고 생성의 과정으로부터의 그러한 추상은 결국 구체적 실재를 부정함으로써 그 대상은 순수하게 개념적인 존재가 되고 만다. 여기에서 키르케고르는 근본적으로 보편적인 사유가 보편으로 환원할 수 없을 만큼 개별적인 경험적 실재에 어떻게 도달할 수 있는가에 대한 헤겔 자신의 관심을 들추어낸다. 개별적으로 특수화된 모든 존재의 영역들을 점진적으로 결합함으로써 사유가 종국적으로 존재와의 동일성을 획득했다고 주장할 수 있다고 했지만 키르케고르는 구체적 실재로부터의 추상적 반성은 순수개념적 존재 안에 갇혀 있기 때문에 사유와 개념적 존재의 일치로서의 진리란, 엄밀히 말하자면 사유와 사유 자신의 일

그러나 이러한 이유로 키르케고르가 객관적 반성이 경험적 실재를 파악할 수 없다고 주장했더라도 그가 전통적인 진리관을 송두리째 포기한 것은 아니었다. 그의 격언과 같은 주장인 "진리는 주체성"이라는 명제는 사물과 판단의 일치라는 전통적 진리관에 대한 대안(alternative)이나 대치(replacement)라기보다는 실존하는 개체에게서 그렇게 조망된 진리가 '어떻게' 확보될 수 있는가 하는 문제에 관한 진술로 이해되어야 한다.[38] 객관적 반성에서는 '무엇이 거기에 있는가'가 주안점이라면 주관적 반성에서는 '그것을 어떻게 만나게 되는가'가 강조점이 될 것이다. 그러나 이때의 '어떻게'는 표현 방식에 관한 것이 아니라 실존하는 개체자가 그의 반성 내용에 대해서 지니는 관계를 가리킨다. 키르케고르는 이 '어떻게'란 바로 다름 아닌 무한자의 열정이며, 무한자의 열정이 곧 진리라고 갈파했다. 이것은 무엇을 의미하는가? 결국 진리는 대상을 설정하는 사유에 의해서 대상 안에 정초되는 것이 아니라 모험과 비약을 동반하는 결단적인 행위를 통해서 발현된 실존에 의해서─심지어 비진리일 수도 있는─불확실한 대상과 맺는 관계 안에서 수행된다는 것을 뜻한다. "가장 정열적인 내면성이 작동하는 과정에서 집요하게 흐르는 객관적인 불확실성이야말로 실존하는 개체 인간이 획득할 수 있는 최고의 진리다."[39] 이 정의는 개인의 임의적인 욕구나 관심과는 관련이 없으며, 오히려 실존하는 개체는 생성 과정 안에 있기 때문에 그의 삶은 바로 그의 실존을 관장하는 윤리적·종교적 이념들에의 추구 자체라는 것을 의

치라는 동어반복의 형식을 취하게 된다고 공격했다.

38 같은 책, p. 181. Richard Campbell, *Truth and Historicity*(Oxford: Clarendon Press, 1992), pp. 297~304를 참조하기 바란다.

39 같은 책, p. 182.

미한다. 말하자면, 진리란 "주체의 그 자신 안에서의 변형"[40]이다.

이제 칸트와 헤겔 등으로 예시된 진리관의 역사적 흐름에 대한 간략한 개괄을 통해서 키르케고르의 진리관에서의 주체성의 위치가 더욱 의미 있게 드러나게 되었다. 즉, 데카르트의 코기토로 효시를 이룬 인식론적 차원에서의 주체 부각이 칸트에 이르러 선험적 구성설로 집결되면서 "없지 아니하고 있으되 참으로 있는 것"을 진리로 구성하는 주체가 이론적 유한성과 실천적 초월성을 지닌 선험적 주체였다고 한다면, 헤겔에 이르러서는 그러한 이론이성과 실천이성의 구분을 초월하는 무한한 신적 이성의 절대 정신이라는 우주적 주체로 나타났던 것이다. 물론 이 모든 노작들이 실재를 실재이게 하는 진리를 구현하기 위한 목적을 지니고 있었음에는 재론의 여지가 없겠으나, 칸트의 선험적 주체나 헤겔의 우주적 주체가 담지하는 진리란 과연 지금 여기 살고 있는 인간에게 어떠한 의미를 지니며, 그에 앞서서 도대체 그러한 보편적 주체들은 어떤 방식으로 살아가는가라는 질문을 던지지 않을 수 없는 것이다. 바로 여기에 키르케고르가 설파하는 인간 주체의 개체성과 실존성의 의미가 놓여 있다. 실존과 신앙의 동가적 상호공속성은 더 이상 인간 주체를 선험적이거나 보편적이어서 개체성과 독특성이 말살되는 비인간적 정황에 방치해두는 것을 허용하지 않는다. 개체적·실존적 주체성을 회복하기 위한 그의 절규는 다음과 같은 단호하고도 다소 당혹스럽기까지 한 언명 안에 집약된다.

객관적으로 진리에 대해 물음을 던질 때, 인식하는 자는 그가 관계하고 있

---

40   같은 책, p. 38.

는 대상으로서의 진리에 대해 객관적으로 반성하는 것이다. 여기서 그는
관계에 대해서 반성하지 않고, 그가 관계하고 있는 것이 진리라는 것에 대
해, 즉 그가 관계하고 있는 참된 것에 대해 반성할 뿐이다. …… 진리에
대해 주관적으로 물음이 제기될 경우에는 개인의 관계에 대해서도 주관적
으로 반성이 된다. 이 관계의 방법이 진리 안에 있기만 한다면, 이때 개인
은 비록 그가 비진리와 관계했다 하더라도 진리 안에 있는 것이다.[41]

우선 여기에서 중략에 의해 시각적으로도 구분되어진 객관적 접근
과 주관적 접근의 대비가 결코 완전균형적 대칭이 아니라는 점을 주목
할 필요가 있다. 왜냐하면 만일 그렇다면 주관적 접근이란 주관주의적
상대주의 이외에 다른 것일 수가 없겠기 때문이다. 그러나 앞서도 언급
된 바와 같이 객관적 접근은 대상 지향적이지만 주관적 접근은 주체 지
향적이 아니라 주체와 대상 사이의 관계가 이 양자의 정체를 드러내줄
것이라는 전제에 입각해서 그 관계에 주의를 기울인다. 엄밀히 말하자
면 관계라는 사건, 즉 관계함 자체가 진리성의 여부를 판가름할 수 있
는 기준으로 깔려 있음을 설파하고 있다. 특히 "비록 그가 비진리와 관
계했다 하더라도"라는 어구는 그러한 관계함의 원초성을 역설하는 급
진적인 표현이라 하겠다. 비록 이러한 선언이 다소 당혹스럽게 들리기
는 하지만 선험성과 보편성의 기저에 깔려 있는 자기폐쇄적 실체성
(self-enclosed entitivity)이 실존적 개체에 대해 무의미할 수밖에 없음을
드러내고 이를 초극하기 위해 키르케고르는 '관계'라는 초실체적 뿌리
를 향해 돌진하는 것이다. 다시 말하면, 주체성의 개별화를 통한 실존

---

41 같은 책, p. 178.

은 바로 그러한 이유로 관계적이며, 엄밀히 말하면 원초적 뿌리로서의 관계로부터, 관계에 의해서, 그리고 관계를 거슬러서 각기의 실존이 개체적일 수 있음이 역설되고 있다. 왜냐하면 관계를 뿌리로 하지 않고서는 개개의 인간은 단지 실체적 주체성의 동일한 무차별적 사례일 뿐이어서 이들 사이에서는 개별성이 범주화될 수 없기 때문이다.

돌이켜보면, 서구 사고의 언어 구조인 주·술 모형의 부분적 절대화의 산물로 나타난 관념론과 실재론의 대립은 현상학이 등장하기까지는 (피)관계체에 대한 관계의 내외성의 여부에 의해 타당성을 가름하는 한계 안에 갇혀 있었다. 즉, 주체에 근거한 관념론이나 객체를 지향하는 실재론을 포함한 전통 형이상학은 행위자로서의 주체나 피행위체로서의 객체를 우선적으로 간주하여 파생(derivativum)인 관계체들(relata)을 근원(fundamentum)으로 오인하는 왜곡의 역사로 점철되어왔다. 그러나 이러한 일방성은 결국 주체마저 이와 마주하는 대상에 의해 대상화됨으로써 인간의 자기소외를 초래하게 되었다. 따라서 이러한 문제를 극복하기 위해서는 개념적 반성을 통한 주객 분리의 근저에 놓여 있는 선개념적·비대상화적 원초성의 차원으로 소급되어야 하는데 이 차원이 바로 사건적 행위로서의 관계 자체이다. 왜냐하면 원초적 행위에 앞서 어떠한 행위자나 피행위체도 있을 수 없기 때문이다. 행위의 원초성에 입각해서 관계(relatio) 자체를 근원으로 출발하는 관계성의 실존론은 그러한 전통적 주체와 객체를 동시파생(co-derivativum)으로 간주함으로써 일방적 편향성의 문제를 극복하고 총체적 조망을 가능케 하는 토대를 추구한다.[42] 관계함 또는 관계됨은 순수행위, 즉 전 반성적 행위로

---

42 어떠한 근원적 행위든지 관계체를 파생적으로 지니며, 이를 원인으로 향해 보면 주

서 즉각성 자체이며 여기가 바로 있어야 할 바의 것이 그렇게 있다는 의미에서의 진리가 정초되는 곳이다. 원초적 관계야말로 실존과 신앙의 동가적 상호공속성이 개체 인간에게 요구하고 있는, 지금 여기에서 살아 숨 쉬는 인간되게 하는 지평인 것이다. 이러한 관계성의 진리 선언은 주체성을 지시하는 인간 자신에 관한 그의 또 다른 분석에 잇대어 보면 더욱 분명하게 이해될 수 있다.

인간은 정신이다: 그러면 정신이란 무엇인가? 정신이란 자기 자신이다. 자기 자신이란 무엇인가? 자기 자신이란 자기 자신과 맺는 하나의 관계다. 또는 자기 자신이란 관계가 자기 자신과 관계를 맺는 그 관계 속에 있음을 말한다. 그러므로 자기 자신이라고 하는 것은 관계가 아니라, 관계가 자기 자신과 관계하는 것을 말한다. …… 요컨대 인간은 한 종합이다. 종합이란 양자 사이의 한 관계다. 이렇게 볼 때 인간은 아직 자기 자신이 아니다. 양자 사이의 관계에 있어서의 관계는 부정적인 통일로서의 제삼자다. 그리고 양자는 관계에 대해서, 그리고 관계에 대한 관계 속에서 서로 관계한다. …… 이와 반대로 관계가 자기 자신과 관계하게 되면 이 관계는 긍정적인 제삼자다. 이것이 자기 자신이다.[43]

첫 세 구절은 "인간은 자기 자신이다"라는 명제로 압축된다. 그다

체가 등장하게 되고 결과의 관점에서 보면 객체가 나타나게 되는데, 이를 라즐로(Ervin Laszlo)는 이중관점론(biperspectivism)이라고 불렀다. Ervin Laszlo, *Introduction to Systems Philosophy*, Harper Torchbooks Edition(New York: Harper & Row, 1972), p. 154를 참조하기 바란다.

43 *SD*, p. 185.

음의 네 구절은 "자기 자신은 관계에 의해서 관계되는 관계함이다"라는 명제로 귀결된다. 이렇게 도출된 두 명제를 결합하면 "인간은 관계함이다"라는 일단의 전제적 명제로 귀결된다. 인간 실존은 정체적인 명사적 존재(noun-being)가 아니라 이행 과정을 수행하는 동사적 행위(verb-act)임이 강조된다. 그런데 첫 번째 중략 이후의 세 구절은 관계를 역설적 종합으로 묘사하면서 첫 명제를 부정해 "인간은 자기 자신이 아니다"라는 반대 명제를 도출시킨다. 그러나 이어지는 두 구절에서 역설적 종합을 이루는 양자를 기점으로 할 때 관계는 부정적 통일로 나타나지만, 두 번째 중략 이후 이어지는 마지막 두 구절에서는 관계가 기점이 되면서 긍정적 통일로 나타나기 때문에 역설적 종합으로서의 관계에 의해 부정되었던 첫 명제는 다시금 긍정되어 "(관계함으로서의) 인간은 자기 자신이다"라는 결론적 명제에 도달하게 된다. 말하자면, 첫 번째 긍정 명제가 두 번째 부정 명제의 단계를 거쳐서 다시금 세 번째 긍정 명제에 도달하는 과정으로 위의 인용문은 엮여 있다. 내적 자기부정성에 의해 밖으로 나갔다가 다시금 자기확증으로 되돌아가는 헤겔의 변증법적 도식이 키르케고르 안에서도 초점을 달리해 전개되고 있음을 여실히 볼 수 있다.

그러나 더욱 깊이 눈여겨보아야 할 점은 바로 이러한 변증법적 부정을 통한 자기긍정에로의 회귀라는 흐름 밑에 깔려 있는 역동성의 기저로서의 관계의 원초성이라 할 것이다. "관계가 자기 자신과 관계한다"는 표현이 두 번의 중략까지 포함한 위의 짧은 인용문에서도 3회에 걸쳐 등장하고 있음을 주시할 때, 이 표현을 기본 축으로 설정하지 않고서는 독해 불가능한 횡설수설로밖에 여겨질 수 없는 키르케고르의 이 외침은 "관계함의 원초성"을 역설하는 반형이상학적·초실체론적 절규라 하지 않을 수 없다. 데카르트의 실체성에서부터 칸트의 선험성을 거쳐 후설(Edmund Husserl)에 이르는 자아론적 선험주의(egological transcendentalism)에서는 나라는 것이 선재하고 타자를 만나서 비로소 자아·타자의 관계를 파생적으로 형성한다는 입장이지만, 키르케고르가 외치는 상호동격주의(mutual dialogicalism) — 후에 부버에 의해 관계성의 존재론으로 발전되는데 — 에서는 만남이라는 원초적 관계 행위에 의해서 비로소 나로서, 그리고 동시에 너로서 존재하게 된다는 입장을 취한다.[44] 엄밀히 말해서 자아론적 선험주의, 또는 실체주의(substantialism)의 구도에 입각한 관계에서는 자아와 관계를 맺는 상대로서의 타자가 순수하게 그 타자성을 유지하기보다는 또 하나의 변형된 자아(alter ego)로 전락할 가능성을 피하기란 불가능하다. 결국 자아와 또 다른 자아의 관계, 즉 자아의 내적 관계일 수밖에 없기 때문에 진정한 의미에서의 관계의 가능성을 위한 구도라고 하기에는 재론의 여지가 있다. 그러나 상호동격주의, 또는 관계주의(relationalism)가 지시하는 관계의 원초성은 너라는 이인칭의 즉각성과 직접성에 입각해서 타자성을 확보함으로써 일인칭 주체인 내가 선험적으로 조작할 수 있는 가능성을 배제하면서 동시에 그러한 피관계체들의 비매개적 상호동격성을 정초한다. 다시 말하면, 너 없는 나란 있을 수 없거니와 그 역도 성립하는 것이어서 '나·너'에서 나 또는 너는 이미 공동적 존재다.

이는 부모·자식의 관계를 하나의 예로 살펴보아도 자명하게 드러

---

44 Michael Theunissen, *The Other: Studies in the Social Ontology of Husserl, Heidegger, Sartre, and Buber*, translated by Christopher Macann(Cambridge, MA: The MIT Press, 1984) 전권을 참조하기 바란다.

난다. 언뜻 보기에 자식에 앞서서 부모가 먼저 존재하고 그 후에 자식이 존재하게 되며 이러한 후차적 존재가 있고 난 후에야 비로소 부모·자식의 관계가 성립하게 되는 것으로 생각된다. 그러나 관계성의 존재론이 제공하는 통찰력에 따르면 부모가 자식에 대해 어떤 차원에서든지 결코 앞서 있지 않다. 왜냐하면 어떤 사람이 '부모'이기 위해서는 그들이 '자식'이라고 부를 수 있는 사람(들)이 있어야 하며 '자식' 없이는 결코 그들은 '부모'가 될 수 없기 때문이다. 즉, 부모는 자식에 대해서 시간적으로는 물론이거니와 존재론적으로도 우선하지 않는다. 단지 '부모'라는 피관계체가 될 사람들이 '자식'이라는 또 다른 피관계체가 될 사람들에 비해 시간적으로 이 세상에 사람으로—남자로 그리고/또는 여자로—앞서 존재하는 것이기는 하지만, 남·녀도 관계의 파생이요, 이를 묶는 범주인 사람도 관계의 파생이어서 관계에로의 소급은 최초의 관계함에까지 이른다. 즉, 누구든 피관계체가 되는 절차를 거쳐서 비로소 '부모'가 되고 또한 '자식'이 되는데 이렇게 피관계체가 되도록 만들어주는 원초적인 사건·행위가 있으니 이를 관계라 할 것이며, 따라서 존재하는 모든 것들은 원초적 관계함이라는 사건적 행위를 통해서 파생적으로 존재하게 된 피관계체들일 뿐이다.

결국 키르케고르에게서 진리와 주체성을 동치적으로 묶어주는 결정적인 기제는 '관계함'이라는 것이 분명하게 드러났다. 관계함은 이처럼 진리가 실존적 주체에 대해 진리이어야 하고 주체는 실존적 개체성을 기본 범주로 해서 진리를 향해야 함을 역설한다. 더욱이 진리와 주체성을 묶어주는 실존과 신앙의 동가적 상호공속성의 핵심적 내용이 자유라 할 때 다시금 확증되는 관계의 초실체성은 키르케고르의 주체적 진리관의 탈근대적 함의의 초석이 될 것이다. 그러한 초실체적 관계에 진리와 주체성이 공동으로 정초하고 있음으로써 진리는 더 이상 보편성이라는 미명 아래 일방적 획일성을 인간 개체에게 행사할 수 없게 되었으며, 주체성도 대상을 또 하나의 상대적 실체로 설정함으로써 역으로 대상화되는 자기소외의 편향적 대립을 극복하고 주·객 분리 이전의 원초적 공속성으로서의 관계 행위에로의 회복을 외치는 개체적·실존적 덕목으로 등장하게 된 것이다. 한마디로 요약하면, "진리가 주체성"이라는 격언은 '주체가 진리'라는 것과는 확연히 구별되는 것으로서 "관계함으로서의 진리가 관계하는 주체성"이라는 표현으로 새겨져야 한다.[45]

키르케고르의 주체적 진리관에 대해 이와 같이 관계성의 존재론에 입각해서 초실체론적으로 재구성하는 시도는 단순히 한 세기 반 전의 실존주의적 절규가 일시적 유행 사조가 아니라 급변하는 현대의 시대정신에도 연속적일 수 있음을 밝힌다. 나아가 앞에서도 언급되었지만 합리적 구성의 체계화가 지니는 폐쇄성으로부터의 해방을 위한 해체가 진정한 해방으로서 지녀야 할 바의 방향 지침을 받을 수 있다는 적극적 의미를 지닌다. 다시 말하면, 진리나 주체성을 부질없이 실체화(hypo-statization)함으로써 결국 우상숭배로 전락할 인간의 전통적 안주 욕구로부터의 과감한 탈근대적 해방은 물론이거니와, 더 나아가서 그러한 해방이 오도할 수도 있는 무정부주의적 자기절대화와 이에 의한 자아도취의 함정을 식별할 수 있는 삶의 지혜도 기대해볼 수 있다. 이러한

---

45 '주체성'은 '주체'라는 개념과는 구별되어야 하는데, 특히 주체의 개별화적 성격을 함유하면서도 대상과 함께 그러한 구별의 근원인 관계를 향한다는 의미를 담고 있다는 점이 주시되어야 할 것이다.

탈근대적 재구성은 오늘날의 종교적 상황에 대해서도 심장한 의미를 함축하는데, 한편으로 자기의 신앙관 ─ 그것이 소위 보수적이거나 진보적이거나에 관계없이 ─ 을 진리와 동일시하는 태도는 관계가 근원임을 망각하고 파생체를 근원적인 것으로 간주하는 자기절대화와 이에 의한 자아도취의 오류를 범하고 있는 것으로 지적할 수 있다. 또한 다른 한편으로, 모든 개인들의 신 이해를 상대적인 견해로 격하하려는 태도는 그러한 상대성이 어떠한 구체적·개별적 인간에 의해서도 체험될 수 없는, 즉 근원적 관계로부터 이탈된 가상적 보편인의 관점을 빙자한 우상숭배일 뿐이어서 그러한 태도 자체가 원초적 관계성의 망각이라는 오류를 범하고 있는 것임을 지적할 수 있을 것이다.

　　이렇게 본다면, 관계성의 실존론은 관계성의 신학을 도출하며 또한 이를 전제한다. 사실상 그 얽힘의 뿌리는 유대교·그리스도교 전통이 인간과의 관련성을 배제한 신의 본질에 대한 이해에는 관심을 갖고 있지 않았다는 사실에서 찾을 수 있다. 라틴계 서방에서의 존재론적 연속성에 근거한 합리(kataphatic)신학이나 그리스계 동방에서의 신비적 연합을 외치는 신비(apophatic)신학이나 공히 인간의 문제가 신에 대한 이해와 별개의 것으로 분리되어 있지 않다는 점을 주목해야 할 것이다. 그럼에도 불구하고 역사적으로 그리스도교 신학은 유대교·그리스도교에 공통적으로 중심적인 관계성의 통찰을 사유의 주·객 도식으로 전환함으로써 전례적 참여로부터 이탈해 인식론적 공동으로 빠져들게 했다. 사실상 유대교와 특히 그리스도교는 비관계적이고 멀리 떨어져 있는 신이라는 그리스적 개념으로부터 뿌리칠 수 없는 유혹을 받아왔으며 이로 인해 서방 그리스도교에서는 신의 자존성이 신의 관계적 역동성(deus pro nobis)이라는 근원적 통찰을 대치하기도 했었다.[46] 그러나 유대교·그리스도교 전통에서 신성의 자존적 실재성에 관한 질문은 결코 제기될 수 없다. 왜냐하면 신성의 부정은 곧 자기 파멸을 지시하며, 이러한 관계성의 지향적 구조가 엄격히 지배하는 곳에서 비관계적 행위는 곧 죄로 간주되기 때문이다.

그러므로 이제 우리는 유대교·그리스도교 전통이 본유적으로 담지하는 원초적 관계성의 회복을 위해서, 그리고 더 나아가서 탈근대성의 시대에 합리적 체계화의 족쇄로부터의 해방이라는 구호 아래 난무하는 상대주의적 와해가 몰고 오는 문화적·종교적 혼란에 대한 적절한 진단과 처방을 위해서도 관계성의 실존론에 입각한 관계성의 해석학을 개발해야 할 것이다. 왜냐하면 어떠한 형태의 종교적 담론에 대해서도 실체론적·비관계적 해석은 종교적 생활의 역동성에 대한 관심을 초월적 존재자의 실재의 확실성에 대한 탐구로 전이시킴으로써 대부분의 신학적·종교적 논의를 공허하게 만들기 때문이다. 이런 점에서 체계화의 작업이 필연적으로 수반하는 주객 분리와 이에 따른 대상화를 극복함으로써 그 생동성을 유지하려는 시도 안에서 이야기신학(narrative theology)이 새로운 방식으로 부각되었던 것도 주목할 만하다. 왜냐하면 이야기 속에 등장하는 인물들(dramatis personae)은 모두 관계에 근거하고 얽혀 있어서 그 인물들 중 누구라도 이야기 밖으로 끌어낸다면 아무런 의미를 지니지 못하며 관심의 대상이 되지도 못하기 때문이다. 같은 맥락에서 신과 인간의 관계로서의 종교에서도 신을 대상화하고 이를 경배하는 것은 원초적 상호관계성의 파괴이기 때문에 진정한 의미

46　Harold H. Oliver, *Relatedness: Essays in Metaphysics and Theology*(Mercer, GA: Mercer University Press, 1984), 제10장을 참조하기 바란다.

에서 예배가 아니라 하나의 우상숭배일 뿐이다. 다시 말하면, 비종교인에게는 신이라는 용어가 하나의 명사이지만 종교인에게 신은 불가피하게, 그리고 기꺼이 동사다. 따라서 굳이 덧붙이자면 종교다원주의 논쟁과 관련해서 신과 관계함/됨으로써의 다양한 종교적 체험 너머에 신이 관계 초월적 동일자로 존재할 것인가의 여부를 가늠하려는 모든 종류의 논의는 다시금 신을 원초적 관계성으로부터 분리해서 무인격적 자존자로 대상화하는 고전적인 어리석음의 반복일 뿐이다. 왜냐하면 관계성의 해석학은 문화 초월적 종교일원주의, 즉 종교적 제국주의와 문화상대적 종교다원주의 사이의 대립과 긴장이 실체론적 사고의 산물인 일신론·다신론의 그것과는 다른 것임을 여실히 보여주기 때문이다.

이와 같이 새로운 관계성의 해석학은 그러해야 할 바의 것을 이루어낼 수 있는 진리의 장아 바로 다름 아닌 시공적 역동성의 지평이라는 것을 드러냄으로써 진리와 개체실존의 관계 — 보편성과 개별성의 관계처럼 양립 불가의 그것도 아니고, 또한 저마다의 수많은 나들이 그만한 수만큼 각각의 진리들을 움켜쥐고 있다는 상대주의적 발광도 아니며 — 상호 간 시공적 유한성을 확인해주고 그 안에서 역동적 초월성을 구성해주는 총체적 관계성을 이룰 수 있음을 보여줄 것이다. 그러므로 이러한 관계성의 해석학이 정치신학, 해방신학, 민중신학, 토착화신학 등과 같은 기존의 혁신적인 신학들뿐만 아니라 요즘 논의되고 있는 새로운 형태의 신학들, 즉 자연·생태신학, 여성신학, 종교신학 등과 같이 전통적 지배이념의 체계적 족쇄로부터의 해방을 외치는 모든 종류의 주제적 신학을 위한 방법론적 토대로서의 역할로 이어질 수 있음은 재론의 여지가 없다.

다름과
자유

자아도취를 넘어서는
참된 관계성을 향하여

1. 상황 진단과 문제 제기

오늘날을 흔히 탈근대성(post-modernity)의 시대라고 한다. 물론 이 표현은 우리 시대인 현대를 새롭게 규정하기보다는 잠정적으로 근대와 밀접한 관계에서 읽어내려는 시도의 소산이기는 하다. 그러나 우리 사회에서는 이제 그 표현마저도 '탈'해야 할 만큼 '섣부른 구호'가 아닌가 하는 느낌을 떨치기 어렵다. 그것이 섣부른 것은 '아직도 근대의 체계화를 내세우는 촌스러움'이 오히려 새삼스러울 만큼 합리성에 대한 요청이 절실하게 대두되고 있기 때문이며, 그것이 구호로 보이는 것은 누적되어 있어서 '탈'해야 할 근대성의 두께가 실상 얄팍할 뿐 아니라 그러한 진상에 대한 인식조차 희미하기 때문이다. 말하자면, 오늘날 우리는 문화적 경험이 두텁지 않은 가운데 갑작스레 밀려든 많은 '좋은 이름들' ─ 예를 들면, 민주주의, 자유, 평등, 인권, 개성 등 ─ 을 앞세워 탈근대성이라는 다른 동네의 이야기를 우리의 해방 선언처럼 외쳐대며 값싼 통속적 개별성을 절대적 가치인 양 추구하는 정신적 혼미를 겪고 있는 것으로 보인다. 이렇게 본다면 우리의 솔직한 모습은 차라리 '탈근대적 전근대성'이라고 해야 하지 않을까?[1]

우리 사회의 이러한 문제에 대한 간략한 지적이 보여주듯이, 보편성과 개별성의 관계에 대한 이야기는 서양 중세의 보편논쟁처럼 결코

---

[1] 물론 서양 문화사의 잣대로 우리를 논하는 어리석음을 포함하기는 하지만 우리 사회는 합리적 체계화를 기조로 하는 서양의 근대에 비견할 만한 사상적 발전기를 역사적 전통으로 갖고 있지는 못하다. 언제 우리가 이성에 대한 신뢰가 가져다준 보편타당성에 염증을 느껴본 적이 있는가? 서양사 과정을 순서대로 따라가야 한다는 것은 아니지만 지금 우리에게 필요한 것은 해체보다는 체계화가 아니겠는가?

형이상학적 문제이기만 한 것은 아니다. 서구에서도 이 문제는 중요한 비중을 지니고 다루어져 왔음을 그들의 정신문화사에 대한 검토를 통해서 확인할 수 있다. 특히 탈근대라는 표현과 연관해 근세로부터 현대로의 이행은 이를 극적으로 보여주며, 그 탁월한 예를 전통 형이상학과 현대 실존철학의 관계에서도 찾아볼 수 있다. 말하자면, 서양 철학의 흐름에서 실존철학은 플라톤으로부터 헤겔에 이르기까지의 전통 형이상학을 본질철학이라 규정하고 그 본질이 수반하는 보편성과 필연성이 참됨의 기준이라는 전통의 족쇄로부터의 해방을 외치면서 본질철학이 표방하는 그토록 영원 무구한 진리가 지금 여기에서 구체적으로 살아 숨 쉴 뿐 아니라 결국 죽기도 하는, 개별적이고 고유한—그래서 어떠한 다른 인간으로도 대체될 수 없는—나에게는 차라리 궁극적인 진리일 수 없음을 절규했다. 물론 이러한 항거의 시대문화적 배경에는 전통 가치의 붕괴 및 인류의 종말을 상징하는 듯한 세계대전 등과 같은 어두운 삶의 질곡들이 놓여 있었지만, 이는 또한 참다운 의미에서의 주체성의 추구를 절실히 요구하는 계기라는 이면의 차원도 지니고 있는 것이었다.

더듬어보면 고중세의 2000여 년 동안 무색투명한 것인 양 숨어 있었던 인간이 근세의 여명과 함께 백일하에 드러나면서 더 이상 인간이 배제된 사물 인식이란 불가능하다는 것이 만방에 선포되었다. 이제 그 효시인 데카르트를 통해 인간이 그를 둘러싼 사물들을 '대상'으로 간주하는 동격적 '주체'로서의 위치를 새삼스럽게 부여받는 데에서 출발하여, 칸트에서는 대상에 대한 경험에 앞서 주체가 선험적으로 주도권을 지니게 되었고, 급기야 헤겔에 이르러서는 인간의 신격화라는 시비를 야기할 만큼 절대정신의 자기실현 과정으로서의 세계사에서 인간이 차지하는 주체적 위치가 거침없이 격상되었다. 그러나 이러한 일련의 인간의 주체적 격상 과정에도 불구하고 막상 드높여졌던 것은 무엇이었는가? 그것은 바로 그 많은 인간들이 그토록 앙망해왔었던, 그러나 영원히 도달할 수 없는, 더 나아가서 실현될 필요도 없는, 보편적 주체성의 인간이었던 것이다. 보편적 인간이 참일 수는 있겠지만 문제는 이 세계에 살고 있는 어떠한 인간도 그처럼 보편적이지 않고 또한 그럴 수도 없다는 데에 있었다. 보편적 인간은 영원하고 무한한 정신의 활동에 참여함으로써 보편적인데, 이러한 인간은 죽을 수도 없으며 따라서 살아 있지도 않기 때문이다. 말하자면, 고중세기에 '있음'을 추구함에서 무색투명 속에 숨어 있던 인간이 근세 초기에 '앎'의 불가피한 개입이 선포되면서 급격히 앎의 주체로서 전면에 나타났는데, 이 과정에서 '있음'의 참됨이 손상되지 않아야 한다는 생각에만 집착한 나머지, '앎'의 색깔을 가능한 한 무색으로 유지하려는 일련의 형이상학적·인식론적 동기가 보편적 인간이라는 가상적 인간 주체를 옹립했던 것이다. 그런데 이러한 보편적 주체로서의 인간은 혹시 '있음'과 '앎'의 관계를 동일성에 이르기까지 미끈하게 엮어낼 수 있을지는 몰라도, 살아 숨 쉬는 뭇 인간들에 대해서는 무의미한 것일 수밖에 없었다. 여기에서 이러한 시대정신을 간파한 실존철학은 '있음-앎'의 고리가 참으로 의미를 지니려면 '삶'이라는 지평에서 드러나야 한다는 것을 역설하면서 전통적 보편성의 획일적 올가미로부터의 해방을 외쳤던 것이다.

이제 실존철학은 인간의 본질은 인간 일반에 대한 선험적 이론에 호소함으로써가 아니라 구체적 인간 실존의 즉각적 체험과 직접적 해석을 통해서 드러날 수 있다고 주장한다. 이러한 맥락에서 사르트르는 "실존은 본질에 앞선다"고 선언했으며, 따라서 "개별적 주체성이 출발점이 되어야 한다"고 갈파했다.[2] 그에 따르면 인간은 그 자체에 대해서 문제이기 때문에 진리 탐구는 인간의 개별적 주체성으로부터 출발해야 한다는 것이다. 사르트르의 이와 같은 혁신적 인간 이해는 주·객 분리라는 재래적 이원론에 대한 근본적 재구성을 요하는 것이었는데, 그러한 목적을 위해서 그는 인간에 대한 실존철학적 접근에서 현상학의 분석적이고 해석적인 방법을 채택했다. 이러한 탁월한 예가 보여주듯이 실존철학은 후설에 의해서 창시된 현상학적 운동과 밀접한 관련을 지니면서 발전했다. 그런데 후설에 따르면 현상학은 본질에 대한 주관적 과정이나 직관적 탐구에 대한 기술적 분석으로서 어떠한 편견이나 전제 없이 의식의 자료를 기술하여 의식 안에 드리워진 현상을 직관적으로 체험할 수 있게 하는 것이 그 과제이다.[3] 후설 현상학의 이와 같은 기본 구조는 당연하게도 주객 도식이라는 전통적인 문제를 다루는 데에서 더욱 발전되고 정교화된 구성 체계를 제공할 것을 목적으로 하는 것이었다.

이러한 구도와 목적의 견지에서 본다면 후설과 사르트르는 그들의 현상학적 존재론의 근본적인 목적에서 인간 체험의 주관적 과정과 논리의 객관적 타당성 사이의 화해에 관심한다는 기본적인 공통성을 지닌다. 그런데 이러한 공통 관심은 다음과 같은 근본적인 질문을 제기한다. 도대체 그 양자는 왜 화해를 필요로 하는가? 그리고 그것이 만일 가능하다면 어떠한 방식의 화해인가? 이러한 근본적 질문에 대한 대답을 시도함에서 후설과 사르트르는 자아와 의식의 관계에 대한 대조적인

---

2   Jean-Paul Sartre, *Existentialism*, translated by Bernard Fretchman(New York: Philosophical Library, 1947), pp. 14~15.

3   William S. Sahakian, *History of Philosophy: From the Earliest to the Present* (New York: Bames & Noble Books, 1968), p. 329.

접근에 입각해 서로 맞서는 관점을 제공한다. 이 문제에 대한 입문적인 고찰을 위해서 하르트만(Klaus Hartmann)의 비평을 인용하는 것은 의미 있는 일일 것이다.

사르트르는 그의 초기 저작들을 통해서 현상학의 학문적 발전에 대해 많은 기여를 했다. 현상학에 대한 그의 승인은 긍정적으로 말한다면 대상 실재가 주체에게 즉각적으로 파악될 수 있도록 하려는 그의 희망에 근거하고 있고, 부정적으로 말하자면 대상이 전적으로 주체에게 주어진 것만으로 한정되지 않는다는 견해와 함께 그가 지니는 회의적인 유보의 태도에 기인하고 있다. 후설의 지향성 이론은 그 근본적 성격으로 인해 이와는 다른 대안을 제시하고 있는데, 그것은 대상세계가 주체에게 매개되지 않은 채로 주어진다는 것이다. …… 「자아의 초월」이라는 제목의 논문을 통해서 사르트르는 자아를 주체적 존재자로 보는 견해에 대해 비판하면서 이는 단지 의식의 구성물일 뿐이라고 한데 반해서, 후설은 그의 자아론에서 자아를 중심적 비중의 위치에 정초하였다. …… 따라서 현상에 대한 독특한 이론을 수반하는 지향성 이론과 주체·객체론이라고도 표현할 수 있는 의식론으로 대별되는 현상학의 두 영역은 사르트르의 관심을 끌기에 충분했으며 그 자신의 독창적인 방식으로 재구성되었다.[4]

그러므로 우리는 주체와 대상 사이의 화해에 대한 후설과 사르트르의 이와 같이 대조적인 접근을 살펴보고, 특히 자아와 의식의 관계에

---

4   Klaus Hartmann, *Sartre's Ontology: A Study of Being and Nothingness in the Light of Hegel's Logic*(Evanston: Northwestern University Press, 1966), p. 3.

대한 이들의 견해 차이를 드러내고 더 나아가서 그들의 한계적 족쇄를 비판함으로써 참다운 의미에서의 개별적 주체성을 확보하는 관계성의 존재론을 발전시킬 수 있는 하나의 실마리를 모색하고자 한다. 물론 이러한 모색은 참됨의 보편적 동일성이라는 미명 아래 인간 주체들 사이의 개별적 이질성이 난도질되어왔던 과거사의 비극을 청산하고, 그러한 이질적 개별성이야말로 동일적 보편성의 참됨을 상실하더라도 우리가 추구해야 할 자유의 터전이요, 더 나아가서 이질적 개별성은 바로 그러한 이질적 개별성을 필수적으로 요청하는 관계성 안에서 비로소 본래적으로 구현될 수 있다는 신념을 타당한 것으로 드러내고자 함을 목적으로 한다. 왜냐하면 '서로 다름'이 '함께 같음'의 가장자리로 내몰린다면 우리에게 다름을 통해서만 추구될 수 있는 자유란 한갓 공허한 수사에 지나지 않을 뿐이기 때문이다. 그리고 그렇게 된다면 같음이 다름과 지녀야 할 관계라는 것은 거추장스러운 부수 현상일 뿐이기 때문이다. 게다가 같음마저도 일그러질 수밖에 없기 때문이다.

2. 후설에게서 자아와 의식

후설의 현상학 전반에 걸쳐 전개되는 집요한 주제는 주관성이 객관성에 대해 책임을 지니고 있다는 주장이다. 그러나 이 주장은 주체가 대상을 창조한다는 것이 아니라, 대상이 주체와 관련되는 한에서 대상이요, 그 역도 성립하는 관계임을 뜻하는 것이다. 다시 말하면, 그에게서 주체의 의식이란 사건과 의미 사이의 상호관계 안에서 의미에 의해서 규정되며,[5] 사건을 체험한다는 것은 곧 의미를 현실화한다는 것을 가리킨다. 따라서 의식에 등장하는 모든 사건들은 의식대상을 구성하는 의식행위 사이의 관계라는 견지에서 다루어져야 한다.[6] 어떠한 의식도 그 객관적 의미와의 연관을 떠나서 설명될 수 없으나, 이때의 객관적 의미란 경험하는 주체가 그러한 행위를 통해서 인식하게 되는 의미를 가리키기 때문이다.

이제 데카르트의 코기토에 내포되어 있는 의미들의 총체에 대한 분석을 토대로 후설은 "의식은 즉각적으로 지각될 수 있다"[7]는 주장과 함께 의식이 분명히 존재하며 반성으로부터 독립적이라는 입장을 취했다. 그러한 의식은 어떠한 방식으로도 반성의 대상이 되기 전에 의식으로서 우선 존재한다는 것이다. 다시 말하면, 의식은 그 자체에게 끊임없이 자체를 드러내는 방식으로 존재한다. 그러나 후설에게서 의식의 이와 같은 존재적 우선성은 사유로부터 도출되는 것이 아니라 오히려 사유를 가능케 하는 바로 그것이다. 사실상 후설이 데카르트가 말하는 사유를 자아라는 실체적 존재의 인식으로부터 경험을 가능하게 하는 선험적 원천으로서의 주체성이 지닌 직관이라고 새롭게 해석했을 때, 그는 이미 사유가 바로 그 대상을 타당하게 해주는 반성에 앞서서 그

---

5   Aron Gurwitch, "On the Intentionality of Consciousness," in Richard Zaner and Don Ihde(eds.), *Phenomenology and Existentialism*(New York: Capricorn Books; 1973), p. 117.

6   Edmund Husserl, *Cartesian Meditations*, translated by Dorion Cairns(The Hague: Martinus Nijhoff, 1977), p. 36; 이하 *CM*으로 표기한다. 여기서 후설의 기본 구도는 'cogito-cogitatum qua cogitatum'으로 표기된다.

7   Edmund Husserl, *Ideas: General Introduction to Pure Phenomenology*, translated by W. R. Boyce Gibson(New York: A Division of Macmillan Publishing Co., Inc.; 1962), p. 129; 이하 *Ideas*로 표기한다.

의식대상을 의식행위 안에 포함하고 있다고 보았다. 결국 후설에게서 의식은 대상을 아우르는 지위로 그 자체를 드러내는데, 이는 사유가 확고부동하다는 것뿐 아니라 이보다 앞서 위치하고 있다는 것을 뜻한다.[8] 이로써 의식은 '주체'와 '객체'를 성립 가능하고 파악 가능한 것으로 드러내는 우선적인 터전이며, 여기서 '주체'와 '객체'는 단지 파생들일 뿐인 것으로 간주된다.

　　의식대상을 구성하는 의식행위라는 관계가 가리키는 바와 같이 의식의 근본 구조는 지향성이다. 다시 말하면, 의식은 그 자체로서 의식일 뿐 아니라 그 무엇에 대한, 즉 대상과 관계하는 의식이다. 그러나 후설에게서 지향성이란 의식 자체의 고유한 속성도 아니며, 주체가 대상과 접촉하기 위한 방편도 아니다. 더 나아가 후설은 의식과 세계를 연결하는 교량의 견지에서 지향성을 묘사하려는 시도조차 거부한다. 그에게서 지향성이란 주체의 주체성을 구성해주는 결정적인 요체이다.[9] 지향성에 대한 이러한 개념을 바탕으로 후설은 의식이 자기를 드러내는 행위에서의 지향적 대상은 실제적 대상과 동일하며 따라서 이 양자를 구별하는 것은 부당하다고 주장함으로써 지향적 대상이란 주체적 경험 안에서 지시된 바로 그 대상 이외의 다른 것이 아님을 역설한다.[10] 그러나 여기에서 간과할 수 없는 것은 바로 의식의 인격적 성질

8　　Emmanuel Levinas, *Theory of Intuition in Husserls Phenomenology*, translated by Andre Orianne(Evanston: Northwestern University Press, 1973), pp. 30~31.

9　　같은 책, p. 41.

10　　Edmund Husserl, *Logical Investigations*, translated by J. N. Findlay(London: Routledge and Kegan Paul, 1970), p. 595; 이하 *LI*로 표기한다.

이다. 그의 『논리 연구(Logische Untersuchungen)』에서 후설은 자아 (Ego)가 지향적 의도라는 단순한 요소이기보다는 상보적인 지향적 의도들의 총체를 가리킨다고 주장했다.[11] 더 나아가서 그는 자아란 의식 활동에서 다른 어떠한 것으로도 치환되거나 축소될 수 없는 요소라고 못박았다.

순수 자아는 원리적으로 필연적이며, 그 자아의 경험의 모든 실재적이고 가능한 변화 안에서도 절대적인 자기동일성을 유지하는 요소로서 어떠한 의미에서도 경험 자체의 실재적인 부분이나 단계로 치부될 수는 없는 것 이다.[12]

이와 관련해서 후설은 "내재 안에서의 초월"이라는 독특한 착상을 제안한다.

만일 이 자연적인 세계와 또한 이에 속한 경험적 주체성에 대한 현상학적 인 판단중지 이후의 소여로서 순수 자아(각기 분리된 경험의 흐름에 대해 서 근본적으로 다른 것으로서)가 남는다면, 동시에 매우 독특한 초월이 그 자체를 현시하게 되는데 — 이는 구성되지 않은 초월로서 내재 안에서 의 초월인 것이다.[13]

---

11   같은 책, p. 607.

12   *Ideas*, p. 156.

13   같은 책, p. 157.

위에 인용한 두 구절을 이어서 읽어보면 자아는 어떠한 방식으로도 의식의 지향성을 예관하지 않는다는 점이 도출된다. 의식은 비록 그 중심에 자아가 도사리고 있기는 하지만 그 자체로서 비어 있는 지향성이기 때문에 결코 무엇으로 채우는 방식으로 실체화되지 않는다. 한편으로 의식의 선험성을 존중하면서, 다른 한편으로 바로 그 지향적 의식의 영역 안에서만 우리는 비로소 주관적인 면과 객관적인 면, 즉 자아와 대상을 구별해 설정할 수 있다는 것이다.[14]

이제 비로소 설정되는 주체는 선험적이면서도 그것의 경험들과 분리될 수 없는데, 이는 그 행위로부터뿐 아니라 그러한 행위들의 대상적 상관체들로부터도 분리될 수 없다는 것을 가리킨다. 그럼에도 불구하고 끊임없이 대상을 구성하는 주체적 동일성을 지니는 선험적 자아는 모든 행위들을 포괄하는 보편적 통일체로 규정되며, 따라서 그것의 순수한 가능성에서 의식의 기반으로 정의된다. 경험적 자아가 개인의 가능성들의 현실화적 집결체를 의미한다면, 선험적 자아는 한 개체적 인격의 경험적 흐름 전체가 상상될 수 있는 모든 가능성의 모체라 할 것이다. 즉, 선험적 자아는 지향적 의식의 원초적이고 최종적인 근거로서 보편적이다. 결국 후설이 선험적 자아가 의식을 통해서 자신 이외의 모든 것을 구성(Konstitution)한다고 상정했던 것은 전략적으로도 매우 명백하다. 그런데 자아 자체는 어디서 주어지는가? 만일 자아가 그 자체 이외의 다른 것에 의해 구성된다면 우리는 구성에 관한 무한한 소급에 빠질 수밖에 없다. 후설은 자아가 그 자체를 구성하기는 하지만, 이러한 독특한 자기구성은 자아가 그 자체 이외와 다른 것들을 구성하는 것

---

14 같은 책, p. 214.

과는 근본적으로 다르다고 주장함으로써 이 문제에 대해 해결을 시도했다.

일반적으로 이해되는 바와 같이, 후설의 철학에서 주요한 관심은 주관적 의식과 객관적 존재의 관계에서의 주 요소인 이성과 경험의 종합적 통일 이외의 다른 것이 아니다. 그런데 이성의 주요한 기능으로서의 직관은 경험에 대한 합리화를 통해서 경험 그 자체와 동일시될 수 있다.[15] 이제 경험이 이성적으로 설명될 수 있으려면 후설에게서 그러한 설명은 선험적 주체성의 영역 안에서 추구되어야 한다. 이러한 현상학적 주장을 통해서 후설은 경험을 의식의 구성 작용에까지 포함한바, 이러한 작용을 통해서 대상이 단순히 지향되는 데에 머무르지 않고 순수하게 의식에 주어지는 것으로 파악했다.[16] 즉, 대상은 의식의 구성적 지향성 안에서 대상 그 자체로 구성되는 것으로 이해된다. 여기에서 우리가 눈여겨보아야 할 주요한 점은 일종의 상호작용인데, 말하자면 대상성은 주관적인 구성의 지향적인 기능을 통해서만 이해될 수 있는 반면에, 지향적인 기능은 대상을 향해 있는 것으로서만 파악될 수 있을 뿐이라는 것이다. 그러나 후설에게서 상호작용의 종합은 창조 행위가 아니라는 점이 간과되어서는 안 된다. 개념이라는 것은 의식에 속하는 체계적 통일성을 지칭할 따름이기 때문이다. 따라서 종합적 구성이란 임의의 의식 대상이 소박한 지향적 대상이 된다는 것일 뿐이며,[17] 이와는 별도로 형이상학적 영역에서 일어날 수도 있는 사건은 아닌 것이다.

---

15 후설에게 이것은 직관이 감성에만 제한되는 것을 뜻하지는 않는다. 오히려 경험이 지적인 요소들을 포함할 만큼 그 의미가 확장된다는 사실을 뜻한다.

16 같은 책, p. 76.

17 *CM*, p. 39.

지금까지 논의한 바와 같이, 주체와 대상 사이의 대립이라는 일차적인 현상을 발견할 수 있는 곳이 바로 의식이라는 점이 후설의 현상학적 탐구의 시발점이요, 근간이다. 이와 같은 의식의 선험적 구조는 이성과 경험의 종합적 통일성을 구축할 수 있는 현상학적 초석이 된다. 이로써 후설은 존재가 사유와 별도로 존재한다는 실체주의적 사고를 극복하고자 했을 뿐 아니라, 이와는 반대로 주체라는 것이 우선적으로 먼저 존재하고 그런 후에 대상과 관계를 갖는 것도 아니라는 점을 입증하고자 했다. 말하자면, 그에 따르면 근대 인식론에서 이분법적으로 설정되었던 주체와 대상이 그렇게도 별도로 실체적으로 분리되어 있고 부차적으로 만나 인식하고 인식되는 것이 아니라는 것이었다. 물론 그렇다고 해서 후설이 외부 세계가 전적으로 의식에 의해서 구성된다고 했을 때 그가 소박한 의미에서의 관념론적 주장을 하고 있는 것도 아니다. 다만 이러한 현상학의 근본적인 관점에서 본다면 주체와 대상이라는 개념은 의식 및 이에 의해 파악되는 현상 안에 드리워진 추상적 파생물들일 뿐이라는 것이었다. 그러므로 후설에게서 현상학이 지향성의 기본적 성격인 '내재적 지향성'에 의존한다면, 이는 곧 주체와 대상을 포괄하는 현상을 포착하는 의식의 담지자인 선험적 자아에 뿌리를 두어야 한다는 것을 의미하는 것이라 하겠다.

3. 사르트르에게서 의식과 자아

인식 행위에서 주체가 지닐 위치를 찾기 위해서 사르트르도 역시 모든 인식과 판단의 뿌리로 간주되는 데카르트의 코기토로부터 출발했다.

그에 따르면 코기토는 "의식이 본질적으로 지니고 있는 즉각적인 포착에 근간한 절대적 진리이며, 그럼으로써 모든 다른 진리들의 근거가 된다"[18]는 것이다. 이러한 출발점으로부터 그는 전(前) 반성적 코기토와 반성적 코기토를 구별하는 것이 중요하다고 역설한다. 사르트르는 전 반성적 코기토에 대한 존재론적 분석에 근거해서 존재의 두 영역을 구분하는데, 존재와 의식이라는 상관 어구와 동등한 것으로 간주될 수 있는 즉자존재(an-sich-sein)와 대자존재(für-sich-sein)가 바로 그것이다. 즉자존재는 그 자체와 전적으로 동일한 존재, 즉 자기동일성을 유지하는 존재인데 반해 대자존재는 자기동일성이 결여되어 있어서 언제나 그것이 아닌 바의 것을 향하는 경향을 지닌다. 사르트르에 따르면 대자존재는 그것인 바의 것이 아니며 그것 아닌 바의 것이어서 바로 이러한 성격을 지닌 의식은 본질적으로 즉자존재를 무화하는 성질을 지닌다. 대자존재는 존재의 한 가운데에서 일어나는 일종의 파열인데, 한마디로 말하면 그 자체와 즉자존재 사이에 거리를 설정함으로써 자신의 존재양태를 유지하는 이른바 무(無)라고 할 것이다.[19]

무로까지 묘사되는 대자존재, 즉 의식은 즉자존재로부터 항상 떨어져 있기도 하지만 동시에 그 자체와도 거리를 두고 있다. 말하자면, 의식은 그 외부에 있는 대상에 대해서만 부정적인 관계에 있는 것이 아니라 의식 자체에 대해서도 부정적인 관계에 있다.[20] 의식의 바로 이러

---

18   J. Clooins, "The Existentialism of J. P. Sartre," *Thought*, XXIII, No. 88(March 1948), p. 69.

19   Joseph S. Catalano, *A Commentary on J-P. Sartre's Being and Nothingness* (Chicago: The University of Chicago Press, 1974), pp. 96~99.

20   Mitchell Aboulafia, *The Mediating Self: Mead, Sartre, and Self-Determination*

한 대상·자기 부정성이 의식으로 하여금 대상을 인식하게 하며 또한 대상 인식을 통해서 의식 그 자체를 부정함으로써 의식 자체를 인식할 수 있게 된다. 말하자면, 의식은 의식 자체를 의식해야만 의식이며, 만일 그렇지 않다면 "무의식적인 의식이 있다"는 오류에 빠질 수밖에 없다는 것이다.[21] 그러나 의식이 의식 자체를 의식해야 한다는 요건에서 의식에 대한 자기의식은 대상화나 '정립화(position)'일 수는 없다.[22] 왜냐하면 만일 의식에 대한 자기의식이 정립적인 의식이라면 이는 곧 주체와 대상으로 분리되며, 이 분리는 불가피하게 무한소급을 야기하기 때문이다. 그래서 사르트르는 구체적 대상에 대한 모든 정립적인 의식은 의식 그 자체에 대해서는 비정립적인 의식"[23]이라고 갈파했는데 이것이 바로 앞서 말한 '전 반성적 코기토'가 가리키는 것이다.

위의 논의로부터 명백하게 드러나는 것은 사르트르에게서도 후설과 마찬가지로 의식이란 우선 전 반성적이라는 점이다. 즉, 의식은 먼저 대상을 인식하고 그러한 대상 인식 안에서 의식 자체를 경험하지만, 이때 의식 자체를 대상으로서 경험하지는 않는다는 것이다. 그런데 후설과는 달리, 사르트르에게서 전 반성적 의식은 실제로 그 자체에 대해 끊임없이 무화하기 때문에 결코 의식 자체와의 자기동일성을 유지할 수 없으며, 만일 그러한 무화가 없다면 그것은 하나의 사물, 즉 즉자존

(New Haven: Yale University Press, 1986), p. 30.

21   J-P. Sartre, *Being and Nothingness: An Essay on Phenomenological Ontology*, translated by Hazel E. Barnes(New York: Philosophical Library, 1966), li;이하 *BN*으로 표기한다.

22   같은 책.

23   같은 책.

재가 되어버리고 만다. 여기에서 우리는 앞서 언급한 바와 같이 의식을 무와 동일시할 수 있는 가능성을 다시 확인하게 되며, 의식은 그러한 가능성을 통해서 탈자적이게 된다. 말하자면, 대자존재는 즉자존재에 대한 부정으로서 즉자존재 외부에 자신을 구성한다. 따라서 의식은 정태적이지 않으며 철저하게 시간적인데, 그 이유는 의식이 "시간성 안에 열정적으로 참여하기 때문"[24]이다.

이처럼 의식은 그 탈자성과 시간성으로 인해 실체적인 기초를 결여한다. 말하자면, 대자존재가 결여하는 것은 위에서도 언급했듯이 그것의 총체성을 구현하는 존재, 즉 즉자존재이다.[25] 이런 이유로 사르트르는 의식이란 "비전체화된 전체성이요 연속적인 불연속성"이라고 설파했던 것이다. 이러한 의식은 그 비실체성과 투명성으로 인해서 불가피할 정도로 지향성을 지니는데, 그 이유는 위에서도 지적했듯이 의식은 그 스스로 존재하기 위해 지향할 대상을 필요로 하기 때문이다. 지향성의 기초적 구조는 내적인 부정인데, 의식은 바로 이러한 부정을 통해서 그 자체 안에 잠재성을 정립한다. 여기에서 우리는 사르트르의 철학 안에서 의식의 지향성이란 대자존재가 즉자존재에 존재론적으로 의존하고 있음을 가리키는 것임을 알 수 있다.

사르트르에 따르면 지향성에 대한 분석을 통해서 드러나는 바, 의

24　같은 책, p. 217. 시간의 세 차원에 대한 사르트르의 현상학적 분석이 보여주듯이 과거-현재의 변증법은 '그러했음'의 존재론적 접촉을 필연적으로 도출시킨다면 현재-미래의 변증법은 '날아감'의 존재론적 연결에 의존한다. 의식의 시간성에 대한 설명으로는 다음을 참조하기 바란다. Maurice Natanson, *A Critique of J-P. Sartre's Ontology*(Nebraska: The University of Nebraska Press, 1951).

25　*BN*, p. 137.

식에 대해 유일하게 가능한 존재는 "대상에 대해서 계시적 직관이어야 하는 명백한 의무를 지니며, 계시하는 직관은 계시되는 대상을 함축한다"[26]는 것을 알게 된다는 것이다. 그렇다면 이제 의식은 그 무화하는 행위를 통해서 세계를 드러낸다는 것이다. 데산(Wilfrid Desan)은 이를 다음과 같이 설명한다.

> 대자존재는 반성 이전에도 이미 즉자존재를 함축한다. 간단히 말해서, 인간의 의식이 존재하는 순간 세계도 함께 존재하며, 의식은 진정한 반성을 수행하지 않고서도 이를 알고 있다. 존재론적 무게의 전체는 즉자존재의 편에 실려 있으며, 따라서 대자존재는 즉자존재의 공허와 다르지 않다.[27]

따라서 의식은 즉자존재로부터 그 자체를 무화하는 행위를 통해서 세계와 결속된다. 사르트르는 의식과 세계의 이러한 관계의 두 축을 "초현상적"이라고 묘사했다. 이를 통해 그가 의미하는 바는 한편으로는 의식은 그 자체로서 그 자체에게 현시하는 행위, 특히 반성에 대해서 독립적이며, 다른 한편으로는 우리가 의식하는 대상은 그 자체로서 자율적이며 단순히 의식에 의해서 구성되는 것이 아니라는 것이다.[28] 역

26　같은 책, lxi-lxii.

27　Wilfrid Desan, *The Tragic Finale: An Essay on the Philosophy of J-P. Sartre* (Cambridge: Harvard University Press, 1954), p. 29.

28　Herbert Spiegelberg, *The Phenomenological Movement: A Historical Intro-duction*, Vol. II(The Hague: Martinus Nijhoff, 1960), pp. 489~490. 여기에서의 관건은 즉자적 존재나 대자적 존재에 대한 확증이 아니라 대조적이고 동시적인 확증이 지니는 역설적인 필연성이다. 왜냐하면 사르트르에게서 이 두 축을 연결하는 교량으로서의 지식이란 대자적 존재의 본질이며, 현실화의 이중적 존재론적 지시를 위한 요건이기 때문이다.

으로 대상 사물들이 이해되는 방식은 인간의 역동적인 의식의 지향 작용에 대해서 결정적으로 상대적이라는 것이다.[29] 사르트르가 "계시하는 직관은 계시되는 대상을 함축한다"고 했을 때, 그는 주관성이란 그 자체로서는 어떠한 객관적인 것도 구성할 수 없으며, 따라서 대상성은 독립적으로 존재하기 때문에 주관성에 이러한 방식으로 계시되어야 마땅하다는 것을 의미하고자 했다. 이런 의미에서 본다면 의식에게 드러나는 세계란 즉자존재에게는 주어지지 않는 의미들의 복합적인 체계일 뿐인 것이다.

이제 우리는 후설과 견주기 위해서 사르트르에게서 의식이 자아에 대해 지니는 관계를 분석할 수 있는 단계에 이르렀다. 그에 따르면, 의식은 그 자발성을 억제하고 족쇄를 채우려 하며, 이러한 시도를 통해서 반성을 일으킨다. "그 자체의 외부에서 그 자체를 상실했던 대자존재는 반성을 통해서 자신 안에 그 자체를 집어넣으려 한다."[30] 이미 지적했던 바와 같이, 반성의 분리에 의해서 의식에게 이중성이 부여되는데, 반성되지 않은 의식이라는 일차적 단계와 반성하는 의식이라는 이차적 단계의 이중 구조가 그것이다. 이러한 구분을 바탕으로 사르트르는 자아에 대한 다소 명백한 논의를 전개한다. 「자아의 초월」이라는 그의 초기 논문에서 사르트르는 자아는 대자존재의 영역에 속하지 않는다는 것을 입증하고자 했다. 그는 다음과 같이 말한다.

---

29 George J. Stack, *Sartre's Philosophy of Social Existence*(St. Louis: Warren H. Green Inc., 1977), p. 11.

30 *BN*, p. 157.

'나'라는 것은 구체적인 계기라든지 나의 실제적 의식의 소멸 가능한 구조로서 주어지는 것이 아니다. 오히려 이와는 반대로 그것은 그러한 의식을 넘어서서 그것의 항존성을 확증한다. …… '나'의 존재 형태는 의식의 그것보다는 영구불변적인 진리의 그것에 더욱 가깝다.[31]

여기에서 자아는 반성의 세계에서 최종적인 대상으로 등장한다. 자아는 반성을 통해서 상태, 행위, 경향 등과 같은 심리적인 대상들을 항구적으로 종합하는 초월적 대상으로 나타난다.[32] 다시 말하면, 의식이 반성을 통해서 의식 자체의 자발성을 와해하려고 함에 따라 자아는 의식의 대상으로 등장하게 된다. 그러나 엄밀히 말하자면, 이러한 자아는 유사대상이라고 불리어야 하는데, 그 이유는 바로 의식이 취하고 있는 대상으로서의 자아가 의식과는 특별히 친밀한 관계를 지니기 때문이다. 즉, 사르트르에게서는 의식의 배후에 자아가 있지 않다. 왜냐하면 자아란 바로 의식에 의해 구성되거나 반성의 심화작용의 결과이기 때문이다. "자아는 의식 안에 초월적인 즉자로, 그리고 인간세계에서 하나의 실존체로 나타나지만 의식의 본성으로 나타나지는 않는다."[33]

이제 사르트르는 왜 자아가 의식 안에나 배후에 있을 수 없는가에 관해서 논의하는 방향으로 나아간다. 그에 따르면, 자아가 의식 안에나 배후에 위치한다면 의식의 자유가 지니는 투명성을 파괴하게 되는데, 그 이유는 그렇게 되면 후설의 경우와 마찬가지로 자아는 의식을 구성

---

31   J-P. Sartre, *The Transcendence of the Ego*, translated by Forest Williams & Robert Kirkpatrick(New York: Noonday Press, 1957), p. 50; 이하 *TE*로 표기한다.

32   같은 책, pp. 71~72.

33   *BN*, p. 156.

하거나 지배하게 될 것이기 때문이라는 것이다. 사르트르의 이와 같은 자아 이해는 비록 의식이 반성의 차원에서 인격화·개별화된다고 하더라도 그것이 자아의 존재 때문은 아니라는 점을 명백히 한다. 어떤 존재를 근본적으로 인격화·개별화하는 것은 사르트르에 따르면 단지 그러한 인격적 개별성의 신호일 뿐인 자아를 지니고 있는가의 여부에 달려 있는 것이 아니라, 전 반성적 의식이 그 자체에게 자체를 드러낸다는 사실에 달려 있다는 것이다. 그래서 사르트르는 다음과 같이 갈파했다.

> 우리는 대자존재가 순수하고 단순한 "무인격적" 관조라고 결론지을 필요는 없다. 그러나 자아는 그것 없이는 무인격적 단계에 머무를 수밖에 없었으나 그것으로 인하여 그런 단계를 벗어나게 된, 인격화의 기능을 지닌 의식의 축은 더욱 아니다. 이와는 반대로 자아가 일정한 조건 아래에서 의식의 자기성의 초월적 현상으로 등장하도록 허용해주는 것이 바로 그러한 근본적 자기성을 지닌 의식인 것이다.[34]

지금까지의 논의에 근거해보면 자아는 단지 반성의 차원에서만 정체 규명이 가능한 것으로 보인다. 그렇다면 전 반성적 의식은 무인격적인 것이라고 할 수 있는가? 또한 의식의 반성되지 않은 차원에서는 자아가 전혀 등장하지 않는다는 것은 과연 타당한가? 「자아의 초월」이라는 그의 논문에서의 설명에 따르면, 이러한 질문은 긍정적으로 답해질 수 있는 것처럼 보인다.

---

34 같은 책.

선험적 의식은 무인격적 자발성이다. 그러한 의식은 그 앞에 어떠한 사물을 상정할 수 없다고 하더라도 매순간에 그 존재를 결정적으로 구성한다. 따라서 우리와 매순간마다의 의식 활동은 우리들에게 무로부터의 창조임을 드러내어준다. 이 창조는 새로운 배열이 아니라 새로운 존재이다.[35]

비록 사르트르가 후기에 의식의 전 반성적 영역에서도 자아의 등장이 확실하다고 인정하려고 했지만 그것은 자아의 환영, 즉 공허한 개념일 뿐이었던 것이다.[36] 그에게서 자아는 의식의 본래적 구조의 부분이 아니라 반성적 의식의 끊임없이 새로워지는 흐름으로부터 성장해 나오는 것임은 의심할 나위 없이 분명하다. 이러한 구도 안에서 전 반성적 의식은 데카르트의 코기토를 인간 실존 전체를 포괄할 수 있도록 확장하는 수단으로 간주된다.

지금까지 논의한 바와 같이, 반성적 코기토와 전 반성적 코기토의 통일체로서의 의식은 실체라는 개념에 대한 거부라는 의미에서 실존을 지칭한다고 하겠다. 의식은 그것이 전 반성적 차원에서 인식하는 바의 대상이 아니라는 것을 인식하며, 따라서 반성적 의식의 산물로서 자아라고 불리는 대상은 그것을 즉각적으로 인식하도록 되어 있는 의식과는 멀리 떨어져 있어야 한다. 더 나아가서 의식은 그것에 대해 외적인 어떠한 것에 의해서도 결정되는 것으로 간주될 수 없다.[37] 의식은 "전적으로 공허이기 때문에 (왜냐하면 전 세계는 그것의 밖에 있기 때문에) 순

---

35 *TE*, pp. 98~99.

36 같은 책, p. 156. 또한 그의 주저인 『존재와 무』에서는 선험적 의식은 무인격적이기보다는 전(pre-) 인격적인 것이라고 수정하기도 했다.

37 *BN*, lv.

수한 현전"[38]이라 할 것이다. 이 시점에서 우리는 주·객 구도와 관련된 사르트르의 의식 개념을 추적할 수 있는데, 다음 절에서 이를 논의하고자 한다.

4. 존재와 의식의 관계: 후설과 사르트르의 대조적 관점 비판

후설의 경우 의식이 어떤 대상에 관한 의식이라면, 그리고 반성이 의식에 대한 의식이라면, 어떠한 반성에 앞서서 반드시 대상에 관한 의식이 선행되어야 한다. 따라서 현상학이 비록 반성과 함께 시작한다고 하더라도 그것이 관심하는 대상은 반성에 앞서 의식에 현전하며, 그러한 대상이 이해되려면 전 반성적 의식이야말로 대상이 우선적으로 놓이는 장으로 파악되어야 한다.[39] 따라서 후설에게서 자아는 대상 세계 안에 위치하지 않는다. 그러나 여기에서 주시해야 할 점은 자아가 역시 현상학적 세계에도 있지 않으며, 오히려 자아는 그 자체 안에 현상학적 세계를 산출하고 구성한다는 점이다.

　　그러나 사르트르에게서는 상황이 전혀 다르다. 왜냐하면 그는 후설이 자아 안에 세계를 정초하기보다는 세계 안에 자아를 정초하면서 자아의 실체성을 실체의 범주로서가 아니라 의식세계의 실체적인 담지

38　같은 책, lvi.

39　Quentin Lauer, *The Triumph of Subjectivity* (New York: Fordham University Press, 1958), p. 88.

자로서 파악하고 있다고 보기 때문이다.[40] 이러한 이유로 사르트르는 후설의 선험적 자아를 경험적 자아의 불필요한 복제로 규정하고 이를 거부한다. 사르트르는 선험적 자아를 설정하지 않고서도 의식을 묘사하고 설명할 수 있다고 주장하는 반면에, 후설은 그 정반대의 입장을 취한다. 더 나아가서 사르트르는 후설의 선험적 자아를 "호수 바닥에 있는 조약돌"[41] 같은 것이라고 경멸적으로 비난했다. 선험적 자아에 대한 사르트르의 태도는 다음의 인용구에 명백히 드러난다.

> '나는 생각한다'에서의 '나'가 명증적이거나 적절한 증거를 지니고 포착될 수 있는 것이 아니라는 점은 너무도 명백하다. 그 증거는 명증적인 것이 아닌데, 그 이유는, '나'라고 말함으로써 우리는 우리가 알고 있는 것 이상의 것을 확정하고 있기 때문이다. 또한 그 증거는 적절하지도 않은데, 그 이유는 '나'란 그 내용이 새삼스럽게 드러나야 하는 불투명한 실재이기 때문이다.[42]

이 인용구가 보여주듯이 후설의 선험적 자아에 대한 사르트르의 강력한 거부의 주요 동기는 의식에 대한 사르트르 자신의 과격한 실재론적 해석에서 찾을 수 있다. 사르트르에게서 자아는 근원적인 자발성

---

40 Peter Caws, *Sartre* (London: Routledge & Kegan Paul, 1979), p. 52. 여기에서 우리는 사르트르에게서 전 반성적 코기토는 지향적 대상들에 대한 의식이 어떻게 가능한가에 대한 인식론적 설명을 목적으로 의도된 것이라는 점과, 더 나아가서 그러한 코기토는 의식에 관한 존재론적 해명에 이르는 구조적인 통일성을 지시하는 것임을 알 수 있다.

41 *TE*, p. 52.

42 같은 책, p. 51.

을 결여하고 있기 때문에, 의식이 자아와 밀접하게 엉켜 있다면 기껏해야 제한된 자발성일 뿐이다. 그러나 그는 의식의 무제한적 자발성을 보존하고자 했으며, 이러한 이유로 의식을 자아로부터 격리하고자 했던 것이다.[43] 그러므로 그에게서 의식은 선험적 자아로부터 분리되면서 무인격적 자발성이 된다.[44] 이 문제에 대한 후설의 논의는 자아와 의식의 필연적인 연합의 원리를 설정할 목적을 지니고 행해지는데, 사르트르에 따르면 그와 같은 필연적 연합의 기능은 단지 서로 가로지르는 지향성들의 활동에 의해 성취될 수 있다는 것이다. 따라서 사르트르의 논문 「자아의 초월」의 주제, 즉 "선험적 의식은 무인격적 자발성"[45]이라는 주장은 후설의 관점에서는 인위적인 것으로 보일 수도 있다.

그러나 이러한 평가가 사르트르의 의식에 관한 주장을 통째로 부당한 것으로 간주할 수 있는 근거가 되는 것은 아니다. 의식의 배후에 선험적 자아(ego)가 없다고 하더라도 사르트르에게서는 경험적 자기(self)라는 것이 있다. 즉, 의식은 전 반성적 의식의 가능성들과 그 한계에 의해서 규정되는 유사 통일성을 지니고 있으며, 따라서 이러한 유사 통일성을 통해서 주체는 대상과 관련이 없는 의식의 무화로부터 초래되는 철저한 허무주의를 피할 수 있다는 것이다.[46] 이와 관련해서 '내재

---

43   Michael Sukale, *Comparative Studies in Phenomenology* (The Hague: Martinus Nijhoff, 1976), p. 97.

44   *TE*, p. 98.

45   같은 책.

46   Mitchell Aboulafia, *The Mediating Self: Mead, Sartre, and Self-Determination*, p. 68. 이와 같이 의식에 대한 사르트르의 개념에 관해서 다소 상충되기까지 하는 설명과 분석은 인간의 주체성에 대한 현상학적 이해에 이를 적용함에 부적절하고 역기능적인 소지들이 있음을 다시금 확증해주는 효과를 지닌다.

안에서의 초월'이라는 후설의 개념은 사르트르와의 차이를 결정적으로 드러내주는 것이라 하겠다. 후설은 자아가 의식의 지향성을 지배하거나 이와 상충되지 않는다는 점을 강조하기 위해서 이 특수한 개념을 주장했다. 물론 종국적으로 종합적인 구성을 위해서 통합되어야 하는 것이기는 하지만, 주체적인 면과 대상적인 면 사이의 구별이 이루어지는 곳은 바로 지향적 의식의 영역 안에서이다. 이러한 현상학적 주장 안에는 종국적인 분석에서 우리가 주체와 대상 사이의 어떠한 실체적인 구별을 설정할 수 없다는 점이 함축되어 있다. 물질적인 대상이 주체에 속해 있는 방식과는 아주 다른 방식으로 주체성에 속해 있는 자아라는 개념은 이제 지향성이라는 개념과 전혀 대립되지 않는다. 그러나 후설이 자아의 초월을 통해서 의미하는 바는 사르트르가 의식에 대해서 그러한 것과 동일한 정도로 교묘하면서도 모호하다.[47]

지금까지 논의한 바에 따라 후설과 사르트르에 대한 비교·분석을 근거로 해서 우리는 다음과 같이 두 개의 다른 현상학적 관점을 추려낼 수 있는데, 하나는 반성에 상응하는 의식이 모든 행위에 전제되어 있다는 견해이고, 다른 하나는 의식이 그 대상에 흡수된다는 입장이다.[48] 비록 후자의 입장을 취하는 사르트르가 후설이 주장하는 지향적 대상의 존재론적 지위에 대해 비판을 제기했지만, 엄밀하게 분석하자면 우리는 사르트르 안에서 이 두 관점이 엉켜 있음을 보게 된다. 실재적 영역과 지향적 영역에 대한 후설의 구분으로부터 사르트르는 더 나아가

---

47   Michael Sukale, *Comparative Studies in Phenomenology*, p. 92.

48   Klaus Hartmann, *Sartre's Ontology: A Study of Being and Nothingness in the Light of Hegel's Logic*, p. 27.

서 대자적 의식과 즉자적 존재에 관한 구분으로 향해갔기 때문이다. 그럼으로써 의식은 존재하는 대상에 대해 대립적으로 서게 되었고, 존재와의 관계에서 다소 대상화되었다. 그러나 후설에게서는 이와 대조적으로 의식이 그 대상을 준거로 지시하는 행위를 존재의 외적인 관계로 간주한다는 것은 부적절하고 무용한 것이었다. 그러므로 사르트르가 그의 존재론적 논의를 통해서 도달한 의식과 존재의 구별은 후설에게서 의식의 실재적 영역과 지향적 영역 사이의 내적 구별과 정확히 상응하는 관계라고 하겠다. 후설에게서 의식은 결국 존재인데 비해서[49] 사르트르에게서 그 양자 사이의 존재론적 구별은 결코 사라지지 않았다.

5. 관계적 개체성과 자유의 가능성: 자아도취를 넘어서

이제 우리는 이 글의 종국적 관심을 다시금 상기해야 할 때에 이르렀다. 즉, 우리는 근세에 부각되었던 인간의 주체성이 그 주도권적 선험성의 매력에 이끌려 보편성으로만 치달음으로써 개별적 이질성을 무차별적으로 난도질해왔던 억압적 비극의 역사를 비판하고자 했다. 아울러 현대에 시도된 항거들의 적절성을 검토함으로써 이질적 개별성이 그 엄연한 지위를 확보할 수 있는 가능성을 구축하고자 했다. 말하자면, 우리의 관건은 후설이나 사르트르에 대한 정보적인 서술을 넘어서

---

49 다시 말하면, 후설에게서 자아는 사르트르에게서 의식에게 부여된 기능과 동일한 기능을 지니고 있다. 이런 의미에서 후설의 의식은 사르트르의 관점에서 본다면 순간적이거나 현재로 제한된 것으로 보인다. 그러나 이러한 외관적 분석은 후설의 의식을 좀 더 밀도 있게 살펴보면 부정될 수 있다.

보편성-동일성-획일성으로 이어지는 일련의 '함께 같음'의 족쇄로부터 개별성-이질성-다양성으로 이어지는 '서로 다름'의/에로의 해방을 통한 진정한 자유를 추구하는 것이며, 이를 위해 다름의 동격성을 확보하는 일이다. 그렇다면 이러한 과제가 왜 요구되었는가? 이것은 앞 절들의 논의가 암시하듯이 주·객 관계(앎)와 구별되어야 할 자·타 관계(있음)가 이와 동일한 것인 양 혼동을 일으켜왔던 그간의 역사에서 그 시원적 이유를 찾을 수 있을 것이다. 그러기에 우리의 관심은 이러한 질문으로 표현될 수 있다. '과연 주·객 관계를 넘어선 자·타 관계가 가능한가?' 다시 말하면, '자아에 대해 타자가 종속적 객체성을 넘어서 동격적 타자성을 유지할 수 있는가?' 이러한 문제야말로 오늘날 우리 사회에서 아직 무르익지 못하고 있는 개인의 인격과 인권의 존중, 그리고 아직 익숙하지 못한 개별적 다양성에 대한 감내를 통한 참다운 인간 해방의 실현가능성을 위해 수행해야 할 과제라 아니할 수 없다. 이는 오늘날 탈근대적 해체주의의 흐름에 몰개성적으로 휩쓸리면서 또한 퍼져가는 통속적 개별성에 대한 무조건적 예찬의 분위기에 무반성적으로 편승하는 생활태도에 대한 진단과 처방의 의미도 지니고 있다는 데에서 그 현실적 의의를 찾을 수 있다.

　이런 목적에 비추어 앞 절들의 논의를 바탕으로 위의 과제를 간략히 검토해보자. 우선 후설에 따르면 존재는 의식에 의해 구성되고, 따라서 선험적 자아에 의해서 구성된 현상에 대한 체험 안에서 주체와 대상의 실체적인 구별이란 없다. 그렇다면 이러한 선험적 자아에서 타자는 어떠한 위치를 지니는가? 즉, 후설이 선포한 선험적 자아에서의 존재와 의식의 동일성이라는 구도에서 뭇 인간들의 개별적 이질성은 어떠한 의미와 가치를 지니는가? 후설에 따르면, 자아가 세계를 구성한다는 것은 자아의 세계 안에 초월적으로 포함되어 있는 타자들의 구성까지 포괄한다. 타자들은 본래 가장 초월적인 체험 내용들인데, 왜냐하면 그의 고유한 생활세계에 있는 타자도 마찬가지로 하나의 순수자아, 즉 그에게서 타자에 속하고 있는 초월성들이 원초적으로 구성되어 있고, 그 속에서 나 자신 또한 그 타자의 타자로서 구성되어 있는 자아이기 때문이다. 그러나 바로 이러한 이유로 나의 세계 안에서 함께 구성된 타자는 현상학적 구성에서 이중적으로 초월적이다. 따라서 나에게 고유한 것을 해명하는 것 이외에는 타자에게 달리 접근할 수 없다. 그러기에 육체를 소유한 어떤 것이 나에 대해 하나의 다른 자아의 의미를 갖는다면 그것은 단지 나에게 고유한 것의 의미를 지향적 지시의 맥락 안에서 체계적으로 해석하는 근거 위에서일 뿐이다. 말하자면, 선험적 자아에게 타자는 하나의 변형된 자아일 뿐이며 이는 반복 가능한 무명성과 비개별성을 본성으로 한다. 말이 좋아 존재와 의식의 동일성이다. 결국 후설은 그의 순수 자아론의 선험적 유아론을 상호주관성에 관한 이론을 통해서 극복하려고 시도했지만 타자의 동위 근원성을 부정함으로써 그 시도의 한계를 여실히 드러내었다.[50] 이를 우리는 자아론적 선험주의(egological transcendentalism)라고 부를 수 있는데, 자아를 우선적으로 정초하고 타자를 근본적으로 '또 다른 자아' 즉, 변형된 자아로 설정함으로써 상호주관적 관계가 이루어진다는 입장으로서 여기에서 자아가 만나는 것은 삼인칭의 타자이며 이 타자는 자아에 대해서 의존적

---

50 이는 후설의 상호주관성에 견줄 만한 하이데거의 공존(mit-sein)에 대한 분석에서, 자아와 타자 사이에 세계라는 매개를 개입시킴으로써 타자의 즉각성은 역시 상실되고 마는 데에서도 공통성이 이어진다고 하겠다.

이고 매개적일 수밖에 없다.

그렇다면 사르트르는 어떠한가? 사르트르는 그의 저서 『실존주의』
에서 실존주의적 인본주의는 인간의 주체성의 구성적 요소로서의 초월
성과 인간 실존의 근본 구조로서의 내재성 사이의 본유적인 연관을 향
하고 있음을 역설한바[51] 이는 인간이 그 자체로서 자기 완결적 폐쇄성
을 지니는 것이 아니라 인간적 우주 안에서 항상 개방적으로 현전하고
있음을 지시한다. 이러한 기본적 규정으로부터 더 나아가서 사르트르
는 자기 원인적 존재에 대한 실존적 파악을 통해서 존재의 이상적 종합
의 가능성을 정초하고자 한다.[52] 그러나 인식 주체와 별개로 인식 대상
의 존재론적 지위를 소박하게 고수하려는 거친 자연주의적 태도와는 구

---

51   J-P. Sartre, *Existentialism*, p. 60.

52   사르트르가 비록 전 반성적 코기토를 출발점으로 삼았다고 하더라도 그에게 중요한
것은 일상적인 지식에서 주어지는 외적 실재에 대한 단순한 확증이었다. 그런데 우리가 아
는 바와 같이 철학사적으로 존재론적 논증의 근본적인 붕괴가능성을 입증해왔고 또한 어
떤 사물에 대한 지식으로부터 그러한 사물의 실재적 존재의 확증이 필연적으로 도출될 수
없음을 역설해왔다. 그러나 사르트르는 그의 존재론적 사색에서 이와 동일한 오류를 자행
했다. 우선 즉자적·대자적 존재의 종합적 통일체라는 형이상학적 개념이 비판받지 않을
수 없다. 연결로서의 대자존재는 이원론이라는 본래의 문제를 해결할 수 있는 구조가 아닌
데, 그 이유는 앞서 지적되었듯이 대자존재란 기껏해야 존재의 이원적 영역의 발생에 대해
서 해명해줄 수 있는 관계일 뿐이기 때문이다. 이러한 비판과 함께 외부의 현상적인 존재
는 자아의 현상적 지각의 존재론적 조건이라고 사르트르가 주장했다는 점에 주시해야 한
다(*BN*, 11) 그러나 마르셀(Gabriel Marcel)이 그의 저서 『호모 비아토르(Homo Viator)』
에서 지적하듯이 외부적 존재가 지시하는 현상초월성이란 칸트의 불가지적 물자체와 유
사한 것으로 간주되어서는 안 된다. 말하자면, 여기에서의 관건은 자기원인적 존재(ens
causa sui)가 현상초월성과 동등한 지위를 부여받는 것이 아니라는 데에 있다. 그러나 현
실에서 초현상적 존재와 현상적 지각은 인간의 필요에 근거한 지향적 투사로 간주될 수 있
고 또한 그러해야 한다.

별되는 실재론의 견지에서 본다면 지향성에 대한 분석에서 표현된바 의식과 존재에 대한 사르트르의 설명을 수용하지 못할 이유가 없다. 다시 말하면, 의식에 대한 존재론적 분석에서 사용된 사르트르의 현상학적 방법은 전 반성적 의식의 구조와 의미에 준거해 이를 반성적으로 조명하려는 목적을 지니고 있었으며, 이는 더욱 즉각적으로 확보될 수 있는 현상들을 일상적으로 재현함으로써 근본적인 현상들을 직관하고 기술하려는 의도를 포함하는 것이었다. 이런 관점에서 본다면 사르트르는 본질에 관한 현상주의와 실존에 관한 실재론의 결합이라는 입장을 취하고 있다고 보는 것이 가장 적절한 묘사일 것이다.[53] 그럼에도 불구하고 그가 구성한 이상적 종합은 존재론적 분석을 넘어서며 그의 현상학적 존재론에 바탕을 둔 이상적 구성은 오히려 인간 실존을 위한 진정한 분석에 결정적 한계로 작용한다. 말하자면, 후설에 비해서 사르트르는 현상학적 환원에 포착되지 않을 만큼 타자의 이질성과 즉각성을 명백하게 인정하는 것으로 보이기는 한다. 그럼에도 불구하고 그러한 타자는 나에게 세계를 매개해주기보다는 나를 나 자신에게 매개해주며, 자아의 능동적인 구성적 내재화에 앞서 타자와의 만남의 수동성을 부각함으로써 후설과의 확실한 차이를 보여주지만 대자를 의식과 동일시한다든지 의식의 내부성을 강조한다든지, 또는 상호주관성이란 내적 부정이라고 해석하는 것 등은 역시 사르트르에게서도 자아론적 선험주의가 지배적인 경향임을 보여주는 명백한 예증이다.

---

53 사르트르는 한편으로는 인간 주체의 개입과는 상관없이 천연적으로 존재하는 사물의 가능성을 수용한다는 점에서 실재론자이며, 다른 한편으로는 그렇게 그냥 존재하는 것들에 대해 의미를 부여하는 기능이 의식에 있음을 밝히고자 했다는 점에서 관념론자로 간주될 수도 있다.

결국 존재와 의식의 관계에 대한 후설과 사르트르의 그러한 대조에도 불구하고 이들은 공히 인간 주체의 개별성, 즉 타자의 즉각적 이질성이 살아남을 수 있는 여지를 만족스럽게 찾아주지 못했다. 후설의 선험적 자아란 애당초 노골적으로 자아에로의 환원 방식을 취하는 것이어서 기대할 수 없는 것이라 하더라도 사르트르의 경우에는 "타인은 지옥"이라고 절규할 만큼 그 이질성에 대한 절감에도 불구하고, 즉 즉자적 존재에 대한 실재론적 설정에도 불구하고, 비실체화적 사유에 충실한 나머지 의식을 철저히 대자적으로 파악함으로써 내부적인 것으로 간주했기 때문에 자아론적 선험주의의 잔재를 온전히 극복하지 못했다.

그렇다면 집요하게 도사리고 있는 인간의 원초적 본능과도 같은 자기중심주의를 극복할 수 있는 길은 없는가? 여기에서 우리는 상호동격적 대화주의(mutual dialogicalism)라는 한 대안을 모색하고자 한다. 이것은 '너'와의 만남으로부터 비로소 그리고 동시에 '나'가 설정되고 이러한 만남은 원초적 관계(relatio)에 의해 이루어진다는 입장이며, 여기에서 자아가 만나는 것은 이인칭의 너로서 상호관계의 즉각성과 호혜성이 강조된다.[54] 이 입장에 속하는 부버(Martin Buber)를 비롯한 사람들은 특히 자아론적 선험주의가 전제하는 자아의 대상 구성적 기능에 반기를 들면서 인지적 주·객 구분 또는 '나·그것'의 관계와 자아의 의도로부터 도출되지 않는 사이(zwischen) 영역에서 만나는 '나·너'의 상호

---

54 그런데 이러한 입장의 대조는 결국 '변형(Veränderung)'이 지니는 각각의 역할의 차이에 기인한다고 할 때 이 점을 눈여겨보는 것이 중요하다. 이와 같은 대조적 구도에서 자아론적 선험주의는 데카르트의 실체성으로부터 출발해 칸트의 선험성을 거쳐 후설에 이르는 선험적 자아로 대표되며, 상호동격주의는 근세 주관적 형이상학의 관념론에 의해 다소 눌려왔던 실재론적 흐름을 실존주의적으로 소생시킨 부버로 대표된다.

인격적 만남은 구별되어야 함을 주장한다. 즉, 전자는 주관성의 영역을 근거로 지배와 종속의 관계로 연결되어 있다면 후자는 동위 근원성과 참여의 온전한 상호성에 근간한 즉각적 결속이라는 것이다. 말하자면, 주·객 관계를 넘어서는 자·타 관계는 아·여 관계에서 그 실현가능성을 노정할 수 있다는 것이다. 이러한 입장에서는 의식의 지향성이 정초하고 있는 주관성의 영역 저변에 흐르는 언어가 바로 '너'의 처소임을 밝힌다.[55] 따라서 '나·그것'의 관계에서 과거가 지배적인 시제인 것과는 달리 '나·너'의 대화적 만남은 전적으로 현재에서 이루어진다. 만남의 언어적 매개에 근거해서 상호동격적 대화주의는 더 이상 '너'가 자아의 지향적 대상이 아닐 뿐 아니라 '나·너' 만남이 주체의 인식구성적 행위의 영역이 아님을 분명히 하는 단계를 거쳐서 자아론적 선험주의로부터의 차별화를 이룬다.

그러나 자아론적 선험주의와 상호동격적 대화주의가 그렇게도 엄격하게 이분되기만 한 것으로 간주하는 데에는 반론의 여지가 있을 수 있다. 오히려 양자 사이에 상호관통성이 있을 수 있으며, 특히 하이데거의 기초존재론과 부버의 관계존재론은 그러한 가능성을 시사해준다. 왜냐하면 그 선험주의적 배경에도 불구하고 하이데거는 그의 기초존재론에서 후설의 현상학에서의 주관성의 지향적 구성과 정초적 역할에 대해서 집요한 비판을 가하고 있기 때문이다. 또한 언어적 대화로 드러나는 관계로부터 '나와 너'가 파생된다는 대화주의의 기본적 주장에도 불구하고 부버의 '나·너'와 '나·그것'은 공히 자아에 정초한 태도들이라는

---

55 Martin Buber, *I and Thou*, translated by Walter Kaufmann(New York: Charles Scribner's Sons, 1970), 전권을 참조하기 바란다.

후설적 비판을 면하기 어렵기 때문이다. 다른 한편, 토이니센(Michael Theunissen)은 부버는 결국 '주관성의 영역'으로부터의 추상화를 통해서 '관계의 영역'을 포착했을 뿐이라고 비판한다.[56] 더 나아가 과연 상호동격성, 즉 타자의 즉각적 이질성이라는 것이 어떠한 지평 위에서 변형되지 않고 전개될 수 있는가라는 문제를 해결해야 하는 과제로 안고 있다고 할 때 이는 곧 인간의 자기부정의 가능성과 현실성에 직결되는 문제여서 아무런 저항 없이 대안으로 등장하기는 어렵다.

그러나 이렇게 상호동격적 대화주의를 비판하는 것이 자아론적 선험주의를 부분적으로나마 받아들이는 것으로 이어지기보다는 앞서 지적했듯이 양 구도 사이의 잠정적 화해를 시도하는 방향으로 전개될 수 있다. 즉, 관계의 시초는 선험주의에, 그리고 완성되어야 할 목표는 대화주의에 돌림으로써 나의 개인적인 자아가 출발점이며 만남으로부터 개진되는 자아가 도달할 목표점이라고 설정하는 것이다.[57] 이러한 잠정적 구도를 거쳐 나의 중심성을 포기하고 주체지향적 세계관을 해체함으로써만 타자와의 진정한 만남을 통한 관계적 개체성 구현이 가능

---

56 Michael Theunissen, *The Other: Studies in the Social Ontology of Husserl, Heidegger, Sartre, and Buber*, trans. Christopher Macann(Cambridge, Mass: The MIT Press, 1984), 제1장을 참조하기 바란다.

57 마르셀의 존재론적 인류사에 따르면 이러한 과정은 이 세계의 선험적 상대화로 시작해서 상대화하는 주체에 대한 현세화적 변형의 단계를 거쳐 대화적인 자기 생성으로 종결되는 데에 이른다는 것이다. 헤겔의 방식으로 표현하자면, 인간 정신의 발생은 타자성에로 향하는 대자적 존재로 출발해서 타자와의 매개를 통해 주어진 소외로부터 벗어나 그 자신을 다시 회복하는 방식으로 전개되는데, 첫 번째는 나는 곧 나일 뿐이지만 두 번째 단계에서는 또 하나의 타자가 되는 방식으로 타자와 함께하다가 세 번째는 타자와 함께하는 존재로서 그 자체와 함께 공존하는 존재가 된다.

하다. 그러기 위해서는 타자는 분명히 나에 대해서 너라는 '장애'로 등장해야 되는데, 말하자면 모든 대상에 대한 관점의 근거로서의 나를 주체로 설정하려는 경향에 대해서 타자가 원리적으로 장애로 등장할 때 비로소 관계적 개체성을 통한 잉여지대의 본격적 개시가 이루어지며, 이 잉여 지대야말로 바로 보편적 본질의 동일성이 지니는 획일성의 족쇄로부터의 해방이 선포되는 다름의 자리라 할 것이다. 한마디로, 다름이 곧 자유의 지평이며 자유의 실현가능성의 터전이다. 그리고 바로 여기서 일상적 자기중심주의뿐 아니라 종교적 자아도취의 문제에 대한 해결을 도모할 실마리를 모색할 수 있다. 그럼에도 불구하고 그 터전 밑을 파고드는 질문을 차마 덮어둘 수 없어서 간단히 덧붙이는 것으로 이 글을 마감하고 후일의 과제로 넘기고자 한다. '인간의 서로 다름은, 즉 타자의 타자성은, 더 나아가서 자기와 타자 사이의 맞먹는 다름을 보장하는 자유는 과연 자아의 세계 이해 이전에 보장 또는 허용될 수 있는가?'

참고문헌

200주년신약성서번역위원회 엮음. 2001. 『200주년 신약성서 주해』. 왜관: 분도출판사.

강준만. 2006. 『한국인 코드』. 서울: 인물과사상사.

교회갱신협의회. 2008.4. ≪소리≫, 9호.

김경동. 1992. 『한국인의 가치관과 사회의식: 변화의 경험적 추적』. 서울: 박영사.

김경재. 2002. 『이름 없는 하느님: 유일신 신앙에 대한 김경재 교수의 본격 비판』. 서울: 삼인.

김균진. 2004. 「절대화, 우상화를 거부하는 종교 언어의 은유성」. 민경배박사 고희기념 논문집 출판편집후원위원회. 『교회 민족 역사: 솔내 민경배 박사 고희기념논문집』. 서울: 한들출판사.

김상봉. 2006. 『도덕교육의 파시즘: 노예도덕을 넘어서』. 서울: 길.

김승철. 1994. 『대지와 바람』. 서울: 다산글방.

김열규. 1997. 『한국의 문화코드 열다섯 가지』. 서울: 금호문화.

김영민. 1998. 『진리·일리·무리: 인식에서 성숙으로』. 서울: 철학과 현실사.

김지방. 2007. 『정치교회: 권력에 중독된 한국 기독교 내부 탐사』. 서울: 교양인.

김진호. 2000. 「한국교회의 승리주의」. 임지현 외. 『우리 안의 파시즘』. 서울: 삼인.

니시타니 게이지(西谷啓治). 1993. 『종교란 무엇인가: 종교와 절대 무』. 정병조 옮김. 서울: 대원정사.

니체, 프리드리히(Friedrich Nietzsche). 2002. 「안티크리스트」. 백승영 옮김. 『바그너의 경우·우상의 황혼·안티크리스트·이 사람을 보라·디오니소스 송가·니체 대 바그너』. 니체전집 15. 서울: 책세상.

니터, 폴(Paul Knitter). 1993. 「기독교는 하나의 참된 종교이며 절대종교인가?(로마 가톨릭의 답변)」. 김승철 편역. 『종교 다원주의와 기독교 2』. 서울: 나단.

독일성서공회 해설. 대한성서공회 엮음. 『관주 성경전서』(개역개정판). 신약성서.

라너, 카를(Karl Rahner), 1993. 「익명의 그리스도교와 교회의 선교적 사명」. 김승철 편역. 『종교 다원주의와 기독교 1』. 서울: 나단.

리쾨르, 폴(Paul Ricoeur). 2001. 『해석의 갈등』. 양명수 옮김. 서울: 아카넷.

리히트, G. H. 폰(Georg Henrik von Wright). 1995. 『설명과 이해』. 배철영 옮김. 서울: 서광사.

맥그래스, 앨리스터(Alister McGrath). 2001. 『복음주의와 기독교적 지성』. 김선일 옮김. 서울: 한국기독학생회출판부.

맥그리거, 제디스(Geddes MacGregor). 2011. 『사랑의 신학』. 김화영 옮김. 서울: 대한
　　기독교서회.

맥페이그, 샐리(Sallie McFague). 2001. 『은유 신학: 종교 언어와 하느님 모델』. 정애성
　　옮김. 서울: 다산글방.

문상희. 2008. 『종교 문화 신비』. 서울: 대한기독교서회.

바레트, C. K.(C. K Barrett). 1985. 『국제성서주석: 요한복음 II』. 박재순·박경미 옮김.
　　서울: 한국신학연구소.

박노자. 2002. 『당신들의 대한민국』. 서울: 한겨레신문사.

박영신. 1996. 『우리사회의 성찰적 인식』. 서울: 현상과 인식.

박충구. 2005. 「개신교 근본주의와 한국교회」. 한국문화신학회 엮음. 『한국에 기독교문
　　화는 있는가』. 서울: 한들.

벡, 울리히(Ulrich Beck). 2013. 『자기만의 신: 우리에게 아직 신은 존재할 수 있는가』.
　　홍찬숙 옮김. 서울: 길.

불트만, 루돌프(Rudolf Bultmann). 1980. 「그리스-로마 고전 및 그리스도교에서의 낙
　　관론과 비관론」. 허혁 편역. 『학문과 실존 3』. 서울: 성광문화사.

＿＿＿＿. 1980. 「신약성서의 계시개념」. 허혁 편역. 『학문과 실존 1』. 서울: 성광문화사.

＿＿＿＿. 1980. 「신으로부터 말한다는 것은 어떤 의미를 가지는가?」. 허혁 편역. 『학문과
　　실존 1』. 서울: 성광문화사.

＿＿＿＿. 1980. 「예수 그리스도와 신화」. 허혁 편역. 『학문과 실존 3』. 서울: 성광문화사.

＿＿＿＿. 1980. 「학문과 실존」. 허혁 편역. 『학문과 실존 1』. 서울: 성광문화사.

손봉호. 1995. 『고통받는 인간: 고통문제에 대한 철학적 성찰』. 서울: 서울대학교 출판부.

슈바이처, 알버트(Albert Schweitzer). 1993. 「기독교와 세계 종교」. 김승철 편역. 『종
　　교 다원주의와 기독교 1』. 서울: 나단.

스미스, 윌프레드 캔트웰(Wilfred Cantwell Smith). 『종교의 의미와 목적』. 길희성 옮
　　김. 왜관: 분도출판사, 1995.

스퐁, 존 셸비(John Shelby Spong). 2001. 『기독교 변하지 않으면 죽는다: 교회 주교가
　　유배당한 신자들에게 고함』. 김준우 옮김. 한국기독교연구소.

아우구스티누스(Augustinus). 1989. 『참된 종교』. 성염 역주. 왜관: 분도출판사.

＿＿＿＿. 1998. 『자유의지론』. 성염 역주. 왜관: 분도출판사.

＿＿＿＿. 2004. 『신국론: 제11~18권』. 성염 역주. 왜관: 분도출판사.

양명수. 2007. 「한국 기독교의 특징에 관한 신학적, 철학적 고찰」. 한국기독교학회. ≪한
　　국기독교신학논총≫, 49호.

엔도 슈사쿠(遠藤周作). 2000. 『침묵』. 김윤성 옮김. 서울: 바오로딸.

오토, 루돌프(Rudolf Otto). 1987. 『성스러움의 의미』. 길희성 옮김. 왜관: 분도출판사.

왓슨, 라이얼(Ryall Watson). 1992. 『생명조류』. 박용길 옮김. 서울: 고려원미디어.

월터스토르프, 니콜라스(Nicholas Wolterstorff). 1992. 『아버지의 통곡』. 권수경 옮김. 서울: 양무리서원.

유동식. 1965. 『한국종교와 기독교』. 서울: 대한기독교서회.

유동식. 1978. 『민속종교와 한국문화』. 서울: 현대사상사.

이기상. 1999. 「이 땅에서 철학하기: 탈중심 시대에서의 중심 잡기」. 우리사상연구소 엮음. 『이 땅에서 철학하기: 21세기를 위한 대안적 사상 모색』. 우리사상연구소 논총 제2집. 서울: 솔출판사.

이오갑. 2002. 『한국 기독교 개혁의 테마 20』. 서울: 한들.

일상문화연구회 엮음. 1996. 『한국인의 일상문화』. 서울: 한울.

정수복. 2007. 『한국인의 문화적 문법: 당연의 세계 낯설게 보기』. 서울: 생각의 나무.

정숙희. 2007. 『그들은 왜 교회를 떠났을까?』. 서울: 홍성사.

정재식. 2004. 『전통의 연속과 변화: 도전받는 한국 종교와 사회』. 서울: 아카넷.

정재현. 2003. 『신학은 인간학이다: 철학읽기와 신학하기』. 왜관: 분도출판사.

_____. 2004.5. 「자유와 은총의 역설적 상관성: 아우구스티누스의 인간론에 대한 시비를 통하여」. 연세대학교 연합신학대학원. ≪현대와 신학≫, 제28집.

_____. 2006. 『망치로 신-학하기: '말씀'이 말이 되게 하기 위하여』. 파주: 한울.

_____. 2009. 「더불어 사는 삶을 향하여: 고통관의 전환을 통한 해방과 그 윤리적 함의」. 한국기독교윤리학회. ≪기독교윤리학 논총≫, 제8집.

정진홍. 1985. 「한국종교문화의 전개: 한국종교사의 유형론적 서술을 위한 시론」. 장병길 교수 은퇴기념논총 간행위원회 엮음. 『한국종교의 이해』. 서울: 집문당.

_____. 2003. 『경험과 기억: 종교문화의 틈 읽기』. 서울: 당대.

조한혜정. 1994. 『(탈식민지 시대 지식인의) 글 읽기와 삶 읽기』. 서울: 또하나의 문화.

조흥윤. 2002. 『한국종교문화론』. 현대신서 95. 서울: 동문선.

주강현. 1996. 『우리문화의 수수께끼』. 서울: 한겨레신문사.

최준식. 1998. 「한국사회의 종교」. 국제한국학회. 『한국문화와 한국인』. 서울: 사계절출판사.

카우프만, 고든(Gordon Kaufmann). 1999. 『신학 방법론』. 기독교통합학문연구소 옮김. 서울: 한들.

카푸토, 존 D.(John D. Caputo). 『종교에 대하여』. 최생열 옮김. 서울: 동문선, 2003.

쿠핏, 돈(Don Cupitt). 2006. 『예수 정신에 따른 기독교 개혁』. 박상선·김준우 옮김. 고양: 한국기독교연구소.

킹, 한스(Hans Kueng). 1994. 『신은 존재하는가 1』. 성염 옮김. 왜관: 분도출판사.

터커(Mary Evelyn Tucker)·그림(John A Grim)외 엮음. 2003.『세계관과 생태학: 종교, 철학, 그리고 환경』. 유기쁨 옮김. 성남: 민들레책방.

트뢸취, 에른스트(Ernst Troeltsch). 1993.「세계 종교들 가운데 처한 기독교의 상황」. 김승철 편역.『종교 다원주의와 기독교 1』. 서울: 나단.

파니카, 라이문도(Raimundo Panikkar). 1991.『종교 간의 대화』. 김승철 옮김. 서울: 서광사.

포이어바흐, 루드비히(Ludwig Feuerbach). 1992.『기독교의 본질』. 김쾌상 옮김. 서울: 까치.

_____. 2006.『종교의 본질에 대하여』, 강대석 옮김. 파주: 한길사.

한용상. 2001.『교회가 죽어야 예수가 산다』. 서울: 해누리기획.

함석헌. 1983.『한국 기독교는 무엇을 하려는가?』. 함석헌전집 3. 서울: 한길사.

_____. 1996.『뜻으로 본 한국역사』. 서울: 한길사.

Aboulafia, Mitchell. 1986. *The Mediating Self: Mead, Sartre, and Self-Determination.* New Haven: Yale University Press.

Augustine. 1955. *The Trinity*, Bk. X: The Realization of Self-Knowledge: Memory, Understanding, Will, 1Ci)-5Ciii). in John Burnaby(ed.). *Augustine: Later Works*. Philadelphia: The Westminster Press.

_____. 1968. *Grace and Free Will.* translated by Robert Russell. Washington, D. C.: The Catholic University of America Press.

_____. 1974. *On Nature and Grace*, 79. translated by Peter Holmes. in Philip Schaff(ed.) *The Nicene and Post-Nicene Fathers*, Vol. III. Grand Rapids, Michigan: Wm, B. Eerdmans Publishing co.

_____. 1981. *On Rebuke and Grace.* in J. Patout Burns(ed. and trans.). *Theological Anthropology, Sources of Early Christian Thought*. Philadelphia: Fortress Press.

Berdyaev, Nicholas. 1972. *Freedom and the Spirit.* translated by O. F. Clarke. New York: Books for Library Press.

Berthold, Jr. Fred. 1981. "Free Will and Theodicy in Augustine: An Exposition and Critique." *Religious Studies,* Vol. 17.

Berthold-Bond, Daniel. 1989. *Hegel's Grand Synthesis: A Study of Being, Thought, and History.* New York: State University of New York Press.

Brunner, Emil. 1952. *The Christian Doctrine of Creation and Redemption.* translated by Olive Wyon. Philadelphia: Westminster Press.

Buber, Martin. 1970. *I and Thou.* translated by Walter Kaufmann. New York: Charles Scribner's Sons.

Carterette E. C. and M. P. Friedman(eds.). 1978. *Handbook of Perception*, Vol. VIB: *Feeling and Hurting.* New York: Academic Press.

Catalano, Joseph S. 1974. *A Commentary on J-P. Sartre's Being and Nothingness.* Chicago: The University of Chicago Press.

Caws, Peter. 1979. *Sartre.* London: Routledge & Kegan Paul.

Clark. Mary T. 1958. *Augustine. Philosopher of Freedom: A Study in Comparative Philosophy.* New York: Desclee Company.

Clooins, J. 1948. "The Existentialism of J. P. Sartre." *Thought*, XXIII, No. 88 (March).

Collins, James. 1983. *The Mind of Kierkegaard.* Princeton: Princeton University Press.

Copleston, Frederick. 1993. *A History of Philosophy: Medieval Philosophy*, Vol II. New York: An Image Book.

Crossan, John D. 1975. *The Dark Interval: Towards a Theology of Story.* Niles, Ill: Argus Communications.

Decelles, David. 1977. "Divine Prescience and Human Freedom." *Augustinian Studies*, Vol.8.

Desan, Wilfrid. 1954. *The Tragic Finale: An Essay on the Philosophy of J-P. Sartre.* Cambridge: Harvard University Press.

Edmund Husserl. 1970. *Logical Investigations.* translated by J. N. Findlay. London: Routledge & Kegan Paul.

Griffin, David. 1976. *God, Power and Evil: A Process Theodicy*(Philadelphia: The Westminster Press.

Gurwitch, Aron. 1973. "On the Intentionality of Consciousness." in Richard Zaner and Don Ihde(eds.). *Phenomenology and Existentialism.* New York: Capricorn Books.

Hall, Douglas John. 1986. *God and Human Suffering: An Exercise in the Theology of the Cross.* Minneapolis: Augsburg Publishing House.

Hartmann, Klaus. 1966. *Sartre's Ontology: A Study of Being and Nothingness in the Light of Hegel's Logic.* Evanston: Northwestern University Press.

Hartshorne, Charles. 1962. *The Logic of Perfection.* Lasalle, IL: Open Court Publishing Company.

Hegel, G. W. F. 1904. *The Logic of Hegel.* translated by W. Wallace. London: Oxford University Press

_____. 1953. *Reason in history: A General Introduction to the Philosophy of History.* translated by Robert S. Hartman. New York: Liberal Arts Press.

_____. 1955. *Die Vernunft in der Geschichte.* Hamburg: Felix Meiner.

Heidegger, Martin. 1954. *Was heisst Denken?* Tübingen: Max Niemeyer.

_____. 1978. *Vom Wesen der Wahrheit,* 81. in *Wegmarken.* Frankfurt am Main: Vittirio Klostermann.

Hick, John. 1977. *Evil and the God of Love.* San Francisco: Harper & Row.

Hume, David. 1969. *Dialogues Concerning Natural Religion.* edited by H. D. Aiken. New York: Hafner.

Husserl, Edmund. 1962. *Ideas: General Introduction to Pure Phenomenology.* translated by W. R. Boyce Gibson. New York: A Division of Macmillan Publishing Co., Inc.

_____. 1977. *Cartesian Meditations.* translated by Dorion Cairns. The Hague: Martinus Nijhoff.

Kant, Immanuel. 1971. *Kritik der praktischen Vernunft.* Hamburg: Felix Meiner Verlag.

_____. 1971. *Kritik der reinen Vernunft.* Hamburg: Felix Meiner Verlag.

Kelly, J. N. D. 1958. *Early Christian Doctrines.* London: A. and C. Black.

Kierkegaard, Søren Aabye. 1959. *Either/Or.* Garden City: Doubleday-Anchor.

_____. 1961. *The Concept of Anxiety.* translated by Reidar Thomte. Princeton: Princeton University Press.

_____. 1962. *Fear and Trembling.* translated by Walter Lowrie. Princeton: Princeton University Press.

_____. 1962. *The Present Age.* translated by A. Dru. New York: Harper & Row.

_____. 1974. *Concluding Unscientific Postscript.* translated by David F. Senson and Walter Lowrie. Princeton: Princeton University Press.

_____. 1983. *Sickness unto Death.* translated by Howard V. Hong and Edna H. Hong. Princeton: Princeton University Press.

Laszlo, Ervin. 1972. *Introduction to Systems Philosophy.* Harper Torchbooks Edition. New York: Harper & Row.

Lauer, Quentin. 1958. *The Triumph of Subjectivity.* New York: Fordham University Press.

Leibniz, G. W. 1988. *Theodicy: Essays on the Goodness of God, the Freedom of Man, and the Origin of Evil.* edited by Austin Farrer. translated by E. M. Higgard. La Salle, Ill: Open Court.

Levinas, Emmanuel. 1973. *Theory of Intuition in Husserls Phenomenology.* translated by Andre Orianne. Evanston: Northwestern University Press.

Luther, Martin. 1958. *Against Latomus.* in *Luther's Works*, Vol. 32. translated by George Lindbeck. Philadelphia: Fortress Press.

MacGregor, Geddes. 1987. *He Who Lets Us Be: A New Theology of Love.* New York: Paragon House.

Mallard, William. "Language and Love: Introducing St. Augustine's Religious Thought through His Confessions." Unpublished Manuscript.

Marsh, J. L. and J. D. Caputo. 1992. *Modernity and Its Discontents.* New York: Fordham University Press.

Mill, John Stuart. 1956. *On liberty.* edited by Currin V. Shields. New York: Liberal Arts Press.

Morris, David B. 1991. *Culture of Pain.* University of California Press.

Natanson, Maurice. 1951. *A Critique of J-P. Sartre's Ontology.* Nebraska: The University of Nebraska Press.

O'Daly, Gerard. 1989. "Predestination and Freedom in Augustine's Ethics." in Godfrey Vesey(ed.). *The Philosophy in Christianity.* Cambridge: Cambridge University Press.

Oliver, Harold H. 1984. *Relatedness: Essays in Metaphysics and Theology.* Mercer, GA: Mercer University Press.

Plantinga, Alvin. 1967. *God and Other Minds.* New York: Cornell University Press.

Pojman, Loids P. 1997. "Kierkegaard on Justification of Belief." *International Journal for Philosophy of Religion*, Vol. 8, No. 2.

Portalie, Eugene. 1960. *A Guide to the Thought of Saint Augustine.* translated by Ralph J. Bastian. Chicago: Henry Regnery Co.

Sahakian, William S. 1968. *History of Philosophy: From the Earliest to the Present.* New York: Bames & Noble Books.

Sartre, Jean-Paul. 1947. *Existentialism.* translated by Bernard Fretchman. New York: Philosophical Library.

_____. 1957. *The Transcendence of the Ego.* translated by Forest Williams and Robert Kirkpatrick. New York: Noonday Press.

_____. 1966. *Being and nothingness: A Phenomenological Essay on Ontology.* New York: Pocket Books.

_____. 1966. *Being and Nothingness: An Essay on Phenomenological Ontology.* translated by Hazel E. Barnes. New York: Philosophical Library.

Shimmyo, Theodore T. 1987. "Free Will in St. Augustine's Doctrine of Pre-destination." *The Patristic and Byzantine Review*, Vol. 6, No. 2.

Siegmund, Georg. 1968. *Buddhism and Christianity: A Preface to Dialogue.* translated by Sister Mary F. McCarthy. Alabama: University of Alabama Press.

Spiegelberg, Herbert. 1960. *The Phenomenological Movement: A Historical Introduction*, Vol. II. The Hague: Martinus Nijhoff.

Spinoza, Baruch. 2000. *Ethics.* edited and translated by G. H. R. Parkinson. Oxford: Oxford University Press.

Stack, George J. 1977. *Sartre's Philosophy of Social Existence.* St. Louis: Warren H. Green Inc.

Suchocki, Marjorie Hewitt. 2003. *Divinity and Diversity: A Christian Affirmation of Religious Pluralism.* Nashville: Abingdon Press.

Sukale, Michael. 1976. *Comparative Studies in Phenomenology.* The Hague: Martinus Nijhoff.

Theunissen, Michael. 1984. *The Other: Studies in the Social Ontology of Husserl, Heidegger, Sartre, and Buber.* translated by Christopher Macann. Cambridge, Mass: The MIT Press.

Tillich, Paul. 1957. *Systematic Theology* II. Chicago: University of Chicago Press.

_____. 1962. *Systematic Theology* III. Chicago: University of Chicago Press.

Walsh, W. H. 1963. "Kant's Moral Theology." in *Proceedings of the British Academy XLIX.* London: Oxford University Press.

정재현

연세대학교 철학과, 문학사
미국 에모리 대학교 신과대학원, 철학적 신학 전공, MTS.
미국 에모리 대학교 일반대학원 종교학부, 종교철학 전공, Ph.D.
현재 연세대학교 연합신학대학원 종교철학 전공주임교수
　　　연세대학교 미래융합연구원 종교와사회연구소 소장
　　　연세대학교 신과대학 부설 한국기독교문화연구소 소장
　　　한국종교학회 종교철학분과위원장, 한국종교철학회 회장

저서
『티끌만도 못한 주제에』(1999)
『신학은 인간학이다』(한국학술진흥재단 지원 우수연구도서, 2003)
『자유가 너희를 진리하게 하리라』(문화체육관광부 선정 우수교양도서, 2006)
『망치로 신-학하기』(대한민국학술원 선정 우수학술도서, 2006)
『'묻지마 믿음' 그리고 물음』(2014)
『종교신학 강의』(2017)
『우상과 신앙』(세종도서 학술부문 선정, 2019)
『미워할 수 없는 신은 신이 아니다』(2019)

역서
디오게네스 알렌, 『신학을 이해하기 위한 철학』(1996)
오웬 토마스, 『요점 조직신학』(공역, 1999)
닐 오메로드, 『오늘의 신학과 신학자들』(2007)
마저리 수하키, 『신성과 다양성』(2012)

공저
『언어철학연구 2』(1995)
『믿고 알고 알고 믿고』(2001)
『기독교의 즐거움』(2002)
『대화를 넘어 서로 배움으로』(2004)
『공공성의 윤리와 평화』(2005)
『나는 어떻게 죽을 것인가』(2016)

한울아카데미 2142

우상과 신앙
종교적 인간에 대한 철학적 성찰

ⓒ 정재현, 2019

지은이 **정재현**
펴낸이 **김종수**
펴낸곳 **한울엠플러스(주)**

초판 1쇄 발행 **2019년 3월 11일**
초판 2쇄 발행 **2019년 12월 20일**

주소 **10881 경기도 파주시 광인사길 153 한울시소빌딩 3층**
전화 **031-955-0655**
팩스 **031-955-0656**
홈페이지 **www.hanulmplus.kr**
등록번호 **제406-2015-000143호**

Printed in Korea.
ISBN 978-89-460-7142-1 93230

* 책값은 겉표지에 표시되어 있습니다.
* 이 책은 강의를 위한 학생용 교재를 따로 준비했습니다.
  강의 교재로 사용하실 때는 본사로 연락해주시기 바랍니다.